KB032147

동물 윤리 대논쟁

동물을 둘러싼 열 가지 철학 논쟁

동물 윤리 대논쟁

ANIMAL ETHICS A CONTROVERSY

최훈 지음

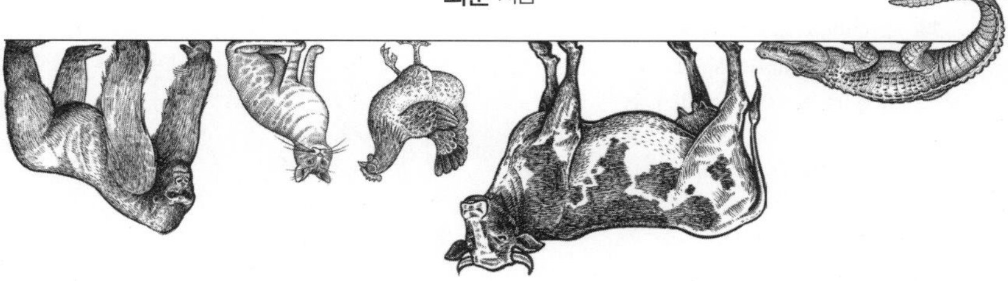

사월의책

동물 윤리 대논쟁

1판 1쇄 발행 2019년 9월 10일
1판 3쇄 발행 2021년 11월 10일

지은이 최훈
펴낸이 안희곤
펴낸곳 사월의책

편집 박동수
디자인 김현진

등록번호 2009년 8월 20일 제396-2009-126호
주소 경기도 고양시 일산서구 중앙로 1388 동관 B113호
전화 031)912-9491 | 팩스 031)913-9491
이메일 aprilbooks@aprilbooks.net
홈페이지 www.aprilbooks.net
블로그 blog.naver.com/aprilbooks

ISBN 978-89-97186-86-0 93190

* 책값은 뒤표지에 있습니다.
* 이 도서의 국립중앙도서관 출판예정도서목록(CIP)은 서지정보유통지원시스템 홈페이지(http://seoji.nl.go.kr)와 국가자료공동목록시스템(http://www.nl.go.kr/kolisnet)에서 이용하실 수 있습니다. (CIP 제어번호: CIP2019029537)
* 이 저서는 2014년 정부(교육부)의 재원으로 한국연구재단의 지원을 받아 수행된 연구임(NRF-2014S1A6A4026238, "동물 실험의 윤리").

차례

Ⅲ부 동물 실험의 윤리

Ⅳ부 인간-동물 하이브리드의 윤리

V부 감금과 공생의 윤리

머리말

물고 물리는 동물 윤리 논쟁

동물 윤리를 연구한 지 10년이 갓 지났다. 박사 논문을 쓸 때 연구하던 주제가 아닌데도 이 분야를 연구하기 시작한 것은 동물을 향한 관심—고백컨대 별로 없다—보다는 동물 윤리 논쟁에서 철학 논증의 특성이 첨예하게 잘 드러나기 때문이었다. 오랜 시간 고착된 익숙함이나 감성이 적용되기 쉬운 주제이지만 그렇기에 오히려 '이성이 이끄는 대로' 따르게 한다거나 직관과 경험을 적절하게 반성하게 한다는 특성이 주는 매력이 상당하다. 동시에 철학자들끼리 주고받는 토론에 그치기 쉬운 추상적인 철학의 사유가 구체적인 현실에 적용되다 보니 거기서 받는 피드백도 연구를 풍부하게 한다.

그간 동물을 향한 대중의 관심도 예전과 비교할 수 없이 늘었다. 삼겹살이나 치맥이 국민 회식이나 국민 간식 메뉴가 될 정도로 고기 소비량은 늘었지만, 다른 한편에서는 열악한 농장 동물의 현실에 대한 관심도 증가하고 있고 채식주의도 트렌드의 하나가 되고 있다. 애완동물을 단순히 기르는 사람들이 느는 데 그치지 않고 '또 하나의 가족'으로 생각하는 인식이 퍼져가고 있다. 인터넷 포털이나 언론사도 경쟁적으로 동물 코너를 만들고 있다. 이렇게 동물을 향한 관심이 느는 만큼 여러 윤리적 논쟁도 실제로 벌어지고 있고 또 그 필요성도 늘어나고 있다.

전작인 『동물을 위한 윤리학』(2015)은 "왜 우리는 동물을 도덕적으로 대해야 하는가?"라는 부제가 말해 주듯이 주로 동물의 '도덕적 지위'를 중심으로 기본적인 원리를 파헤쳤다. 동물에게 도덕적 지위가 있느냐, 동물에게 도덕적 지위를 부여하는 기준은 무엇이고 그 기준은 적절한가, 동물은 도덕적 지위가 없다고 주장하는 종 차별주의는 어떤 근거들을 제시하고 그것은 정당한가 따위의 문제가 그것이다. 그리고 동물을 다루는 실제 관행은 육식의 문제에 집중했다. 아무래도 육식은 동물 윤리에서 가장 많이 논의되는 주제다. 이 책에서는 동물에 보이는 최근의 관심을 반영하여 전작의 기본적인 원리를 동물을 다루는 다른 여러 관행에 적용하였다. 이 책은 한국연구재단의 저술지원을 받았는데 애초에 계획서에서는 논의를 동물 실험에 한정했었다. 전작에서도 동물 실험을 일부 다루었지만 동물 실험은 인간에게 이익을 주므로 정당화된다는 이익 논증의 틀에 갇혀 있다 보니 이익이 있다면 옹호 가능하다는 어정쩡한 결론을 내릴 수밖에 없었다. 동물의 도덕적 지위를 인정하면서도 다른 한편으로는 동물과 인간의 도덕적 지위의 차이를 부인하지 않기에 동물 실험이 갖는 막대한 이득을 무시하기 힘들었기 때문이었다. 그리고 동물 실험을 옹호하는 쪽에서는 이익 사례들을 제시하고 반대하는 쪽에서는 손해 사례들을 제시하는데 철학자로서 어느 쪽의 손을 들어줘야 하는지 난감했고, 동물 실험의 이득과 그것의 전제가 되는 인간과 동물의 유사성을 철학자로서는 경험적으로 파헤칠 수 없었기 때문이다. 그래서 아예 철학적인 기본을 충실히 하는 전략을 사용하는 게 이 문제를 푸는 돌파구가 되리라고 생각했다. 그게 철학자로서 이 주제에 이바지하기도 하고 의미 있는 입장 정리도 가능하다고 말이다. 동물 실험에도 이 책에서 동물의 윤리를 다루는 기본 원칙인 '평등의 원칙'을 일관되게 적용하여 종 차별주의에 반대하는 전략이 그것이다. 동물 실험을 옹호하는 주장에 깔린 인식론적 전제를 파헤치는 것도 또 하나의 전략이다. 응용 윤리 연구가 다 그렇듯이 동물 윤리 연구도 구체적인 현실의 주제를 다루다 보니 경험적 연구 결과를 참고할 수밖에 없다. 그러나 역시 그 결과에 접근하는 방법은 철학적 분석 방법이어야 함을 새삼 깨닫고 그 방법을 십분 활용하였다. 개인적으로 예전의 연구 주제였던 인지과학의 철학에서도 항상 막히던 곳이 경험적 지식의 부족 때문이 아니라 철학적 분석의 미미함 때문이었는데 그 점을 다시 한번 절감한 것이다.

이 책에서 애초에 계획한 동물 실험 외에 동물을 다루는 다른 관행도 연구의 주제로 삼았다. 윤리적 육식의 가능성, 포식, 동물원, 애완동물이 그런 주제들이다. 동물 윤리 자체가 응용 윤리의 분야이지만, 이 책은 동물 윤리의 기본 개념과 원리를 실제의 문제에 적용한 일종의 '응용 동물 윤리'라고 할 만하다. 『동물 윤리 대논쟁』이라는 다소 거창한 제목은 편집진이 정한 것이긴 하지만 부정확한 제목은 아니라고 자평한다. 현실에서 동물 윤리가 실제로 논의되는 여러 주제들을 다루려고 했으니까. 동물과 관련된 실제 주제를 더 많이 다루지 못한 아쉬움도 있다. 그리고 현재 다룬 주제도 더 깊이 있게 천착하지 못하거나 부정확한 부분이 있음을 잘 안다. 부족하므로 내놓지 않겠다는 생각보다는 내놓은 다음에 부족함을 채워 나가면 된다는 용감한 마음으로 출간을 하니 이 점 널리 헤아려 주시고 질책으로 부족함을 메꿀 기회를 주시길 바란다.

이 책의 계획

먼저 I부에서는 이 책을 이끌어 나가기 위한 기본적인 개념들을 제시한다. 도덕적 지위, 평등의 원칙, 기본권, 본래의 습성 등이 그것이다. I부에서 제시된 기본 개념과 원리 들은 이 책에서 계속 부려 쓰이고 맞추어 쓰인다. II부부터 V부에서 나오는 개념들 역시 여기저기에서 참조되고 비교되어 쓰이기에 각 장은 한편에서는 독립되어 있지만 다른 한편에서는 서로 연결되어 있다. 꼬리에 꼬리를 물고 물리는 동물 윤리라고 할 만하다. 이런 게 단일 주제에 관해 한 권의 단행본을 쓰는 장점이기도 하고 재미이기도 하다. 재미와 보람을 느끼게 해 준 한국연구재단에 감사의 인사를 드린다.

I부의 1장 2절과 3절의 '도덕적 지위' 그리고 2장 1절의 '평등의 원칙'과 2절의 '도덕적 고려의 기준'은 『동물을 위한 윤리학』에서 주제적으로 다룬 개념이지만, 이 책에서도 계속해서 중요하게 사용되므로 반복이긴 해도 다시 한번 서술한다. 다만 1장 1절에서 철학자들이 동물에게 도덕적 지위를 부여할 때 쓰는 방법론을 강조하고, 그 방법론에 맞춰 동물에게 도덕적 지위를 부여하고 평등의 원칙을 도출한다.

그러고 나서 2장 3절에서 동물이 자연 상태의 능력을 발휘할 수 있고 본래의 습성을 존중받으면서 살 수 있게 하는 것으로 동물의 '기본권'을 정의한다. 기본권은 법률적 개념이다. 법률적 논의로 끌고 간 것은 동물 윤리가 현실의 문제를 다루고 있으므로 도덕적 논의 차원을 넘어 구체화하고 강제성을 띠게 하려는 의도에서이다. 2장 4절에서는 동물의 기본권과 동물 복지의 관련성을 여러 가지 이론을 통해 검토한다.

II부는 동물을 먹는 것을 다룬다. 3장은 인간이 동물을 먹는 '육식'이 주제이고, 4장은 동물이 동물을 먹는 '포식'이 주제이다. 육식이 정당화되지 않음은 『동물을 위한 윤리학』에서 주제적으로 다루었다. 다만 거기서도 동물을 고통 없이 기르고 고통 없이 죽일 수 있다면 육식도 정당화되는 가능성을 열어 두었다. 3장은 이 가능성을 더 천착한다. 동물에서 고통보다 죽음이 윤리적으로 문제가 되지 않는다는 주장을 '놀라운 가설'이라고 부른 다음에, 인간을 죽이면 안 되는 이유를 찾아 그 이유를 동물에 적용해서 이 가설을 정당화한다. 그리고 『동물을 위한 윤리학』에 이어 대체 가능성 논증을 다시 한번 다룬다. 그 책에서 나는 '형이상학의 늪'에 빠져 허우적대다가 결론을 내리지 못했는데, 이번에는 형이상학적 가설 없이 놀라운 가설의 함축을 통해 결론을 내리겠다.

4장은 동물이 동물을 잡아먹는 것, 곧 포식의 문제를 다룬다. 동물에게 도덕적 지위를 부여하는 데에 반대하는 쪽은 동물을 윤리적으로 대우하자는 쪽에 일종의 귀류법으로 반론을 펼친다. 우리가 동물의 고통 또는 권리 때문에 육식이나 동물 실험을 그만두어야 한다면 동물에게 잡아먹히는 동물들도 심한 고통을 당하므로 우리가 개입해서 포식을 막아야 하는데 이것은 터무니없다고 주장한다. 따라서 동물을 윤리적으로 대우하자는 주장은 옳지 않다는 것이 반대 진영의 결론이다. 기존의 동물 해방론이나 동물 권리론은 이런 반론에 맞서 대체로 자신의 이론에서는 포식을 막아야 하는 터무니없는 귀결까지 도출되지 않는다는 식으로 귀류법의 공격을 피해 간다. 나는 거꾸로 포식을 막아야 한다는 결론이 그렇게 터무니없는 것이 아님을 보여 주는 식으로 귀류법에 맞설 것이다.

III부는 동물 실험이 주제이다. 5장은 동물 실험의 윤리적 정당성을, 6장은 인식론적 정당성을 다룬다. 5장에서는 동물 실험을 옹호하는 논증을 제시한 다음에 그 논증의 전제들이 지지될 수 있는지 검토한다. 이 작업은 『동물을 위한 윤리학』에서 이미 한 것이기는 하다. 이 책에서는 동물 실험 옹호 논증이 평등의 원칙을 어기고 있기에 윤리적으로 정당화될 수 없음을 강력하게 주장하겠다. 6장은 동물 실험 옹호 논증 중 핵심인 유사성 논증을 대상으로 하여 인식론적 정당성을 의심한다. 인간과 동물이 생물학적으로 유사하기 위해서는 인간과 동물 사이에 인과적 유사성이 성립해야 하는데, 그것을 보장할 수 없다는 주장을 검토한다. 주로 라폴레트와 생크스의 주장을 빌려 동물 실험의 결과를 인간에게 외삽하는 과정을 문제 삼는 인식론적 반박과 진화론에 바탕을 둔 경험 과학적 반박을 살펴볼 것이다. 이 반박이 성공적이라면 동물 실험 옹호 논증의 주요 전제가 무너지므로 동물 실험의 윤리적 정당성도 옹호되기 힘들다.

IV부는 일반인에게 생소하기는 하지만 언론에 가끔 보도되는 인간-동물 하이브리드를 둘러싼 윤리가 주제이다. 그 중 7장은 인간에게 동물의 장기를 이식하는 이종 이식 연구가 주제이고, 8장은 동물에게 인간의 세포나 조직을 주입하여 인간의 장기를 키우는 부분-인간화 동물이 주제이다. 모두 그 나름의 목적을 가지고 연구가 진행되고 있다. 이종 이식 연구는 부족한 장기를 돼지를 비롯한 다른 종으로부터 이식하기 위해, 부분-인간화 동물은 인간을 직접 피험자로 할 수 없는 실험을 동물에게 하려는 목적이나 동물에서 인간의 장기를 기르려는 목적으로 시행된다. 그런데 반발도 거세다. 먼저 7장에서는 이종 이식을 반대하는 윤리적 논증 다섯 가지를 검토한 다음에, 이종 이식은 득보다 실이 훨씬 많기 때문에 윤리적으로 정당화되지 않는다고 결론을 내린다. 그리고 8장에서도 부분-인간화 동물 연구에 반대하는 세 가지 논증을 살펴본다. 그런데 이종 이식 연구에서와 달리 그 반대 논증은 인간의 존엄성을 근거 없이 전제하고 있기 때문에 타당하지 않다고 결론을 내린다. 하지만 실험 과정에서 평등의 원칙을 어긴다는 문제와, 장애를 가진 대상을 굳이 만들 이유가 없다는 문제 때문에 부분-인간화 동물 연구도 정당화되지 않는다고 주장한다.

V부는 동물원과 애완동물의 윤리를 검토한다. 동물원의 동물과 애완동물은 모두 감금되어 있다는 공통점이 있다. 그러면서도 오랫동안 우리 주변에 있는 동물이라는 공통점도 있다. 그리고 동물 윤리 중 최근에 논의가 시작된 주제이기도 하다. 동물원의 윤리를 다루는 9장과 애완동물의 윤리를 다루는 10장 모두 동물원의 동물과 애완동물이 살아가는 방식이 동물들에게 이익이 되는지 살펴보는 방식도 쓸 것이다. 그러나 그보다는 감금과 존엄성, 그리고 의존성과 취약성 개

념을 분석하여 그것을 적용해 보는 근본적 방식을 이용한다. 9장에서는 먼저 동물원의 필요성으로 제시되는 네 가지 목적이 정당화되는지 검토한 다음에 그 중 오락 목적만 정당화될 수 있음을 보인다. 감금 상태에서 오락의 대상이 된다는 목적이 정당화되기 위해서는 동물이 존엄성 또는 자율성이 없어야 하는데, 그것을 검토한다. 10장에서는 애완동물을 설명하는 기존의 소유자-재산 모형과 보호자-피보호자 모형을 변형하여 장난감 모형, 피보호자 모형, 반려 모형을 제시하고, 이 모형들이 과연 애완동물을 제대로 설명할 수 있는지 검토한다. 나는 애완동물이 이 모형들 어디에도 적합하지 않으며, 그 이유가 애완동물이 근본적으로 갖는 의존성과 취약성 때문이라고 주장한다. 결국 동물원이나 애완동물 모두 윤리적인 문제 때문에 폐기되어야 한다는 주장을 제기한다. 그러고 나서 어떤 조건들이 만족되어야 폐기되지 않을 수 있는지 살펴본다.

감사의 말

책에 실린 내용 중 일부는 집필 과정에서 다른 곳에 발표된 것을 바탕으로 수정하였다. 1장의 2~3절과 5장의 2~6절은 『동물실험 윤리』(2014)의 5장과 6장, 2장은 최훈(2017b), 4장은 최훈(2017a), 10장은 최훈(2018)을 밑받침으로 하였다. 『동물실험 윤리』의 집필 참여를 제의해 주신 권복규 교수께 감사드린다. 7장은 2017년 10월 19일에 계명대의 목요철학콜로키움에서 발표한 내용이 발전한 것이다. 이종 이식의 윤리에 그 전부터 관심은 있었지만 이 발표 제의가 없었으면 집필까지 이어지지 못했을 것이다. 8장은 강원대학교의 지원으로 2017년

1~2월에 미국 유타 대학교에 방문 학자로 머물면서 작성하였다. 부분-인간화 동물 주제에 탁월한 연구 성과를 낸 매슈 헤이버 교수와 나눈 대화가 많은 도움이 되었다.

전석환 박사는 졸작인 『동물을 위한 윤리학』을 교재로 사용하면서 후속작을 기대하는 격려의 말씀을 아끼지 않으셨다. 김명식 교수, 변순용 교수, 김성한 교수를 비롯한 환경철학회 회원들께서도 발표와 토론 기회를 주며 논의를 살찌우게 해 주셨다. 동물원 복지 운동에 매진하는 동물을위한행동 전채은 대표도 현장의 목소리를 듣는 귀한 기회를 주셨다. 『동물을 위한 윤리학』에 이어 이번에도 출판을 선뜻 허락해 주신 사월의책 안희곤 대표와, 연구의 방향까지 잡아 주신 편집자 박동수 씨께도 감사를 드린다. 이분들이 없었으면 집필을 시작하지도 못하고 완성하지도 못했을 것이다. 마지막으로 연구와 집필에 전념할 수 있도록 격려해 주고 토론의 상대도 되어 준 아내와 딸에게 감사와 사랑의 마음을 전한다.

2019년 8월
최훈

1부

동물의 도덕적 지위와 기본권

1장 동물의 도덕적 지위

1. 동물에게 도덕적 지위를 부여하는 방법

우리가 동물을 대하는 방식이 윤리적인지 판단하기 위해서는 동물에게 **도덕적 지위**(moral status 또는 moral standing)가 있는지 묻는 방식을 따라야 한다. 어떤 존재가 도덕적 지위가 있다고 판명이 나면 우리는 그 존재를 도덕적으로 고려해야 하고 그 존재에게 도덕적인 의무를 져야 한다는 결론이 따라 나오므로, 도덕적 지위를 통해 접근하는 방법은 윤리적 대우 여부를 판단할 수 있는 분명한 방법이기 때문이다.

동물에게 도덕적 지위가 있는지 판단하기 위해서는 누구나 동의하는 상식 또는 직관에서 출발해서 거기서 도출되는 결론을 따르는 방법을 많이 쓴다. 그 방법으로는 두 가지가 가능하다. 첫 번째 방법은 인간이 도덕적 지위를 갖는다는 누구나 동의하는 사실에서 출발하여, 왜 인간이 도덕적 지위를 갖는지 물은 다음에 그 이유를 동물에도 적용해 보는 것이다. 그러면 동물이 도덕적 지위를 갖는지 판단할 수 있고, 만약 가지고 있더라도 인간이 가진 도덕적 지위를 모두 가졌는지 일부만 가졌는지 판단할 수 있다. 인간이 도덕적 지위를 갖는다는 주장에는 누구나 동의한다고 말했지만, 사실 도덕적 지위가 무엇인지 알지 못하고서는 그 동의가 확실한지 말하기 어렵다. 데그라지아는 지금 설명하고 있는 첫 번째 방법은 선결문제 요구의 오류의 잘못을 저지를 가능성이 있다고 말하는데, 막상 그 이유는 명확히 밝히지 않는다.[1] 그러나 짐작해 보면 아마도 인간이 도덕적 지위를 갖는다는 사실 자체가 명료하지 않은 개념인데 거기에 의존해서 동물이 도덕적 지위를 갖는다는 주장을 이끌어 낸다면 그것은 선결문제를 요구하게 된다고 보는 것 같다. 그러므로 첫 번째 방법을 쓸 때는 인간이 도덕적 지위를 갖는다는 막연한 주장보다는 어떤 도덕적 지위를 갖는지 구체적인 주장을 출발점으로 삼아 논란의 여지를 없애야 한다. 대체로 다음과 같은 주장들이 그런 주장들로 제시될 수 있다.

사람을 죽이는 것은 도덕적으로 그르다.
사람에게 이유 없이 고통을 가하는 것은 옳지 않다.
사람에게는 동의 없이 실험을 할 수 없다.
인종 차별이나 성차별은 도덕적으로 그르다.

이 주장들은 누구나 이해할 수 있는 명료한 표현으로 되어 있고 누구나 거기에 동의한다. 인종 차별이나 성차별적 발언을 하는 사람들이 없지는 않지만 적어도 공공연하게 주장하지는 않고 또 성공적으로 정당화하지도 못한다. 그러나 이 주장들을 누구도 부인하지 않지만 막상 왜 옳은지 그 이유를 물어 보면 대답을 못 하는 경우가 많다. 사람을 죽이면 왜 안 되고 인종 차별이나 성차별은 왜 옳지 않은지 이유는 제시하지 못하면서 그것을 당연하게 가정하는 것이다. 그래서 사람을 죽이면 왜 옳지 않은지, 인종 차별이나 성차별은 왜 옳지 않은지 물어봐서 그 이유를 찾은 다음에 동물의 경우에도 적용해 보면 동물에도 똑같은 주장을 할 수 있는지 알 수 있다. 이 방법은 싱어나 리건 같은 대표적인 동물 윤리학자들이 쓰고 있는 방법이기도 하다. 그들은 인종 차별이나 성차별이 옳지 않은 이유를 동물에 적용하는데, 이 방법은 조금 이따 살펴볼 것이다.

두 번째 방법은 우리가 인간이 아니라 동물에 대해 동의하는 직관에서 출발한다. 동물을 좋아하는 사람도 있고 싫어하는 사람도 있지만 합리적인 사람이라면 누구나 동물을 잔인하게 학대하면 옳지 않다고 생각한다. 다음 사례들을 비교해 보자.

#1. 철이는 개구리를 잡았다. 마침 엄마에게 꾸중을 들은 그는 홧김에 개구리를 패대기쳤다.

#2. 민이는 개구리를 잡았다. 그는 호기심에 살아 있는 개구리의 네 발을 핀으로 고정한 다음 문구용 칼로 배를 갈랐다. 물론 마취를 하지 않았다.

#3. 진이는 화장품 회사의 연구원이다. 그는 새로운 샴푸가 눈에 들어갔을 때 얼마나 따가운지 검사하기 위해 토끼의 눈에 샴푸를 집어넣었다.

#4. 연이는 제약 회사의 연구원이다. 그는 새로운 항암 치료제의 약효 테스트를 위해 마우스에 암 세포를 주입한 다음 치료제를 투약했다.

우리는 윤리적인 반성을 체계적으로 하기 이전에 상식적으로 윤리적인 판단을 한다. 위 상황들에 대해서도 자신들 나름대로 윤리적인 판단을 한다. 대부분의 사람은 #1과 #2에서 철이와 민이의 행동은 윤리적으로 그르다고 생각할 것이다. #1과 #2는 가상의 상황이지만 역사와 현실에서는 비슷한 사례들이 비난받아 왔다. 가령 동물을 산 채로 해부하던 서양 근세의 사례나 자동차에 개를 매달고 달려 숨지게 한 사건[2] 따위가 그런 사례인데, 동물을 잔인하게 대하는 전형적인 사례들이다. 만약 이런 사례들이 비난을 받을 필요가 없다고 생각하는 사람들이 있다면 자신의 생각을 정당화해야 하는 입증의 책임을 져야 한다. #3의 경우에는 진이의 행동이 윤리적인가에 대해 논란이 있을 것 같다. 한편으로는 샴푸가 눈에 들어갔을 때 얼마나 따가운지 실험하는 게 필요할 것도 같지만, 다른 한편으로는 샴푸는 먹을 것이나 약품처럼 우리에게 없어는 안 되는 것은 아니기 때문이다. 이와 같은 이유로 #4의 경우에는 연이의 행동에 대해서 윤리적으로 그르다고 생각하는 사람은 많지 않을 것이다. 우리에게 꼭 필요한 약품을 위한 실험을 위해 동물에게 불가피하게 고통을 준다고 생각하기 때문이다.

#1과 #2를 윤리적으로 그르다고 생각한 상식에는 동물이라고 하더라도 어떤 도덕적인 지위를 가지고 있다는 생각이 깔려 있다. 만약 철이가 개구리 대신 길에서 주운 돌멩이를 땅바닥에 던졌거나 민이가 개구리 대신에 자기가 소유한 돼지 저금통의 배를 갈랐다면, 그런 행동이 윤리적으로 그르다고 생각할 사람은 아무도 없을 것이다. 이것은 돌멩이나 돼지 저금통 같은 사물들과 다르게 동물에는 도덕적인 지위가 있다는 것이 우리의 상식임을 말해 준다.

상식은 틀릴 수 있다. 지구는 평평하다는 것이 상식이었지만 과학적인 반성을 통해서 그런 상식이 틀렸음이 밝혀졌다. 마찬가지로 동물의 도덕적 지위에 대한 상식은 위와 같지만, 막상 윤리적인 반성을 해 보면 그 생각은 달라질 수 있다. 동물에게 정말로 도덕적 지위가 있을까? 또 만약 있다고 하더라도 어느 정도의 도덕적 지위가 있을까? 동물마다 도덕적 지위가 다 다를까? 이런 질문에 어느 정도 대답이 되어야 #3과 #4와 같은 경우에 동물 실험이 윤리적인지 아닌지 판단을 내릴 수 있을 것이다.

나는 이 책에서 이 두 가지 방법을 모두 사용하겠다. 이 방법들은 모든 사람이 동의하는 직관에 숨어 있는 원리를 찾아 그것을 적용한다는 점에서 상당히 설득력이 있다. 2장에서 첫 번째 방법을 사용하여 평등의 원칙을 도출하여 제시하겠다. 동물도 인간과 평등하게 도덕적 지위를 갖는다는 것이다. 인간이 평등하다는 점을 명시적으로 부정하는 사람은 없다. 그리고 모든 생명은 평등하다고 말하는 사람들도 많다. 그러나 막상 그 평등의 근거가 무엇인지 물으면 분명히 대답하지 못한다. 평등의 원칙은 동물에게 도덕적 지위를 직접 부여하는 리건과 싱어가 쓰는 방법인데 나는 그것을 명시적으로 제시해서 거기서 동물의 기본권을 이끌어 내겠다. 레이첼스는 이 방법은 '같은 것은 같게'라는 친숙한 원리를 이용한다는 장점이 있다고 말한다. 또 인간과 동물 그리고 모든 동물을 뭉뚱그려 하나로 다루지 않는다는 장점도 있다고 말한다. 인간에서 확신하는 원리를 동물에 적용하니 인간은 갖지만 동물은 못 갖는 차이점을 발견할 수 있기 때문이다.[3] 나도 평등의 원칙이 무엇인지 파헤쳐서 인간과 동물이 평등하다는 것이 무슨 뜻인지, 그리고 평등하다면 모든 권리를 동등하게 갖는지 아니면 어떤 점에서 동등한 권리를 갖는지 명쾌히 밝혀 보고자 했다. 동물이 도덕적 지위를 갖는다고 결론이 나더라도 그 도덕적 지위의 내용은 인간의 그것과 다름이 드러날 것이다. 도덕적 지위를 끌어내는 첫 번째 방법은 도덕적 지위를 제시할 때만이 아니라 다른 때에도 종종 이용할 것이다. 3장에서 인간을 죽이면 안 되는 이유를 찾아 동물에 적용해 본다든가 9장에서 인간을 감금하면 안 되는 이유를 찾아 동물에 적용해 보는 것이 그런 예이다.

2. 동물의 간접적인 도덕적 지위

인간은 법률에서 규정하는 권리와 의무의 주체가 된다는 점에서 법적인 지위가 있는 것처럼 도덕적 지위도 있다는 것이 상식이다. 반면에 길가에 있는 돌멩이에 도덕적 지위가 없다는 것 또한 상식이다. 그러나 도덕적 지위가 있는지 논란이 되고 있는 존재도 있는데, 태아의 경우나 지금 관심의 대상인 동물의 경우가 그렇다.

돌멩이에는 도덕적 지위가 없다고 했지만 그 돌멩이가 누군가의 정원에 있는 희귀석이거나 지질학적 또는 고고학적 가치가 있는 돌멩이라면 이야기가 달라진다. 길가에 있는 돌멩이와 달리 그런 돌멩이들을 발로 차는 것은 도덕적으로 문제가 되기 때문이다. 그러나 그럴 경우라고 하더라도 돌멩이가 직접 가지는 도덕적 지위를 침해했기 때문에 도덕적으로 문제가 되는 것은 아니다. 그 돌멩이를 발로 참으로써 다른 사람—희귀석을 소유한 개인 또는 인류 전체—의 소유물을 훼손해서는 안 된다는 도덕적 의무를 다하지 않았기 때문에 도덕적으로 문제가 되는 것이다. 다시 말해서 돌멩이와 같은 사물은 도덕적 지위가 있다고 하더라도 **직접적인 도덕적 지위**를 지니는 것이 아니라 **간접적인 도덕적 지위**를 지닌다고 말할 수 있다.[4]

그렇다면 태아나 동물의 경우에 도덕적 지위가 있는지도 논란거리이지만, 도덕적 지위가 있다고 하더라도 그 도덕적 지위가 직접적인 것인지 간접적인 것인지도 논란이 된다. 동물에게는 간접적인 도덕적 지위만 있다고 주장하는 이론들과 직접적인 도덕적 지위가 있다고 주장하는 이론들을 차례로 살펴보자.

① 데카르트

데카르트는 동물은 '자동인형'(automata) 또는 '움직이는 기계'에 불과하다고 주장한다. 그는 기계적 자연관이 막 퍼지던 시기에 인간에 대해서는 기계적 설명을 하는 데 그치지 않고 영혼이 필요하다고 한 반면에, 동물은 단순히 기계로 간주한다. 그에게서 동물은 즐거움이나 아픔을 경험할 수 없는 존재라는 뜻인데, 그렇다면 동물이 고통을 느낄 때 몸부림치는 것이나 고통스러울 때 내는 소리는 어떻게 설명할까? 데카르트는 그것은 태엽을 감은 자동인형이 움직이거나 시계가 째깍거리는 소리와 같다고 주장한다.[5]

동물 애호가들은 동물에 대한 잔인한 행동의 정당화가 데카르트에서 비롯되었다고 생각한다. 동물을 대상으로 실험을 하는 사람들이 데카르트 덕분에 양심의 가책을 벗어날 수 있었다는 것인데, 실제로 데카르트 당시에 그를 신봉하는 사람들은 동물을 산 채로 해부하여 큰 반발을 불러일으켰다고 한다.

데카르트가 동물을 자동인형 곧 기계와 같다고 간주했다 하더라도 동물을 함부로 다루어도 된다는 결론이 꼭 나오는 것은 아니다. 누군가가 소유한 물건을 그의 허락 없이 훼손하면 법적으로나 도덕적으로 문제가 되는 것처럼, 누군가가 소유한 동물을 함부로 다룬다면 그것 역시 법적으로나 도덕적으로 문제가 되기 때문이다. 곧 데카르트가 보기에 누군가의 개를 재미 삼아 발로 찼다면 그것은 개의 도덕적 지위를 침해한 것이 아니라 개 주인의 도덕적 지위를 침해한 것이다. 개에게는 도덕적 지위가 없으며 있다고 하더라도 사물처럼 간접적인 도덕적 지위만 있다.

그러나 이와 같은 데카르트의 주장은 우리의 상식과 어긋난다. 세상에는 주인 있는 동물보다 주인 없는 동물이 훨씬 많은데, 데카르트에 따르면 주인 없는 동물은 함부로 다루어도 되기 때문이다.[6] 가령 #1의 철이가 패대기친 개구리와 #2의 민이가 해부한 개구리의 주인이 없다면 아무런 도덕적 문제가 생기지 않는다. 또 설령 주인이 있는 애완용 또는 사육용 개구리라고 하더라도 주인이 허락한다면 역시 도덕적 문제가 생기지 않는다. 그러나 이러한 결론은 우리의 상식과 맞지 않는다. 그러므로 동물이 도덕적 지위가 있더라도 누군가가 소유한 물건이기 때문에 도덕적 지위가 있다는 데카르트의 주장은 성립하지 못한다.

② 아퀴나스와 칸트

아퀴나스와 칸트도 데카르트처럼 동물은 직접적인 도덕적 지위를 갖지 못한다고 생각하지만 그 이유는 다르다. 그들은 동물을 함부로 다루어서는 안 되는 까닭은 만약 그렇게 하면 인간의 품성에 나쁜 영향을 끼치기 때문이라고 주장한다. 인간과 동물은 유사하므로, 동물에게 친절한 사람은 사람에게도 친절하게 대할 것이고 동물에게 잔인한 사람은 사람에게도 잔인하게 대하리라고 생각한다.[7] 칸트 당시에는 이런 생각이 널리 퍼져 있어서 어릴 때 동물을 학대했던 아이는 자라면 결국에는 잔인한 인간이 된다는 교육을 했다고 한다. 그리고 푸주한과 의사는 잔인함과 냉혹함에 익숙해져 있다는 이유로 재판관을 맡지 못하게 하는 관행도 있었다고 한다.

아퀴나스와 칸트의 생각은 동물이 누군가의 소유물이 아니더라도 함부로 대하면 안 되는 이유를 제시해 주었으므로 데카르트에게 제기되었던 문제를 피할 수 있다. 그러나 이들의 주장에는 또 다른 문제가 생긴다. 지구에 마지막 한 사람만 남았다고 가정하거나 다른 사람들과 전혀 교류하지 않는 사람이 있다면 그들에게는 동물을 함부로 대하면 안 되는 이유가 적용되지 않기 때문이다. 마지막 남은 한 사람이나 다른 사람들과 교류하지 않는 사람은 잔혹한 품성이 생긴다고 하더라도 잔혹하게 대할 다른 사람이 없으므로 그들의 주장이 적용되지 않는 것이다. 이런 상황은 가상의 것이므로 현실적이지 않다고 말할 수 있지만, 아퀴나스와 칸트가 말한 대로 정말로 동물을 잔인하게 대하면 잔인한 품성이 생기는지는 경험적으로 검토되어야 할 문제이다. 동물에게는 잔인하지만 다른 사람들에게는 자비롭거나 거꾸로 동물에게는 한없이 친절하지만 다른 사람들에게는 잔인한 사람을 상상하는 것은 어렵지 않기 때문이다. 아퀴나스와 칸트의 주장에 동조하는 사람들은 동물에게 잔인한 사람이 성격도 잔인하다는 동물 보호 단체의 조사 자료를 증거로 제시하지만, 그것은 애완동물이 인간처럼 대우받는 서구 사회의 통계이다. 그 사회에서 애완동물에게 잔인하다는 것은 곧 사람에게 잔인하다는 말이나 같으므로 아퀴나스와 칸트가 주장하려고 하는 바를 검증해 주지 못한다.

③ 캐루더스

현대의 철학자 중 동물에게 직접적인 도덕적 지위가 없다고 적극적으로 주장하는 철학자는 드물다. 이 말은 현대 철학자들은 대부분 동물에게 도덕적 지위가 직접적으로 있다고 주장한다는 뜻이 아니라 직접적인 도덕적 지위가 없다고 굳이 주장하는 철학자가 드물다는 뜻이다. 캐루더스는 그 드문 철학자 중 한 명이다. 그는 동물에게 기껏해야 간접적인 도덕적 지위만 있다고 주장하지만, 그 이유를 데카르트처럼 동물 소유자의 권리를 침해했기 때문이라거나 아퀴나스나 칸트처럼 동물을 잔인하게 대하면 잔인한 품성이 길러지기 때문이라고 설명하지 않는다. 그는 그 대신에 동물을 괴롭히는 행동은 다른 사람에게 또는 행동하는 바로 그 사람에게 어떤 영향을 주든지 상관없이 그 행동 자체가 드러내는 도덕적 성격이 나쁘므로 그르다고 주장한다. 그의 주장처럼 행동 그 자체가 잔인한 도덕적 성격을 드러내므로 그르다면 지구에 한 사람만 남았든 또는 다른 사람과 전혀 교류하지 않는 사람이 그런 행동을 하든 상관없이 그 행동은 잔인한 것이 된다.

캐루더스는 그 이유를 입증하기 위해 사고 실험을 내놓는다. 별님이는 다시는 지구로 돌아오지 않을 우주여행을 떠났는데 그때 모나리자 진품 그림과 고양이 한 마리를 가지고 갔다고 하자. 그가 여행 도중에 심심하여 모나리자 그림과 고양이를 과녁으로 삼아 다트 게임을 했다고 하자. 이때 별님이는 더 이상 다른 사람을 만나지 않을 것이므로 다른 사람에게 끼칠 나쁜 영향은 없지만, 우리의 직관은 고양이에게 재미 삼아 다트를 던지는 행동이 더 그르다고 말할 것이다. 캐루더스는 이런 직관을 근거로 다른 사람에게 끼칠 영향이 전혀 없더라도 동물을 학대하는 행동 그 자체가 잔인하다고 주장한다.[8]

그러나 모나리자 그림에 다트를 던지는 것보다 고양이에 다트를 던지는 것이 더 그르다는 직관이 옳은지가 분명하지 않다. 고양이를 학대하는 행동 못지않게 또는 그 이상으로 모나리자 그림을 훼손하는 행동 그 자체가 나쁜 도덕적 성격을 드러낸다고 생각하는 사람도 있을 것이기 때문이다. 그렇다면 동물을 잔인하게 대한다고 해서 특별히 나쁜 도덕적 성격이 드러난다고 말하기 어렵다. 설령 고양이를 학대하는 쪽이 더 나쁘다고 하더라도 그것이 나쁜 까닭이 고양이가 가진 도덕적 지위를 침해해서가 아니라 캐루더스의 주장처럼 그 행위가 드러내는 인간의 도덕적 성격 때문이라고 단정적으로 말하기 어렵다. 캐루더스의 주장대로라면 가짜 고양이인데 진짜 고양이로 착각해서 다트를 던지는 행동도 똑같이 나쁘다고 말해야 하는데—왜냐하면 나쁜 도덕적 성격을 드러낸다는 점에서는 똑같으므로—우리의 상식은 가짜 고양이보다 진짜 고양이에게 다트를 던지는 쪽이 훨씬 더 나쁘다는 것이기 때문이다.

3. 동물의 직접적인 도덕적 지위

지금까지 살펴본 이론들은 동물에게 도덕적 지위가 간접적으로나마 있음을 받아들이는 주장들이다. 이런 주장은 동물을 돌멩이와 같은 사물과는 다르게 취급하는 우리의 상식을 반영하려는 의도에서 나온 것이다. 그러나 어떤 이론도 동물에게 간접적인 도덕적 지위가 있음을 만족스럽게 설명하지 못했다. 그렇다면 동물에게는 어떤 식으로든 도덕적 지위가 있어야 하므로 직접 있다고 받아들일 수밖에 없다. 동물에게 도덕적 지위를 직접 부여하는 이론으로는 **동물 권리론**과 **동물 해방론**이 대표적이다. 두 이론은 동물 실험에 대해 서로 다른 입장을 보이는데, 그 입장들은 육식이나 동물 실험 등 동물을 다루는 관행에서 다른 입장을 드러내므로 각 이론을 살펴보는 것이 의미가 있다. 특히 4장에서 포식 문제를 다룰 때 두 이론의 차이점과 공통점이 잘 드러날 것이다.

① 동물 권리론

칸트는 모든 인간을 목적으로 대해야지 한갓 수단으로만 대해서는 안 된다고 주장했다. 칸트의 이런 정신을 동물에까지 확장한 것이 리건의 동물 권리론이다. 그는 위에서 말한 도덕적 지위 부여의 첫 번째 방법, 곧 인간이 도덕적 지위를 갖는 이유를 동물에도 적용해 보는 방법을 사용한다. 그는 왜 모든 인간이 목적 그 자체로 존재하는지 묻는다. 그것은 인간만이 가지고 있다고 생각되는 특징, 곧 이성이 있다거나 말할 수 있는 능력이 있다거나 하는 이유 때문이 아니다. 그런 능력이 없는 인간들이 분명히 있기 때문이다. 이 점에서 리건은 이성적 존재로서의 인간을 상정한 칸트와 다르다. 리건에 따르면 인간을 목적 그 자체로 존중해야 하는 까닭은 인간은 욕구, 목표, 희망, 선호 등과 같은 다양한 긍정적인 이해 관심을 갖고 그런 관심이 만족된다면 생명에 대해서 동등한 권리를 가지기 때문이다. 그런데 인간이 아닌 동물도 그런 조건을 만족한다면 생명에 대한 동등한 권리를 갖는다고 인정해야 일관적일 것이다.

리건은 위에서 말한 종류의 긍정적인 이해 관심을 갖는다면 '삶의 주체'라고 말하는데, 자신이 삶의 주체임을 경험할 수 있는 존재들은 **본래적 가치**라는 특별한 권리를 갖는다. 그런데 인간만이 삶의 주체가 되는 것은 아니다. 리건에 따르면 한 살 정도의 포유류면 삶의 주체가 될 수 있으므로 인간과 같은 본래적 가치를 갖는다고 결론을 내린다.[9] 그리고 본래적 가치라는 권리를 갖는 개체라면 그 본래적 가치의 경험의 질이 어떠하든 그 개체의 본래적 가치를 존중하는 방식으로 대우해야 한다. 경험의 내용이 열등하다고 해서 내용이 월등한 개체의 이익—설령 그 이익이 아무리 크다고 해도—을 위해 권리가 희생되어서는 안 된다. 따라서 리건은 육식과 동물 실험을 반대한다. 고기 맛을 보기 위해 동물을 죽이는 것과 인간의 과학을 발전시키기 위해 동물에게 고통을 주는 것은 동물의 본래적 가치를 존중해 주지 않고, 우리의 목적을 위한 수단으로만 이용한 것이기 때문이다. 동물의 희생을 통해 얼마나 많은 이익을 얻을 수 있는가는 권리를 갖는 존재들에게는 도덕적으로 무관한 논점이다.

② 동물 해방론

리건의 동물 권리론이 칸트의 이론을 동물에까지 확대한 것이라면 싱어의 동물 해방론은 공리주의를 동물에까지 확대한 것이라고 말할 수 있다. 싱어는 '이익 평등 고려 원칙'을 제시하는데, 어떤 윤리적 판단을 할 때 개인적이고 파당적인 관점을 넘어서 영향을 받는 모든 사람의 이익을 고려해야 한다는 내용이다.[10] 그는 인간에게 적용되는 이 원칙이 동물에게도 똑같이 적용되어야 한다고 주장함으로써 도덕적 지위를 부여하는 첫 번째 방법을 사용하고 있다. 인종 차별주의자는 자기네들과 다른 인종 간에 이익 충돌이 있을 때 자기 인종 사람들의 이익을 더 중요시함으로써 이익 평등 고려 원칙을 위배한다. 싱어에 따르면 종 차별주의자도 자기네들과 다른 종족에 속하는 존재들 간에 이익 충돌이 있을 때 자기 종족의 구성원들의 이익을 보다 중요시하는 사람들이다.[11] 우리가 인종 차별주의를 타파할 때 백인의 고통을 흑인의 고통보다 더 중요하게 생각하는 것은 잘못이라고 생각했던 것처럼, 인간의 고통을 동물의 고통보다 더 중요하게 생각하는 **종 차별주의**는 잘못이라고 생각해야 한다는 것이다.

물론 싱어는 인간의 이익과 동물의 이익을 무조건 똑같이 취급하지는 않는다. 예컨대 호기심을 충족하고 정치에 참여하고 싶다는 욕구는 성별 또는 인종과 상관없이 누구나 가지고 있으므로 학교에 다닐 권리나 투표에 참여할 권리를 성별이나 인종에 따라 제한하는 것은 윤리적으로 정당하지 못한 차별이다. 반면에 동물은 학교를 다니고 싶거나 투표를 하고 싶은 욕구가 없으므로 그런 권리를 주지 않는다고 해서 차별은 아니다. 그러나 고통을 피하고 어미와 떨어져 지내지 않고 동료와 무리를 이루고 지내며 자연적인 보금자리에서 먹고 자는 기본적인 욕구는 동물들도 가지고 있으므로 동물이라는 이유로 그런 욕구를 제한하는 것은 차별이 될 것이다. 합리적인 이유 없이 인종이나 성별에 따라 차별하는 것이 인종 차별주의나 성차별주의라고 비난받는 것처럼, 역시 합리적인 이유 없이 종에 따라 차별하는 것은 종 차별주의로 비난받을 것이다.

여기서 알 수 있는 것은 동물의 직접적인 도덕적 지위를 인정한다고 하더라도 인간과 똑같은 도덕적 지위를 인정하는 것은 아니라는 것이다. 인간은 동물이 갖지 못하는 합리성, 의사소통 능력, 미래감, 자존심 등과 같은 이익을 가지고 있으므로 그런 이익을 존중해 주는 것은 동물과 차별하는 것은 아니다. 다만 인간과 동물이 똑같이 지닌 기본적인 욕구는 합리적인 이유가 없는 한 차별해서는 안 된다. 싱어의 이익 평등 고려 원칙의 적용과 함의에 대해서는 다음 장에서 좀 더 자세히 설명하겠다.

싱어도 육식이나 동물 실험을 기본적으로 반대한다. 육식을 하기 위한 사육과 도살 그리고 동물 실험에서 고통을 주는 것은 동물의 기본적인 이익을 침해하기 때문이다. 그러나 리건과 달리 공리주의적 저울질을 했을 때 거기에서 얻는 인간의 이익이 동물의 이익보다 크고 중요하다면 그런 관행은 옹호될 수 있다. 육식에는 인간에게 그런 이익이 없다. 인간의 입맛은 동물의 고통에 비해 사소한 것이고 고기에서 생기는 영양은 채식으로 충분히 대체될 수 있기 때문이다. 반면에 동물 실험에서 생기는 이익이 아주 크고 의미가 있다면 동물 실험은 옹호될 수 있다. 그러나 그 이익이 정말로 분명하고 크며 의미가 있다는 것이 입증되어야 한다. 동물 실험에서 인간이 얻는 이익과 동물이 잃는 이익의 저울질은 5장에서 자세히 살펴볼 것이다.

2장 동물의 기본권

1. 평등의 원칙

우리나라 헌법 11조에는 "모든 국민은 법 앞에 평등하다. 누구든지 성별·종교 또는 사회적 신분에 의하여 정치적·경제적·사회적·문화적 생활의 모든 영역에 있어서 차별을 받지 아니한다."라고 평등권이 명시되어 있다. 꼭 헌법이 아니더라도 우리는 적어도 법 앞에 모든 사람이 평등하다는 것을 의심하지 않으며, 인종 차별이나 성차별을 적어도 공공연하게 내세우는 사람은 찾기 어렵다. 그러나 왜 모든 인간은 평등하다는 **평등의 원칙**을 받아들여야 하는지 물어 보면 대답하기가 쉽지 않다. 헌법학 교과서에서도 마찬가지로 그 대답을 찾기 어렵다. 평등이라는 원칙의 근거는 무엇일까?

당연해 보이는 평등의 원칙에 근거 제시가 필요한 까닭은 모든 인간이 평등하다는 것은 사실이 아닌 것처럼 보이기 때문이다. 우리 주변을 보면 키가 큰 사람도 있고 작은 사람도 있으며, 머리가 좋은 사람도 있고 나쁜 사람도 있다. 도덕감에서도 평등하지 않은데 어떤 사람은 어떤 경우에도 거짓말을 하지 않는 사람도 있는 반면에 아무 거리낌 없이 거짓말을 일삼는 사람들도 있다. 따라서 평등의 원칙을 지지할 만한 사실적 근거는 없는 것처럼 보인다.

롤스는 평등을 인간의 자연적 특성에 근거하는 방안을 제시했는데, '영역 성질'(range property)이 그것이다.[12] 롤스에 따르면 어떤 원을 그리면 그 원 안에 있는 것들은 모두 같은 영역 또는 구역에 속한다. 그 점들이 더 내부에 있든 가장자리에 있든 원 안에 있다는 점에서는 똑같은 것처럼 인간이라는 종에 속하면 도덕적 인격을 똑같이 갖고 있는 것이다. 다시 말해서 호모 사피엔스의 구성원은 동일한 영역 안에 있기에 도덕적 인격의 특성을 많이 가지든 적게 가지든 평등하게 대우한다는 것이다.

그러나 영역 성질에 의존하여 평등의 자연적 근거를 찾으려는 롤스의 시도는 몇 가지 문제에 부딪힌다. 우선은 도덕적 인격과 관련해서 최소한도의 능력만 있어도 영역 성질은 큰 문젯거리가 되지 않을 수 있다. 그러나 도덕감이 전혀 없는 인간이 있다는 데서 문제가 생긴다.[13] 영·유아나 심각한 정신적 장애를 앓고 있는 이들이 그들인데, 이들은 롤스가 말한 영역 성질을 갖지 못한다. 그렇다고 해서 그들은 평등의 원칙을 적용할 대상이 아니라고 말하는 것은 우리의 도덕적 직관에 어긋난다. 사실 도덕감은 정도의 문제이기 때문에 전혀 없는 사람뿐만 아니라 아주 조금 있는 사람도 있을 텐데, 그것을 얼마만큼 가지고 있어야 최소한도의 능력이 되는지 논란이 될 수 있다. 롤스가 말한 원의 비유로 말해 보면, 영역 안과 밖을 가르는 선을 어디에

긋느냐는 문제가 생기는 것이다. 싱어는 영역 성질에 대해 또 다른 반론을 제기하는데, 도덕적 인격의 소유 유무가 영역 안과 밖을 나눌 정도로 중요하다면 각자가 도덕감을 얼마나 가지고 있느냐는 정도에 따라 권리와 의무가 생기는 도덕적 위계를 갖지 말아야 할 이유가 없느냐고 묻는다.[14] 도덕적 인격을 갖는다는 자연적 사실에 의존해서 평등의 원칙을 정당화한다고 한다면, 그 자연적 사실을 갖는 정도에 따라 도덕적으로 다르게 대우하면 안 될 이유가 직관적으로 명백하지 않기 때문이다.

그래도 평등의 원칙에 사실적 근거가 있다고 주장하고 싶은 쪽은 인간이 개별적으로 차이가 있다는 것은 인정해도 인종이나 성별 간에는 유의미한 차이가 없다는 전략을 사용한다. 사람 한 명, 한 명은 도덕감이나 지적인 능력이나 신체적 능력에서 차이가 있는 것은 부정할 수 없는 사실이다. 그러나 인종 간에 또는 성별 간에 그러한 능력에서 평균적인 차이가 있다는 증거는 없다. 우리가 평등의 원칙을 받아들이는 것은 대표적으로 인종 차별주의나 성차별주의와 같은 차별을 반대하기 위해서인데, 그런 차별은 사실적 근거에 의해 반박되는 것이다. 그러나 이러한 시도 역시 문제가 있다. 인종 간에 또는 성별 간에 여러 능력에서 평균적인 차이가 있다는 증거는 없다. 그리고 차별을 하기 위해서는 적극적인 증거를 제시할 입증 책임이 필요하다는 점을 감안할 때, 인종 차별주의나 성차별주의는 정당화되지 못하는 것은 분명하다.[15] 그러나 인종 간에 또는 성별 간에 능력에서 평균적인 차이가 있다는 증거는 없지만, 혹여 그러한 증거가 나타난다면 인종 차별주의나 성차별주의는 사실에 의해 정당화된다는 문제가 생긴다. 그리고 인종이나 성별 간에 유의미한 차이가 없다는 것을 보여 주는 시도는 인종 차별주의나 성차별주의에는 반대할 수 있을지 몰라도, 싱어의 용어에 의하면 이른바 '세련된 차별주의자', 곧 사람들의 지능지수에 따라 노예 소유 계급과 노예 계급을 나누는 위계적 사회를 반대할 근거가 없어지게 된다.[16] 그런 위계적 사회는 누구도 부정할 수 없는 자연적 사실에 근거하고 있기 때문이다.

평등을 옹호하는 주장이 이렇게 지성이나 도덕적 인격이나 합리성 같은 사실적인 것에 기초하게 되면 그런 사실에 근거한 위계 사회를 받아들일 수밖에 없게 된다. 그래서 싱어는 평등은 기본적인 윤리 원칙이지 사실 주장이 아니라고 주장한다.[17] 싱어는 이 평등의 원칙을 '이익 평등 고려의 원칙'이라는 이름으로 제시하고 있음을 앞 장에서 말했다. 이것은 "어떤 윤리적인 판단을 할 때, 인간은 개인적이고 파당적인 관점을 넘어서서, 영향을 받는 모든 사람의 이익을 고려해야 한다."[18]는 원칙이다. 윤리가 보편적인 관점을 취해야 한다는 것은 꼭 싱어만의 생각이 아니다. 공자의 "자기가 하기 싫은 일은 남에게도 하게 해서는 안 된다."(己所不欲勿施於人)[19]라는 말과 "너희는 남에게서 바라는 대로 남에게 해 주어라."[20]라는 예수의 황금률부터, 칸트의 "나의 준칙이 하나의 보편적 법칙이 되기를 동시에 바랄 수 있도록 행위하지 않으면 안 된다."[21]라는 정언명령 그리고 롤스의 '무지의 베일'[22]까지 일관되게 흐르는 생각이다. 그래서 싱어는 인간이 갖는 자연적 사실이 어떠하든 간에 윤리적 관점을 고려하는 사람이라면 이익 평등 고려의 원칙을 누구나 받아들이리라고 생각하는 것이다. 그런데 이 원칙에서 말하는 '이익'(이해 관심)은 사람들마다 다 다르기 때문에 일률적으로 규정할 수 없다. 그래서 이 정도면 최소한으로 고려해야 한다는 이익이 제시되어야 하는데, 싱어는 그것을 이렇게 말하고 있다.

> 고통을 피하고, 능력을 개발하고, 먹고 자는 기본적인 욕구를 충족시키고, 아이들이 있을 때 그들을 사랑하고 돌보고, 다른 사람과 우정과 애정을 즐거이 교환하고, 타인들로부터 불필요한 간섭을 받지 않고, 자신의 [삶의] 계획을 자유로이 추구하는 이익.[23]

우리는 인종 차별과 성차별이 도덕적으로 그르다고 생각한다. 그런데 왜 그른가 하고 이유를 물어 볼 때, 사람들은 인종이나 성별과 상관없이 합리성이나 도덕적 인격이 같기 때문이라고 대답하면 위에서 말한 것처럼 합리성이나 도덕적 인격에 따라 차별을 하는 위계 사회를 허용하고 만다. 우리는 그 대신에 사람들은 인종이나 성별과 상관없이, 더 나아가 그 사람이 개별적으로 어떤 사람인가와 상관없이, 위에서 말한 이익은 모두 가지고 있으므로 인종 차별이나 성차별 또는 개인의 능력에 따른 차별은 그르다고 대답해야 한다. 위 이익을 고려할 때는 그 이익이 어떤 인종이나 성별의 것인가는 전혀 문제가 되지 않는다. 만약 어떤 특정한 인종이나 성별이 겪는 고통이기에 고려를 덜 해도 된다고 생각한다면 그것은 자의적인 차별이 될 것이다. 더 나아가 그 이익을 가진 사람이 지적 능력이나 합리성이 더 큰가 작은가도 고려 사항이 되지 못한다. 예컨대 지적 능력이 뛰어난 사람이 고통을 피하고, 먹고 자는 기본적인 욕구를 충족시키는 이익이 그렇지 못한 사람보다 더 많은 것은 아니기 때문이다.[24] 이익 평등 고려의 원칙은 이익을 가진다는 특성 외에 능력이나 어떤 다른 특성에 근거해서 다른 사람들의 이익을 고려하려고 하는 의향을 금하고 있다. 예컨대 지능 지수가 낮은 사람들을 노예화하는 것은 평등한 고려와 양립할 수 없는데, 지능은 고통을 피하고 타인들로부터 불필요한 간섭을 받지 않고 자신의 계획을 자유로이 추구하는 이익들과 상관이 없기 때문이다. 실제로 인종 차별과 성차별의 구습을 보면 지능 지수나 합리성과 전혀 상관없는 것들이다. 미국의 흑인 차별 시대에 흑인은 백인과 같은 물도 마실 수 없었고 대중 버스에서 같은 자리에 앉을 수도 없었는데, 물을 마시고 싶고 자리에 앉고 싶은 이익은 지능 지수와 전혀 상관이 없다. 그리고 한때 여성에게는 학교를 다니지 못하게 하고 투표권도 주지 않은 시절이 있었는데 배우고 싶고 정치에 참여하고 싶은 이익 역시 지능 지수와 전혀 상관이 없다. 지능 지수가 높으면 더 많이 배우고 싶고 정치에 더 많이 참여하고 싶다고 말할 수 있을지 모르지만, 지능 지수가 낮다고 해서 그런 욕구가 없는 것은 아니다. 그리고 다시 말하지만 인종이나 성별에 따라 지능 지수의 차이가 있다는 증거도 없다.

우리는 지금 인종이나 성별과 상관없이 모든 인간은 평등하다는 평등 원칙의 근거를 찾고 있는데, 싱어에서 그 근거를 찾았다. 인간은 인종이나 성별과 상관없이, 그리고 지적 능력이나 합리성의 정도와 상관없이 누구나 기본적인 이익을 가지고 있기 때문이다. 이 근거를 찾은 이유는 그 원칙을 동물에까지 확장해서 적용해 보기 위해서이다. 백인과 비교해서 흑인을, 남성과 비교해서 여성을 차별해서는 안 되는 이유는 두 집단 사이에 지능에서 차이가 없기 때문이 아니었다. 설령 지능의 차이가 있더라도 고통을 받으면 어느 집단이나 똑같이 괴롭기 때문이라는 것이 이익 평등 고려의 원칙이 말하려고 하는 바였다. 동물은 어떤가? 동물은 우리보다 지능이 월등히 낮지만 고통을 받으면 괴롭다는 점에서는 똑같다. 그러므로 동물이라고 해서 고통을 주는 방식으로 차별해서는 안 된다는 결론이 나온다. 위에서 싱어가 기본적인 이익으로 열거한 것이 인간과 동물에 똑같이 적용되지는 않는다. 예컨대 동물도 타고난 능력을 개발한다는 이익이 있기는 하지만 그 능력의 종류가 다르긴 하다. 그러나 능력을 개발한다는 점에서는 차이가 없다. 특히나 고통을 피하고 먹고 자는 기본적인 욕구를 충족시키고 다른 존재들의 불필요한 간섭을 받지 않는 이익이 있다는 점에서는 인간과 다르지 않다. 그러므로 비록 동물의 이익이라고 하더라도 우리는 그것을 존중해 주어야 한다. 동물의 이익이라고 해서 무시하는 것은 흑인의 이익이라고 해서, 여성의 이익이라고 해서 무시하는 차별과 다르지 않기 때문이다.

이익 평등 고려의 원칙이 동물 해방론의 특별한 윤리 원칙이라고 치부하는 사람도 있을 것이다. 그러나 이 원칙에 숨어 있는 기본적인 정신은 일관적인 적용이고 위에서 동서고금의 여러 윤리적 원칙에서 공통으로 말한 보편적인 관점이다. 인종이나 성별이 무엇이 됐든 차이가 없다면 똑같이 적용하라는 정신을 종의 차이에도 똑같이 적용하는 것이다. 이런 일관적인 적용은 동물 권리론에서도 똑같이 찾아볼 수 있다. 위에서 리건은 본래적 가치는 자신이 삶의 주체임을 경험할 수 있는 존재들이 가지는 특별한 권리라고 말했다고 했다. 그는 삶의 주체에 대해 다음과 같이 말한다.

어떤 개체가 믿음과 욕망을 갖는다면, 지각과 기억과 자기 자신의 미래가 포함된 미래감을 갖는다면, 쾌락과 고통의 느낌이 있는 감정적 삶을 산다면, 선호와 복지와 관련된 이익을 갖는다면, 자신의 욕구와 목적을 달성하기 위해 행동을 시작할 능력이 있다면, 시간의 흐름 속에서 심리적인 동일성을 갖는다면, 자신이 경험하는 삶이 다른 존재의 유용성과는 논리적으로 독립해서 또 다른 존재의 이익과는 논리적으로 독립해서, 잘 살거나 못 산다는 의미에서 개별적 복지를 갖는다면, 그 개체는 삶의 주체이다.[25]

싱어가 '이익'이라고 불렀던 것들이 여기서는 여러 가지 '능력'으로 바뀌었을 뿐이다. 이익이 됐든 능력이 됐든 그것을 갖는 삶의 주체가 되기 위해서는 지능이 높을 필요도 합리적일 필요도 없다. 인종이나 성별과 상관없이 그런 것을 가지고 있다면 누구나 삶의 주체가 될 수 있다. 그것은 대다수 동물에게도 해당된다. 그래서 동물도 인간과 같은 권리를 갖는다는 결론이 나오는 것이다.

2. 도덕적 고려의 기준

나는 인간에서 평등의 원칙을 받아들여야 하는 이유를 물은 다음에 그 이유를 동물에게까지 적용하면서 싱어의 이익 평등 고려의 원칙을 이용했다. 그러나 방금 보았듯이 이 원칙이 말하는 일관적인 적용은 동물의 직접적인 도덕적 지위를 똑같이 인정하는 리건에서도 찾아볼 수 있다. 그러므로 앞으로 싱어에 국한되어 보이는 '이익 평등 고려의 원칙' 대신에 두루 적용되는 '평등의 원칙'을 사용하도록 하겠다. **평등**

의 원칙이 말하는 바는 **기본적인 이익 또는 능력을 갖추고 있으면 인종이나 성별뿐만 아니라 종에 상관없이 똑같이 대우해야 한다**는 것이다. 이렇게 볼 때 동물 권리론과 동물 해방론을 전제하지 않고서도 그들 이론에 공통으로 보이는 추론 방식인 평등의 원칙을 도출하여 거기에 기대서도 동물에게 도덕적 지위를 충분히 부여할 수 있다. 평등의 원칙은 우리가 성차별이나 인종 차별이 윤리적으로 그르다고 생각할 때 전제하는 원칙인데, 특정 이론이 개입되었을 때 생기는 복잡한 논란이 없이도 성차별이나 인종 차별을 비난하는 상식적인 원리로써 동물의 도덕적 지위를 확보할 수 있다. 다만 동물 해방론에서는 이익, 동물 권리론에서는 삶의 주체라는 개념이 사용되었을 뿐이다.

우리는 평등의 윤리적 근거를 찾아보았다. 그 대답으로 동물 해방론에서는 영향을 받는 모든 사람의 이익을 공평하게 고려해야 하기 때문이라고 말했고, 동물 권리론에서는 자신이 삶의 주체임을 경험할 수 있는 존재들은 모두 도덕적 고려 대상이기 때문이라고 말했다. 그러나 싱어가 이익으로 열거한 것과 리건이 삶의 주체에 대해 말한 것을 보면 모든 동물이 동등하게 가지고 있지 않은 것들이 있다. 가령 싱어가 열거한 이익 중 '자신의 [삶의] 계획을 자유로이 추구하는 이익'을 모든 동물이 가지고 있다고 말하기 어렵다. 삶의 계획을 추구하기 위해서는 자신이 시간 속에서 사는 존재임을 인식하고 미래를 계획할 수 있어야 하는데, 영장류가 아닌 동물에게 그런 능력이 있다고 볼 수 없기 때문이다. 이 점은 리건이 말한 '지각과 기억과 자기 자신의 미래가 포함된 미래감을 갖는다'거나 '시간의 흐름 속에서 심리적인 동일성을 갖는다'는 것도 마찬가지이다. 인간은 기본적으로 가지는 이런 이익을 동물은 가지지 못하는 이유는 인간은 자의식이 있지만 동물은 없기 때문이다. 이 차이는 이 책의 3장에서 죽음이 나쁜 이유를 물을 때, 그리고 9장에서 감금이 나쁜 이유를 물을 때 상세하게 설명이 될 것이다. 그리고 그 물음에 대한 이유가 인간과 동물에게 다르게 적용되는 데 중요한 역할을 할 것이다.

그러나 쾌락과 고통을 느낄 수 있는 능력은 대부분의 동물에서 찾을 수 있다. 미래의 중요한 계획이 좌절되었을 때 미래감이 없는 동물에게는 그것은 좌절이 될 수 없다. 그러나 발길로 차이면 고통스러운 것은 사람이든 오랑우탄이든 닭이든 똑같다. 앞 절에서 인종이나 성별과 상관없이 차별하면 안 되는 까닭은 지능 지수가 같기 때문이 아니라 같은 이익을 갖고 있거나 똑같은 삶의 주체이기 때문이었던 것처럼, 학대와 관련해서 종에 따른 차별을 하면 안 되는 까닭은 어떤 종인가에 상관없이 학대하면 모두 고통스러워하기 때문이다. 지능 지수가 다르다면 똑같은 발길질을 당해도 그 고통의 양과 질이 다르겠지만 어쨌든 최소한 고통을 느낀다는 점에서는 똑같다.[26] 따라서 동물 해방론에서든 동물 권리론에서든 동물에게 이유 없이 고통을 주는 관행들은 도덕적으로 옳지 못한 것이다.

그러면 고통을 느낄 수 있는 능력을 도덕적 고려의 기준으로 받아들여야 할 것 같다.[27] 어떤 개체가 고통을 느낄 수 있는 존재라면 그 개체가 인간이든 동물이든 어떤 종에 속하느냐와 상관없이 도덕적 지위를 갖는다고 보아야 하고, 우리는 그 개체에게 도덕적 의무를 지니게 되는 것이다. 고통을 느낄 수 있는 능력은 도덕적 지위를 갖기 위한 필요충분한 조건이라고 말해진다. 다시 말해서 어떤 개체가 고통을 느낄 수 있다면 도덕적 지위가 있기에 충분하고, 또 어떤 개체가 도덕적 지위가 있기 위해서는 고통을 느낄 필요가 있다. 먼저 고통을 느낄 수 있는 능력이 왜 도덕적 지위를 갖기 위한 충분조건인지 살펴보자. 도덕적 지위가 있기 위해서는 고통을 느낄 수 있는 능력 이상의 것이 있어야 하지 않을까? 그러나 도덕적 지위를 갖기 위한 기준을 그렇게 높게 잡아서는 안 된다. 앞서 거론했듯이 그러면 인간 중에서도 영·유아나 심각한 정신 장애가 있는 사람들은 도덕적 지위가 없게 되는데, 이는 우리의 도덕적 직관과 어긋나기 때문이다. 그리고 합리성이나 의사소통 능력의 유무에 따라 도덕적 지위를 부여하게 되면 그런 능력을 갖춘 정도에 따라 도덕적 지위를 달리 부여해야 한다는 점 역시 앞서 언급했다. 우리는 그러한 '세련된 차별주의'를 받아들이지 않는다. 물론 고통을 느낄 수 있는 능력이 도덕적 지위의 기준이 되면 고통을 얼마나 느끼느냐에 따라 도덕적으로 다르게 대우해야 한다는 결론이 나오는데, 고통을 더 느끼는 개체를 덜 느끼는 개체보다 우선 고려하는 것은 도덕적으로 문제가 되지 않는다. 이와 같은 이유로 고통을 느낄 수 있는 능력만 있으면 도덕적 지위가 있다고 보아야 한다.

이제 거꾸로 고통을 느낄 수 있는 능력이 도덕적 지위를 갖기 위한 필요조건이 되는지 살펴보자. 도덕적 지위를 갖기 위해서는 고통을 느낄 수 있는 능력이 꼭 있어야 할까? 고통을 느낄 수 있는 능력이 없는 존재, 곧 나무나 바위에는 도덕적 지위가 없을까? 고통을 느낄 수 있다는 것은 자신에게 일어난 일에 불쾌함을 표현할 수 있다는 뜻이다. 그리고 우리는 어떤 존재에게 불쾌감을 일으키는 행동을 하지 말아야 한다는 도덕적 의무를 진다.[28] 다시 말해서 그런 존재는 자신에게 일어난 일에 신경을 쓸(mind 또는 care) 수 있는 존재이므로 배려해 주어야 한다. 반면에 나무나 바위처럼 고통을 느낄 수 있는 능력이 없어서 자신에게 일어난 일에 신경을 쓸 수 없는 존재는 배려해 줄 필요도 없기에 도덕적인 고려를 할 필요가 없다. 물론 나무나 바위를 함부로 훼손해도 된다는 뜻은 아니다. 그것을 훼손하면 나무나 바위의 주인에게, 또는 생태계의 영향을 받는 사람들에게 간접적으로 피해를 끼친다. 그러나 나무나 바위 존재 자체에는 만족되지 못하는 무엇이 직접 있지는 않다. 그래서 식물이나 광물은 간접적인 도덕적 지위만 갖지 직접적인 도덕적 지위는 갖지 못한다. 동물 보호가 거론될 때 그 이유로 생명의 소중함을 거론하는 경우가 많은데, 생명이 있다고 해서 모두 직접적인 도덕적 지위가 있는 것은 아니다. 인간부터 식물까지 생명체들은 서로 다른 도덕적 의미를 지니기 때문에 '생명 존중'이나 '생명 가치'라는 말을 내세우는 것은 막연한 구호에 지나지 않을 가능성이 크다. 나무에도, 벌레에도 분명히 생명이 있다. 그러나 생명이 있다는 것만으로는 직접적인 도덕적 지위를 갖기 위한 조건이 되지 않는다. 고통을 느낄 수 있는 능력이 있어야 하는 것이다.

이와 같은 이유로 고통을 느낄 수 있는 능력이 도덕적 지위의 기준이 된다. 도덕적 지위를 갖기 위해서는 최소한 고통을 느낄 수 있는 능력은 있어야 하고 또 그것만 있으면 충분하다. 평등의 원칙이란 기본적인 이익 또는 능력을 갖추고 있으면 인종이나 성별뿐만 아니라 종에 상관없이 똑같이 대우해야 한다는 내용이었다. 이런 기본적인 이익 또는 능력이 바로 최소한 고통을 느낄 수 있는 능력이다. 인간과 동물은 차이점이 분명히 많지만 적어도 그 점에서는 같다. 그러니 그 점에서는 인간과 동물에 동등한 대우를 해 줘야 한다.

3. 동물의 기본권

싱어가 이익으로 열거한 것과 리건이 삶의 주체에 대해 말한 것은 인간이라면 누구나 누려야 할 기본권이다. 그러기에 그들이 이익 또는 삶의 주체가 갖추어야 할 능력으로 나열한 것들은 우리 헌법에서 기본권으로 반영되어 있다. 헌법의 생명권, 신체를 훼손당하지 않을 권리, 신체의 자유, 행복 추구권 등이 그런 것들이다.[29] 지금까지의 논의는 인간이든 동물이든 종과 상관없이 그러한 기본권을 인정하는 것이 평등의 원칙에 어긋나지 않는다는 것이었다. 그렇다면 동물에게도 똑같이 그러한 기본권을 인정해야 한다는 결론이 나온다. 그리고 헌법은 인종이나 성별이나 신분과 상관없이 차별을 금지하고 있으므로, 마찬가지 정신으로 종과 상관없이 차별해서는 안 된다는 원칙을 기본적인 도덕적 원칙으로 받아들여야 하고 이는 헌법이나 법률에도 반영되어야 한다.

현재 우리나라 민법은 동물을 동산에 해당하는 물건으로 취급하고 있고(제99조 제2항), 형법에서 동물은 재물에 해당되어 다른 사람의 동물을 학대하면 재물손괴죄(제366조)가 성립한다.[30] 이것은 동물에게 간접적인 도덕적 지위만 있다고 인정한 것인데, 1장에서 주장한 대로 동물에게도 직접적인 도덕적 지위가 있으므로 이런 도덕적 지위를 반영하여 법적 지위도 수정이 이루어져야 한다. 사실 이러한 시각이 담긴 법률은 이미 제정되어 있다. 동물보호법의 제3조가 그것이다.

제3조(동물보호의 기본원칙) 누구든지 동물을 사육·관리 또는 보호할 때에는 다음 각 호의 원칙이 준수되도록 노력하여야 한다.

1. 동물이 본래의 습성과 신체의 원형을 유지하면서 정상적으로 살 수 있도록 할 것
2. 동물이 갈증 및 굶주림을 겪거나 영양이 결핍되지 아니하도록 할 것
3. 동물이 정상적인 행동을 표현할 수 있고 불편함을 겪지 아니하도록 할 것
4. 동물이 고통·상해 및 질병으로부터 자유롭도록 할 것
5. 동물이 공포와 스트레스를 받지 아니하도록 할 것

이 조항에서 2~5호는 영국의 농장동물복지위원회(Farm Animal Welfare Council)에서 동물의 복지 증진을 위해 제시한 '다섯 가지 자유'가 반영되어 있다. 그것은 '배고픔과 목마름으로부터의 자유', '불안으로부터의 자유', '통증, 부상 또는 질병으로부터의 자유', '정상적 행동을 표현할 자유', '공포와 고통으로부터의 자유'이다.[31] 위 1호는 이러한 자유들을 종합하여 규정하고 있으므로 그것에 주목해야 한다. 동물이 정상적으로 행동을 표현할 수 있고 불편함을 겪지 않는 것이나 공포와 스트레스를 받지 않는 것은 곧 동물이 본래의 습성과 신체의 원형을 유지하면서 정상적으로 사는 것이기 때문이다. 이 1호가 의미하는 바를 제대로 이해하기 위해서 이 규정이 모든 동물에게 적용되는지 살펴보자. 위 규정은 "동물을 사육 · 관리 또는 보호할 때" 준수하라고 말하고 있다. 다시 말해서 이른바 '길들인 동물', 곧 '가축'에 적용된다는 뜻이다. (길들인 동물의 윤리적 대우 문제는 10장에서 본격적으로 논의

할 것이다.) 표준국어대사전에는 '가축'을 "집에서 기르는 짐승. 소, 말, 돼지, 개 따위를 통틀어 이른다."라고 풀이하고 있어, 농장 동물과 애완동물을 아우르고 있다. 그런데 위 조항에서 2호와 4호는 길들인 동물이 아닌 동물, 곧 야생 동물에 적용할 수 있는지 논란거리가 된다. 3항과 5항은 소극적인 의무이지만 2항과 4항은 적극적인 의무에 해당하기 때문이다. 우리가 길들인 동물에게 공포와 스트레스를 주어서는 안 되지만, 과연 야생 동물을 굶주리지 않게 하고 질병에 걸리지 않게 할 책임까지 있는가? 길들인 동물에게 고통을 주어서는 안 되지만, 야생 동물을 고통과 상해를 당하지 않도록 해야 하는가? 야생 동물의 경우에 굶주림을 겪거나 영양이 결핍되지 않도록 해야 한다면 굶어 죽는 동물에게 일일이 먹이를 주어야 하고, 고통과 상해를 당하지 않도록 하기 위해서는 피식 동물이 포식 동물에게 잡아먹히지 않도록 해야 한다. 그러나 이것은 우리의 능력을 벗어난 일이고 또 능력에 닿는다고 하더라도 자연에 개입하여 자연의 질서를 깨뜨리는 것은 옳지 않다는 비판이 존재한다.[32] 그러나 길들인 동물의 경우는 다르다. 우리가 그 동물을 길들여 함께 사는 이상 그 동물이 굶주리지 않게 하거나 고통과 질병을 겪게 하지 않게 할 책임을 져야 하기 때문이다. 예컨대 농장 동물이나 애완동물을 기른다면 배곯지 않도록 먹이를 주어야 하며, 맹수의 공격에서 보호해 주어야 하며, 아프면 수의사에게 진단을 받도록 해 주어야 할 도덕적 의무가 있다. 곧 길들인 동물의 경우에는 굶주림을 겪지 않거나 고통 또는 질병에 걸리지 않고 사는 것이 그 동물의 본래의 습성이라고 말할 수 있다. 길들인 동물은 오랜 세월에 걸쳐 그 본래의 습성이 인간에게 의존하도록 바뀌었기 때문에 그 습성을 존중해 주어야 할 의무가 있는 것이다.[33] 그러니 그런 의무가 도덕적 원칙으로 자리 잡아야 하고 법률에도 반영되어야 한다. 이는 헌법에는 명시되어 있지 않지만 법률에서 보호자나 국가에 아동 보호 의무가 있음을 명시한 것과 마찬가지이다. 길들인 동물이나 아동이나 모두 보호자에 의존하는 존재이다.

이상과 같은 논의를 바탕으로 다음과 같은 동물의 기본권을 받아들여야 한다고 생각한다.[34]

동물은 자연 상태의 능력을 발휘할 수 있고 본래의 습성을 존중받으면서 살 수 있어야 한다.

이것은 이미 동물보호법의 제3조 1호에서 말하고 있는 것이기도 하다. 다만 그 의미가 제대로 전달되지 않고 있을 뿐이다. 인간이나 동물이나 자연 상태의 능력과 본래의 습성에 따라 살지 못하면 고통을 받는다. 그 '자연 상태의 능력과 본래의 습성'은 두말할 것 없이 인간과 동물이 똑같지 않고 또 동물마다 다르다. 그래서 '각 종에 고유한'(species-specific) 본성을 존중해 주어야 한다. 하지만 앞 절에서 인간이라면 지능 지수와 합리성과 상관없이 갖는 기본적 이익 또는 능력을 거론할 수 있었던 것처럼, 고통을 느낄 수 있는 동물이라면 갖는 본래의 습성을 거론할 수 있다. 예를 들어서 아무리 동물이라고 하더라도 밀집된 공간에서 살도록 본래의 습성이 정해져 있지는 않다. 따라서 위 기본권에 따르면 현재의 밀집 형태의 공장식 사육은 금지되어야 한다. 닭 사육을 예로 들어 보자. 현재의 배터리 양계 농장에서 닭을 살게 하는 것은 인간이 정원이 가득 찬 엘리베이터에서 평생토록 살도록 하는 것과 비유될 수 있는데, 인간이 그런 환경에서 사는 것은 절대 본래의 습성이 존중받는 관행이 아닌 것처럼 닭을 밀집된 환경에서 살게 하는 것도 본래의 습성을 존중하는 관행이 아니다. 닭은 자연 상태에서 흙을 쪼고 높은 곳에 올라가고 날갯짓을 하는 능력을 갖추고 있다. 따라서 날개를 펼칠 수도 없고 제대로 걸을 수도 없는 좁은 철조망 우리 안에서 살게 하여 그런 능력을 발휘하지 못하게 하는 배터리 농장은 위 동물의 기본권에 어긋난다. 소와 돼지도 이와 똑같이 각 종에 고유한 본능적인 능력과 습성을 발휘할 수 있는 사육 조건을 만들어 주어야 한다.[35]

동물의 기본권이 위와 같다고 해서 동물을 인간과 똑같이 대우하자는 주장으로 받아들인다면 그것은 기본권을 이해하려는 노력을 안 하거나 악의적으로 해석한 것이다. 동물도 인간처럼 호기심이 있다. 그러나 그 호기심은 예컨대 닭이나 돼지의 경우 땅을 쪼거나 파헤치는 행위로 나타난다. 따라서 그런 능력이 발현할 수 있도록 사육 환경을 만들어 주면 충분하다. 동물은 인간과 달리 글을 배우고 세상을 알고 싶어 하는 종류의 호기심은 없으므로 학교에 다닐 권리를 부여할 필요는 없다. 동물도 자연 상태에서 가족이나 동료와 함께 살고 사회를 이루고 사는 습성이 있다. 따라서 그런 습성을 무시하고 가족이나 동료와 떨어져 살게 해서는 안 된다. 그러나 정치 행위를 하는 능력은 없으므로 선거권이나 참정권을 부여할 필요는 없다.

인간은 죽고 싶어 하지 않으므로 생명권을 존중받는다. 동물도 죽고 싶어 하지 않을까? 가축의 사육뿐만 아니라 도살도 금지해야 할까? 인간뿐만 아니라 동물에게도 죽지 않고 천수를 누리고 죽음의 고통을 피하고자 하는 것은 타고난 습성 아닌가? 고통을 느낄 수 있는 능력이 있는 동물은 당연히 도살 과정에서 고통을 느끼므로 고통을 주는 방식의 도살은 동물의 타고난 습성을 존중하지 못한다. 그러나 고통 없이 도살한다면 상황이 달라진다. 인간은 고통 없이 죽이더라도 도덕적으로 문제가 되는데 그것은 미래에 대한 기대감을 꺾어 버리기 때문이다. 그러나 앞 절에서 설명했듯이 영장류를 제외한 동물은 순간순간만의 쾌락을 만족하려고 하지만 미래에 대한 기대감이 있다고 보기는 힘들다. 따라서 동물을 고통 없이 죽이는 것은 동물의 타고난 습성을 존중하지 못한다고 말할 수는 없다.[36] 그러므로 동물의 기본권을 위와 같이 명시한다고 하더라도 동물을 고통 없이 그리고 도살한 다음에 먹는 행위는 동물의 기본권을 해치는 것이 아닐 수 있다. 현재와 같은 대규모의 공장식 농장으로는 동물의 기본권을 존중해 주기 힘들지만 이른바 '인도적 도살'과 '윤리적 육식'은 그 기본권을 존중하면서 가능한 것이다. (윤리적 육식의 가능성에 대해서는 3장에서 본격적으로 논의할 것이다.)

상당수의 동물은 그 본성상 동물원에서 사육하는 것이 적절하지 않다. 하루에 수십 킬로미터를 걷는 코끼리나 수백 킬로미터까지 헤엄치는 돌고래는 좁은 우리나 수족관에서 자연 상태의 능력을 발휘할 수 없기 때문이다. 따라서 위 기본권에 따른다면 동물원에서 사육하기에 적합하지 않은 동물은 자연으로 돌려보내야 한다. 이는 헌법의 신체의 자유와 주거 및 사생활의 자유에 비유할 수 있을 텐데, 야생 동물도 그런 기본권을 갖는 것이다. 반면에 길들인 동물에 대해서는 이것이 적용되지 않는다. 길들인 동물은 그 본성이 인간에 의존적이기 때문에 자연으로 돌려보내면 야생에 적응하지 못하게 될 텐데, 이것은 오히려 길들인 동물의 본성을 존중하지 않는 행위이기 때문이다. (동물원에 감금된 동물의 기본권은 9장에서, 애완동물의 기본권은 10장에서 본격적으로 논의할 것이다.)

4. 동물의 본래의 습성과 동물의 복지

동물이 자연 상태의 능력을 발휘하고 본래의 습성을 존중받아야 하는 것이 동물의 기본권이라고 말했다. 그리고 동물의 기본권을 존중하는 것은 동물의 복지와 관련되기 때문에 기본권을 무엇으로 정하느냐는 중요한 문제이다. 그러나 여기서 '자연 상태의 능력'과 '본래의 습성'이 무엇인지 딱 잘라 말하기 어렵다는 데 문제가 있다. 인간을 놓고 볼 때 결혼을 해서 가정을 꾸리고 아이를 낳는 것이 자연 상태의 능력이고 본래의 습성이라면 그것을 막는 행위나 제도는 인간의 기본권을 침해한다. 노예의 결혼을 막거나 결혼을 했더라도 가정과 헤어지게 하는 것이 그런 사례가 될 것이다. 그러나 자발적으로 결혼을 하지 않거나 아이를 낳지 않는다면 그것은 자연 상태의 능력을 충분히 발휘하지 못하는 것이고 본래의 습성을 무시하는 것이므로 비난받아야 할까?[37] 인간의 경우에는 선천적인 습성이 무엇인지 합의가 된다고 하더라도 자율적인 판단으로 그것을 무시할 수 있고 자율성 역시 중요한 인간의 '능력' 중의 하나이므로, 부권적 간섭이 허용되지 않는 이상 크게 문제되지 않는다. "사람은 모름지기 결혼을 하고 아이를 낳아야지."라고 말한다면 속된 말로 '꼰대' 취급을 받기 십상이다. 그러나 동물은 그런 자율적 판단이 없으리라 생각되기에 선천적 습성이 무엇인지 아는 것이 매우 중요하다. 야생에 사는 동물은 그나마 본래의 습성이 무엇인지 합의하기가 쉬운 편이다. 하지만 농장 동물이나 애완동물과 같은 길들인 동물의 경우는 우리가 길들였다고 생각한 습성이 본래의 습성인지, 여전히 남아 있는 야생의 습성이 본래의 습성인지 판단하기가 어렵다. 본래의 습성으로 알고 그것을 북돋아 주었는데 사실은 본래의 습성이 아니라면 의도와 다르게 동물의 행복을 떨어뜨리는 꼴이 되고 말 것이다.

동물의 본래의 습성이 무엇인지 살펴보기 위해서는 복지에 대한 **객관주의적 견해**와 **주관주의적 견해**를 검토해 보아야 한다.[38] 객관주의적 견해에 따르면 각 종의 고유한 본성에 맞게 사는 것을 가치 있게 생각해야 하고, 주관주의적 견해에 따르면 동물이 주관적으로 느끼는 쾌락이나 고통을 가치 있게 생각해야 한다. 객관주의적 견해에서는 각 종의 고유한 본성이 곧 동물의 본래의 습성이지만, 주관주의적 견해에서는 그런 것은 없고 각 동물이 주관적으로 느끼는 쾌락이나 고통이 중요할 뿐이다. 각 견해를 좀 더 자세히 들여다 보자.

동물 복지에 대한 객관주의적 견해는 각 동물 종의 전형적인 행동들이 있고 그것이 복지와 연결된다고 생각한다. 사자는 사냥을 해야 하고 코끼리는 하루에 수십 킬로미터를 걸어야 하고 닭은 높은 곳에 올라가고 땅을 파야 하는 것이 그런 예이다. 동물 복지를 생각하는 사람들이 동물원이나 공장식 축산을 옳지 않다고 주장하는 이유는 바로 그런 시설이나 관행이 동물의 고유한 행동을 제한한다고 보기 때문이다. 물론 동물의 고유한 행동, 곧 자연적인 본성을 따르는 것이 동물에게 쾌락을 가져다주고 거꾸로 그렇게 하지 않았을 때 고통이 생길 가능성이 크긴 하다. 그러나 객관주의적 견해는 그런 쾌락과 고통이 생기는가와 상관없이 동물 특유의 자연적인 본성은 그 자체로 중요하다고 생각한다. 롤린은 이렇게 말한다.

> (…) 동물도 역시 본성을 갖는다. 돼지의 돼지다움, 소의 소다움, 그리고 "물고기는 헤엄쳐야 하고, 새는 날아야 한다."가 그것이다. 이것은 언어와 연대가 우리 인간에게 필수적인 것만큼이나 동물의 복지에 필수적이다.[39]

'돼지의 돼지다움'과 같은 말은 "학생은 학생다워야 한다."라는 말처럼 보수적인 발언으로 들릴 수 있다. 그러나 후자의 경우는 학생이라는 인위적인 개념을 규정했기에 과연 '학생다움'이라는 것이 있는지 논란이 될 수 있지만, 자연종인 돼지에 대해서는 동물학이나 생태학의 연구를 통해 '돼지다움'을 말할 수 있을 것 같다. 객관주의적 견해에서는 동물의 객관적인 본성을 따를 때 동물의 복지도 향상되지만 종의 번성도 가져온다고 본다. 허스트하우스는 각 동물 종이 자신의 종에 고유한 방식으로 타고난 목적을 달성하면 종의 구성원으로서 번성한다고 주장한다.[40] 그는 종을 위해 자신을 희생하는 동물의 예를 통해 종 특유의 행동이 주관적인 쾌락으로는 연결되지 않아도 종의 번성으로는 연결될 수 있음을 설명한다. 포식자의 위험을 동료나 새끼들에게 알리는 새는 자신은 고통을 받지만 종의 번성은 가져올 수 있는 것이다.[41]

주관주의적 견해는 동물이 느끼는 주관적 감정을 이용해 동물의 복지를 설명한다. 그 주관적 감정이 무엇이냐에 따라 주관주의적 견해의 형태가 달라지는데, 각 동물이 경험한 것 중 쾌락에서 고통을 뺀 것이 곧 복지라고 주장하는 쾌락주의와, 즉각적인 쾌락과 고통을 넘어선 욕구 또는 선호의 만족이 복지라고 주장하는 선호주의가 대표적이다. 쾌락주의는 벤담을, 선호주의는 싱어를 떠올리면 된다.[42] 허스트하우스의 포식자의 위험을 알린 새 사례는 객관주의적 견해에는 부합하지만 주관주의적 견해에는 부합하지 않을 것이다. 다른 동료나 새끼들을 피하게 해서 종의 번식은 가져왔을지 모르지만 자신은 고통을 겪었기 때문이다. (그런 행동을 바랐을 것이므로 선호는 만족했을 것이다.) 그러나 이런 예외적인 경우를 제외하고는 야생에서는 객관주의적 견해와 주관주의적 견해가 일치하지 않는 경우는 드물다. 앞에서 말했듯이 인간의 경우에는 인간 특유의 습성이 있는지도 논란거리이지만 있다고 하더라도 그것을 의도적으로 따르지 않으면서 개인적으로 행복한 사람이 흔하게 있기에 두 견해 사이에 차이가 있을 것이다. 그러나 동물의 경우에는 본래의 습성을 따르는 것이 대체로 쾌락 또는 선호를 만족하므로 두 견해 사이에 큰 차이가 없다. 자율성이 없는 동물은 본래의 습성을 의도적으로 따르지 않는 경우는 없고, 자신을 희생하는 새의 경우에도 자연의 습성—정확하게 말하면 이 종의 습성이 아니라 살고자 하는 생물 일반의 습성—을 따르지 않았다고 하더라도 그것 역시 '자연적인' 습성인 것이다. 그래서 동물의 경우에 객관주의적 견해와 주관주의적 견해가 충돌하는 지점은 종 특유의 습성인지 아닌지 헛갈릴 때 정도이다. 예컨대 야외에서 뛰어다니려는 습성은 길들여진 고양이에게 본래의 습성일까 아닐까? 야생의 고양이에게는 당연히 본래의 습성일 터이므로 그것을 막으면 고양이의 복지를 해치는 것이 된다. 그러나 길들여진 고양이에게는 그것이 본래의 습성인지 알 수가 없기에 애완동물인 고양이를 집 안에 감금하는 것이 고양이의 기본권을 침해하는지가 논란이 된다. 길들여졌다고 하더라도 야생의 습성이 남아 있는 애완 고양이는 문이 열려 있으면 밖으로 나가려고 할 가능성이 크다. 그러므로 고양이를 감금하는 것은 고양이가 원하는 대로 돌아다니는 것을 막으니 기본권인 자유를 제한하는 것이라는 주장이 한편에서는 가능하다. 그러나 다른 한편에서는 야외는 로드킬의 위험도 있고 여러 질병에 감염될 위험도 있고 야생성을 잃어 스스로 먹이를 구하기도 쉽지 않으니 감금하는 것이 오히려 고양이의 기본권—생명과 건강—을 보호하는 것이라는 주장도 가능하다. 하지만 다시 야외에서는 풍부하고 자극적인 환경에서 돌아다닐 수 있기에 고양이에게 실내의 지루하고 운동이 부족한 생활보다 훨씬 쾌락을 준다는 반론도 나온다.[43] 선호주의의 주장대로 고양이가 실외와 실내 중 어느 쪽을 선호하는지 보고 그것을 본래의 습성으로 존중해 줄 수도 없다. 싱어는 "고려되어야만 하는 선호들은, 우리에게 충분한 정보가 있고 평정심을 가지고 명확하게 사유할 때, 우리가 갖게 되는 선호라고 선호 공리주의자들은 말할 것이다."[44]라고 주장한다. 가령 시를 쓰는 것이 당장에는 쾌락이 없더라도 시를 쓰는 삶을 선호할 수 있고, 거꾸로 마약을 복용하면 당장은 쾌락이 있더라도 복용하지 않는 삶을 선호할 수 있다. 시의 세계와 마약 복용에 대한 충분한 정보가 주어져 있기 때문이다. 그러나 인간과 달리 인지 능력이 없는 고양이에게는 충분한 정보를 줄 수가 없기에 '충분한 정보'가 주어진 이후의 선호는 의미가 없다. 실외에 살아 보지 않은 고양이에게 실외의 위험에 대해 어떻게 알려 줄 수 있겠으며, 실내와 실외 생활을 모두 체험했을 때 어느 쪽을 선택할 것이라는 가정적 선호가 어떻게 가능하겠는가?

지금 동물의 본래의 습성을 둘러싼 논란거리에 대해 말하고 있지만, 사실 야생 동물이나 가축 중 농장 동물은 그것이 크게 문제가 되지 않는다. 앞에서도 말했지만 야생 동물이나 농장 동물은 객관적인 타고난 습성을 따르면 대체로 주관적인 쾌락으로 이어지기 때문이다. 물론 객관적인 타고난 습성을 추구한다고 해서 동물에게 꼭 이득이 되는 것은 아니다. 싸움에서 이긴 한 마리 수사슴만 암컷을 독차지하고 나머지 수사슴은 비참하게 사는 것이 그런 예로 거론되곤 한다.[45] 그러나 이런 사례는 동물의 본래의 습성을 둘러싼 우리의 관심에서 크게 문젯거리가 되지 않는다. 대부분의 수사슴이 비참한 삶(?)을 산다고 해서 사슴들을 감금하거나 사람 손으로 짝짓기를 시킬 수는 없는 노릇이기 때문이다. 사슴들은 그 과정에서 또 다른 더 큰 고통을 겪을 것이고, 어떻게 보면 암컷을 놓고 벌이는 수사슴끼리의 싸움이 우리 생각과 다르게 비참하지 않을 수도 있다. 그러나 현대의 공장식 사육 방식으로 길러지는 농장 동물은 본래의 습성이 침해되는 게 분명하다. 농장 동물은 가축화되기는 했지만 소는 송아지에게 젖을 물리고 싶어하고 돼지는 물웅덩이에서 놀고 싶어하고 닭은 높은 데로 올라가고 싶어하는 본래의 습성을 여전히 가지고 있기 때문이다. 그런데 공장식 사육은 이런 본래의 습성을 깡그리 무시하는 방식으로 이루어지고 있다. 농장 동물의 경우는 최소한의 기본권도 만족시켜 주지 못하고 있으므로, 본래의 습성이 무엇인지 비록 논란이 된다고 하더라도 실천의 영역에서는 전혀 논란이 안 된다.

고민이 되는 것은 애완동물이다. 인간과 함께 살아가게 되면서 야생의 습성이 사라진 것 같으면서도 다른 한편으로는 남아 있는 것처럼 보이기 때문이다. 개나 고양이를 실내에 머물게 하는 것이 옳은가, 고양이가 쥐 사냥을 못 하게 목에 방울을 달게 하거나 사냥이 본성인 리트리버를 사냥을 못 하게 하는 게 옳은가, 사회성이 있는 동물인 개를 동료 없이 기르는 게 옳은가 따위의 논란이 그래서 생긴다. 나는 10장에서 이 주제를 깊이 있게 논의할 것이다. 여기서는 애완동물의 본래의 습성을 둘러싼 논쟁을 해결할 수 있는 이론으로 누스바움의 역량 이론(capabilities theory)을 소개하겠다. 누스바움은 인간의 존엄성을 보장하기 위해 존중받아야 할 인간의 10가지 역량을 제시한 것으로 유명한데, 이와 비슷하게 동물의 10가지 역량을 제시한다. 그것은 (1) 생명, (2) 신체 건강, (3) 신체 보전, (4) 감각, 상상, 사고, (5) 감정, (6) 실천 이성, (7) 연대, (8) 다른 종과의 관계, (9) 놀이, (10) 자신의 환경 통제이다.[46] 이것은 객관주의적 동물 복지 견해가 가치를 부여하는 동물의 고유한 본성을 떠올리게 하는데, 실제로 누스바움의 역량 이론은 객관주의적 견해로 분류되기도 한다.[47] 그러나 누스바움의 이론은 그것보다 훨씬 유연하다는 데 차이점이 있다. 그는 각 종이 이런 역량을 발휘하는 고유한 방식이 있고 우리는 그것을 존중해 주어야 한다고 말하지만, 어떤 구체적인 행동들을 통해 종 특유의 역량을 정의하지는 않는다. 그는 동물원에 갇힌 호랑이를 예로 들어 이것을 설명한다. 호랑이는 사냥하는 역량을 발휘할 수 없는데, 그 역량을 발휘하게 해 준다고 해서 살아 있는 가젤을 호랑이 우리에 집어넣을 수는 없는 노릇이다. 누스바움은 브롱크스 동물원이 호랑이 우리에 큰 공을 줄에 매달았더니 공의 반발력과 무게가 가젤을 상징해서 호랑이가 만족한 사례에 주목한다. 호랑이는 가젤 대신에 공으로 사냥을 하는 역량을 발휘할 수 있다는 것이다.[48] 누스바움이 이런 예를 제시한 까닭은 포식 과정에서 일어나는 고통을 제거하기 위해서이기도 하다. (포식 과정에서의 고통은 4장에서 본격적으로 논의하겠다.) 누스바움은 원래 포식 동물이었던 고양이 같은 애완동물이 집 안에서 장난감으로 포식적인 습성을 대리 만족하는 것도 비슷한 방식이라고 말한다. 누스바움의 이론에 대해 역량의 대리 만족은 허위일 뿐이기에 역량이 제대로 발휘되지 못했다거나, 사냥의 역량은 발휘되었을지 모르지만 감금 상태에서 발휘되지 못하는 역량이 더 많다는 반론이 가능하다. 그러나 각 종의 전형적인 습성을 가정하지 않고서도 그것을 만족시켜 줄 가능성을 열어 주었다는 점에서 그의 이론은 장점이 있다.

정리하면 동물이 자연 상태의 능력을 발휘할 수 있고 본래의 습성을 존중받으면서 살 수 있게 하면 동물의 기본권이 지켜진다. 그리고 동물의 기본권을 지켜 줄 때 동물은 복지를 누리게 된다. 물론 동물의 자연 상태의 능력이나 본래의 습성이 무엇인지 논란이 되는 경우가 있지만 현대의 공장식 사육이 지켜 주지 않는 기본권은 논란의 여지가 없는 것이다. 동물 실험실, 동물원, 가정에 감금된 동물의 경우에 기본권이 무엇인지는 앞으로 논의할 주제들이다.

II부

육식과 포식의 윤리

3장 인간이 동물을 먹는다는 것: 육식의 문제

1. 머리말

동물 윤리 연구에서 가장 핵심적인 주제는 육식이다. 의식주는 인간 생활의 가장 기본적인 요소이고, 식생활에서 고기는 그 양이 많으냐 적으냐의 차이만 있을 뿐이지 대부분 사람의 식단에서 빠지지 않기 때문이다. 이른바 '맛집'이나 '먹방' 프로그램의 메뉴는 거의 고기가 주를 이룬다. 공중파나 케이블 방송의 음식 소개 프로그램이든, 개인 인터넷 방송이든 예외가 없다. 삼겹살은 국민 회식 메뉴가 되었고 치킨은 국민 간식이 되었다. 이제 한국인의 생활에서 고기가 없는 식탁은 상상하기 어렵게 되었다. 시민들의 소득이 전체적으로 높아져 삶의 질을 향한 관심이 커졌지만 고기 식단은 여전히 부와 힘의 상징으로 인식되고 있다.

이런 현실과 달리 동물 윤리 연구에서 육식을 정당화하는 시도는 찾기 어렵다. 다음과 같은 전제들이 논박되기 어렵다고 동의하고 있기 때문이다.

(ㄱ) 고기를 음식으로 먹기 위해서는 동물에게 고통을 주어야 한다.

(ㄴ) 동물에게 고통을 주는 것은 평등의 원칙에 어긋난다.

(ㄷ) 고기를 먹지 않아도 영양학적으로 문제가 없다.

고기를 먹기 위해서는 동물을 기르고 죽여야 한다. 죽이는 과정에서 동물에게 주는 고통은 가축 사육 후의 도살 혹은 사냥에서 불가피하다.[49] 도살과 사냥에서 주어지는 고통은 인류가 육식을 하기 시작한 이후로 계속된 것이지만 기르는 과정에서 주어지는 고통은 최근에 생긴 것이다.[50] 전통적인 방식의 사육은 방목의 형태로 이루어졌으므로 자연 상태와 비슷한 조건에서 길러지던 가축은 인간이 만들어 낸 고통은 겪지 않았다. 그러나 현대에 집중적 형태로 이루어지는 이른바 '공장식' 사육은 값싼 고기를 생산해 내기 위해 최대한 적은 인력으로 최대한 좁은 공간에서 최대한 많은 가축을 길러낸다. 예컨대 닭은 A4 한 장 넓이만 한 좁은 공간에서 날갯짓도 하지 못하고 살고, 송아지나 돼지는 몸을 뒤척이지 못할 정도로 좁은 스톨에 갇혀 지낸다.[51] 우리가 과거 사회에서 특별한 날에나 맛볼 수 있었던 고기를 흔하게 먹을 수 있게 된 데에는 이렇게 고통을 피하고 싶고 가족과 함께 살고 싶다는 동물의 본래의 습성을 침해한 덕이다. 본래의 습성을 지키며 사는 동물은 겪지 않아도 될 고통을 이처럼 동물에게 주는 것은 평등의 원칙에 따르면 옳지 않다. 인간에게 본래의 습성을 지키지 못하고 살도록 강요했을 때 겪게 될 고통을 생각해 보라. 가령 정원이 가득 찬 엘리베이터 안에서 평생을 산다고 생각해 보라. 물론 인간과 동물은 지능에서 차이가 난다. 그러나 갇혀 지내는 고통은 지능과 상관없이 누구나 괴로우며, 본성을 지키며 사는 행복은 지능과 상관없이 누구나 즐겁다. 한편 우리가 육식을 하지 않으면 살 수 없다고 한다면 육식은 윤리적 당위가 될 수 없다. 우리가 할 수 없는 것을 우리에게 의무로 부과하는 것이기 때문이다. 그러나 대부분의 사람은 이누이트처럼 동물성 먹거리 이외에는 먹을 게 없는 상황은 아니다. 그리고 영양학에서 임산부와 어린이의 경우에는 건강을 위해 육식이 꼭 필요한지 논란거리가 되지만, 그 이외의 사람들에게는 육식으로 섭취하는 필수 영양분은 채식으로 대체 가능하다고 알려져 있다.[52] 채식이 오히려 건강이나 장수에 좋다는 것은 이제 상식이다.

이상이 (ㄱ)~(ㄷ)이 말하는 바이다. 결국 우리가 고기를 먹음으로써 생기는 이익은 고기를 씹을 때의 입맛 정도인데, 이것은 그 반대 급부로 동물이 겪어야 하는 고통과 견주어 보면 비교가 불가능할 정도로 아주 사소하다. 이와 같은 전제들에서 육식은 윤리적으로 허용 가능하지 않다는 것이 도출된다.

그런데 위 육식 반대 논증에는 주목할 부분이 있다. 거기에는 동물의 고통만이 언급되어 있고, 평등의 원칙이 작동하는 것도 종에 상관없이 똑같이 고려해야 하는 고통 때문이었다. 그렇다면 동물에게 고통을 주지 않고서도 고기를 먹을 수 있다면 육식은 윤리적으로 허용 가능하지 않을까? 동물에게 고통을 주지 않으면서 어떻게 육식이 가능할까? 고기로 먹기 위해서는 일단 죽여야 하는데 말이다.[53] 위 논증에서 고통은 핵심을 차지하지만 '죽음'에 대한 언급은 없다. 그렇다면 동물을 고통 없이 기르고 고통 없이 죽일 수 있다면 윤리적 육식은 가능할 수도 있을 것 같다. 공장식 사육 이전의 사육이 그 실제 가능성을 보여 준다. 전통 방식의 사육에서 가축은 인간이 만들어 낸 고통은 겪지 않았다고 말했다. 그렇다면 도살도 고통 없이 이루어진다면 (가령 전기 충격으로 기절시킨 후 도살한다면 기술적으로 가능하다) 고통 없이 고기를 만들어 낼 수 있고, 육식 반대 논증을 피해갈 수 있지 않을까? 고통은 어떤 종의 고통인가에 상관없이 윤리적으로 똑같이 중요하지만, 죽음은 어떤 종의 죽음인가에 따라 다르게 고려할 수 있다면, 그리고 그것이 평등의 원칙에 어긋나지 않는다면, 고통 없는 죽음은 윤리적으로 문제가 안 될 것 같다.

이번 장에서는 이른바 '윤리적 육식' 또는 '인도적 도살'의 가능성을 검토하려고 한다. '윤리적 육식'은 '착한 악마'나 '고요한 외침'처럼 형용 모순처럼 들린다. 동물 윤리학의 주된 작업이 육식이 비윤리적임을 주장하는 것인데, 윤리적인 육식이라는 게 가능할까? 앞 단락의 주장에 따르면 윤리적인 육식이 가능하다면 그것은 동물의 고통은 윤리적으로 문제가 되지만 동물의 죽음은 윤리적으로 문제가 되지 않기 때문일 것 같다. 우리는 고통에 비해 죽음을 훨씬 더 심각하게 받아들이는데 어떻게 그것이 가능할까? DNA의 나선 구조 모델을 제안한 프랜시스 크릭은 의식이 뉴런들의 신경 과학적 활동일 뿐이라는 주장을 '놀라운 가설'이라고 불렀다.[54] 그러나 크릭의 호들갑(?)과 달리 의식이 뉴런의 활동이라는 주장이 현대에는 상식에 가까우므로 그리 '놀라운' 가설이 아니다. 고통보다 죽음이 윤리적으로 문제가 되지 않는다는 주장이야말로 **놀라운 가설** 아닐까?[55]

나는 이 장에서 놀라운 가설이 성립할 수 있음을, 다시 말해서 윤리적 육식이 정당화 가능하다는 점을 보일 것이다. 동물을 죽이는 것이 옳은지 검토하기 위해 먼저 사람을 죽이는 것이 옳지 않은 이유를 검토하겠다. 사람을 죽이는 것은 누구나 옳지 않다고 생각하므로 거기서 찾은 이유를 동물에게 적용하기 위해서이다. 2절에서는 사람을 죽이는 것이 옳지 않은 이유를 검토할 때 주의할 점을 언급한다. 그러고 나서 3절에서 박탈 이론과 그것을 개선한 시간-상대적 이익 이론을 사람을 죽이는 것이 옳지 않은 이유로 제시한다. 이 이론에 따르면 사람을 죽이면 나쁜 이유는 사람을 죽이게 되면 그 사람이 죽지 않았으면 가졌을 많은 좋은 것들을 빼앗아 가기 때문이고, 그 사람이 미래의 자신과 심리적 연결이 강하면 강할수록 그 죽음은 더욱 나쁘다. 그래서 한갓 감각적인 존재를 죽이는 것은 나쁘지 않다고 4절에서 주장하겠다. 마지막으로 5절에서 육식을 정당화하는 대체 가능성 논증을 검토한다.

2. 사람을 죽이는 것은 왜 나쁜가?

지금부터 동물을 죽이는 것이 옳지 않다는 주장을 검토할 때 동물을 고통 없이 죽이는 것을 상정하고 논의하므로, 앞으로 동물의 죽음을 거론할 때는 고통 없이 죽이는 것임을 당연하게 전제하겠다. 따라서 동물을 죽이는 것이 옳지 않은 이유로 죽을 때의 고통이라는 대답은 적절하지 않다. 그렇다면 동물을 죽이는 것이 왜 윤리적으로 문제가 되지 않을까?

2장에서 동물에게 기본권을 부여할 때 사람에게 평등한 권리가 있는 이유가 무엇인지 물은 다음에 그 질문의 대답을 동물에게 적용하는 방법을 사용했다. 거기서도 말했지만 이 방법은 모든 사람이 동의하는 직관에 숨어 있는 원리를 찾아 그것을 적용한다는 점에서 상당히 설득력이 있다. 나는 동물을 죽이는 것이 윤리적으로 문제가 되는지 검토하기 위해서도 마찬가지 방법을 사용하려고 한다. 사람을 죽이는 것이 그르다는 데는 누구나 동의한다. 따라서 사람을 죽이는 것이 옳지 않은 이유를 찾아, 그것을 동물에 적용해 보는 방법을 사용하는 것이다.

나는 지금부터 사람을 죽이는 것이 옳지 않은 이유를 검토할 것이다. 먼저 그 이유를 검토할 때 주의하거나 배제해야 할 대답을 세 가지 지적하겠다. 첫째는 방금 동물을 죽이면 안 되는 이유로 고통스럽기 때문이라는 대답을 배제한 것처럼 사람을 죽이면 안 되는 이유에서도 고통스럽기 때문이라는 대답을 배제하겠다. 현실적으로 죽음에 대한 공포는 죽는 과정에서의 고통이 대부분을 차지한다.[56] 하지만 동물을 고통 없이 죽이는 것이 옳은지 살펴보기 위해서 사람을 죽이는 것이 옳은지 묻고 있으므로 사람을 죽이는 경우에도 동물을 죽일 때와 마찬가지로 고통이 없다는 전제를 똑같이 적용해야 한다.

둘째, 인간은 '생명에 대한 권리'(right to life)를 가지고 있기 때문에 죽이면 안 된다는 주장도 검토하지 않겠다. 우리 헌법에는 '생명권'이 명시되어 있지 않은데 너무 당연한 기본권 중의 기본권이라서 그런지도 모르겠다.[57] 그러나 대체로 "모든 국민은 인간으로서의 존엄과 가치를 가지며, 행복을 추구할 권리를 가진다."(제10조 제1항)나 "모든 국민은 신체의 자유를 가진다."(제12조 제1항)라는 항목이 생명권의 근거가 된다고 말한다. 그런데 이때의 생명권은 불가침의 절대적인 권리이다. 안락사, 낙태, 사형 따위의 경우에 생명권이 제한될 수 있는지 논란이 되겠지만, 적어도 거기에 해당하지 않는 사람의 생명권은 어떤 경우에도 침해될 수 없다. 이와 마찬가지로 동물의 경우에도 동물에게 침해할 수 없는 본래적인 권리가 있다고 주장하는 이론에서는 동물에게 고통을 주지 않는다고 하더라도 동물의 생명권은 침해될 수 없다. 거기서 동물의 죽음이 윤리적으로 문제가 되지 않는다는 놀라운 가설은 애초에 거론될 수도 없기에 동물을 죽이는 것이 옳으냐는 질문에 대한 대답도 기대할 수 없다. 동물의 불가침적인 권리를 주장하는 대표적인 학자는 리건이다. 1장에서 살펴보았듯이 그는 자신이 삶의 주체임을 경험할 수 있는 존재들이 가지는 특별한 권리를 '본래적 가치'라고 부르는데, 동물들이 본래적 가치를 똑같이 갖는다는 것을 설명하기 위해 컵의 비유를 든다. 컵에는 여러 내용물이 담길 수 있지만 중요한 것은 컵 자체인 것처럼, 삶의 주체도 여러 가지 경험을 할 수 있지만 삶의 주체인 것 그 자체가 중요하다고 말한다.[58] 리건과 같은 주장에서는 인간이 됐든 동물이 됐든 삶의 주체는 고통의 경험 여부와 상관없이 그 자체로 소중하다. 따라서 동물이 설령 고통을 전혀 경험하지 않더라도 죽음은 허용될 수 없다.

권리 이론을 따로 검토하지 않는 또 다른 이유도 있다. 권리 이론은 선언적인 성격이 강하다. 다시 말해서 사람이든 동물이든 생명에 대한 권리가 있다고 선언적으로 주장을 하지 그 근거를 밝히지 않는다. 권리론자인 툴리는 그런 근거를 찾는 작업을 하기는 한다. 그는 자신의 작업이 "어떤 유기체가 생명에 대한 진지한 권리를 갖기 위해서 만족해야 하는 조건을 규정하는 기본적인 도덕 원리를 정립하고 옹호하는 것"[59]이라고 말한 다음에 그 조건을 다음과 같이 말한다.

> 유기체가 생명에 대한 진지한 권리를 소유하는 조건은, 경험을 비롯한 정신 상태를 갖는 연속적인(continuing) 주체로서 자아의 개념을 소유하고 있으며, 자기 자신이 그러한 연속적인 존재임을 믿고 있어야 한다는 것이다.[60]

다시 말해서 툴리는 자신이 일정한 시기에 걸쳐서 존재하는 개별적 존재자라고 믿을 수 있는 존재만이 생명에 대한 권리를 갖는다고 생각한다. 그런데 이런 설명은 아래의 4절에서 보겠지만 생명에 대한 권리를 내세우지 않으면서도 사람을 죽이면 안 된다고 설명하는 이유와 상통한다. 그렇다면 권리 이론을 굳이 별도로 검토할 이유가 없다.

셋째, 사람을 죽이는 것이 옳지 않은 이유로 그 죽음을 본 사람들이 공포와 불안을 느끼기 때문이라는 대답도 가능한데 이 대답도 배제하겠다. 우리는 주변 사람들이 죽는 것을 보고 우리에게도 그런 죽음이 닥쳐올까 봐 두려워한다. 이 대답은 사람을 죽이는 것이 그른 이유를 죽음을 당하는 사람에게서 찾는 것이 아니라 그것이 그르다고 생각하는 주변 사람들에서 찾고 있다는 점에서 사람을 죽이는 것이 나쁜 간접적인 이유이다. 주변 사람들의 죽음을 보고 두려움을 느끼는 것이 아니라 스스로 반성해 본 결과 죽음에 두려움을 느낀다고 말하는 사람도 있을 것이다. 그러나 죽음을 경험해 본 사람은 아무도 없기에 죽음에 두려움을 느낀다면 그것은 다른 사람의 죽음을 관찰한 후 나에게도 닥칠까 봐 생기는 두려움이라고 말하는 것이 정확하다. 싱어는 사람을 죽이는 것을 죽임이 희생자에게 준 잘못 때문에 반대하는 것이 아니라 그것이 다른 사람에게 가져오는 잘못을 이유로 반대하는 것은 '기이한 일이다'라고 지적한다.[61] 그러나 간접적인 이유는 단순히 기이하기만 한 것이 아니라 선결문제를 요구하는 논리적 오류도 저지르고 있다. 주변 사람들이 죽임을 당하는 희생자를 보고 두려움을 느끼는 것은 그 희생자에게 비록 고통이 없는 죽음이라도 어떤 부정적인 점이 있을 것이라는 전제를 하기 때문인데, 그것은 증명할 것을 전제하는 것이다.[62] 많은 사람은 주사를 맞을 것이라는 예상에 두려움과 불안을 느끼는데, 주사를 맞을 때의 아픔 때문이다. 이 주사는 맞을 때 전혀 아프지 않은 새로운 형태의 주사이고 아프지 않다는 것이 검증되었다고 하는데도 여전히 주사 맞는 것을 두려워하는 사람에게 왜 주사 맞는 일을 두려워하느냐고 물었더니 두려워서 그렇다고 대답하면 적절하지 못할 것이다. 사람을 죽이는 것이 옳지 않은 이유를 우리에게도 그런 죽음이 닥쳐올까 봐 두렵다고 대답하는 것도 마찬가지 이유로 적절하지 못하다. 그러므로 우리는 사람을 죽이는 것이 옳지 않은 간접적인 이유가 아니라 직접적인 이유를 제시해야 한다. 달리 말해서 죽임을 당할 때 '어떤 부정적인 점'이 있다고만 말해서는 선결문제를 요구하게 되므로, 그 부정적인 점이 무엇인지 구체적으로 말해야 한다. 물론 간접적 이유가 직접적 이유를 찾는 데 도움이 되는 것은 사실이다. 인간과 달리 동물은, 일부 고등한 동물을 제외하고는, 주변에서 일어나는 죽음을 보고 두려워하는 능력을 갖고 있지 못하다. 마당에서 노는 닭은 옆에서 같이 놀던 닭이 없어지거나 심지어 죽임을 당해도 그것을 공포로 인식하지 못한다. 주변에서 일어나는 일을 인지하고 그것을 자신에게 적용할 수 있는 능력이 없는 것이다. 그와 달리 인간에게 그런 능력이 있다는 것은, 앞으로 살펴보겠지만, 죽음을 당하는 당사자에게 죽음이 왜 나쁜지를 설명하는 실마리가 될 수 있다.[63]

3. 박탈 이론과 시간-상대적 이익 이론

사람을 죽일 때 생기는 고통도 문제가 안 되고 주변 사람들이 느끼는 간접적인 공포도 문제가 안 된다면 사람을 죽이는 것이 옳지 않은 이유는 무엇일까? 죽음 후에는 아무것도 존재하지 않기 때문에 옳지 않다는 대답이 있을 수 있다. 존재하는 것보다 무엇인가가 존재하지 않는 것은 나쁘다는 생각이다. 그러나 왜 비존재는 존재보다 나쁜 것일까? 우리는 물 이외에는 아무것도 없는 망망대해나 아무것도 볼 수 없는 칠흑 같은 밤에 공포를 느낀다. 그러나 그것은 비존재가 아니다. 두려움을 느낄 무엇인가가 존재하기 때문이다. 그리고 우리가 모든 비존재를 나쁘게 보는 것도 아니다. 우리는 죽은 후에 존재하지 않게 되지만 태어나기 전에도 존재하지 않았다. 그러나 죽은 후의 비존재는 나쁘게 생각하지만 태어나기 전의 비존재를 나쁘게 생각하는 사람은 없다.[64] 그래서 루크레티우스는 죽음이 나쁘지 않다는 것을 주장하기 위해 다음과 같이 말했다.

> 또한 돌아보라. 영원한 시간 중, 우리가 태어나기 전에
> 흘러간 과거가 우리에게 얼마나 아무것도 아니었는지를.
> 그러므로 자연은 이것을 우리에게, 앞으로 올,

우리가 마침내 죽은 다음의, 시간의 거울상으로서 제시한다.
혹시 여기에 무엇이라도 무서운 게 나타나는가, 무엇이든
서글픈 게 보이는가? 이는 그 어떤 잠보다 더 걱정 없는 상태가 아닌가?[65]

태어나기 전에도 영원한 시간이 있지만 그것을 슬퍼하는 사람이 없는 것처럼 죽은 후의 시간에도 슬퍼할 필요가 없다는 주장이다. 이런 주장이 가능한 것은 루크레티우스가 끌어들인 전제, 곧 태어나기 이전의 비존재가 나쁘지 않다는 데에 모든 사람이 동의하리라고 생각하기 때문이다. 실제로 거기에 많은 사람이 동의할 것이다. (물론 루크레티우스의 주장과 달리, 나는 설령 태어나기 이전의 비존재가 나쁘지 않다고 하더라도 죽음이 나쁘다는 것을 설명할 수 있다고 생각한다. 그 이유는 죽음 이후의 비존재와 죽음 이전의 비존재의 차이 때문이라고 생각하는데, 그 차이는 바로 이어서 설명하겠다.)

이렇게 비존재가 꼭 나쁜 것은 아니다. 따라서 비존재에 나쁘다고 생각되는 무엇이 있다면 그것은 비존재 그 자체가 아니라, 존재에서 비롯된 비존재일 것이다. 다시 말해서 처음부터 없었던 것이 나쁜 것이 아니라, 무엇인가가 있다가 없어졌기 때문에 나쁜 것이다. 우리는 소중한 무엇인가를 가지고 있다가 그게 없어지면 안타깝게 생각한다. 그러나 처음부터 없었다면 그렇게 생각하지 않는다. 나는 나보다 10년 먼저 태어난 사람이 내가 태어나기 전에 살아온 10년의 삶을 내가 살지 못했다고 해서 안타까워하지는 않는다. 그 10년은 내가 가지고 있던[살았던] 삶이 아니기 때문이다. 물론 내 친구는 집을 가지고 있는데 나는 가지고 있지 않은 경우처럼 애초에 내가 가지고 있지 않

은 것에도 안타까워하기도 하지만, 그것은 집을 내가 가졌어야 하는데 가지지 못했다고 생각하기 때문이다. 다시 말해서 나에게 집을 가질 자격이 있는데 그 자격을 빼앗겼다고 생각하기 때문이다. 그렇다고 하더라도 당연히 그 경우에는 집을 실제로 가지고 있다가 빼앗긴 경우보다 덜 안타까워한다. 역시 소중한 무엇인가를 가지고 있다가 그게 없어지면 안타깝게 생각하는 것이다. 결국 죽음에서 두려워하는 비존재의 정체는 무엇인가 있다가 없어지는 결핍이다. 죽음을 당할 경우 없어지는 것은 두말할 것도 없이 살아 있었으면 누렸을 좋은 것들이다. 그 좋은 것은 쾌락일 수도 있고 성취일 수도 있고 이익일 수도 있고, 여러 가지 형태일 수 있다. 죽음은 삶이 주는 여러 좋은 것들을 송두리째 빼앗기 때문에 나쁜 것이다. 이렇게 삶이 주는 좋은 것들을 빼앗기 때문에 죽음은 나쁘다는 이론은 **박탈 이론**(the deprivation theory)이라고 부른다.[66]

그런데 박탈 이론이 사람을 죽이는 것이 나쁜 이유를 설명할 수 있는 설득력 있는 이론이 되기 위해서는 넘어야 할 산이 있다. 그것은 죽음의 나쁨을 반박한다고 오래전부터 알려진 에피쿠로스의 논증이다. 그는 「메노이케우스에게 보내는 편지」에서 죽음은 죽는 사람에게 나쁜 것이 될 수 없다고 주장한다. 나는 앞서 고통은 동물에게 나쁘지만 죽음은 나쁘지 않다는 주장을 '놀라운 가설'이라고 불렀는데, 죽음이 사람에게도 나쁘지 않다는 에피쿠로스의 주장은 이보다 훨씬 더 놀라운 가설이다. 그는 그 이유를 다음과 같이 말한다.

가장 두려운 악인 죽음은 우리에게 아무것도 아니다. 왜냐하면 우리가 존재하는 한 죽음은 우리와 함께 있지 않으며, 죽음이 오면 이미 우리는 존재하지 않기 때문이다. 그렇다면 죽음은 산 사람이나 죽은 사람 모두와 아무런 상관이 없다. 왜냐하면 산 사람에게는 아직 죽음이 오지 않았고, 죽은 사람은 이미 존재하지 않기 때문이다.[67]

죽음은 특정 시점에 일어난다. 죽음이 누군가에게 나쁘다면 그 사람이 죽기 전에 어떤 시점에 나쁘거나 죽은 후의 어떤 시점에 나쁠 것이다. 먼저 죽음은 죽기 전에는 나쁠 수 없는데 아직 죽음을 경험하지 않았기 때문이다. 한편 죽음은 죽은 후에도 나쁠 수 없는데 나쁨을 겪을 사람이 더는 존재하지 않기 때문이다. 무엇인가가 누군가에게 해롭기 위해서는 그 사람이 존재해야 하는데 죽어서 존재하지 않는 사람에게 해로울 수 있겠는가? 따라서 죽음은 어느 순간에도 사람들에게 나쁘지 않다는 것이 에피쿠로스의 논증이다. 물론 사람들은 자신이 죽기 전에 죽음을 두려워하는 이유로 죽는 시점을 지목하고, 그것이 바로 죽음이 주는 해악이라고 말할 것이다. 그러나 그런 두려움은 위와 같은 이유로 근거가 없다는 것이 바로 에피쿠로스의 주장이다. 에피쿠로스의 논증이 맞는다면 다른 사람이 죽는 것을 보고 두려워할 필요도 없다. 죽는 그 사람에게 죽음은 나쁜 것이 아니기 때문이다.

에피쿠로스의 논증은 죽음의 나쁨을 설명하는 어떤 이론도 무력화하는 것처럼 보인다. 죽음은 비존재 때문에 나쁜 것이 될 수 없다. 죽기 전에는 비존재를 경험할 수 없고, 죽은 후에는 비존재를 경험할 주체가 없기 때문이다. 박탈 이론도 마찬가지이다. 박탈 이론에서 죽음이 나쁜 것은 삶에서 좋은 것을 빼앗겼기 때문인데, 에피쿠로스의 논증에 따르면 언제 빼앗겼는지 설명할 수 없다. 죽기 전에는 좋은 것을 빼앗기지 않았고, 죽은 후에는 무엇인가를 빼앗길 존재가 없기 때문이다. 죽음이 누군가에게 나쁘기 위해서는 나쁜 시점이 있어야 한다는 것이 에피쿠로스의 기본적인 가정이다. 죽음의 박탈 이론을 지지하는 네이글은 이 가정을 비판함으로써 에피쿠로스의 주장에서 벗어난다. 그는 "모든 선이나 악은 시간적으로 할당될 수 있는 상태여야 한다고 생각하는" 것이 잘못이라고 말한다.[68] 그에 따르면 우리는 사기를 당하면 나쁘다고 생각하지만, 그것이 나쁜 이유는 사기당한 것을 알았을 때 우리가 고통을 느끼기 때문인 것은 아니다. 사기당하는 것 자체가 나쁘기 때문에 나쁜 것이다. 네이글은 그런 말을 직접 하지 않지만, 설령 사기당하는 것을 몰랐다고 하더라도 사기당하는 것은 나쁜 일이라고 볼 수 있다. 에피쿠로스를 향한 이 반론은 행복이 궁극적인 선이라고 주장하는 쾌락주의에 흔히 제기되는 다음과 같은 반론과 비슷하다. 나는 어떤 사람을 친구라고 여기지만 그 사람은 내가 안 보이는 곳에서 나를 욕하고 다닌다고 하자. 그리고 내 주변 사람들 누구도 그 사실을 나에게 말해 주지 않는다고 하자. 쾌락주의에서는 이 때 내가 불행하다는 것을 설명하지 못하지만 안 좋은 일이 일어난 것은 분명하다.[69] 에피쿠로스에 따르면 나에게는 나쁜 일이 일어나지 않는다. 나쁜 일을 알게 되는 시점이 없기 때문이다. 그러나 에피쿠로스의 주장과 달리, 우리는 나쁜 일을 알지 못하더라도 해악을 겪는 것이 가능하다. 네이글의 생생한 사고 실험은 이 점을 더 잘 보여 준다.[70] 어떤 지성인이 뇌 손상을 입어 어린아이의 정신 상태로 돌아갔다고 가정해 보자. 그리고 그는 어린아이의 정신 상태이기에 과거를 전혀 기억하지 못하고 현재의 상태에 만족해 한다고 해 보자. 우리는 그 지성인이 이런 상황에 빠진 것을 엄청난 불행이라고 생각한다. 그러나 그는 지금 자신의 상태를 자각할 수 없다. 네이글의 이 사고 실험에 에피쿠로스의 논증을 적용하면 이 지성인에게는 나쁜 일이 일어났다고 말할 수 없게 된다. 에피쿠로스에 따르면 먼저 지성인이 뇌 손상을 당하기 전에는 당연하게 나쁜 일이 일어나지 않았고, 뇌 손상을 당한 후에는 그 지성인은 더는 존재한다고 말하기 어렵기에 역시 지성인에게는 나쁜 일이 일어나지 않았기 때문이다. 기껏해야 어린아이의 정신 상태가 된 그 존재에게 나쁜 일이 생겼다고 말해야 하지만, 그 존재는 더는 지성인이라고 말하기 어렵다. 뇌 손상을 당한 이후의 아이(?)에 주목하면 뇌 손상의 나쁨을 설명할 수 없다. 그 아이는 그 나름대로 행복한 삶을 살고 있고, 설령 그게 불행이라고 하더라도 지성인의 불행이 아니기 때문이다. 따라서 아이 대신에 뇌 손상을 당한 지성인에 주목해야 한다. 그는 그런 사고를 겪지 않았으면 이루었을 업적을 빼앗겼기 때문에 나쁜 일이 생겼고 우리는 그것이 불행이라고 동정하는데, 이것이 바로 박탈 이론이 말하는 바이다.

그러나 지금과 같은 박탈 이론의 주장으로는 상식과 어긋나는 주장을 받아들여야 하는 문제에 부닥친다. 죽음은 삶이 주는 좋은 것들을 빼앗기 때문에 나쁘다고 한다면 한창때의 젊은이의 죽음보다 갓난아이의 죽음이 훨씬 나쁘다고 말해야 한다는 점이 그것이다. 비슷한 수명을 살고 비슷한 정도의 행복을 누리는 삶을 산다고 할 때 젊은이가 빼앗긴 좋은 것보다 갓난아기가 빼앗긴 좋은 것이 훨씬 많을 것이기 때문이다. 그러나 갓난아기의 죽음도 당연히 나쁘다고 생각하지만 한창때의 젊은이의 죽음을 더 아깝게 생각하는 것이 상식이다.[71] 이 정도가 아니라 지금과 같은 박탈 이론을 밀고 나가면 가장 나쁜 죽음은 정자와 난자가 막 수정한 수정란의 죽음이라고 인정해야 하는 지경에 이르게 된다.[72] 수정란은 다른 조건이 같다면 (수정란이 인간이라면) 모든 인간 존재 중 잃을 좋은 것이 가장 많기 때문이다. 그러나 수정란은 착상하지도 못하고 자연스럽게 파괴되는 경우가 흔하다. 설령 수정란을 인위적으로 죽인다고 하더라도 아무런 의식도 하지 못하고 인간으로서의 형태도 가지지 못한 수정란의 죽음을 안타깝게 생각하는 사람은 드물다. 그러나 박탈 이론에 따르면 수정란을 인위적으로 죽이는 것도 옳지 않을 뿐만 아니라 자연스럽게 유산되지 않도록 노력을 기울여야 하는 의무가 우리에게 생긴다는 반직관적인 결론을 받아들여야 한다.

맥마한은 이 문제를 해결하기 위해 죽음이 나쁜 정도를 평가하기 위한 기준을 제시한다. 그에 따르면 한 개체에게 죽음이 불행인 정도는 다음 두 가지 요소에 의해 결정된다. (1) 그 개체로부터 죽음이 빼앗은 좋은 삶의 양. (2) 죽음의 순간에 그 개체가 삶에서 좋은 것들이 생길 것 같은 미래의 시점에서의 자신과 심리적으로 연결되는 정도. 맥마한은 죽음의 나쁨에 대한 이런 설명을 **시간-상대적 이익 설명**(time-relative interest account)이라고 부른다.[73] 갓난아기를 예로 들어 젊은이와 비교해 보자. (갓난아기만 가지고도 충분히 설명할 수 있으므로 굳이 수정란을 예로 들 필요는 없다.) 갓난아기를 죽이게 되면 그로부터 빼앗은 좋은 삶이 어느 정도 있을 것이다. 맥마한이 (1)에서 말한 '죽음이 빼앗은 좋은 삶'은 죽지 않았으면 얻었을 반사실적인 좋은 삶이 아니라 죽음으로써 빼앗기게 되는 '사실적인' 좋은 삶이다. 갓난아기도 행복한 삶을 살고 있을 것이므로 죽음으로부터 빼앗기는 좋은 삶은 분명히 있다. 그러나 훨씬 복잡한 삶을 사는 젊은이의 삶에서 빼앗기는 행복의 양에 견줘서는 분명히 작다. 그 다음에 (2)를 보면, 갓난아기는 자아에 대한 인식도 없고 미래에 대한 바람도 없다. 그리고 우리는 성인이 되어서도 갓난아기 때를 기억하지 못한다. 한마디로 말해서 갓난아기는 순간순간만을 사는 존재이다. 갓난아기는 미래의 어떤 시점과 심리적으로 연결되어 있다고 말하기 어렵다. 따라서 시간-상대적 이익 설명에서는 젊은이의 죽음이 갓난아이의 죽음보다 나쁘다는 설명이 가능하다. 물론 (1)을 평가할 때, 행복을 양적으로 평가해야 하느냐, 질적으로 평가해야 하느냐는 오래된 논쟁에서 보듯이 젊은이의 행복이 갓난아기의 행복보다 더 낫다고 단언할 수는 없다. 그러나 나는 '시간-상대적 이익'의 취지에 맞게 본다면, 죽음에서 젊은이가 빼앗긴 좋은 삶의 양이 갓난아기가 빼앗긴 좋은 삶의 양보다 많다고 말할 수 있다고 생각한다. 왜냐하면 젊은이가 누리는 좋은 삶은 갓난아기가 누리는 그것과 달리 단순히 하루하루를 살아가는 행복이 아니라 미래와 관련된 것이기 때문이다. 다시 말해서 맥마한이 한 개체에게 죽음이 불행인 정도를 결정한다고 말한 두 가지 요소 중 (1)을 평가할 때 이미 (2)를 고려해야 하는 것이다. 젊은이는 미래를 대비하여 학업이나 직장 생활에 투자를 하고, 그 결과를 예측하며 뿌듯해 한다. 그러면 죽음을 통해 그것을 빼앗길 때 단순히 하루하루를 사는 갓난아기가 좋은 삶을 빼앗길 때보다 더 큰 박탈감을 받을 것이다. 따라서 박탈 이론에서 죽음이 빼앗는 좋은 삶을 언급할 때 현재 누리는 좋은 삶만 거론한다면, 시간-상대적 이익 설명에서 죽음이 빼앗는 좋은 삶의 양을 언급할 때는 미래와 관련된 좋은 삶까지 확대하여 이해해야 할 것이다. 앞에서 (1)에서 말한 '죽음이 빼앗은 좋은 삶'은 반사실적인 게 아니라 사실적인 것이라고 했지만, 사실적인 좋은 것도 미래와 관련되지 않을 수 없다.[74]

시간-상대적 이익 설명도 죽음의 나쁨에 대해 기본적으로 박탈 이론 식으로 접근하고 있다. 죽음이 나쁜 까닭은 살아 있었으면 누렸을 좋은 것들을 죽은 사람으로부터 빼앗아 가기 때문이다. 다만 그때 빼앗기는 좋은 것들이 많을수록, 그리고 그 사람이 미래와 심리적으로 강하게 연결될수록 빼앗기는 것들이 많다.

4. 인격체의 죽음과 한갓 감각적인 동물의 죽음

동물의 죽음이 나쁘지 않다는 놀라운 가설을 검토하기 전에 사람을 죽이면 나쁜 이유를 먼저 살펴본 까닭은 그 이유를 동물에 적용하기 위해서였다. 사람을 죽이면 나쁜 이유는 사람을 죽이게 되면 그 사람이 죽지 않았으면 가졌을 많은 좋은 것들을 빼앗아 가기 때문이고, 그 사람이 미래의 자신과 심리적 연결이 강하면 강할수록 그 죽음은 더욱 나쁘다고 말했다. 그렇다면 우리는 동물이 미래와 심리적으로 강하게 연결되어 있는지 들여다보아야 한다. 만약 동물이 지닌 심리적 연결이 강하지 않다면 동물의 죽음은 윤리적으로 문제가 되지 않는다는 놀라운 가설은 정당화될 수 있기 때문이다.

싱어는 생명의 범주를 자의식과 의식이 있고 없음에 따라 세 가지 종류로 나눈다. 자의식이 있는 생명, 자의식은 없고 의식만 있는 생명, 의식도 없는 생명이 그것인데, 각각 **인격체**(person), **단지 의식만을 가진 존재, 의식이 없는 생명**이라고 부른다.[75] 나는 『동물을 위한 윤리학』에서 이 각각을 편의상 '자의식'과 '의식'의 유무로 구별을 쉽게 하기 위해 **자의식적 존재, 한갓 의식적 존재, 무의식적 존재**라고 불렀다.[76] 현재 우리의 관심은 자의식의 유무이다. 자의식적 존재는 자신을 과거와 미래에 걸쳐 존재하는 개별적 존재로 보기에 자신에게 무슨 일이 일어나는지를 알고 있고 미래에 벌어질 일을 예측할 수 있는 존재를 말하는데, 이런 존재가 미래와 심리적으로 연결되어 있기 때문이다. 싱어는 자의식적 존재에 대부분의 사람과 침팬지, 고릴라, 오랑우탄 등의 영장류와 코끼리, 돌고래, 심지어 까치까지 포함한다.[77] 그는 인간뿐만 아니라 이런 동물들도 자의식과 미래감을 가질 수 있음을 여러 증거를 가지고 보여 주는데, 이것은 대체로 논란이 없을 것이다. (조금 이따 살펴볼 바너는 이런 동물들을 '유사 인격체'라고 불러 '인격체'인 인간과 구분하지만, 그들이 미래감을 갖는 것을 부인하지는 않는다.) 문제는 개나 돼지, 그리고 어류가 자의식이 있는가이다. 싱어는 이런 동물들도 자의식과 미래감을 가진다는 증거를 제시하지만, 그보다는 '의심의 이득'을 주자는 데 더 힘을 쓴다. 사냥꾼이 덤불 속에서 움직이고 있는 것이 사슴인지 사냥꾼인지 확실하지 않다면 쏘지 말아야 하는 것처럼, 우리가 죽이려고 하는 존재가 자의식이 있는지 없는지 의심이 든다면 있는 것으로 생각하자는 것이다.[78]

그러나 싱어의 주장처럼 영장류를 제외한 대부분의 포유류와 어류에 의심의 이득을 부여해야 하는지는 논란거리이다. 일단은 싱어 자신도 인정하듯이[79] 겨울을 나기 위해 음식을 숨기는 다람쥐의 행동을 미래감을 갖는 것으로 해석하기보다 단순히 본능적인 행동으로 해석할 수 있기 때문이다. 만약 그렇다면 자의식이 없는 것이 분명하므로 굳이 의심의 이득을 부여할 필요가 없다. 그리고 또 하나 지적할 것은 싱어가 자의식을 너무 관대하게 부여하고 있지 않느냐는 의심이다. 그는 어떤 개체가 미래 지향적인 행동을 하면 그것을 미래감이 있는 것으로 해석하고 있다. 동물이라면 모두 계속해서 존재하고 싶은 욕구가 있을 것이므로 그것을 미래감으로 해석할 수 있을 것이다. 겨울을 대비하여 도토리를 모으는 다람쥐의 행동처럼 '먼' 미래를 대비하는 행동만 미래 지향적 행동으로 해석할 수 있는 게 아니라, 먹을 것이나 살 공간을 찾는 행위처럼 '살고자 하는 욕망'을 앞날을 위한 행동으로 해석할 수 있다. 만약 그렇다면 물을 찾고 햇빛을 좇는 식물의 '살고자 하는 욕망'도 미래 지향적인 것으로 해석할 수 있는데, 싱어의 기준대로 하면 식물도 자의식이 있게 된다.[80] 그런데 '시간-상대적 이익'을 적용하기 위해서는 단순히 미래감만 있어서는 안 되고, 지향하는 미래의 개체와 현재의 개체가 같은 존재라는 자의식이 있느냐가 더 핵심적이다.

자의식을 잘 드러내는 개념은 레이첼스의 '전기적 삶'이다. 그는 '살아 있다'(being alive)라는 것과 '삶을 영위한다'(having a life)라는 것을 구분하여, 전자를 **생물학적** 삶, 후자를 **전기적**(傳記的, biographical) 삶이라고 불렀다. 전기적 삶은 단순히 생물학적인 기능만이 아니라, "살아온 역정, 품성, 행동, 이익, 그리고 관계에 관한 사실들"[81]을 가리킨다. 이 전기적 삶 개념을 인간—정확하게는 내가 자의식적 존재라고 부른 것이나 싱어가 인격체라고 부른 것—의 정의로 삼고, 깊이 있게 분석한 이는 바너이다. 그간 인간을 다른 인간과 구분해 주는 정의로 합리성이나 도구의 사용 등 여러 가지가 제시되었으나 모두 만족스럽지 못했다. 바너는 언어의 사용과 관련된 어떤 것이 인간을 특별하게 만드는데, 언어 사용 그 자체가 아니라 언어를 사용하는 능력으로 인해 자신의 삶과 자신의 문화를 이야기로 만들 수 있는 능력이 바로 그것이라고 말한다. 그래서 인간은 **전기적 자아감**(biographical sense of self)을 가지고 있기 때문에 특별한 도덕적 중요성을 지닌다고 주장한다.[82] 왜 특별히 도덕적으로 중요한지는 조금 이따 설명하기로 하고, 일단 '도덕적 중요성'(moral significance)을 갖는다는 말을 1장에서 말한 '도덕적 지위'가 있다는 말과 헷갈리지 말아야 한다. 바너는 전기적 자아감이 있는 개체를 '인격체'라고 부르고, 완전한 전기적 자아감은 없지만 자신의 과거와 현재와 미래를 강력하게 의식하는 개체는 '유사 인격체'(near-person), 전적으로 현재만을 사는 개체는 '한갓 감각적'(merely sentient) 존재라고 부른다.[83] 그리고 영장류, 코끼리, 돌고래, 앵무새가 유사 인격체에 속한다고 본다. 바너가 인격체에 도덕적 중요성이 있다고 주장한다고 해서 유사 인격체나 한갓 감각적 존재가 도덕적 지위가 없다고, 다시 말해서 도덕적으로 고려할 필요가 없다고 말하는 것은 아니다. 인격체가 유사 인격체보다 도덕적으로 더 중요하고, 유사 인격체가 한갓 감각적 존재보다 도덕적으로 더 중요하다고 말하는 것일 뿐이다. 도덕적 중요성은 상대적 개념이다. 그렇다면 왜 인격체는 유사 인격체보다 도덕적으로 더 중요할까?

개인 동일성(personal identity)의 문제는 형이상학의 핵심 문제이다.[84]

이 문제에 대해 신체 이론이나 심리 이론 등의 유력한 이론들이 제시되어 왔지만, 일상적으로 생각해 보면 '내가 누구인지' 또는 '나는 어떤 인생을 살아왔는지'를 완전히 표현하기 위해서는 나의 과거가 어떠했는지, 나의 미래에 무엇을 바라고 있는지 완전하게 이야기해야 한다. 내가 지금까지 어떤 삶을 살아왔고 앞으로 어떤 삶을 살려고 계획하고 있는지 이야기를 펼친다면 그것이 나의 현재를 규정한다. 나의 생애를 이야기로 쓴 전기가 곧 나의 동일성인 것이다. 시인 정현종의 시 「방문객」은 인간의 이러한 정체성을 잘 보여 준다.

사람이 온다는 건
실은 어마어마한 일이다.
그는
그의 과거와
현재와
그리고
그의 미래와 함께 오기 때문이다.
한 사람의 일생이 오기 때문이다.[85]

어떤 사람이건 그 사람에게는 항상 과거와 현재와 미래가 함께 온다. 그러나 동물은 과거와 현재와 미래로 규정하지 못한다. 동물이라고 해서 과거와 미래를 의식하지 못하는 것은 아니다. 유사 인격체라고 할 수 있는 영장류는 과거와 미래를 강하게 의식하고 있으며, 한갓 의식적 존재라고 하더라도 정도의 차이가 있겠지만 과거에 일어났던 일들을 기억할 수 있고 도토리를 모으는 다람쥐의 예처럼 미래를 위한 준비도 할 수 있다. 사실 무엇인가를 바란다는 것 자체가 미래를 향하는 행위이므로 그런 바람을 부여할 수 있는 동물—동물에게 이런 부여가 가능한지가 논란이 되는 주제이기는 하지만—이라면 미래감이 있다고 말할 수 있다. 그러나 유사 인격체라고 하더라도 인간처럼 자신의 삶을 이야기의 형태로 의식할 수는 없다. 침팬지든 고양이든 자신은 이러이러한 인생을 살아왔고, 미래에는 저러저러하게 살려는 계획을 가지고 있다는 이야기를 만들어 내는 스토리텔링 능력이 없는 것이다.

그래서 바너는 이야기를 만들 수 없는 동물은 단순히 '만족'하는 데 그치지만 이야기를 만들 수 있는 인격체는 '행복'할 수 있다고 말한다.[86] 인격체는 앞으로 어떠한 사람이 되어야겠다거나 어떤 것을 이루겠다고 자율적으로 선택을 하는데, 이것은 자신의 삶을 이야기의 관점에서 바라볼 때 가능하다. 행복이라는 것은 과거 회고적인 현상인데, 이야기가 있는 자율적인 선택이 성공적인 것이 되었을 때 (이게 '성공 스토리'이다!) 행복하다고 생각할 수 있다. 반면에 현재만을 사는 존재는 그 순간순간만을 만족하는 데 그치게 되고, 거기에 '행복'이라는 말을 붙이기는 어렵다. 물론 유사 인격체나 한갓 의식적 존재도 순간순간만 사는 것은 아니고 과거와 미래에 대해 정도 차이가 있게 의식을 하고 있기는 하지만, 그것을 이야기의 관점에서 의식하는 것은 아니기 때문에 행복을 느낄 수는 없는 것이다.[87] 순간순간의 쾌락이 모인다고 해서 그것이 행복이 되는 것은 아니다. 물론 인격체는 행복만 느끼는 것이 아니라 좌절도 느낀다. 자신의 선택에 따른 긍정적인 전망이 예상치 못한 사건에 의해 좌절되었을 때 그러하다.

그러면 바너는 왜 인격체는 유사 인격체보다 도덕적으로 더 중요하다고 말할까? 먼저 그는 인격체와 유사 인격체가 한갓 의식적 존재보다 도덕적으로 더 중요하다고 주장하기 위해, 성관계를 맺은 후의 '여운' 속에서 느긋하게 쉬는 경험을, 같은 여운 속에서 느긋하게 쉬지만 성관계의 경험을 의식적으로 되새기고 있는 경험과 비교해 보라고 한다. 두 경험은 모두 현재 느긋하게 쉬는 '여운'의 즐거움을 느끼고 있지만, 두 번째 경험은 거기에 덧붙여 성관계 자체를 회상하는, 또는 '다시 체험하는 쾌락'까지 가지고 있다. 따라서 첫 번째 경험도 가치 있기는 하지만, 두 번째 경험은 더 가치 있다는 것이다.[88] 과거의 경험뿐만 아니라 미래의 기대에 대해서도 똑같이 말할 수 있다. 바너는 싱어와 마찬가지로 도토리를 모으는 다람쥐의 예를 든다. 다람쥐가 도토리를 충분히 많이 비축하면 미래에 먹을 것이 많이 있을 것이고 그에 따라 미래의 경험은 더욱 즐거울 것이기에, 다람쥐의 미래의 복지는 분명히 향상될 것이다. 그러나 다람쥐는 장기적인 목표를 의식하지 못하기 때문에, 도토리를 충분히 비축했을 때의 만족감을 추가로 느낄 수 없다. 실제로 "내가 이것을 해냈어!"라고 말할 수 없다. 겨울을 위해 도토리를 충분히 비축했다는 그 목표는 다람쥐가 반성적으로 의식할 수 없는 것이기 때문이다.[89] 성관계의 예나 도토리 비축의 예를 생각해 보면, 이야기를 할 수 있고 이해할 수 있는 존재라면 삶의 가치가 더 증가할 것이다. 성관계 자체를 단순히 느낌으로서 회상하는 데 그치는 것이 아니라 그것을 이야기로서 의식한다면 훨씬 더 큰 쾌락을 느낄 수 있을 것이다. 심지어 성관계 없이 가상의 이야기만으로 쾌락을 느낄 수 있다. 그리고 먹을 것을 비축하는 것이 예컨대 자신과 자신의 가족에게 어떤 의미가 있는지 이야기가 꾸려진다면 "내가 이것을 해냈어!"라고 할 때 비교할 수 없는 만족감을 느낄 것이다. 심지어 그 목표를 달성하기 전에 또는 달성하지 못했어도 가상의 이야기만으로 만족감을 느낄 수 있다. 그래서 전기적 자아감이 있는 인격체는 그렇지 못한 유사 인격체보다 도덕적으로 더 중요하다. 일차적인 만족뿐만 아니라 그 추가적인 쾌락이나 만족감 따위를 존중해 주어야 하기 때문이다.

그런데 이야기를 만들어 내는 능력은 바너도 말하듯이 '양날의 칼'이다. 인격체는 과거의 기억이나 미래 계획의 성취에서 긍정적인 가치가 있을 때 더 큰 즐거움을 느끼겠지만, 거꾸로 안 좋은 기억을 가지고 있거나 미래 계획에서 좌절을 한다면 부정적인 가치는 더 클 것이기 때문이다. 다시 말해서 유사 인격체나 한갓 감각적 존재에게는 별 것 아닌 일이 인격체에게는 큰 해가 될 수 있다. 위에서 예로 든 성관계의 경험에서 즐거운 여운을 느끼는 것이 아니라 굴욕적인 경험을 하거나 심지어 그것이 성폭행이었다면 그것을 둘러싼 이야기는 그 개인에게 불쾌함 또는 괴로움을 준다. 가령 개도 누군가에게 심하게 맞은 적이 있다면 그 사람을 볼 때마다 소스라치게 놀라겠지만, 그 사건을 이야기로서 의식하지는 못하기 때문에 비슷한 경우에 있는 인간의 고통과 그 빈도와 질에서 비교할 수 없다.

이야기를 만들어 내는 능력은 위에서 찾은 무엇인가를 죽이면 안 되는 이유와 연결이 된다. 무엇인가를 죽이면 안 되는 이유는 그 개체가 죽지 않았으면 가졌을 많은 좋은 것들을 빼앗아 가기 때문인데, 그 개체가 미래의 자신과 심리적 연결이 강하면 강할수록 그 죽음은 더욱 나쁘다고 말했다. 인격체처럼 이야기를 갖는 존재는 현재의 상태가 과거의 기억 및 미래의 계획과 밀접하게 연결되어 있다. 인간은 미래를 계획하면서도 이러저러한 사람이 되어야겠다고 생각하고 이러저러한 일을 하고 싶다고 바라는 등 이야기를 통해 미래에 접근한다. 죽음을 통해 그것을 좌절시키는 것은 그의 현재가 미래와 갖는 밀접한 연결을 끊어버리는 것이니 그 개체에게 굉장한 비극이다. 그러나 순간순간만을 사는 한갓 감각적 개체는 과거나 미래와의 연결이 없거나 있더라도 굉장히 약하기 때문에 그 개체를 고통 없이 죽인다면 존재하는 순간만을 없애는 것이므로 나쁘다고 말할 수 없다. 내가 어렸을 때 들은 다음과 같은 이야기가 있다.

> 어떤 사람이 김일성을 죽이기 위해 개미 몇 마리를 훈련시켰다. 개미들에게 바늘을 주고 그 바늘을 창처럼 쓰는 훈련을 1년여 동안 시켰다. 그 사람은 피나는 훈련 끝에 이제 개미가 김일성을 암살할 수 있는 정도가 됐다고 생각하고, 개미들을 휴전선을 통해 북한으로 침투시키기 위해 휴전선에 가까운 마을에 갔다. 한 식당에 들어가 음식을 주문한 다음에 개미들을 식탁 위에 올려놓고 최종 점검 훈련을 했다. 개미들이 구령에 맞추어 총검술을 착착해 내는 것을 보고 감격에 겨웠다. 그동안 자신이 쏟은 노력에 자부심을 느낀 그 사람은 식당 주인을 불러 "이것 좀 보세요."라고 개미들을 가리켰다. 그러자 식당 주인은 "죄송합니다. 식탁에 웬 개미가 있네요."라고 말하면서 개미들을 손톱으로 눌러서 죽였다.

웃기려고 만든 이 이야기를 들은 사람들은 웃으면서도 개미들의 죽음에 안타까워한다. 개미가 그러한 위치에 이르기까지 이야기가 있고 앞으로 해야 할 이야기가 있기 때문이다. 만약 순간만을 사는 개미라면 손톱으로 눌려서 죽어도 그런 안타까움을 보이지 않을 것이다. 이야기가 있는 인격체의 죽음은 그렇지 못한 존재의 죽음과 달리 도덕적 중요성을 갖는 것이다.

엄격하게 말하면 한갓 감각적 동물은 존재하는 각 시간 단면(time slice)마다 별개의 존재이다. 현 순간의 개체가 한 해는 물론이고 하루 후라도 어떤 존재가 되겠다고 계획을 세우지도 못하고 미래에 그것을 되새기지도 못하기 때문에 서로 같은 존재라고 말할 수 없는 것이다. 생물학적으로는 동일성을 유지하지만, 전기적으로는 동일성을 유지하지 못한다. 따라서 그 존재를 고통 없이 죽이는 것은 나쁜 일이 아니라는 결론이 나온다. 앞서도 말했지만 그렇다고 해서 동물이 도덕적 지위가 없다는 말은 아니다. 동물, 특히 한갓 감각적 동물에게 도덕적 지위가 있다면 그것은, 약간 기이하게 들릴지 모르지만, 각 시간 단면에 도덕적 지위가 있을 뿐이다.[90] 그러므로 우리는 각 시간 단면의 동물을 도덕적으로 고려해야 하기 때문에 고통을 준다든가 하는 행위를 하는 것은 도덕적으로 그르다. 하지만 한갓 감각적 동물의 그 시간 단면이 모인 존재, 다시 말해서 시간에 걸쳐 존재하는 한갓 감각적 동물에게는 도덕적 지위가 없으므로(!) 그 연결의 단절—곧 죽음—을 가져온다고 해도 도덕적으로 그르지 않다.

인격체를 죽이면 안 되는 강한 이유는 있지만 한갓 감각적 존재는 죽이면 안 되는 이유는 없다는 위와 같은 결론은 인격체가 아닌 인간에게도 적용될 수 있지 않느냐는 우려 또는 반론이 가능하다. 갓난아이, 영구적인 식물인간, 심지어 미래에 대한 계획 없이 현재만을 살아가는 인간도 인격체가 아니므로 죽이면 안 되는 강한 이유는 없는 것 아닐까? 갓난아이가 유사 인격체인지 한갓 감각적 존재인지는 논란이 될 수 있다. 설령 한갓 감각적 존재라도 갓난아이를 죽이면 안 되는 '직접적' 이유는 없을지 모르지만, '간접적' 이유는 충분히 그리고 강하게 존재한다. 그것은 갓난아이를 죽이면 부모가 경악하고 슬퍼할 것이기 때문이다. 부모가 원하면 죽일 수 있지 않겠느냐는 답변이 바로 나올 수 있는데, 우리 사회는 원하지 않는 아이를 키울 수 있는 시설과 입양하려는 사람들이 있기 때문에 역시 가능하지 않다. 영구적인 식물인간을 죽이는 것, 곧 안락사는 옹호 의견이 많다. '미래에 대한 계획 없이 현재만을 살아가는 인간'은 비유적 표현이지 실제로 그런 인간이 정말로 전기적 자아감이 없는 것은 아니다. 적어도 그런 인생을 살아야겠다는 그 나름의 전기적 자아감에 기반하여 그런 판단을 내렸을 것이다. 그러나 만약 그런 사람이 죽었다고 한다면 우리는 그렇지 않은 사람의 죽음에 견줘 상대적으로 덜 안타까워하는 경향이 있음을 무시할 수 없다. 이런 생각의 밑바탕에는 그런 사람의 현재는 그렇지 않은 사람의 현재에 견줘 미래와 강력하게 연결되어 있지 않고, 그렇기에 그 끊어짐이 덜 비극적이라는 생각이 깔려 있을 것이다.

지금까지 스토리텔링을 할 수 있는 존재로 인격체를 정의 내리고 있는 바너의 견해를 통해 한갓 감각적 존재를 죽이는 것은 나쁘지 않다는 주장을 살펴보았지만, 이런 주장은 바너의 견해에 국한되지 않는다. 우리는 앞 2절에서 생명에 대해 권리의 측면에서 접근하는 툴리의 이론을 살펴보았다. 그는 자신이 일정한 시기에 걸쳐서 존재하는 개별적 존재자라고 믿을 수 있는 존재만이 생명에 대한 권리를 갖는다고 말했다. 툴리의 주장에서도 한갓 감각적 존재를 죽이는 것은 인격체를 죽이는 것보다 나쁜 일이 아니라는 결론이 도출된다.

> 요약하자면, 나의 논증은 생명에 대한 권리를 갖기 위해서는 경험의 주체로서 계속해서 존재하기를 바랄 수 있다는 것을 전제하고 있다. 이것은 다시 자신이 연속적인 존재라는 개념을 가지고 있을 것과, 자신이 그런 존재라는 것을 믿을 수 있다는 것을 가정한다. 따라서 스스로에 대해 연속적 주체라는 의식이 결여된 존재는 생명에 대한 권리를 가질 수 없다.[91]

툴리와 같은 권리주의자들도 자신의 존재에 대해 이차적인 반성을 할 수 없는 한갓 감각적 존재를 죽이는 것은 나쁘지 않다고 주장한다. 그 이유는 자신이 '연속적인 존재'라는 것을 인식할 수 없기에 삶의 연속을 끊는다고 해서 그 존재에 주는 해악은 없다고 보기 때문인데, 이는 지금까지 살펴본 맥마한과 바너의 견해와 일맥상통한다.

5. 대체 가능성 논증

지금까지 고통보다 죽음이 윤리적으로 문제가 되지 않는다는 놀라운 가설이 정당화될 수 있음을 살펴보았다. 그러면 한갓 감각적인 동물의 경우에는 고통 없이 사육하고 고통 없이 죽이는 것이 가능하다면 그 부산물인 고기를 먹는 것은 윤리적으로 옹호될 수 있다는 결론이 나온다. 그러나 고통을 주지 않는다고 하더라도 문제가 생긴다. 앞에서 동물에게 침해할 수 없는 본래적인 권리가 있다고 주장하는 이론에서는 동물들이 본래적 가치를 똑같이 갖는다는 것을 설명하기 위해 컵의 비유를 든다고 말했다. 컵에는 여러 내용물이 담길 수 있지만 중요한 것은 컵 자체인 것처럼, 삶의 주체도 여러 가지 경험을 할 수 있지만 삶의 주체인 것 그 자체가 중요하다고 말이다. 그러나 이 이론에서는 동물의 죽음은 허용될 수 없었다. 그래서 우리는 사람을 죽이면 안 되는 이유를 검토할 때 권리 이론은 제쳐 놓았다. 동물의 죽음을 허용하기 위해서는 개별적인 인간이나 동물은 그 경험을 담는 컵보다는 거기에 담기는 내용물에 따라 가치가 평가된다고 주장해야 한다. 이런 주장을 하는 이론은 공리주의이다. 그러나 공리주의에서는 동물을 고통 없이 죽였다고 하더라도 문제가 생긴다. 우리는 동물을 고기로 먹을 때 천수를 누리고 죽은 동물을 먹는 것이 아니라 어릴 때 또는 한창인 시기에 죽인다.[92] 그것은 살아 있었으면 누릴 쾌락을 없애는 것이다. 공리주의는 어떤 행위가 그 행위에 의해 영향을 받는 존재의 쾌락을 증가시키느냐 감소시키느냐에 따라 옳고 그른 행위를 평가하는데, 동물을 이른 죽음에 이르게 하는 것은 이 세상에 있었을 쾌락을 없애므로 그른 행위가 되는 것이다.

그러나 공리주의자들에게는 다행히도 이 문제점을 피해갈 방법이 있다. 그것은 동물의 이른 죽음에 의해 죽지 않았으면 누렸을 쾌락을 없애는 대신에 그만큼 새로운 동물을 태어나게 해서 없어진 쾌락을 채워 넣는 것이다. 한갓 의식적인 존재는 단순히 쾌락이나 고통을 담는 컵에 불과하다고 했으므로 그 컵에 담긴 쾌락을 다른 컵에 옮기고 본디 컵은 버려도 쾌락의 양에는 아무런 차이가 없는 것이다. 새롭게 태어나는 동물들은 앞선 동물들의 이른 죽음이 없었다면 태어나지 않았을 것이므로 우주 전체에 있는 쾌락의 총량은 변함이 없다. 정확하게 말하면 우주 전체에 있는 쾌락의 총량은 늘어나기까지 한다. 앞서 우리가 육식을 할 때 얻는 이익은 고기를 씹을 때의 입맛이라고 말했는데, 이것은 그것을 얻기 위해서 동물에게 고통을 주어야 하기 때문에 고려 대상이 될 수 없었다. 그러나 지금은 동물에게 주는 고통도 없고 동물이 누리는 쾌락의 총량도 변함이 없으므로 이 추가된 쾌락은 당당히 고려해도 된다. 인간이 고기를 먹지 않고 채식을 할 때보다 고통 없는 사육과 도살에 의한 육식을 할 때 우주 전체에 있는 쾌락은 오히려 증가하는 것이다. (육식에 따른 건강의 훼손이라는 손해가 있겠지만 그것은 사려 분별의 문제이므로 윤리적 고려 대상은 아니다.) 결국 공리주의에서 육식은 옳은 일이 되고, 우리의 의무가 된다.

이상과 같은 육식의 정당화 방식을 **대체 가능성 논증**(replaceability argument)이라고 부른다. 한 동물의 죽음은 다른 탄생으로 '대체'되기에, 새로 태어나는 동물의 쾌락은 죽은 동물이 죽지 않았으면 누렸을 쾌락과 똑같으므로 육식은 정당화될 수 있다는 논증이다. 대체 가능성 논증은 싱어가 본격화한 논제이다. 그러나 역사적으로 그 기원은 벤담에까지 거슬러 올라간다. 우리는 벤담을 동물 해방론의 선구자로 알고 있고, 그의 『도덕과 입법의 원리 서설』의 유명한 구절인 "문제는 그들이 **이성적으로 사고할** 수 있는가도 아니고 그들이 **말을 할** 수 있는가도 아니라, 그것이 **고통을 느낄** 수 있는가이다."[93]는 그 전거로 잘 알려져 있다. 그러나 이 구절 바로 앞에 제시된 진술은 별로 주목을 받지 못했다.

만약 먹히는 것이 전부라면, 우리가 잡아먹고 싶은 것을 잡아먹어야 할 아주 타당한 이유가 있다. 우리는 그리하여 더 좋아지고 동물은 더 나빠지지 않기 때문이다. 동물은 우리가 가진 것처럼 미래의 고통에 대한 오래 지속되는 예감을 갖지 않는다. 우리의 손에 의하여 동물이 겪게 되는 죽음은 일반적으로 자연의 불가피한 과정에서 그것을 기다리고 있는 죽음보다 더 빠르고 고통도 덜하다. 만약 죽임을 당하는 것이 전부라면, 우리가 우리를 괴롭히는 것을 죽여야 할 매우 타당한 이유가 있다. 그것이 살아 있음으로써 우리는 더 나빠질 것이고 그것은 죽는다고 해도 더 나빠지지 않을 것이기 때문이다. 그러나 우리가 동물을 괴롭혀야 할 이유가 있는가? 나는 아무런 이유도 찾을 수 없다.[94]

벤담에 따르면 동물을 고문해서는, 곧 고통을 주어서는 안 되는 이유가 있다는 것이다. 도덕적으로 문제가 되는 사실은 동물이 이성을 가질 수 없다든가 말을 할 수 없다든가 하는 것이 아니라 고통을 겪을 수 있느냐는 점이기 때문이다. 그런데 벤담은 동물을 고문하지 않는다면 '동물들을 죽이는 것을 용서받을 매우 좋은 이유가 있다'라고 주장한다. 우리는 고기를 통해서 '더 이익을 보'게 되지만 동물들은 '결코 손해를 보지 않'기 때문이다.

벤담 이후 대체 가능성 논증은 철학자가 아닌 지식인들에 의해 제시되었다. 영국의 에세이스트 스티븐(Leslie Stephen, 1832~1904)[95]은 다음과 같이 말했다.

채식주의를 옹호하는 모든 논증들 중에서 자비심으로부터의 논증이 가장 취약하다. 돼지는 훈제한 돼지고기인 베이컨을 필요로 하는 누구보다도 더 큰 이익을 갖는다. 세상에 유대인들만 있다면 돼지는 아마 존재하지 않을 것이다.[96]

마지막 문장은 대체 가능성 논증의 취지를 한마디로 표현해 주는 유명한 말이다. 잘 알다시피 유대인은 돼지고기를 먹지 않는다. 세상 사람들이 모두 유대인처럼 돼지고기를 먹지 않는다면 돼지는 존재하지 않을 것이라는 말은, 돼지는 우리가 돼지고기를 먹기 때문에 존재한다는 말이다. 다시 말해서 우리가 돼지고기를 먹는 것은 돼지에게도 이익이 되는 일이며, 육식은 윤리적으로 허용이 된다는 것이다. 20세기 초 영국의 작가이며 윤리적 채식주의자인 솔트(Henry Stephens Salt, 1851~1939)는 스티븐의 주장을 '식료품실의 논리'(the logic of the larder)라고 불렀다. 그는 "식료품실을 고기로 가득 채워 놓은 사람이야말로 진정으로 동물을 사랑하는 사람이다."라고 말했는데, 어디까지나 풍자적인 코멘트이다.[97]

그러나 대체 가능성 논증은 인간에게도 적용될 수 있다는 반론이 있다. 만약 동물이 다른 동물에 의해 대체 가능하다면, 똑같이 어떤 인간을 죽이더라도 그 인간을 죽이지 않았으면 태어나지 않았을 다른 인간을 태어나게 하면 전체 쾌락이 감소하지 않으므로 그 인간을 죽이는 행위는 옳지 않다고 말할 수 없게 되는 것이다.[98] 하지만 인간은 쾌락만을 가지는 존재는 아니다. 싱어는 쾌락과 고통 그 자체보다 **선호**(preference)의 만족에 관심을 보이는 '선호 공리주의'를 받아들여 인간의 대체 가능성 문제를 해결하려고 한다. 우리는 쾌락을 추구하려는 선호나 고통을 피하려고 하는 선호뿐만 아니라, 시인이 되려고 하는 선호, 돈을 많이 벌고 싶은 선호도 가지며, 계속해서 존재하려고 하는 선호, 곧 죽고 싶지 않으려는 선호도 갖는다. 선호 공리주의에 따르면 인간을 죽이는 것은 바로 이 계속 살고 싶은 선호를 해치는 행위이므로 옳지 않다. 싱어에 따르면 인간, 정확하게 말하면 미래를 향한 기대감을 갖는 인격체를 죽이는 것은 단지 선호 하나를 침범하는 것이 아니라, "한 존재가 가질 수 있는 가장 중심적이고 중요한 선호의 광범위한 영역을 침범하는 것이다."[99] 이에 반해 한갓 감각적인 존재는 자신을 미래를 가지는 존재로 볼 수 없기에 선호를 가질 수 없다. 낚싯바늘에 걸린 물고기가 풀려나려고 버둥대는 것을 계속 살고 싶다는 미래에 대한 선호로 해석할 수도 있지만, 싱어는 그것은 "고통스러운 것이거나 위협적인 것으로 지각된 사태의 중지에 대한 선호 이상을 나타내지 않는다."[100]라고 말한다.

싱어가 말한 선호는 미래에 계속 존재하고 싶은 욕구로 해석할 수 있는데, 단순히 선호 또는 욕구라고 말하면 인격체가 갖는 특징을 제대로 반영하기가 힘들다. 쾌락처럼 이 선호도 대체 가능하다는 반론이 제기될 수 있기 때문이다. 실제로 하트가 그런 반론을 한다.

> 만약 선호들이, 심지어 살고자 하는 욕구까지도, 다른 존재의 선호에 의해서 능가될 수도 있다면, 왜 그 자리를 대신하도록 만들어진 새로운 선호들에 의해서는 대체될 수 없겠는가? 선호가 능가될 수 있다는 사실은 선호 공리주의에서 사람이 어떤 의미에서 단순한 그릇에 불과할 수 있음을 보여준다.[101]

여기서 '그릇'은 앞에서 비유를 든 컵에 해당한다. 쾌락과 마찬가지로 선호의 경우에도 새로운 선호가 지금 존재하는 선호를 대체할 수 있다는 주장이다. 하트는 대체되는 방법으로 다른 선호에 의해서 '능가'될 수 있음을 말하는데, 능가되는 가장 쉬운 방법은 성취되기 어려운 선호를 성취되기 쉬운 선호로 바꾸는 것이다. 예컨대 아이돌 톱스타가 되고 싶은 선호가 있는 한 사람을 죽이고 공무원이 되고 싶은 다른 사람을 태어나게 하면 만족될 선호가 있을 가능성이 훨씬 크다. 하트는 대체 가능성 논증에 따르면 첫 번째 사람을 고통 없이 죽이고 두 번째 사람을 태어나게 하는 것이 윤리적으로 허용된다고 주장하는 것이다.

싱어는 하트의 이런 논증에 대해 선호를 새롭게 만들 때는 쾌락을 새롭게 만들 때와는 달리 심각한 문제가 발생함을 지적한다. 쾌락은 그 자체가 만족이 된 것이므로 많더라도 문제가 없다. 그러나 일단 선호가 있다면 그것을 만족시키는 것은 좋은 일임에 틀림없지만, 일부러 선호를 만들고 그것을 만족시키는 것은 그 자체로서는 좋은 것도 나쁜 것도 아니다. 가령 목이 마를 때 갈증을 해소한다는 선호의 만족은 분명히 좋은 일이지만, 일부러 스스로를 목마르게 하지는 않기 때문이다.[102] 심지어 만족이 되지 않는 선호를 만드는 것은 나쁜 것이기도 하다. 싱어는 여기서 선호에 대한 도덕 장부(帳簿) 모델을 제시한다.[103] 이 모델에서 선호를 만드는 것은 도덕 장부에 차변을 만드는 것이고 그 선호를 만족하는 것은 차변을 삭제하는 것에 비유된다. 욕구가 있고 그 욕구가 충족되는 것을 빚을 지고 그 빚을 갚는 것에 비유하는 것이다. 그런데 문제는 어떤 사람도 생애에서 만든 모든 선호를 만족할 수는 없다는 데 있다. 우리는 수많은 선호를 만들지만 그 중에 몇몇 선호가, 사실은 상당히 많은 선호가 만족되지 않은 채로 생을 마감한다. 도덕 장부의 비유로 말하자면 결코 삭제되지 않는 차변을 많이 남겨 놓은 것이다. 곧 적자 인생이다. 어떤 새로운 사업이 언제나 적자가 될 것이고 아무리 노력해도 근본적으로 본전치기밖에 안 되리라는 것을 안다면 그 사업은 애초에 시작하지 말아야 한다. 그래서 싱어는 "어떤 이를 존재하게 하는 것이 불가피하게 도덕 장부에 적자를 남기는 것이라면, 왜 우리가 어떤 이를 존재하게 해야 하겠는가?"[104] 라고, 다음 세대를 태어나게 하는 것에 반대하는 견해가 도출된다고 말한다. 베너타의 책 제목대로 "태어나지 않는 것이 낫다".[105]

싱어는 이런 염세주의적 결론을 피하기 위해 다소 어정쩡한 태도를 취한다. 선호를 가진 대상의 존재에 의존하며 그러한 특정한 대상의 선호들에 연결되어 있는 '선호 의존적인 가치'뿐만 아니라, '선호로부터 독립적인 가치'도 인정해야 한다고 말한다. 왜냐하면 '선호 의존적인 가치'만 있다면 인간들이 사는 우주가 어떠한 감각 있는 생명도 살지 않는 우주보다 못하다는 결론이 나오기 때문이다. 인간들이 사는 우주에서는 인간의 모든 욕구들은 충족될 수 없으므로 충족값은 마이너스지만, 어떠한 감각 있는 생명도 살지 않는 우주는 충족되지 않는 욕구도 없기에 충족값은 0인 것이다. 그런데 '선호로부터 독립적인 가치'는 바로 쾌락 공리주의자가 말하는 쾌락이다. 싱어가 왜 도덕 장부 모델을 도입했는지 생각해 보자. 그는 대체 가능성 논증이 자의식 있는 인간에게 적용된다는 하트의 반론을 검토하는 과정에서 대체하기 위해 선호를 만들게 되면 만족이 되지 않는 선호를 만드는 꼴이기 때문에 도덕 장부 모델에 의해 태어나지 않는 것이 낫다는 비직관적인 결론을 받아들여야 한다고 말한다. 싱어는 이 문제를 해소하기 위해 선호 의존적인 가치 외에 선호로부터 독립적인 가치까지 받아들이는데, 이는 선호 공리주의가 아닌 쾌락 공리주의를 받아들인다는 뜻이다. 물론 싱어는 자신이 쾌락 공리주의로 돌아서는 것은 아니라고 말한다. 그는 "선호로부터 독립되어 있는 가치가 있다면, 가치가 있는 것이 어떤 것들인가에 대하여 많은 다양한 가능한 견해들이 있을 것이다."라고 말하며 가치에 대한 '다원론적 견해'를 취한다고 말한다.[106] 그러나 쾌락 공리주의를 진지하게 생각하고 있는 것은 분명하다. 그는 다른 글에서 『실천 윤리학』의 3판을 쓸 무렵에 선호 공리주의를 의심하고, 쾌락 공리주의를 더 옹호 가능한 선택지라고 생각하기 시작했지만, 그 노선에 따라 책을 쓸 준비가 아직 되어 있지 않았다고 말한다.[107] 그리고 이후에 다른 사람과 함께 쓴 『우주의 관점』에서 쾌락 공리주의를 옹호한다.[108]

나는 싱어가 이렇게 쾌락 공리주의에서 선호 공리주의로, 선호 공리주의에서 다시 쾌락 공리주의로 생각을 자주 바꾸는 것은 문제를 너무 복잡하게 생각해서라고 판단한다. 일단 하트가 선호가 대체 가능하다고 할 때 기존의 선호를 그만큼의 다른 선호로 대체 가능하다고만 주장한 것이지 만족되지 않는 수많은 선호를 만들어 낼 수 있다고까지 주장한 것은 아니다. 하트는 내가 가지는 선호를 능가하는 다른 선호를 다른 누군가가 갖는 것이 가능하다면, 나를 죽이고 그 사람을 태어나게 하는 것이 가능하다고 주장하는 것일 뿐이지, 그 사람의 선호를 계속해서 만들어 낼 수 있다는 주장까지 하는 것은 아니다. 따라서 만족되지 않는 선호 문제를 해결하기 위해 도덕 장부 모델을 끄집어 낼 필요가 없다. 설령 만족되지 않는 선호가 있다고 하더라도, 나는 다음과 같은 네이글의 주장에 귀를 기울이면 인간들이 사는 우주의 충족값은 마이너스가 아니라고 생각한다.

> 우리 경험에 덧붙여지면 삶을 더 낫게 만드는 요소들이 있는가 하면, 경험에 덧붙여지면 삶을 더 나쁘게 만드는 요소들도 있다. 하지만 상쇄되고 남는 것은 중립적인 것이 아니다. 그것은 아주 긍정적인 것이다. 따라서 경험 속에 나쁜 요소가 많고 좋은 요소는 나쁜 요소를 압도할 수 없을 정도로 미약하다 하더라도, 인생은 살 가치가 있다. 삶을 가치 있게 만드는 것은 경험 자체이지 경험의 내용이 아니다.[109]

우리는 삶을 이루는 요소들 하나하나의 덧셈과 뺄셈에 따라 살 만한 가치를 따지는 것이 아니라 삶 자체가 우리를 가치 있게 하는지 따지는 것이다. 그래서 우리 삶에는 선호가 됐든 쾌락이 됐든 삶을 더 낫게 만드는 플러스의 요소가 있고 삶을 더 나쁘게 만드는 마이너스의 요소가 있지만, 그것들이 플러스 · 마이너스된 후 남은 것은 0도 아니고 마이너스도 아니다. 경험 속에 나쁜 요소들도 많고 나쁜 요소가 너무 많아서 좋은 요소를 압도하더라도, 인생은 살 가치가 있다고 생각하는 것이다. 대학 입시의 수시 모집 제도를 비유로 들어 보자. 현재 제도에서 수험생들은 6개의 수시 원서를 제출할 수 있다. 재수를 하지 않으려는 학생은 이 중 다섯 군데에는 불합격하고 한 군데에만 합격한다고 하더라도 만족한다. 다섯 개의 선호가 만족되지 못하고 한 개의 선호만 만족되었다고 해도 선호는 마이너스가 아니라 플러스이다. 인생도 이와 비슷하다. 오히려 인생의 선호들은 대학 입시에 비해 훨씬 만족되기 쉬운 것들이다.

하트의 반론에서 더 근본적인 문제는 인간의 경우에는 선호가 대체 불가능하다는 점에 있다. 앞서 말했듯이 선호는 미래에 대한 기대감이고, 자의식이 있는 인간의 어떤 선호는 단순히 현재 지속되고 끝나는 쾌락 수준이 아니라 한 인간의 정체성을 규정할 수 있을 정도로 핵심적인 것일 수 있다. 4절에서 인격체를 죽이면 안 되는 이유로 인격체는 이야기를 가지고 있는 존재이기 때문이라고 주장했는데, 인격체의 선호에도 역시 이야기가 담겨 있기 때문에 그것을 다른 선호로 대체할 수 없다. 어떤 사람이 시인이 되고 싶은 선호를 갖게 된 것은 그가 이러저러한 인생을 살아왔기 때문인데, 그것을 다른 선호로 바꿀 수는 없다. 모든 선호는 각각의 스토리가 있는 고유의 것이다. 반면에 동물의 선호는, 설령 그런 게 있고 미래에 대한 것이라고 하더라도 이야기가 있는 것이 아니므로 대체가 가능하다.

심지어 쾌락의 경우도 인간의 쾌락이라면 거기에는 이야기가 있을 수 있다. 인간의 쾌락 중에서도 참았던 소변을 누면 느끼는 카타르시스처럼 말초적인 쾌락은 특별한 이야깃거리가 없는 쾌락이기 때문에 다른 존재의 쾌락과 대체 가능할 것이다. 하지만 4절에서 예를 든 성관계 후의 회상에서처럼 쾌락과 동반되는 이야깃거리가 있다면 그것은 대체 불가능하다. 인간의 많은 쾌락은 그처럼 스토리가 있기 때문에 대체 불가능한 것이다. 가령 입사 통지를 받았을 때 짜릿한 쾌감을 느끼는 데는 그것을 이룬 성공 스토리가 있기 때문이므로 그것은 대체 불가능하다. 우리는 과거를 회상하면서 '만사가 교차한다'거나 '주마등처럼 스쳐 간 인생'이라는 표현을 쓰는데 그런 종류의 회상은 다른 사람에 의해 대체될 수 없다. 쾌락이라고 하더라도 마찬가지이다. 노직은 우리가 원하는 어떤 경험이라도 마련해 줄 '경험 기계'에 사람들이 연결되길 원하지 않을 것이라고 말하면서 그 이유 중 하나로 "어떤 종류의 인간이길 원"하기 때문이라고 말했는데, 이 '어떤 종류의 인간'을 이야기를 가진 인간으로 이해할 수 있을 것이다.[110] 노직의 말대로 기계에 연결되는 것은 "무규정의 형체 없는 덩어리에 불과하"고 "일종의 자살 행위"이다.[111] 이야기가 없는 인간은 인간이면 갖는 특징을 잃게 되는 것이다.

나는 『동물을 위한 윤리학』에서 쾌락 공리주의를 받아들이면 쾌락은 대체 가능하므로 인간마저 대체 가능하다고 비판했다.

> 대체 가능성을 주장하는 공리주의자에게 선호와 독립적인 쾌락은 심각한 문제를 제기한다. 앞서 도덕 장부 모델을 도입하게 한 것은 선호마저도 다른 존재의 선호에 의해서 능가되면 대체될 수 있다는 하트의 비판이었는데, 선호와 독립적인 쾌락이야말로 대체가 가능한 것이기 때문이다. 그렇게 되면 자의식적인 인간 역시 대체 가능하다는 결론을 받아들여야 한다. 싱어는 하트의 비판을 피해 돌고 돌아 쾌락 공리주의까지 받아들이게 되었지만, 애초의 하트의 비판에 다시 맞닥뜨리게 된 것이다.[112]

그러나 지금은 생각이 다르다. 자의식적인 인격체의 대체 불가능한 쾌락에 주목한다면 하트의 비판은 피해 갈 수 있다.

결론적으로 대체 가능성 논증은, 인간에 적용될 수 있다는 반론을 걱정할 필요 없이, 자의식은 없고 한갓 의식만 있는 동물에 적용할 수 있다. 하트가 애초에 선호를 미래에 대한 욕구 정도로만 생각하기에 선호도 대체 가능하다는 하트의 반론이 제기되는 것 같다. 그러나 선호는 미래를 향하는 것일 뿐만 아니라 미래에 그 선호를 실현하는 자신과 심리적 연결이 강해야 성립한다. 자의식이 없는 동물도 미래에 대한 욕구가 있지만 각 시간 단면마다 새로운 존재가 태어난다고 볼 수 있기에 미래에 실현되는 그 욕구는 그 동물이 아니라 새로운 존재가 갖는 욕구이다. 따라서 한 시간 단면의 동물을 고통 없이 죽일 수 있다면 다음 시간 단면의 동물과 연결을 끊는 일은 없으므로 선호를 훼손하지 않는다. 반면에 미래의 존재와 강하게 연결된 인간의 선호를 해치는 것은 미래의 존재와의 연결을 끊는 것이므로 그 존재를 심각하게 훼손하게 된다.

6. 맺음말

지금까지 동물의 죽음은 윤리적으로 문제가 되지 않는다는 놀라운 가설이 정당화될 수 있음을 살펴보았다. 그리고 한 동물의 죽음은 다른 탄생으로 대체되기에 이 세상에 있는 쾌락의 양도 변함이 없으므로 육식은 정당화된다는 대체 가능성 논증도 정당화하였다. 그렇다고 해서 현실에서 육식이 바로 윤리적으로 정당화되지는 않는다. 윤리적 육식은 고통을 주지 않는 사육과 도살이 전제되어야 하는데, 현대 사회에서 내가 먹는 고기가 그런 농장에서 자랐을 가능성은 거의 없기 때문이다. 가축을 직접 기르면 가능하겠지만, 도살장을 직접 운영할 수 없는 노릇이다.[113] 그러므로 놀라운 가설이 성립한다고 하더라도 현실적으로 윤리적 육식이 가능하지 않으므로 놀라운 가설의 성립 가능성을 살펴보는 작업은 철학자의 탁상공론으로 비칠 수도 있다. 그러나 육식의 비윤리성을 보여 주는 철학자의 논증에 따라 비윤리적인 사육에 대한 반성이 일어나고 있음을 감안할 때, 놀라운 가설의 성립 가능성이 커지면 고통 없는 사육과 고통 없는 도살의 실현을 앞당길 수 있을 것이다.

4장 동물이 동물을 먹는다는 것: 포식의 문제

1. 머리말

최근 10여년 사이에 국내에서도 동물 복지에 대한 관심이 증가하고 동물 윤리에 관한 연구가 시작 단계이나마 이루어지고 있어, 동물을 윤리적으로 대우하자는 주장의 핵심 요지는 어느 정도 알려졌다. 동물을 윤리적으로 대우하자는 주장에는 여러 가지 형태의 비판이 제기되고 있다. 동물 해방론에는 동물이 고통을 느낄 수 있다는 것은 사실이 아니라거나, 설령 고통을 느낀다고 하더라도 그 고통은 감내할 수 있는 정도이고 인간이 육식이나 동물 실험으로부터 얻는 이득에 비하면 사소한 것이라는 비판이 대표적으로 제기된다. 동물 권리론에는 동물에게는 인간과 달리 침해받을 수 없는 권리 같은 것은 없다는 비판이 제기된다. 이 장에서는 동물의 윤리적 대우 주장에 대한 다른 형태의 비판을 살펴볼 것이다. **포식의 문제**(the predation problem)라고 불리는 비판이 그것인데, 이는 19세기의 스코틀랜드 철학자인 리치(David George Ritchie, 1853~1903)가 당대의 동물권 철학자인 솔트에게 다음과 같이 제기한 비판이었다.

> 찌르레기나 개똥지빠귀가 벌레를 잡아먹는다는 이유로 그것들을 잡아 죽이거나, 영원히 가두어 놓고 풀만 주면서 천천히 굶겨 죽여서는 안 되는가? 고양이가 쥐를 심술궂게 죽이지 못하도록 밤에 돌아다니는 것을 막는다면 '자연으로의 회귀'는 어떻게 될까? 강자에게 핍박받는 먹잇감의 권리를 옹호하는 것이 될까? 아니면 우리가 모든 먹잇감의 권리를 선언하는 것은 동물 애호가인 감상주의자들을 기쁘게 하는 위선적인 문구에 불과할까?[114]

리치의 주장은 찌르레기나 개똥지빠귀가 벌레를 못 잡아먹게 해야 한다는 것이 아니다. 동물의 윤리적 대우를 주장하는 쪽에 제기하는 이른바 귀류법 논증이다. 동물의 고통 또는 권리 때문에 동물을 윤리적으로 대우해서 육식이나 동물 실험을 그만두어야 한다면, 찌르레기나 개똥지빠귀가 벌레를 못 잡아먹게 해야 일관적이지 않느냐는 것이다. 가축이나 실험동물만 고통을 당하고 권리를 침해받는 것이 아니라, 찌르레기나 개똥지빠귀에게 잡아먹히는 벌레나 고양이에게 죽임을 당하는 쥐도 고통을 당하고 권리를 침해 받고 있기 때문이다. 그러나 찌르레기나 개똥지빠귀가 벌레를 못 잡아먹게 하는 것은 터무니없다. 따라서 동물을 윤리적으로 대우하자는 주장은 옳지 않다는 것이 귀류법 논증의 결론이다.

실제로 대표적인 반동물권 철학자인 코헨은 이 포식의 상황을 이용하여 동물에게 도덕적 지위 또는 권리가 없다는 주장을 펼친다.[115]

그는 암사자가 새끼 얼룩말을 잡아먹으려고 하는 장면을 우리가 목격하게 되는 사고 실험을 상상해 보라고 한다. 우리에게 얼룩말을 구할 능력이 있다고 하더라도 이 상황에 개입해서 암사자로부터 얼룩말을 구해야 할 의무가 있는가? 코헨은 대부분의 사람은 그럴 꿈도 꾸지 않을 것이라고 말한다. 반면에 암사자가 사람의 아이를 잡아먹으려고 한다면 재빨리 구해야 한다고 대답할 것이다. 여기서 코헨은 묻는다.

> 이 상황들의 도덕적 차이를 어떻게 설명해야 하는가? (…) 위협을 받는 얼룩말에 보내는 우리의 반응과 위협을 받는 인간에 보내는 우리의 반응은 근본적으로 다르다. 그러나 왜? 틀림없이 우리는 위험에 처한 인간에게 더 큰 동정심을 보낸다. 그러나 우리는 또한 얼룩말의 도덕적 지위와 아이의 도덕적 지위 사이에는 엄청난 차이가 있다고 의식적이든 무의식적이든 인정하고 있다. 우리는 누군가 묻는다면, 아이는 잡아먹히지 않을 권리가 있으며, **인간**이기 때문에 그런 권리를 가지고 있다고 말할 수 있다.[116]

보수주의 철학자인 스크러튼도 다음과 같은 터무니없는 결과 때문에 동물의 권리를 부정한다. 그에 따르면 권리가 있는 생명체는 다른 생명체의 권리를 존중할 의무가 있는데, 만약 여우나 닭이 의무가 있다면 "여우는 닭의 생명권을 존중할 의무가 있게 되고, 모든 종은 선천적으로 죄악이 있다고 비난받을 것이다. 사람들에게 인간이 아닌 종의 권리를 존중하라는 강요는 포식자들에게 심각하게 영향을 끼쳐 [포식자들도 피식자들의 권리를 존중해야 하므로] 이른 시간 내에 멸종하게 할 것이다. 그러므로 동물들에게 실제로 권리를 부여하는 도덕은 동물을 역겹고 냉담하게 학대하는 결과를 낳는다."[117]

환경론자인 새고프도 「동물 해방과 환경 윤리: 잘못된 결혼, 신속한 이혼」이라는 논문에서 위의 귀류법 논증으로 동물 해방과 환경 윤리의 불화를 강조한다. 그는 먼저 "자연에서 생명체가 죽는 방식은 전형적으로 끔찍하다. 포식, 굶어죽음, 질병, 기생충, 추위가 그러하다."[118] 라고 야생 동물이 끔찍한 고통을 겪음을 인정한다. 그런데 일관된 동물 해방론자라면 동물의 고통을 덜어 주기 위해서 다음과 같은 상황까지 목표로 해야 한다.

> 우리는 끔찍한 야생을 더욱 인도적이고 세심하게 관리가 되는 환경으로 바꾸기 위해서 야생의 자연을, 특히 국립공원을 농장으로 바꾸어야 한다고 조심스럽게 제안할 수 있다. 숲속에서 굶어 죽는 사슴은 애완동물로 입양될 수 있다. 사슴은 개집에서 기를 수 있다. 한때 야생에서 비참하게 방황하던 동물들은 사육장에서 살이 찔 수 있다. 현재 벌레들을 죽이는 새들은 벌레처럼 생기고 벌레 냄새 나는 콩 단백질로 된 음식이 쌓인 새장에서 살도록 고칠 수 있다. 그리고 야생 동물이 추위에 걸리지 않도록 야생 동물이 사는 굴에 난방을 하고 얼어 죽을 동물들에게 대피처를 제공할 수 있다.[119]

새고프는 위 논문에서 이런 세상을 꿈꾸는 것은 아니라고 명확히 말하지는 않지만, 환경론자인 그에게 이것이 귀류법의 터무니없는 전제가 된다는 것을 짐작하기는 어렵지 않다. 반면에 일관된 동물 해방론자에게는 이것은 해야만 하는 의무가 된다. 그래서 새고프가 보기에

"환경론자는 동물 해방론자가 될 수 없고, 동물 해방론자는 환경론자가 될 수 없다."[120]

귀류법은 어떤 가정에서 터무니없는 결론이 따라 나오므로 그 가정은 옳지 않다고 주장하는 논증 방식이다. 귀류법 논증에서 관건은 '터무니없다'(absurd)라는 판단인데, 동물의 윤리적 대우를 강력하게 주장하는 이들 중에서는 위 논증에서 터무니없다는 중간 결론에 동의하지 못하는 이도 있을 것이다. 다시 말해서 우리는 육식이나 동물 실험을 막는 데서 그쳐서는 안 되고 포식까지 막아야 한다고 적극적으로 주장하는 것이다. 이들은 동물 해방론이나 동물 권리론과 같은 기존의 이론들은 그런 의무까지 부과하지 않으므로 너무 적은 것을 주장한다고 말하는 셈이다. 그러나 자연에서 일어나는 포식-피식 관계는 인간의 힘이 미치지 못하는 곳에서까지 일어나고 있고, 설령 모든 포식-피식 관계를 막을 수 있는 능력이 우리에게 있다고 하더라도 거기에 개입하는 것은 자연의 질서를 깨뜨리는 것이라는 게 많은 사람의 직관이다. 그래서 동물의 윤리적 대우 주장은 일부 지지자들의 생각과 달리 너무 적은 것을 주장하는 것이 아니라 너무 많은 것을 우리에게 요구한다는 것이 포식의 문제가 귀류법 형태로서 제기하는 문제이다.

포식의 문제는 동물의 윤리적 대우를 논의할 때 핵심적으로 다루어지는 주제는 아니다. 따라서 동물 해방론이나 동물 권리론에서는 이 비판에 길게 대응하지 않고, 자신들의 이론에서는 자연에의 개입이 도출되지 않는다고 대체로 간단하게 답변함으로써 귀류법 비판을 피해 간다. 위에서 말한 일부 동물권 지지자들이 귀류법 논증에서 터무니없다고 생각되는 중간 결론이 사실은 터무니없는 것이 아님을 보여 주는 방식으로 귀류법을 피해 가는 데 비해, 동물 해방론이나 동물 권리론은 자신들이 주장하는 동물의 윤리적 대우는 그런 터무니없는 결론으로까지 나아가지 않는다는 것을 보여 주는 방식으로 귀류법을 피해 가는 것이다. 그러나 이 장에서는 귀류법을 피해 가는 그들의 방식에 문제가 있다고 지적할 것이다. 다시 말해서 동물 해방론이나 동물 권리론을 일관되게 주장한다면 육식이나 동물 실험 금지에서 그치지 않고 포식 방지를 받아들여야 한다고 주장할 것이다. 기존의 이론은 동물의 도덕적 지위를 인정하고 그것을 침해하지 않을 소극적 의무만을 주장하고, 고통을 막을 적극적 의무에는 반대한다. 이 장은 소극적 의무를 주장하면서 적극적 의무에는 반대하는 것이 가능하지 않다고 주장할 것이다.

물론 포식을 막기 위해 자연에 개입하는 것은 힘든 일이고 그래서 터무니없다는 비판을 받는다. 포식을 막는다는 것은 자연계의 고통을 막는다는 뜻이다. 육식이나 동물 실험 과정에서 동물에게 주는 고통이나 포식 과정에서 동물이 겪는 고통이나 차이가 없다면, 우리는 전자뿐만 아니라 후자도 막아야 일관적이라는 게 포식의 문제의 취지이다. 따라서 포식의 문제를 다룰 때는 과연 전자의 고통과 후자의 고통이 같은 종류의 것인지 논의하는 것이 핵심이 된다. 위에서 말했듯이 동물을 윤리적으로 대우하는 이론들은 그것은 다른 종류의 것이라고 대응하여 귀류법을 피해 가는 방법을 사용한다. 나는 3절과 4절에서 각각 동물 해방론과 동물 권리론의 대응을 검토한 다음, 그 이론들에서는 두 고통이 같은 종류의 것임을 인정해야 하고 오히려 귀류법의 결론을 받아들여야 한다고 주장할 것이다. 다만 터무니없다는 비판을 받지 않을 수준에서 우리에게 포식의 고통을 막을 의무가 있다는 것을 보일 것이다. 먼저 그 전에 2절에서 육식이나 동물 실험 과정에서 동물에게 주는 고통은 잘 알려져 있으니, 야생에서 동물들이 어떤 고통을 받고 있는지 살펴보도록 하자.

2. 야생 동물의 고통

우리는 흔히 자연 또는 야생이라고 하면 목가적인 모습을 떠올린다. 여러 동물들이 한가하게 풀을 뜯어먹고 있는 그런 모습을 상상한다. 포식-피식 관계를 무시하고 온갖 동물들이 사이좋게 지내는 모습을 그리는 그림책이나 애니메이션의 영향도 있을 것이다. 그러나 현실은 그렇게 녹록하지 않다. 야생 동물이 잡아먹힐 때, 굶어죽을 때, 병들어 죽을 때 겪는 고통은 가축이나 실험동물이 받는 고통에 견줄 수 없을 정도로 크다. 미래의 고통을 감소한다는 목표를 내건 토대 연구소(Foundation Research Institute)를 창설한 철학자 토머식(Brian Tomasik)은 '고통 감소 연구'(http://reducing-suffering.org)라는 웹사이트를 운영하고 거기에서 야생에서 동물이 겪는 고통을 증언하는데 예컨대 이런 식이다. 사자는 얼룩말의 엉덩이에 이빨을 박고 살을 찢는데 얼룩말은 몸뚱어리가 땅을 칠 정도로 울부짖으며 고통을 호소한다. 사자는 이빨을 뽑은 다음 얼룩말의 목에 이빨을 박는데, 이빨은 얼룩말의 숨구멍을 막아서 질식시켜 죽인다. 얼룩말은 죽는 데 5~6분 정도 걸릴 정도로 천천히 죽어 간다. 하이에나는 발굽이 있는 동물의 살점을 하나씩 뜯어서 죽이고, 들개는 먹잇감이 살아 있는 상태에서 내장을 꺼내어 먹고, 독사는 몇 분에 걸쳐 먹잇감에 내출혈을 일으키고 마비를 시키며, 악어는 턱을 이용해서 큰 동물을 익사시킨다.[121] 먹잇감이 되는 동물은 잡아먹힐 때만 고통을 당하는 것이 아니다. 죽임을 당할까 봐 항상 공포 속에서 살아야 하고 트라우마를 겪기도 한다. 야생동물은 산 채로 잡아먹히는 고통뿐만 아니라 기생충에 갉아 먹히는 등의 질병의 고통도 겪어야 하고, 배고프거나 목이 말라 죽기까지 한다.

이러한 고통은 그 질도 극심하지만 양도 엄청나게 많다. 고통을 겪는 야생동물의 수가 셀 수 없이 많기 때문이다. 동물의 생식 전략은 K-선택과 r-선택으로 나뉘는데, K-선택은 새끼를 적게 낳는 대신에 기르는 데 온갖 정성을 기울이는 전략이고, 반면에 r-선택은 새끼를 많이 낳지만 기르는 데 에너지와 시간을 쏟지 않는 전략이다. 대표적으로 코끼리가 K-선택을 사용하며 물고기는 r-선택을 사용한다. 문제는 r-선택의 전략을 쓰는 동물들이 많다는 사실이다. 그런 동물들은 대부분 성체가 되기 전에 죽기 때문에 죽는 고통을 겪는 개체 수가 어마어마하게 많게 된다. 오르타는 한 번에 수천에서 수백만 개의 알을 낳는 대서양 참대구(Gadus morhua)를 예로 들어 그 개체 수를 계산해 보여 준다.[122] 이 동물이 한 번에 200만 개의 알을 낳는다고 가정해 보자. 북미의 메인 만에만 100만 마리의 대서양 참대구가 산다고 한다. 이것들이 낳은 총 2조 개의 알 중에서 10분의 1이 살아남아 새끼 대구가 되고 그 중에서 또 10분의 1이 고통을 느낄 수 있다고 가정한다면 200억 마리의 대구가 고통을 느끼는 능력을 갖게 된다. 이것들이 죽기 전에 10초 정도 고통을 느낀다고 하면, 총 2,000억 초의 고통이 생긴다. 이것은 약 6,338년에 이르게 된다. 특정 지역의 특정 종이 겪는 고통을 최소한도로 잡아도 그 정도이니 야생 상태에서의 고통의 양이 얼마나 큰지 가늠하기 어렵다.

산 채로 잡아먹히고 병들고 배고파 죽는 고통이 인간 세상에서 한 번이라도 일어난다면 사람들은 경악을 금치 못할 것이다. 우리 주변에서 그런 일은 아주 드물게 일어나고, 기아 상태의 난민이 있다면 사람들은 연민을 보내고 직접 도움을 주기도 한다. 너무 굶어서 움직일 기운도 없는 아프리카의 소녀를 노려보는 독수리 사진으로 1994년에 퓰리처상을 받은 사진 기자는 어린아이를 도와주지 않고 사진만 찍었다는 이유로 비난을 받았다.[123] 그러나 〈동물의 왕국〉 등의 TV 프로그램은 사자에게 잡아먹히는 사슴의 모습을 적나라하게 보여 준다. 인간의 고통과 동물의 고통을 다르게 대우하는 종 차별주의적 태도를 취하지 않고 평등의 원칙을 채택한다면 동물의 고통에도 똑같이 연민을 보내야 하고 더 나아가 그것을 없애기 위해 노력해야 할 것 같은데 말이다. 야생 동물의 삶에 비한다면 가축은 비교적 편안한 삶을 누리고 있다고 보아야 한다.[124] 특히 방목되는 가축의 경우에는 자연 수명보다 이르게 죽는다는 점과 도살 과정에서 가끔 기절이 제대로 되지 않아 끔찍한 고통을 겪는다는 점을 제외하고는 야생 동물에 비할 수 없이 행복한 삶을 산다고 보아야 한다. 바로 이 점 때문에 동물원의 동물이나 농장 동물, 애완동물을 감금하더라도 야생에서의 삶보다 낫다고 감금을 옹호하기도 한다. (이 점은 9장과 10장에서 논의하겠다.) 다만 열악한 환경에서 감금되어 살다가 죽는 공장식 사육 환경의 가축의 경우에는 야생 동물 못지않은 괴로운 삶을 산다고 말할 수 있을 것이다. 그런데도 육식을 위해 희생되는 가축의 고통에만 관심을 보내고 똑같은 또는 훨씬 더 심한 고통을 당하는 야생 동물의 고통에는 관심을 보내지 않는 것은 일관되지 못한 태도라고 여겨진다.

3. 동물 해방론과 포식: 오류 가능성 논증

공리주의에 기반을 두고 있는 동물 해방론은 육식이나 동물 실험이 동물에게 일으키는 고통은 큰데 거기서 얻는 인간의 이득은 사소한 것이기 때문에 그런 관행은 옹호될 수 없다고 주장한다(1장을 보라). 육식이나 동물 실험의 고통과 야생에서의 고통은 인간이 일으킨 것이냐 아니냐의 차이점만 있다. 그러나 동물 해방론이 기본적으로 결과주의적 논증을 채택하고 있음을 감안할 때 누구에 의해 초래된 고통인가는 중요한 고려 사항이 아닐 것 같다. 실제로 싱어는 연못에 빠진 아이를 구해야 한다는 유명한 사고 실험으로 "만약 어떤 사람에게 매우 나쁜 일이 일어나는 것을 방지할 힘을 우리가 가지고 있고, 그 나쁜 일을 방지함으로써 그 일에 상당하는 도덕적 의미가 있는 다른 일이 희생되지 않는다면, 우리는 그렇게 해야만 한다."[125]라고 말한다. 그는 결과주의자들은 틀림없이 이에 동의할 것이지만, 결과주의자가 아닌 사람들도 이를 또한 받아들일 것이라고 주장하는데, "결과주의자가 아닌 대부분의 사람은 나쁜 일은 막아야 하며 좋은 일은 북돋아야 한다고 주장"[126]하기 때문이다. 여기서 말하는 나쁜 일은 절대 빈곤, 배고픔, 열악한 영양상태, 주거의 부족, 문맹, 질병, 높은 유아 사망률, 낮은 평균 수명 등을 말한다. 그리고 그 나쁜 일을 막는 것은 너무 높은 기준이 아니냐는 반응이 나올 수 있지만, 싱어는 앞에서도 말했듯이 나쁜 일을 막아야 한다는 명령은 '그 일에 상당하는 도덕적 의미가 있는 다른 일이 희생되지 않는다'는 전제에서 의무이므로, 결과주의자가 아닌 사람들이 중요하게 생각하는 "개인적 권리의 심각한 침해, 부정의, 약속의 파기 등을 일으키지 않을 수 있"으므로 결과주의자인가의 여부에 상관없이 의무가 된다는 것이다.

같은 종류의 고통일 때 인간의 고통이든 동물의 고통이든 차별하는 것은 공리주의자가 적극적으로 반대하는 종 차별주의적 행동이다. 야생의 고통은 절대 빈곤 정도가 아니라 살이 찢기고 숨이 막혀 죽는 극단의 고통 상태이다. 그렇다면 우리에게는 절대 빈곤에 빠진 사람을 도울 의무가 있는 것처럼 야생의 고통을 막을 의무도 있을 것 같다. 그러나 싱어는 다른 결론을 내린다. 싱어는 『동물해방』에서 이 주제를 다루는데 먼저 이렇게 묻는다. "인간이 이 세상에서 육식 종을 제거할 수 있다고 가정해 보자. 그리고 이로 인해 세상에 사는 동물들이 느끼는 고통의 총계가 감소될 것이라고 가정해 보자. 만약 이것이 사실이라면 우리가 육식 종을 제거해야 하는 것 아닌가?" 그리고 이렇게 대답한다. "(…) 우리는 간섭을 하지 말아야 한다. 우리는 최대한 그들을 내버려 두어야 한다."[127] 앞에서 말한 기대와 다르게 이렇게 대답한 것은 역시 결과주의적 이유 때문이다.

이렇게 보자면 인간이 개입함으로써 동물의 처지가 나아질 수 있으며, 따라서 개입이 정당화될 수 있다고 생각해 볼 수 있다. 하지만 육식 종의 제거와 같은 계획을 고려한다는 것은 사실상 개선과 전혀 상관이 없다. 과거

> 의 기록으로 판단해 보건대, **생태계를 대규모로 변화시키려는 시도는 그 어떠한 것도 득보다 실이 많았다.** 바로 이러한 이유로(설령 다른 이유가 없더라도), 매우 제한된 일부 경우를 제외하고는 우리가 자연 전체의 파수꾼이 될 수도, 되려고 노력해서도 안 된다. **우리가 다른 동물을 불필요하게 살해하거나 학대하지 않는다면 그것으로 우리는 우리의 할 일을 충분히 한 것이다.**[128]

결국 싱어는 자신과 같은 동물 해방론자에게는 포식을 막아야 한다는 의무는 도출되지 않는다고 주장한다. 그렇다면 동물 해방론에서 그런 터무니없는 의무가 도출된다는 귀류법 논증은 적용되지 않을 것이다.

포식을 막기 위해서 야생에 개입했을 때 득보다 실이 더 많을 것이라는 예측, 더 나아가 예측할 수 없었던 재앙이 일어날 수도 있다는 논증은 **오류 가능성 논증**(the fallibility argument)이라고도 부르고, 그 결과를 예측할 수 없어서 재앙을 불러올 수도 있다는 이유로 **무지에 근거한 논증**(the argument from ignorance)이라고도 부른다.[129] 우리는 큰입배스나 황소개구리처럼 생태계를 교란하는 외래종 사례를 잘 알고 있다. 애초에 식용으로 들여온 큰입배스나 황소개구리가 미친 듯한 번식력으로 생태계를 파괴할지는 아무도 예상하지 못했다. 포식을 막기 위해 야생에 개입했을 때도 그런 예측치 못한 생태적 재앙이 생길 수 있다는 것이 오류 가능성 논증의 주장이다. 생태계는 굉장히 복잡하고 자연에 대한 우리의 지식은 한정되어 있기 때문에 인위적인 개입이 어떤 결과를 가져올지는 아무도 모른다. 예컨대 사자에게 잡아먹히는 사슴을 보호한다는 명목으로 사자의 사냥을 방해한다면 사자는 굶어죽을 것이지만, 포식자가 없어진 사슴의 개체 수는 과잉이 될 수 있다. 그러면 사슴의 먹이가 되는 식물이 남아나지 않게 될 수 있고, 이는 사슴뿐만 아니라 그 식물에 의존하는 또 다른 초식 동물을 위험에 빠뜨릴 수 있다.[130] **사전 주의의 원칙**(precautionary principle)은 심각한 위험이 예상되는 경우에는 그 위험이 실제로 일어나리라는 확실한 증거가 없어도 사전에 주의를 주는 차원의 조치가 필요하다고 말하는데(이 원칙은 6장에서 상세하게 언급된다), 만약 이 원칙이 적용된다면 인간은 야생에서 포식을 막는 개입을 해서는 안 된다.[131]

오류 가능성 논증은 포식을 막기 위해 야생에 개입했을 때 예측치 못한 대재앙이 생길 수 있기에 포식을 허용하므로, 이 논증은 포식은 생태계의 건강한 발전에 도움이 된다는 주장으로 연결될 수 있다. 포식은 피식자의 개체 수 과잉을 막아 주며, 만약 개체 수 과잉이 일어났다면 피식 동물이 질병이나 기아로 인해 서서히 죽어갔을 텐데 포식은 그것을 막아 주는 것이다. 더 나아가 포식은 포식자의 행복을 확실하게 보장해 주므로 포식은 생태계 전체 행복의 양을 늘린다고 볼 수도 있다.[132] 환경론자도 바로 이런 식의 근거를 제시하며 고통을 겪든 겪지 않든 야생 동물의 삶에 개입하는 것은 옳지 않다고 주장한다. 일찍이 레오폴드는 "생물 공동체의 통합성, 안정성, 아름다움을 보전하느냐의 여부에 따라 옳고 그른 일이 결정된다."[133]라는 말을 했다. 레오폴드와 같은 환경론자에게 도덕적으로 중요한 것은 생태계 전체의 균형이지 개별 동물의 고통이 아니다. 실제로 포식은 포식을 당하는 피식자 개체에게는 더할 나위 없는 고통을 주지만 피식 동물 전체에게는 장기적으로 이익이 될 수도 있는데, 포식-피식 관계를 통해 약한 개체들을 솎아 내어 종 전체의 생존에 도움을 주는 면이 있기 때문이다.[134] 그러므로 개별 동물이 고통받는다고 해서 야생에 개입하여 자연의 포식 관계를 '바로잡겠다'는 것은 생물 공동체의 정해진 통합성, 안정성, 아름다움을 깨뜨리는 것이므로 옳은 일로 결정되지 않는다고 보는 것이다.

호랑이나 사자 그리고 늑대와 같은 맹수들이 야생에 있을 때 생태계에 미적 가치가 있으므로 그들을 멸종하게 해서는 안 된다는 주장을 하는 환경론자도 있을 것이다. 레오폴드가 말하는 '생물 공동체의 통합성, 안정성, 아름다움'이 그것을 말할 수 있다. 그러나 앞 절에서 살펴보았듯이 생태계의 미학을 주장하기에는 야생은 끔찍한 고통으로 가득 차 있다. 따라서 우리는 미적 차원보다는 싱어가 말한 대로 순전히 생태계를 대규모로 변화시키려는 시도가 득보다 실이 많은지 검토해야 한다. 싱어의 주장을 뒤집어 보면 생태계의 득보다 실이 많지 않다면, 고통이 줄어든다는 점을 고려할 때 결과주의적 논증은 포식의 금지를 오히려 도덕적 의무로 간주해야 한다. 포식을 금지할 때 정말로 생태적인 재앙이 올까?

특정 종이 인위적으로 생태계에 도입되거나 멸종될 때 생태계에 재앙이 올 수 있다는 예측은 과장일 수 있다. 위에서 큰입배스나 황소개구리를 생태계 교란의 예로 들었는데, 순간적인 재난이 있었지만 시간이 흐를수록 생태계는 '정상'으로 돌아오는 회복력을 발휘한다. 2005년의 연구에 따르면 수중의 무법자였던 황소개구리는 감소 현상을 보였는데, 황소개구리 성체는 새로운 먹잇감에 익숙하지 않던 뱀이나 너구리 · 족제비 등의 포식 동물의 먹이가 되고 알이나 올챙이는 오리나 왜가리 등에게 먹히는 것이 그 요인이라고 한다.[135] 인간의 개입으로 생태계의 교란이 왔다면 인간은 그 교란을 바로잡으려는 개입도 한다. 큰입배스는 낚시꾼들이 즐겨 잡는 어종이 되었고 식용으로도 쓰인다. 그리고 쏘가리, 가물치 등의 토종 천적을 풀어 큰입배스를 제어한다고 한다.[136] 물론 황소개구리나 큰입배스의 감소 현상은 일면적일 수 있고 아전인수적 해석일 수도 있다. 다만 생태계의 교란이 무턱대고 일어나는 것이 아니라 자연에 의해 정상화될 수도 있고 인위적인 개입으로 정상화할 수도 있다는 것을 지적하려는 것이다. 실제로 팔머는 기술의 발달로 현실에서는 무지가 점점 더 감소할 것이기 때문에 무지에 근거한 논증은 영향력 있는 논증이 아니라고 말하면서, 야생 동물의 불임화로 개체 수 증가를 막는다든가 극도로 고통스러운 질병이 번지면 백신 접종을 한다든가 고통스럽게 죽을 것 같은 동물을 자비롭게 죽인다든가 하는 것을 기술의 발달 사례로 든다.[137] 큰입배스의 제어도 그런 사례에 추가할 수 있을 것이다. 그렇다면 포식을 막기 위해서 야생에 개입한다고 해도 생각보다 재앙이 없을 수 있다.

큰입배스나 황소개구리는 새로운 종을 들여온 사례이지만, 특정 종이 멸종되는 사례는 그에 비해 훨씬 더 점진적으로 일어나므로 생태계는 거기에 잘 적응하기 때문에 재앙이라고 할 만한 것을 찾기는 어렵다. 공룡이 멸종되었지만 그로부터 지구 생태계가 어떤 재앙을 입은 것이 아니라, 거꾸로 생태계가 재앙을 입어 공룡이 멸종되었다고 말하는 것이 정확할 것이다. 한반도에서는 호랑이나 늑대가 멸종되었지만 야생에 어떤 피해가 있는가? 특히 호랑이나 늑대는 일제 강점기의 이른바 해수 구제 사업(害獸驅除事業)에 의해 멸종되었으므로 인위적인 개입에 해당하고 그 의도도 자연계의 고통을 줄이려는 목적이 아니라고 말하기는 어렵다. 한국 영화 〈대호〉(2015)는 그런 해수 구제 사업을 잘 보여 주지만, 그 영화에서 호환(虎患)을 영상으로나마 체험한 사람들이 한반도에 호랑이를 복원해야 한다는 주장에 찬성할지는 의문이다.[138] 특히나 멧돼지 때문에 골머리를 앓는 농부들은 멧돼지보다 피해가 더 클 것이 볼 보듯 뻔한 유해 조수의 등장을 반길 이유가 전혀 없을 것이다. 농부 이외에 산을 찾는 등산객도 마찬가지일 것이다. 민가로 내려오는 멧돼지가 자주 뉴스거리가 되는 것처럼 호랑이도 그럴 수 있는데, 그것은 멧돼지와 차원이 다른 공포이다.[139]

실제로 많은 학자들이 포식을 막기 위해 자연에 개입한다고 할 때 그 방안으로 제안된 것들은 주로 점진적인 것들이다. 예컨대 도널드슨과 킴리카는 오류 가능성이 개입을 반대하는 유일한 이유라면 체계적인 대규모의 개입이 아니라 소규모의 시범 사업을 먼저 시작해 봐서 고통을 줄이기 위해 자연을 어떻게 개량해야 하는지 지식을 쌓을 수 있다고 제안한다.[140] 밀번도 소규모 차원의 개입이 허용된다면 보다 큰 규모의 개입이 원리적으로 허용되지 않을 이유가 없다고 주장한다. 교육이나 공공 보건의 영역에서 이미 확실성을 가지고 국가적인 차원의 개입을 하는 것이 그것을 보여 준다.[141] 생태계에 대한 지식과 기술이 더 많이 쌓인다면 종국에는 도널드슨과 킴리카의 제안대로 자연을 포식자와 피식자의 서식지를 안전하게 분리하고 포식자에게는 콩 단백질로 된 인공적인 먹이를 보장해 주는 거대한 동물원으로 바꾸는 것[142]이나, 밀번의 제안대로 자연을 완전히 개량하여 포식-피식 관계를 철폐하는 것[143]이 헛된 꿈은 아니다.

이렇게 오류 가능성 논증 또는 무지에 근거한 논증은 그럴듯하지 못하다. 이 논증은 싱어와 같은 동물 해방론자가 귀류법 논증에서 벗어나려는 의도에서 나왔는데, 이 논증이 실패한다면 동물 해방론은 다시 귀류법 논증의 덫에 걸릴까? 그렇지 않다. 귀류법의 핵심은 포식을 막아야 한다는 의무가 터무니없다는 것인데, 지금까지 살펴본 것처럼 그것은 그렇게 터무니없는 일이 아니기 때문이다. 점진적으로 진행되며, 생태적 재앙도 일어나지 않고 일어난다고 하더라도 기술의 발전으로 개량 가능하다면, 그것은 터무니없는 일이 아니다. 설령 어느 정도의 시행착오나 부작용이 있다고 하더라도 그것은 야생의 고통이 감소한다는 이득에 비하면 사소한 손해이고, 이것은 공리주의의 계산 방법에 부합한다. 포식 동물의 이익이 사라지겠지만 그것은 비교할 수 없이 많은 피식 동물의 고통이 사라지는 것에 견주면 비할 바가 아니다.

4. 동물 권리론과 포식: 도덕 수동자 논증

동물 권리론의 주창자인 리건은 본래적 가치를 지닌 모든 존재는 도덕적 고려의 대상이며 본래적 가치는 자신이 삶의 주체임을 경험할 수 있는 존재들이 가지는 특별한 권리라고 주장하고, 삶의 주체임을 경험할 수 있는 존재들에 동물도 포함한다(1장을 보라). 그러나 포식자로부터 고통을 받지 않을 권리는 동물이 가지는 권리에 들어가지 않는다고 생각한다. 그는 그 이유로 인간은 **도덕 행위자**(moral agent)이지만 동물은 **도덕 수동자**(moral patient)임을 근거로 든다. 도덕 행위자는 자신의 행동을 도덕적으로 설명 가능한 방식으로 조절할 수 있는 능력이 있는 존재인 데 반해, 도덕 수동자는 그런 능력이 결여된 존재이다.[144] 도덕 행위자와 달리 도덕 수동자는 옳고 그른 행동을 할 수 없고 다른 사람의 권리를 존중할 의무가 없다. 도덕 행위자인 인간이 동물을 잡아먹는다면 그것은 동물의 권리를 침해한 것이지만, 야생에서 동물이 다른 동물을 잡아먹더라도 그것은 다른 동물의 권리를 침해한 것이 아니다. 그래서 리건은 "늑대는 다른 존재의 권리를 침해할 수도 없고 침해하지도 않으므로 늑대의 공격을 받는 사슴을 도와야 할 의무가 있다고 주장하지 않는다."[145]라고 말한다. 싱어와 마찬가지로 야생에 개입하는 것은 우리가 할 일이 아니라는 것이다. 그는 포식의 문제에 이렇게 대답한다.

> 만약 권리론에서 야생 동물의 권리를 존중하는 방식은 야생 동물이 오랜 시간 동안 겪을 고통의 총량을 최소화한다는 보장을 하지 못한다고 누군가가 말한다면, 나는 동물의 권리를 심각하게 생각한다고 할 때 그것은 야생 관리에서 가장 중요한 목표가 돼서는 안 된다고 대답할 것이다. 동물들이 야생에서 서로서로 일으키는 고통의 총량은 도덕적으로 계몽된 야생 관리의 관심사가 아니다. 야생 동물 관리자는 자연에서의 행복의 회계 담당자도 아니고 관리자도 아니므로 동물을 **자연 그대로 내버려 두는** 데에, 인간이 동물을 포식하는 것만 막는 데에 주된 관심을 둠으로써, '[인간을 제외한] 다른 자연'은 자신의 운명을 스스로 개척할 수 있도록 해야 한다.[146]

리건도 싱어처럼 이런 식으로 우리에게는 포식을 막을 의무가 없으니 동물 권리론은 포식의 귀류법에서 벗어날 수 있다고 생각한다.

일단 리건의 답변은 포식의 문제를 오해했다는 결정적인 비판을 받는다. 사폰치스가 지적했듯이 포식의 문제는 가령 사자가 사슴을 잡아먹는다고 할 때 **우리가** 그것을 그만두게 할 의무가 있는지 묻는 문제이지, **사자가** 그것을 그만두어야 할 의무가 있는지 묻는 문제가 아니다.[147] 따라서 동물이 도덕 행위자인가 아닌가는 우리가 동물의 포식을 막을 의무가 있는가 없는가를 다룰 때 관련이 없다. 사폰치스는 이 점을 좀 더 쉽게 이해하도록 부모가 고양이를 괴롭히는 어린아이를 막을 의무가 있는지 생각해 보라고 말한다.[148] 어린아이는 자신의 행동을 조절할 수 있는 능력이 없는 도덕 수동자이지만, 그렇다고 해서 부모가 그 행동을 막을 의무가 없는 것은 아니다.

그러나 피식자의 권리의 차원에서 포식의 문제에 접근해 본다면 사폰치스는 리건의 의도를 자비롭게 해석하지 않았다는 비판을 받을 만하다. 가령 사자가 사슴을 잡아먹는다고 할 때 사자는 사슴의 권리를 침해했는가? 리건이 도덕 행위자와 도덕 수동자의 구분으로 말하려고 하는 바는 우리가 사슴을 잡아먹었다면 그 행동은 사슴의 권리를 침해했지만 사자가 사슴을 잡아먹었다면 그 행동은 사슴의 권리를 침해한 것이 아니므로, 우리에게는 사자의 행동을 막을 의무는 없다는 것이다. 다시 말해서 리건은 도덕 행위자만이 다른 존재의 권리를 침해할 수 있다는 점을 강조하려고 했다. 사자가 사슴을 잡아먹었을 때 사슴의 권리를 침해한 것은 우리가 아니므로—사실은 아무도 침해하지 않았다—우리가 그 침해를 막지 못했다고 해서 어떤 도덕적 책임을 느낄 필요도 없다는 것이다. 권리가 침해된 경우를 정의롭지 못한 경우, 곧 부정의(不正義)라고 해보자. 그러면 리건의 주장은 우리는 부정의의 희생자는 도울 의무가 있지만 그렇지 않은 희생자—단지 운이 나쁜 희생자이다—는 도울 의무가 없다는 주장으로 해석할 수 있다. 제이미슨은 이런 생각은 다음과 같은 반례에 부딪힌다고 말한다. 내가 친구랑 산행을 하고 있는데 바위가 친구 머리 위로 떨어지고 있다. 그때 나는 친구에게 피하라고 말할 의무가 있는가? 리건에 따르면 없다. 우리에게는 부정의의 희생자가 아닌 단지 운이 나쁜 희생자를 도울 의무가 없기 때문이다.[149] 많이 안타깝지만 말이다.

리건도 이런 비판을 인식하고 『동물권 옹호』의 개정판(2004) 머리말에서 이 점을 언급한다.

> 관련 문장을 찬찬히 읽어 보면 [제이미슨]이 상상한 것처럼 내가 말하지 않았다는 것을 알 수 있다. 나는 어느 누구의 권리도 침해하지 않은 경우에, 부정의가 이루어졌기 때문에 그 누군가에게 어떤 의무가 있다고 말하지는 않는다. 그러나 이것은 그 누군가에게 어떤 다른 의무도 없다고 말하는 것과는 다르다. 더 이상 말할 필요가 없다. 권리론에서는 자선(beneficence)이라는 일반적인 의무가 얼핏 볼 때 있다는 것을 인정하지 않게 하는 것은 아무것도 없다. 자선의 의무는 다른 사람에게 선을 행하도록 하는 것으로서, 정의를 근거로 다른 존재에게 의무가 있는지 고려하는 것과는 무관하다.[150]

간단하게 말해서 리건이 보기에 우리는 부정의의 희생자가 아닌 존재라도 도울 의무가 있는데 그것은 자선의 의무 때문이다. 우리는 우리가 권리를 침해하지 않았더라도 어려움에 부닥친 상대를 도울 의무가 있는데 그것이 자선의 의무인 것이다. 그는 제이미슨이 자신을 오해한 것은 자신의 책에서 부정의의 희생자를 대상으로 하는 의무 말고는 자세히 논의하지 않은 자신의 탓이라고 말한다. 그러면서도 "자선의 의무는 중요한 한계가 있다. (…) 권리론에 따르면 정의의 요구가 자선의 주장보다 언제나 앞선다."[151]라고 말하는 것을 잊지 않는다.

그러나 우리는 여전히 리건에게 물을 것이 있다. 이 장의 머리말에서 코헨이 암사자가 얼룩말을 잡아먹으려고 하는 경우와 사람의 아이를 잡아먹으려고 하는 경우를 비교한 예를 보았다. 우리는 전자의 경우를 막는 것은 의무가 아니지만 후자를 막는 것은 의무라는 직관이 있는데, 이 직관의 근거로 코헨은 인간인 아이는 잡아먹히지 않을 권리가 있지만 동물인 얼룩말은 그런 권리가 없다고 주장하는 것을 보았다.[152] 그러나 리건은 얼룩말에 권리가 있다는 것을 부인하지 않는다. 다만 그 권리를 우리가 침해하지 않았을 뿐이다. 그렇다면 도울 의무가 한 경우에는 없는 데 비해 다른 경우에는 있는 이유를 리건은 어떻게 설명할까? 그는 그 차이에 대해 다음과 같은 대답을 내놓는다. 역시 『동물권 옹호』의 개정판 머리말에서 동물과 인간 아이 사이에는 결정적 차이가 있다고 말하는데, 그것은 바로 동물은 어린아이와 달리 야생에서 혼자 살아갈 수 있는 '능력'(competence)을 갖추고 있다는 사실이다. 동물은 생존 경쟁을 하기 위해 우리의 도움이 필요하지 않으므로 우리가 돕지 않는다고 해서 우리의 의무를 다하지 않는 것은 아니라는 것이다.[153] 쉽게 말해서 동물은 스스로 도망갈 수 있는 능력이 있는데, 동물을 돕지 않는 것은 동물의 그런 능력을 존중하

기 때문이라는 것이다.[154]

리건의 이런 답변에 문제가 있다는 것을 알아채는 것은 어렵지 않다. 인간인 아이가 아니라 인간인 어른이 동물에게 잡아먹히는 상황을 상상해 보면 되기 때문이다. 어린아이와 달리 어른은 혼자서 살아갈 수 있는 능력을 갖추고 있다. 어른은 우리의 도움이 필요하지 않다고 해서 포식자의 공격으로부터 내버려 두어도 될까? 독수리와 소녀 사진에서 소녀 대신에 성인 어른이 있다고 하면 비난을 하지 않았을까? 어른의 경우라도 도와야 한다는 것이 우리의 직관이다. 리건은 어른이라고 하더라도 포식자의 공격을 피해 스스로 도망가는 능력은 없다고 말할지도 모른다. 그러나 그런 능력이 없는 동물도 많다. 그런 능력이 있는 동물은 포식자의 공격으로부터 내버려 두어도 되고 없는 동물은 도와야 한다고 말해야 할까?

5. 맺음말

포식의 문제를 피하기 위한 리건의 논증은 성공하지 못했다. 그러면 동물 권리론을 주장하는 이상 귀류법의 공격을 피하지 못하는 것일까? 위에서 언급한 코헨의 예는 암사자가 사람의 아이를 잡아먹으려고 하는 상황은 암사자가 얼룩말을 잡아먹으려고 하는 상황과 달리 우리가 개입해야 한다는 직관이 옳다고 전제하고 있다. 코헨은 그 직관을 전제로 인간의 경우와 달리 동물은 권리가 없다는 결론을 끌어낸다. 그러나 인간이나 동물 모두 권리가 있다고 주장하고 있는 리건은 그 두 상황에서 우리의 의무가 다르다고 설명하려다 보니 위와 같은 결과에 이르고 마는 것이다.

그런 결과를 벗어나기 위해서는 그 두 상황에서 우리의 의무가 다르지 않다는 것을 인정해야 한다. 사람이 고통을 당하는 경우와 마찬가지로 야생에서 고통이 있는 경우에도 똑같이 우리는 개입할 수 있고, 필요에 따라 그 개입이 의무가 될 수 있다. 물론 그 개입은 우리가 할 수 있는 능력을 넘어설 때도 있다. 리건이 도덕 행위자와 도덕 수동자를 구분한 기준도 자신의 행동을 조절할 수 있는 능력이 있느냐인데, 우리가 비록 도덕 행위자이지만 자연에의 개입은 우리가 조절할 수 있는 영역이 아니라고 보기 때문에 리건은 의무의 면책을 말하는 것이다. 그러나 자연에의 개입 중 분명히 우리가 조절 가능한 영역이 있다. 그리고 그런 영역에서 우리가 의무를 다하지 않았을 때는 우리의 책임을 묻는다. 싱어의 경우에서도 연못에 빠진 아이를 구해야 하는 사고 실험에서 아이를 구해야 하는 의무는 '그 일에 상당하는 도덕적 의미가 있는 다른 일이 희생되지 않는다'는 전제에서 생긴다는 것을 우리는 앞에서 보았다. 동물 해방론이든 동물 권리론이든, 우리의 능력 안에 있고 우리에게 큰 희생이 되지 않는다면 우리는 자연에 개입해야 하고, 자연에 개입하지 않을 때 오히려 도덕적으로 옳지 않게 되는 것이다. 중요한 것은 우리가 유발한 고통이든 자연에서 생긴 고통이든 모두 없애야 한다는 것을 이상으로 삼는 것이다. 비록 전자의 경우와 달리 후자의 경우에는 그 원인을 없애는 것이 어렵지만 우리의 능력 안에 있는 것은 의무로 생각하는 자세가 중요하다.

사실 우리는 이미 여러 가지 형태로 자연에 개입하고 있고 개입할 수 있는데 하지 않는 경우는 도덕적 의무를 다하지 않는다고 생각한다. 우리가 홍수나 폭풍 또는 질병 등의 위협을 막기 위해 자연에 개입하는 것은 흔한 일이고, 그런 개입을 할 수 있는데도 '자연을 내버려 두었을' 때는 비난을 받는다. 그런 자연에의 개입은 허용하면서 포식 관계에의 개입은 허용하지 않는 것은 일관적이지 못하다. 홍수나 폭풍 또는 질병 등은 인간에게 해를 끼치는데 포식은 동물에게 해를 끼친다는 차이가 있다고 말한다면 그것은 평등의 원칙에 어긋나는 사고이다. 그 고통의 정도와 양이 같은데 인간의 고통이냐 동물의 고통이냐에 따라 다르게 대우하는 것은 종에 따른 차별이다. 비교를 쉽게 하기 위해서 인간이 포식을 당하는 경우와 동물이 포식을 당하는 경우를 비교해 보자. "옛날 어린이들은 호환 · 마마 · 전쟁 등이 가장 무서운 재앙이었으나 (…)"라는 유명 내레이션처럼 인간이 포식의 피해를 당하는 일이 단 한 건이라도 생기면 인간 사회는 혼란에 빠지고 우리는 그 포식을 막기 위해 최선을 다할 것이다. 그러나 그런 포식을 셀 수 없이 당하는 야생에는 개입을 반대하는 것은 똑같은 포식의 고통인데 종 차별적으로 대한다는 비난을 받을 수밖에 없다.

우리는 그런 자연 현상뿐만 아니라 동물의 생태계에도 이미 개입하고 있고, 그것을 도덕적인 의무로 생각한다. 포획되어 수족관에서 공연하던 제돌이를 바다로 돌려보내거나 유기견을 구하거나 도둑고양이에게 먹이를 주는 사례가 그것이다. 2010년도에 연평도 포격 사태가 있을 때 주민들이 대피한 섬에 남겨진 애완동물에도 온정의 손길을 보내자는 운동도 있었다. 이런 사례들은 그 원인을 인간이 만들었기 때문에 그 책임을 인간이 지기 위해 개입의 의무를 다했다고 말할 수도 있다. 그렇다면 스스로 바닷가로 몰려온 고래를 바다로 돌려

보내는 예는 어떤가? 많은 사람이 거기에 동참하고 있고 그런 행동을 도덕적인 의무로 생각하고 있다.

'그 일에 상당하는 도덕적 의미가 있는 다른 일이 희생되지 않는다'라는 전제를 만족하도록 큰 비용을 들이지 않고서도 포식을 멈추게 할 방법이 있다. 야생 동물의 포식 관계에 개입하는 것을 '자연 순찰'(policing nature)이라고 부르는 코웬은 호랑이나 여우 사냥을 그런 예로 든다. 호랑이나 여우를 사냥하는 사람들이 자연을 순찰하겠다는 의도로, 곧 야생의 고통을 줄이겠다는 의도로 하는 것은 아니지만 결과적으로 그런 목표를 달성하고 사냥꾼들에게도 이득이 된다. 그런 사냥을 방해하지 않거나 오히려 적극적으로 권장하는 것이 야생의 고통을 줄이는 한 가지 방법이 된다. 그는 호랑이나 여우 같은 포식자를 야생에 복원하겠다는 정책을 세우지 않는 것이나 육식 동물로 실험동물을 대체하는 것도 비용이 들지 않는 방법으로 제시한다.[155] 특히 전자의 예는 무엇인가를 해야 하는 적극적인 의무가 아니라 무엇인가를 하지 않는 소극적인 의무이므로 실행하기도 쉽다.

결국 우리에게 중요한 것은 어떤 윤리적인 목표를 이상으로 세우는 것이다. 이 세상에서 빈곤과 기아를 완전히 없애는 것이 가능하지 않은 일일지 모르지만 그것을 윤리적 목표로 세우는 데에는 아무 문제가 없는 것처럼, 야생의 고통을 완전히 없애겠다는 목표를 세우는 것이 문제가 있는 것은 아니다. 그것이 달성 가능한가 하는 점보다는 그 목표가 윤리적으로 옳은지가 중요할 것이다. 우리는 앞에서 이미 도널드슨과 킴리카가 자연을 포식자와 피식자의 서식지를 안전하게 분리하고 각자의 먹이를 보장해 주는 거대한 동물원으로 바꾸자거나,

밀번이 자연을 완전히 개량하여 포식-피식 관계를 철폐하자는 목표를 세운 것을 보았다. 야생의 고통을 없애겠다는 목표를 세우고 포식을 멈추게 하는 것이 그것을 달성하는 가장 쉬운 방법이라면, 지금은 비용이 많이 들지 않는 방법에서 시작하지만 야생에 점진적으로 개입하는 것은 그것을 달성하는 전략이 될 것이다. 단계적으로 포식 동물을 멸종하게 하거나 유전 공학의 도움을 받아 포식 동물을 개량하여 그 야만성을 없애는 연구도 가능하다.

포식의 문제를 제기하는 귀류법 논증에서 포식을 없애는 것은 더 이상 터무니없는 일이 아니다. 새고프는 터무니없는 사례로 들었지만 야생을 농장으로 바꾸거나 육식 동물에게 콩 단백질로 된 음식을 주는 것이 꼭 터무니없는 것은 아니다. 성경에서 예언자 이사야가 "늑대가 새끼 양과 어울리고 표범이 숫염소와 함께 뒹굴며 새끼 사자와 송아지가 함께 풀을 뜯으리니 어린아이가 그들을 몰고 다니리라."라고 꿈꾼 세상이 단순히 헛된 꿈은 아니다.[156]

III부

동물 실험의 윤리

5장 동물 실험의 옹호와 반대

1. 머리말

종 차별주의적 관행 중 가장 많이 다루어지는 주제는 육식과 동물 실험인데 그 연구의 결론은 사뭇 다르다. 동물을 음식으로 이용하는 것은 동물에게 끼치는 손해에 비해 인간이 얻는 이익은 아주 사소하거나 다른 것으로 대체 가능하기 때문에 육식은 윤리적으로 옹호되기 어렵다. 예컨대 동물을 먹기 위해 사육하고 도살하는 과정에서 동물에게 상당한 양의 고통을 주지만 인간이 거기서 얻는 이익인 입맛은 그 고통에 비하면 아주 사소한 것이다. 또 육식에서 생기는 영양 섭취는 채식으로도 보충 가능하다고 알려져 있다. 이런 판단은 육식 이외에 동물원, 서커스, 사냥, 모피 등의 영역에서 동물을 이용하는 관행에서도 마찬가지이다.

그러나 동물을 실험 대상으로 삼는 것, 곧 동물 실험에서는 상황이 다르다. 동물 실험이 인간에게 주는 이익은 생명과 건강에서 생기는 것이기 때문에 사소하지도 않을 뿐만 아니라 다른 것으로 대체할 수도 없다고 생각하기 때문이다. 그래서 육식이나 동물원 등을 반대하는 철학자들도 동물 실험에는 찬성하는 경우가 많다.[157]

동물 실험은 육식과 달리 연구자의 영역에 속하기에 우리 삶에 노출되어 있지는 않지만 아주 중요한 영역에서 진행되고 있다. 영국의 비영리 보건 단체인 너필드의 생명 윤리 위원회는 『동물 관련 연구의 윤리』라는 제목의 보고서에서 동물과 관련된 연구를 네 종류로 구분하여 설명한다.[158]

첫째는 **기초 연구**이다. 이 연구는 동물과 동물의 행동과 관련된 지식이나 기초적인 생물학 과정의 이해를 늘리기 위한 것이 주된 목적이다. 자연 서식지나 실험실에서 진행되는 관찰 연구, 세포나 분자 수준에서 신체의 기능을 이해하기 위한 생리학 연구, 배아나 성체에서 진행되는 발달 연구, 유전자 변형 동물, 이종 이식, 복제 연구를 위해 진행되는 유전 연구, 항체와 같은 연구 도구를 개발하기 위해 진행되는 연구 등이 기초 연구에 해당한다. 이 연구는 인간의 이익을 위한 연구를 하는 것이 목적은 아니지만 의도하든 의도하지 않든 인간에게 응용이 될 것이다. 예컨대 동물 발달 연구는 인간의 배아 발달의 기본 과정을 이해하는 데 도움이 된다. 병아리, 제브라피시, 설치류, 개구리의 배아는 발달 과정에서 단일 유전자나 유전자 그룹의 역할을 더 잘 이해하는 데 종종 쓰인다.[159] 기초 연구는 의도하지 않았지만 인간의 이익을 위해 응용될 수 있다. 너필드 보고서가 든 예는 최근까지 그 원인과 특성이 밝혀지지 않은 기면증이다.[160] 두 연구 그룹이 독립적으로 시상하부가 만들어 내는 신경 전달 물질을 발견했는데, 이들은 기면증 연구를 하지 않고 있었다. 마우스에서 신경 전달 물질 유전자가 제거되자 마우스는 기면증에 걸렸다. 개의 기면증을 연구하던 다른 그룹이 신경 전달 물질의 세포막 수용체에 해당하는 유전자 코드를 발견했다. 마우스와 개의 기면증에 대한 발견을 토대로 다른 두 그룹이 기면증을 앓다가 죽은 사람의 뇌를 분석하여, 신경 전달 물질을 만들어 내는 시상하부의 세포가 줄어들거나 심지어 없다는 것을 발견했다. 지금은 인간의 기면증은 이 세포들이 자가 면역 파괴되어 생기는 것으로 알려져 있다.

두 번째 동물 관련 연구 분야는 **질병 연구 모형**이다. 인간 질병과 그 원인을 연구하고 치료법을 개발하기 위해 동물이 사용된다. 보고서는 가장 흔한 자가 면역 질병인 류머티스성 관절염을 예로 든다.[161] 관절염을 일으킨 설치류 모형이, TNF라고 불리는 면역 분자가 염증을 일으키는 과정에서 핵심적인 역할을 한다는 것을 발견하게 했다. 동물은 발이 고통스럽게 부어 오르고 연골에 손상을 입었는데, 항체를 투여해서 TNF를 막음으로써 염증 유발 반응을 완화하는 방법을 시험하여 염증과 손상이 완화되었다. 인간에게 임상 시험이 시행되어, 이 항체 치료로 많은 사람이 효과적으로 치료를 받고 있다. 보고서는 그 외 광우병과 변종 크로이츠펠트-야콥병을 포함하는 전염성 해면상 뇌질환, C형 감염, 소아마비, 후천성 면역 결핍증, 암 등에서 동물 모형이 어떻게 쓰이는지도 보여 준다.

세 번째, 제약 산업에서 **신약을 연구하거나 개발**할 때 동물이 사용된다. 제약 산업에서는 신약을 개발하는 데 보통 10-15년 정도 걸리는데, 보고서는 그 9단계를 소개한다.[162] 1단계에서는 유용한 대상을 정한다. 신약에 효과가 있는 분자의 수용기로 기능하는 질병 관련 유전자나 단백질이 그 대상이 된다. 2단계에서는 가능한 약을 특정한다. 이때 안전하고 유효한 약의 가능성이 있는 분자 목록을 찾기 위해 동시에 다수의 물질에 대한 분석을 고속으로 수행하는 고효율의 물질 탐색 방법인 고속 대량 스크리닝이 시행된다. 평균 백만 개의 화합물을 대상으로 시작하여 그 후보를 천 개 정도까지 좁힌다. 1~2단계에서 동물, 동물 조직, 복제된 인간 수용기를 대상으로 분자를 스크리닝한다. 3~4단계에서는 후보 약의 약리적 특성을 탐구하는데, 3단계는 스크리닝 결과로 나온 화합물들의 구조의 유사성을 찾아서 좁혀 나간다. 이때 사용되는 방법이 선도 물질 도출(hit to lead)인데, 후보 물질을 찾아(hit) 선도 물질(lead)로 좁혀 나간다는 뜻이다. 4단계는 선도 물질을 최적화하여 임상에 쓰일 수 있는 화합물을 특정한다. 동물은 대부분 3~4단계에서 사용된다. 이제 5단계는 비임상 개발 단계이다.[163] 후보 약의 유효성과 안전성을 검증하기 위해 동물 모형을 대상으로 생화학적 실험을 하는 단계이다. 그 다음 6단계부터 9단계는 임상 시험으로, 후보 약의 인간에 대한 안전성과 유효성을 실험한다. 각각 임상 1~4상으로 불린다. 신약 시판 후 조사 단계인 임상 4상 이전까지도 보충적인 동물 실험은 계속 시행된다.

마지막으로 네 번째는 **독성 검사**이다. 가정, 농업, 산업에서 사용되는 약물이나 화학제품이 과민증, 생리적 반응, 암 등을 일으키고 태아나 생식 능력에 영향을 주는지 측정한다. 동물에게 일정한 양을 먹게 한 다음 그것을 인간에게 외삽한다(extrapolate). 보고서는 외삽의 신뢰성을 의심케 하는 불확실성이 존재한다고 지적한다.[164] 종, 계통, 성별의 차이는 한 가지 이유이다. 실험동물은 짧은 기간 동안 많은 양을 먹고 인간은 적은 양을 오랫동안 먹는데 이 차이를 조정하는 것도 문제이다. 사육되는 동물은 동질적인 데 비해 인간은 큰 차이를 보인다면 약 대사 등에도 영향을 끼친다. 보고서는 외삽을 할 때 이러한 요소를 적절하게 고려하라고 말하고 있지만, 이 책의 다음 장에서 이 요소는 동물 실험의 정당성을 의심하기 위해 중요하게 다루어질 것이다.

동물 실험이 인간에게 주는 이익은 이렇게 상당한 것이기 때문에 생명 의료 연구 영역의 준칙이 되는 여러 강령이나 선언에서 동물 실험은 강력하게 옹호된다. 제2차 세계 대전을 비롯한 전쟁 기간의 인간 대상 실험의 트라우마는 모든 종류의 생체 실험을 반대하는 쪽으로 나아가는 것이 아니라 오히려 동물 실험을 필수화하는 쪽으로 나아간다. 제2차 세계 대전 직후 만들어진 뉘른베르크 강령의 첫 번째 강령에서는 실험 대상이 사람일 때 충분한 정보를 준 다음에 자발적 동의를 반드시 받아야 한다고 말한 다음, 세 번째 강령은 "실험은 그로 인하여 기대되는 결과가 당해 실험의 실행을 정당화할 수 있도록 동물 실험의 결과와 연구 대상이 되는 질병의 자연 발생사 및 기타 문제에 관한 지식에 근거하여 계획해야 한다."라고 '동물 실험'을 명토박고 있다. 1964년 세계의사협회 총회에서 채택된 의학 연구 윤리인 헬싱키 선언도 제23항에서 "인간 대상 의학 연구는 일반적으로 인정되는 과학적 원칙을 따라야 하고, 과학 문헌에 대한 면밀한 지식, 그 밖에 관련된 정보 출처, 적절한 실험, 그리고, 필요할 경우, 동물 실험에 기초해야 한다. 연구에 이용된 동물의 복지는 존중되어야 한다."라고 말하고 있다.[165]

이 장은 동물 실험의 옹호 주장들과 반대 주장들을 다룬다. 먼저 동물에게 직접적인 도덕적 지위가 있다고 하더라도 여전히 동물 실험을 옹호할 수 있는 논증으로, 인간과 동물은 생물학적으로 유사하다는 유사성 논증, 인간의 생명과 건강을 위해서 동물 실험은 꼭 필요하다는 이익 논증, 확실하고 믿을 만한 동물 실험의 대안이 없다는 대안 부재 논증의 세 가지 논증이 제시된다. 그리고 위와 같은 동물 실험 옹호 논증을 하나하나 비판하는 반대 논증을 검토한다. 그래서 동물 실험 옹호 논증은 결국 종 차별주의적일 수밖에 없다고 주장할 것이다.

2. 동물 실험의 옹호 논증

우리가 흔히 동물 실험이라고 부르지만 동물은 과학 연구에서 실험에서만 사용되는 것은 아니다. 인간과 동물의 건강을 증진하고 환경을 개선하기 위한 목적으로 동물을 대상으로 직접 해부하거나 실험하여 생명 의학적 지식을 추구하기도 하지만, 서식지에서 또는 감금된 상태에서 동물을 관찰하기도 하고 교육 목적으로 이용하기도 한다. 이런 점에서 과학에서 동물을 이용하는 관행은 일반적으로 '동물 실험'이라고 부르는 것보다 더 넓은 대상을 가리킨다. 동물 실험을 찬성하거나 반대하는 주장들을 '생체 해부(vivisection) 찬성론/반대론'이라고도 부르는데, 방금 말했듯이 동물 실험에 생체 해부만 있는 것은 아니다.

동물 실험을 어떻게 부르든 간에, 동물 실험이 시작된 이후 수많은 동물이 연구나 실험이나 교육의 도구로 희생되었다. 그런데도 동물 실험을 지지하는 여론은 상당히 높다. 동물에 도덕적 지위가 없거나 있다고 하더라도 간접적으로만 있다고 생각하는 이론에서는 동물 실험은 당연히 문제가 되지 않는다. 그뿐만 아니라 동물의 직접적인 도덕적 지위를 인정하는 쪽에서도 육식과 달리 동물 실험은 제한된 조건 아래에서 옹호한다. 어떤 근거로 동물 실험은 옹호될까? 보통 다음과 같은 세 가지 논증이 그 이유로 제시된다.[166]

(가) [유사성 논증] 인간과 동물은 생물학적으로 유사하다

동물 실험 옹호자들은 인간과 실험동물 사이의 **유사성**을 강조한다. 동물 실험에서 많이 사용되는 침팬지나 기니피그나 마우스는 인간처럼 척추를 가지고 있으며 비슷한 방식으로 피가 순환하며 허파로 호흡을 한다. 그래서 그 동물들로부터 얻은 실험 결과를 인간으로 일반화하는 것이다. 유비 논증은 비슷한 점이 많을수록 개연성이 커진다. 실험동물로 쓰이는 포유류들은 인간과 생물학적인 공통점을 많이 보유하고 있기 때문에 그런 동물이 신약이나 독성 물질에 보이는 반응을 인간에게 안전하게 일반화하는 것이다.

그러나 유사성 논증은 동물 실험의 방법론적 또는 인식론적 정당성을 옹호하는 근거는 될 수 있지만 윤리적 정당성을 옹호하는 근거는 되지 못한다. 같은 인간끼리 유사성이 가장 크므로 인간에 실험을 했을 때 실험에 따른 추론의 개연성이 가장 크겠지만, 그렇다고 해서 인간을 대상으로 하는 실험이 윤리적으로 정당화되지 않는 것을 생각해 보면 그 까닭을 알 수 있다. 동물 실험의 윤리적 정당성은 방법론적 정당성과 별도로 입증되어야 한다.

(나) [이익 논증] 인간의 생명과 건강을 위해서 동물 실험은 꼭 필요하다

동물 해방론을 소개하면서 육식은 옹호될 수 없다고 했지만 이론적으로 옹호될 가능성이 있음을 3장에서 살펴보았다. 자의식이 없는 동물을 공장식 사육이 아니라 자연과 최대한 비슷한 상태에서 고통 없이 기르고 고통 없이 도살한다면 동물의 고통이 문제가 되지 않는다고 말이다. 그러나 동물 실험의 경우에는 이론적으로도 그런 가능성은 없다. 동물 연구의 종류에서 보았듯이 동물 실험은 스트레스 실험이나 독성 실험 등 고통을 주는 것 자체가 목적인 실험이 많기 때문이다. 관절염을 유발하고 후보 치료제를 투여하는 것은 고통이 얼마만큼 완화되는지 측정하는 실험이고, 스트레스 실험, 독성 실험, 전기 실험 등은 얼마만 한 고통을 느끼는지 관찰하고 측정하려는 실험이다. 그런데도 동물 실험이 옹호될 가능성이 있는 것은 동물 실험이 인간에게 주는 **의학적 이익**이 그 고통을 능가할 만큼 상당하다고 생각되기 때문이다. 미국 의학 협회는 『생명 의학 연구에서 동물의 사용』이라는 백서에서 다음과 같이 말한다.

> 20세기 의학에서 항생제와 백신에서 항우울제와 장기 이식까지 사실상 거의 모든 진보는 실험실에서 직접적이든 간접적이든 동물을 사용함으로써 이루어졌다. 이런 실험의 결과로 수많은 전염병—천연두, 소아마비, 홍역—을 박멸하고 억제하게 되었고 인명을 구조하는 수많은 기술—수혈, 화상 치료, 심장 절개 및 뇌 수술—이 발전하게 되었다.[167]

동물에는 도덕적 지위가 없음을 열렬하게 주장하며 동물 실험을 적극

찬성하는 코헨은 1948년에 어린이 캠프에서 보조 교사를 할 때 소아마비에 걸릴까 봐 어린이나 학부모가 얼마나 두려움에 떨었는지를 회상한다.[168] 1952년에는 미국에서 5만 8천 명 이상이 소아마비에 걸렸고 그 중 수천 명이 죽었으며 수천 명은 철제 호흡 보조 장치라는 끔찍한 기계에 평생 의존해야 했음을 지적한다. 그러던 것이 미시간 대학교 의료 센터에서 소아마비 백신이 성공을 거둔 이후, 이제는 전 세계에서 소아마비는 거의 박멸되었다. 동물 실험 덕분에 무서운 질병은 없어지고 수명은 연장되었으며 삶의 질은 개선된 것이다. 코헨은 "의학에서의 놀라운 진보와 인간에게 소중한 수많은 업적들은 실험실에서 동물을 사용한 연구를 통해서만 가능하고, 그것은 거기에 참여한 동물 생명의 손실을 훨씬 능가한다."[169]라고 말한다. 동물 실험이 없었다면 의학의 발전은 불가능했다고 주장하는 것이다.

이렇게 동물 실험을 옹호하는 주장 중 가장 강력한 것은 동물 실험 덕분에 의학이 발전하여 인간의 생명과 건강을 보호한다는 대단히 중요한 이익이 생겼다는 것이다. 옹호자들은 동물 실험이 의학의 발전을 위한 충분조건이라고 주장하는 데 그치는 것이 아니라 필요조건이기도 하다고 주장한다. 동물 실험이 없었다면 의학의 발전은 불가능했으리라는 것이다. 그리고 동물 실험이 없다면 새로운 신약이나 치료 기술은 개발되지 못할 것이라고 생각한다. "우리 아이가 낭포성 섬유증에 걸렸습니다. 동물 실험을 하지 않으면 아이는 죽을 거예요. 죽게 내버려 둬야 하나요?"[170] "아이냐 아니면 동물이냐?"라는 외침은 동물 실험을 하는 연구자뿐만 아니라 많은 일반인이 동물 실험을 어떻게 생각하는지를 잘 보여 준다.

새로운 백신이나 약품이 개발되어 마지막 단계에서 생명체에 실험해야 한다고 할 때 어떤 생명체에 실험해야 할까? 인간에게 할 수는 없다. 만약 동물 실험을 금지한다면 인간을 대상으로 하는 실험의 유혹이 생길 텐데, 이성적이지 못한 인간이나 고아와 같은 사회적 약자가 그 희생자가 될 가능성이 크다. 그렇게 되면 일본 관동군이나 나치의 생체 실험 악몽을 떠올리며 수많은 비난이 쏟아질 것이다. 동물 실험 옹호자들은 이런 이유에서라도 동물 실험은 이루어져야 한다고 주장한다. 설령 인간에 대한 실험이 가능하다고 하더라도 실험의 오류를 줄이기 위해서는 여러 변인들을 통제해야 하는데 인간에서는 그것이 가능하지 않다. 그렇다면 옹호자들이 보기에 남은 대안은 두 가지밖에 없다. 동물을 대상으로 실험을 하거나 실험을 아예 하지 않는 것이다. 그러나 앞서 말했듯이 인간의 생명과 건강을 위해서는 실험을 하지 않을 수는 없으므로 동물 실험은 꼭 필요하다는 것이다.

(다) [대안 부재 논증] 확실하고 믿을 만한 동물 실험의 대안이 없다

동물 실험을 하거나 하지 않는 두 가지 대안 외에 제3의 대안이 가능하다고 비판할 수 있다. 사람도 동물도 대상으로 하지 않는 대체 실험이 그것이다. 동물 개체 전체를 사용하는 것이 아니라 조직 배양을 이용하여 실험을 하거나, 컴퓨터 모의실험을 하는 것이 그런 대안이다. 그러나 동물 실험 옹호자들은 그런 대체 실험이 효과를 보는 경우가 없는 것은 아니지만 대부분의 경우에는 확실하거나 신뢰할 만한 결과를 얻을 수 없다고 주장한다. 연구자들은 새로운 백신이나 약품이 유기체의 신체 기관 전체에 어떤 영향을 끼치는지 알고 싶어 하는데, 조직 배양이나 컴퓨터 모의실험으로는 그런 지식을 얻을 수 없다는 것이다. 인간이나 동물의 몸은 생물학적인 부분을 단순히 모아 놓기만 한 것이 아니라 글자 그대로 '유기체', 곧 많은 부분이 일정한 목적 아래 통일되고 조직되어 각 부분과 전체가 필연적 관계를 맺는 조직체이기 때문이다. 따로 떨어진 조직만 관찰한 뒤에, 분리되지 않고 복잡한 인간의 생물학적인 특성에 대해 결론을 내리는 것은, 부분을 합하면 전체가 된다는 합성의 오류를 저지르는 것이 된다. 바늘 하나를 떨어뜨려서는 소리가 안 나지만 바늘 한 쌈을 떨어뜨리면 소리가 나는 것처럼, 대체 실험에서는 없던 부작용이 유기체 전체에서는 있을 수 있다. 그리고 대체 실험이 아예 불가능한 실험도 있다. 심장이 뛰거나 관절이 있는 동물에서 해야 하는 실험은 그런 것을 실제로 구현할 수 없는 조직이나 컴퓨터로는 불가능하다. 따라서 동물 실험 옹호자들은 대체 실험은 동물 실험의 대안은 되지 못하고 동물 실험을 보완하는 수준에 머물러야 한다고 주장한다.

3. 동물 실험의 제한적 찬성과 철폐

앞 절에서 살펴본 동물 실험 옹호 주장을 정리하면 다음과 같다.

(1) 인간과 동물은 생물학적으로 유사하다. (유사성 논증)

(2) 인간의 생명과 건강을 위해서 동물 실험은 꼭 필요하다. (이익 논증)

(3) 확실하고 믿을 만한 동물 실험의 대안은 없다. (대안 부재 논증)

(4) 따라서 동물 실험은 정당화된다.

동물의 도덕적 지위를 인정하지 않는 입장이라면 동물을 대상으로 하는 실험은 시계를 분해하는 것처럼 전혀 거리낌이 없겠지만, 앞서 보았듯이 그런 입장은 타당하게 유지될 수 없었다. 그러나 동물에 도덕적 지위가 있다고 인정하는 입장이더라도 위와 같은 전제가 만족된다는 조건에서 동물 실험을 옹호할 수 있다. 동물 해방론도 그런 입장 중 하나이다. 동물 해방론에서는 육식의 문제와 다르게 전제가 되는 세 가지 논증이 분명히 옳다면 동물 실험을 통해서 생기는 해악보다 이익이 훨씬 크므로 동물 실험은 정당화된다고 생각한다. 인간의 질병이 주는 고통이 아주 크고 수많은 사람을 괴롭힌다고 할 때, 실험에서 동물에게 주는 고통이 있다고 하더라도 그 실험을 통해서 인간의 고통이 감소될 수 있다고 한다면 동물 실험은 정당화된다. 그러나 그런 결론이 정당화되기 위해서는 전제가 되는 각 논증들이 옳다는 것이, 곧 정말로 인간과 실험동물이 유사하고, 동물 실험이 정말로 인간에게 이익을 주고, 그리고 동물 실험을 대체할 수 있는 실험이 정말로 없다는 것을 보여 주어야 한다. 그 검토는 아래에서 그리고 다음 장에서 자세하게 이루어질 것이다.

반면에 동물 권리론자들은 세 가지 논증들이 설령 옳다고 하더라도 (4)와 같은 결론은 따라 나오지 않는다고 주장한다. (1)~(3)의 '동물'의 자리에 '사람'을 바꾸어 놓는다면 그 명제들은 의문의 여지없이 맞는 말이다. 그렇다고 해서 기본적인 권리를 소유한 사람을 대상으로 하는 실험을 정당화할 수는 없다. 나치나 관동군의 인간 생체 실험이 유용한 의학적인 지식을 낳았을지 모르지만, 그 실험은 인간을 과학 연구의 도구로 삼고 인간이 소유한 본래적 가치를 존중하지 않는다는 점에서 비난을 받는다. 마찬가지로 기본적인 권리를 소유한 동물을 대상으로 하는 실험도 정당화될 수 없다. 나치나 관동군이 행한 생체 실험은 아니지만 미국 앨라배마 주의 터스키기에서 1932년부터 40여 년 동안 진행된 매독 연구는 환자에게 충분한 정보를 주지 않고 이루어졌다는 점에서 역시 인간의 권리, 특히 자율성을 침해했다는 비판을 받는다. 대부분 흑인인 매독 환자들은 병명이 무엇인지 충분한 설명을 듣지 못하고, 치료제인 페니실린이 이미 개발되었는데도 매독의 진행 경과를 연구한다는 이유로 페니실린을 투여받지 못했다. 이 실험은 환자들의 동의를 받지 않고 이루어졌으며, 환자들은 충분한 정보를 받았다면 피했을 고통을 받았다. 동물도 말을 할 수 없지만 울부짖거나 발버둥을 치는 행동으로 자신에 가해지는 고통을 피하려고 한다. 동물 실험은 동물이 동의하지 않는 고통을 주며 동물이 겪지 않아도 되는 고통을 준다는 점에서 인간에게 수행되는 비슷한 실험과 똑같은 비난을 받아야 한다는 것이 동물 권리론자들의 주장이다. 따라서 이들은 동물 실험은 어떤 이익이 있다고 하더라도 옹호될 수 없으므로 동물 실험의 철폐를 주장한다.

4. 인간은 동물과 유사한가?

이제 동물 실험 옹호 논증을 하나하나 검토해 보자. 동물 실험 옹호자들은 실험동물로 쓰이는 포유류들이 인간과 생물학적인 공통점이 많기 때문에 신약이나 독성 물질에서 동물이 보이는 반응을 인간에게 안전하게 일반화할 수 있다고 주장한다. 이 주장을 향해 동물 실험 비판자들은 옹호자들을 딜레마에 빠뜨리는 비판을 한다. 먼저 옹호자들이 생각하는 것과 다르게 인간과 동물은 동물 실험의 결과를 인간에게 일반화할 만큼 유사하지 않음을 지적한다. 또 만약 인간과 동물이 유사하다면 그것은 동물 실험을 하지 말아야 할 윤리적인 이유가 된다고 비판한다. 인간과 동물이 유사하든 그렇지 않든 인간과 동물의 유사성에 근거해서 동물 실험을 옹호하는 것은 정당화되지 않는다는 것이다.

미국의 마취학자와 수의사인 레이 그릭과 진 스윙글 그릭 부부는 인간과 동물은 생리학적으로 큰 차이점을 보이기 때문에 동물 실험을 모델로 인간의 질병을 연구하는 것은 아무런 효과가 없을 뿐만 아니라 과학의 발전을 방해하기까지 한다고 주장한다.[171] 인간의 유전자에서 염기 서열 하나만 잘못되어도 불치병이나 기형이 발생한다. 그런데 인간과 영장류 사이에 유전자의 차이가 1%나 있는 것은 생명체 내의 메커니즘에 엄청난 차이를 일으킬 수 있다. 위 2절에서 동물 실험 옹호자들이 조직 배양과 같은 대체 실험이 믿을 만하거나 확실한 결과를 보여 줄 수 없다고 주장한 근거를 다시 생각해 보자. 따로 떨어진 조직만 관찰해서는 분리되지 않고 복잡한 인간의 생물학적인 특성에 대해 결론을 내릴 수 없다는 것이 그들의 주장이었다. 조직 차원의 실험에서는 없었던 부작용이 예기치 못하게 유기체 전체에서는 있을 수 있기 때문이다. 이런 비판이 동물 실험 옹호자들에게도 그대로 돌아간다. 진화 과정에서 새로운 환경에 적응하기 위해 발생한 약간의 변이는 두 유기체의 메커니즘에 예기치 못한 큰 차이를 만들어 낼 수 있기 때문이다. 옹호자들은 99%의 유사성을 근거로 동물 실험에서 얻은 결과를 인간에게 적용할 수 있다고 주장하지만, 1%의 차이가 유기체의 반응에서 중요한 차이를 낳을 수 있다. 하나의 예를 들면 비소는 인체에 암을 유발한다는 사실이 역학 연구를 통해 증명되어 있지만 동물에게는 암을 유발하지 않는다.[172]

동물 실험 논쟁에서 인간과 동물의 유사성을 부정하는 대표적인 사례로 탈리도마이드의 부작용이 흔히 거론된다. 임신부의 입덧을 완화하기 위해 개발된 약인 탈리도마이드는 1950년대 독일에서 동물 실험을 거쳐 시판되었으나 1962년에 리콜되기 전까지 이 약을 먹은 산모들에서 1만여 명의 신생아들이 불구로 태어나게 되었다. 이 약으로 인한 선천성 기형 사례들이 보고되기 시작하자 과학자들은 다른 동물들에도 재현되는지 실험해 보았는데, 화이트 뉴질랜드 토끼는 인간에게 투여된 분량의 25~300배를 투여하고 난 후에, 원숭이는 10배를 투여한 후에 기형 새끼를 출산했다.[173] 어떤 약품에든 부작용이 나타날 수 있으므로 동물 실험 옹호자들은 탈리도마이드의 부작용은 충분한 동물 실험을 거치지 않았기 때문에 생긴 것이라고 말할 것이다. 그러나 위 사례가 보여 주는 것처럼 어떤 동물에서 어느 정도의 분량을 투여해야 원하는 결과를 얻을 수 있는지 확실하게 알 수가 없다. 동물 실험의 애초 목적은 인간에게 직접 테스트하기 전에 인간의 생명 의학적인 현상을 예측하기 위한 것인데, 위 사례는 그런 목적을 달성하지 못함을 보여 준다. 그 원인은 인간과 실험동물이 우리가 예측하는 것과 달리 유사하지 않기 때문이다. 더 큰 문제는 인간과 동물이 얼마나 유사하고 어떤 점에서 다른지는 인간과 동물 모두에 실험을 거친 후에나 알 수 있다는 것이다.

인간과 동물, 특히 포유류는 기능적·설명적 차원에서는 많은 유사한 점을 보인다. 척추를 비롯한 골절이 하는 기능이나 피의 순환, 호흡 등의 기능은 비슷하다. 그러나 그런 기능을 실제로 구현하는 인과적 메커니즘은 동물마다 다 똑같지는 않다. 예컨대 고양이와 쥐와 돼지와 인간은 모두 페놀을 대사하는 기능을 한다. 그러나 그 기능의 정확한 메커니즘은 종마다 다 다르다. 다음 장에서는 기능적·설명적 차원과 인과적 차원의 비대칭성이 유사성 논증을 약화함을 자세히 설명하겠다. 여기서는 각 종의 약품 반응의 메커니즘은 바로 그 인과적 메커니즘에 따라 다를 수 있는데, 연구자들은 기능적인 차원의 유사성에만 주목한다는 점을 강조하겠다. 한편 그런 주목이 일관적으로 진행되지도 않는다. 인간과 동물은 고통을 느낀다는 점에서 기능적으로 아주 유사한데 막상 그 유사성에는 주목하지 않는다. 고통을 느끼는 인과적 메커니즘은 동물마다 다를지 모르지만, 외부에서 불쾌한 자극이 들어왔을 때 신경 말단의 자극에서 잠재적으로 조직을 손상하는 데 관련되는 정보를 중추 신경계로 전달하여 처리하는 유해 수용과 불쾌함을 느끼는 현상적 감각은 종마다 같은데도 그것은 무시한다. 동물 실험은 인간에게는 주지 않을 고통을 동물에게 주는 관행이다. 1장에서 동물 해방론을 소개할 때, 인간의 파당적인 관점에 따라 이익을 고려하는 것은 종 차별주의라고 말했는데, 고통의 기능은 똑같은데도 인간의 것이 아니라는 이유로 무시하는 것은 종 차별주의적인 윤리적 태도이다. 인간과 동물이 유사하다는 것을 인정한다고 하면 동물 실험은 바로 그 이유 때문에 정당화되지 않는 것이다.

5. 동물 실험은 인간에게 이익이 되는가?

동물 실험 옹호자들의 주장에서 살펴볼 두 번째 논점은 동물 실험이 정말로 인간에게 이익이 되는가 하는 점이다. 이익 논증은 동물 실험 옹호 논증의 핵심이고, 2절에서 본 "우리 아이가 낭포성 섬유증에 걸렸습니다. 동물 실험을 하지 않으면 아이는 죽을 거예요. 죽게 내버려 둬야 하나요?"라는 외침처럼 일반인들에게도 널리 받아들여지고 있다. 그러나 이런 상식처럼 정말로 동물 실험은 인간에게 이익이 되는지 그리고 인간에게 이익이 된다고 하더라도 동물 실험만이 그런 이익을 가져올 수 있는지 검토해 보아야 한다. 동물 실험이 인간에게 이익이 된다는 이익 논증은 인간과 동물이 유사하다는 유사성 논증이 성립해야 성립한다. 인간과 동물이 기능적으로든 인과적으로든 유사하지 않다면 동물 실험의 결과는 인간에게 적용될 수 없고, 그러면 동물 실험은 인간에게 이익이 될 수 없기 때문이다. 다음 장에서는 이 이익 논증을 인식론적 측면에서 직접 검토할 것이다. 일단 여기서는 동물 실험이 인간에게 이익이 된다고 하더라도 과연 동물 실험을 옹호할 수 있는지 살펴보도록 하겠다.

동물 권리론이든 동물 해방론이든 동물 실험이 이익이 있다는 것을 인정한다. 동물 권리론은 동물 실험은 어떤 이익이 있다고 하더라도 동물의 기본적인 권리를 침해한다고 생각한다. 반면에 동물 해방론의 공리주의적 관점은 이익과 손해를 저울질해서 이익이 크면 동물 실험을 옹호할 수 있다는 입장이다. 동물 실험에서 동물에게 주는 고통이나 비용이 있지만 그것보다는 실험의 결과로 인간이 얻게 되는 쾌락이나 이익이 훨씬 크기 때문에 동물 실험은 정당화된다. 이런 쾌락-고통 또는 비용-이익 계산은 명쾌하고 실용적이기는 하지만, 그 계산이 가능하기 위해서는 사전에 해결되어야 할 점이 많다. 세 가지 점이 해결되어야 한다.

(가) 쾌락과 고통의 비교가 가능한가?

가장 먼저 공리주의적인 계산이 가능한지 의문이 제기된다. 위 계산이 성공하기 위해서는 사람의 쾌락 또는 고통과 동물의 쾌락 또는 고통이 비교 가능해야 하는데 그 비교가 도대체 가능하느냐는 것이다. 질적 공리주의자로 알려진 밀은 "만족한 돼지보다 불만족한 인간이 낫고 만족스러운 바보천치보다는 [불만족스러운] 소크라테스가 되는 것이 더 낫다."[174]라는 주장을 하여 쾌락의 질적인 비교가 가능하다는 생각을 한 것으로 알려져 있다. 그런 생각의 배경에는 철학하는 쾌락과 배부른 쾌락을 모두 경험해 본 소크라테스가 둘 중에 철학하는 쾌락을 선택할 것이라는 추측이 전제되어 있다. 그러나 소크라테스가 과연 '돼지'의 배부른 쾌락을 경험해 보았느냐는 의문이 제기된다. 인간의 입장에서 아무리 상상해 본다고 해도 돼지의 경험을 제대로 느낄 수 있느냐는 것이다.[175] 마찬가지로 실험동물이 실험 중에 얼마만한 고통을 느끼고 그 고통이 동물에 어떤 의미가 있는지는 인간의 입장으로서는 파악할 수가 없다.

물론 같은 인간끼리도 다른 사람의 마음을 알 수 있느냐는 회의적인 입장이 철학에서는 예전부터 있었지만 같은 종끼리 경험을 읽어내는 유추는 실패할 가능성이 작다. 그러나 종 사이에서 이루어지는 그런 유추가 신뢰성이 있는지는 논란거리가 된다. 앞에서 인과적 또는 기능적 차원에서 살펴본 유사성이 쾌락과 고통의 현상적 차원에서 다시 한번 문제되는 것이다.

(나) 동물 실험의 이익과 손해

위와 같은 비판에도 불구하고 쾌락과 고통의 비교가 가능하다고 해보자. 그러면 동물 실험을 통해 생기는 인간의 이익과 동물이 겪는 고통을 실제로 비교해 볼 수 있다. 그 결과 동물 실험이 실제로 정당화될 수 있을까? 이 질문에 대답하기 위해서 인간과 동물의 관계에서 생기는 이익과 고통을 다음과 같은 세 가지로 나누어 비교해 보자.[176] 세 가지 상황 외에 인간의 상당한 이익을 위해 동물이 사소한 고통—단순히 감금당하여 관찰되는 정도가 그런 사례일 것이다—을 당하는 동물 실험도 상상할 수 있는데, 그런 실험은 있지도 않고 있다고 해도 공리주의적 계산으로는 쉽게 옹호되므로 여기서 제외한다.

㉠ 인간의 사소한 이익을 위해 동물이 상당한 고통을 당하는 경우

㉡ 인간의 상당한 이익을 위해 고등 동물이 상당한 고통을 당하는 경우

㉢ 인간의 상당한 이익을 위해 하등 동물이 상당한 고통을 당하는 경우

동물 실험을 제외하고 동물을 이용하는 관행은 대부분 ㉠에 해당할 것이다. 고기 외에는 먹을 것이 없는 이누이트는 예외이겠지만 고기를 먹을 때의 입맛은 동물이 사육되고 도살당할 때의 고통과 비교할 때 아주 사소하다. 모피, 서커스, 동물원, 사냥 등의 관행도 마찬가지

이다. 동물 실험에서도 ㉠에 해당하는 것이 있다. 화장품, 식용 색소, 바닥 광택제와 같은 제품을 개발하기 위해 동물을 희생시켜서 생기는 이익은 인간에게 없어서는 안 되는 것은 분명히 아니므로 동물의 고통과 비교했을 때 아주 미비한 것이다. 또 "태어나면서부터 가혹하게 지속적으로 격리시키면 두려움이라는 사회적·정서적 상태에 빠진다."처럼 굳이 동물 실험을 거치지 않아도 충분히 짐작할 수 있거나 이미 확립된 사실을 재현하기 위한 동물 실험도 여기에 해당한다.[177] 그런 실험들은 그럴듯한 과학 용어로 포장하고 있지만 인간이나 동물의 이익을 늘릴 가능성은 거의 없는데, 일부 연구자의 자기만족과 연구비 유지를 위해서 진행된다. 이것은 동물이 받는 엄청난 고통과 스트레스를 감안하면 아주 사소한 것이다. 이렇게 ㉠의 동물 실험은 정당화되지 않는다.

㉡과 ㉢은 인간의 상당한 이익, 곧 생명과 건강을 위한 목적으로 동물을 상대로 실험을 하는 경우이다. ㉡과 ㉢은 각각 고등 동물과 하등 동물을 대상으로 한다는 점에서 차이가 나는데, 고등 동물로는 침팬지, 고릴라, 오랑우탄, 보노보 등의 영장류를 생각하면 될 것이고 하등 동물로는 실험동물로 가장 많이 사용되는 마우스나 래트를 대표적 예로 들 수 있을 것이다.[178] 똑같은 실험이라고 하더라도 고등 동물에 시행되느냐, 하등 동물에 시행되느냐에 따라 그 정당성이 달라질 수 있다. 하등 동물은 감각적인 형태의 고통만을 느끼지만, 인간의 특징, 예컨대 합리성이나 의사소통 능력, 자기 동일성, 미래 의식 등이 있다고 생각되는 고등 동물은 그런 고통 외에 미래에 대한 희망의 좌절과 그에 따른 공포, 가족과 동료와의 단절, 스트레스 등의 심리적인

고통까지 계산에 넣어야 하기 때문이다. 따라서 비록 인간에게 상당한 이익을 준다고 하더라도 과연 그 이익이 고등 동물이 받는 고통을 상쇄할 정도로 클지 확실하지 않다. 더구나 고등 동물에 동물 실험이 가능하다면 고등 동물과 도덕적 지위에서 비슷하거나 오히려 못한 인간, 곧 신생아나 중증 장애인에게도 실험할 수 있지 않느냐는 반론이 나올 수 있다. 평등의 원칙에 따르면 똑같은 종류의 고통인데 사람의 고통이냐 동물의 고통이냐에 따라 다르게 고려하는 것은 공평하지 못하기 때문이다. 따라서 고등 동물을 대상으로 하는 동물 실험이 옹호된다고 생각하는 쪽에서는 인간을 대상으로 하는 실험도 옹호해야 일관적이다. 그러나 인간 실험을 옹호할 만한 이는 없을 것이므로 ㉡은 옹호하기가 쉽지 않다.[179]

이에 견주면 ㉢의 동물 실험은 옹호하기가 쉬울 것 같다. 인간의 도덕적 가치는 하등 동물의 그것보다 훨씬 값어치가 있으므로 인간의 상당한 이익을 위해 하등 동물에 상당한 고통을 주는 것은 윤리적으로 허용될 수 있을 것 같기 때문이다. 인간의 도덕적 가치가 하등 동물의 그것보다 값어치가 있다고 생각하는 이유는 인간은 하등 동물이 갖지 못한 것, 예컨대 자의식 따위를 갖는다고 생각하기 때문일 것이다. 그러나 인간이 그런 능력이 있어서 더 많은 고통을 느낄 수는 있겠지만 하등 동물이라고 해서 고통을 느낄 수 있는 능력이 없는 것은 아니다. 그러기에 고통의 양이 같다고 볼 때 인간의 고통이 하등 동물의 고통보다 가치 있다고 말하는 것은 평등의 원칙에 어긋난다. 여기서는 일단 인간의 고통이 동물의 고통보다 가치가 있다고 인정해 보자. 그렇다고 하더라도 저울의 측정대에 올라가는 이익과 고통은 다양하므로 공정한 공리주의적 계산을 위해서는 다음과 같은 사항들을 고려해서 저울질해야 공평하다.

첫째, 이익을 보거나 고통을 받는 개체 수를 고려해야 한다. 인간이 받는 이익이 상당하더라도 지금 당장 수행하는 실험에서 그 이익이 바로 나오는 것은 아니며 일련의 실험들을 통해 결과가 산출된다. 그 과정에서 수많은 마릿수의 동물이 희생될 수 있는데 그것도 고려해야 한다. 도덕적 가치가 작더라도 그 마릿수가 많으면 큰 도덕적 가치를 능가할 수 있기 때문이다. 동물 실험 옹호자들은 성공한 동물 실험의 사례를 근거로 이익 논증을 옹호한다. 실제로 동물 실험을 통해 수많은 질병을 퇴치하고 치료법을 개발하지 않았느냐는 것이다. 그러나 동물 실험의 역사에는 그런 성공 못지않게 수많은 실패의 사례들이 존재한다. 다만 성공한 사례만 기억하는 인간의 선택적인 인지적 특성상 실패의 사례는 기억되지 못하는 것뿐이다. 성공한 실험을 만들기 위해 희생되는 수많은 동물의 마릿수도 계산해야 한다.

둘째, 일부러 해악을 끼치는 행위(action)는 막을 수 있는 해악을 막지 않는 무위(omission)보다 훨씬 나쁘다는 것이 상식이다. 예를 들어 아이를 억지로 물에 빠뜨려 죽이는 것은 물에 빠진 아이를 구할 수 있는데도 못 본 체해서 죽게 내버려 두는 것보다 훨씬 비난받는다. 전자의 경우에는 도덕적인 비난 외에 법적인 처벌도 받지만, 후자의 경우에는 도덕적인 비난도 전자의 경우보다 약하고 자신에게 특별한 위험이 없는데도 구하지 않으면 처벌하는 법—이른바 착한 사마리아인의 법—이 없는 이상 법적인 처벌도 받지 않는다.[180] 심지어는 지나가는 아이를 이유 없이 때리는 것이 물에 빠진 아이를 구하지 않은 것보다 더 나쁘다고 생각한다. 동물 실험의 경우 실험을 통해 동물에게 가해지는 고통과 동물 실험을 하지 않았을 때 인간이 받을 고통을 비교해 보자. 실험자가 동물에게 주는 고통은 일부러 해악을 끼치는 것이지만, 만약 동물 실험을 하지 않아서 생기는 고통은 막을 수 있었는데 막지 않은 해악일 뿐이다. 인간의 경우에는 아이를 때리는 행위를 구할 수 있는 아이를 구하지 않을 때보다 더 심하게 비난하면서, 동물의 경우에는 때리는 정도가 아니라 극심한 고통을 주거나 결국에는 죽음에 이르게 하는 행위를 구할 수 있는 사람을 구하지 않은 때보다 더 사소하게 생각하는 것은 이익을 평등하게 고려하는 것이 아니다. 따라서 인간의 도덕적 가치가 동물의 그것보다 훨씬 크다는 것을 인정한다고 하더라도 ⓒ에서 동물이 받는 고통은 인간이 받을 고통보다 훨씬 가중치를 두어 계산해야 한다. 물론 행위와 무위가 구분이 없다고 생각하는 사람은 그럴 필요가 없다. 그러나 그런 사람은 지구상에서 막을 수 있는 해악, 예컨대 자신에게 큰 손해를 끼치지 않은 기부로 구할 수 있는데 구하지 않은 기아자들에 대해 도덕적인 책임을 져야 한다.

셋째, 실험동물에게 가해지는 고통은 눈에 보이는 확실한 것인 데 비해 거기서 생기는 인간의 이득은 단지 가상의 불확실한 것일 뿐이다. 이 확실성과 불확실성의 차이는 이중의 것인데, 동물에 가해지는 고통은 확실하게 현재 일어나는 것일 뿐만 아니라 고통이 일어나는 개체를 확정할 수 있는 데 반해, 가상의 이득은 개연적인 것일 뿐만 아니라 그 혜택을 볼 사람을 구체적으로 확정할 수 없다는 점에서 그렇다. 손 안에 있는 새 한 마리가 숲 속에 있는 새 두 마리보다 낫다는 속담처럼 확실한 것에 가치를 부여하는 것이 합리적이다. 미래의 더 큰 이득을 기대하는 것이 더 합리적일 수도 있지만 그럴 경우에는 그 이득을 얻을 확률을 계산해 볼 때 현재의 이득보다 크다는 것이 입증되어야 한다. 예컨대 지금 만 원을 받을 수 있는데 조금만 기다리면 십만 원을 받을 확률이 20%라고 할 때는 지금 받을 돈을 포기할 수 있다. ㉢에서는 이런 계산도 이루어져야 한다.

쾌락과 고통의 공리주의적 계산이 가능하고, 인간의 쾌락이나 고통이 동물의 그것보다 훨씬 가치 있다고 하더라도 계산에 고려해야 할 사항들은 위에서 살펴본 것처럼 여러 가지이다. 고통받는 개체의 수, 행위와 무위의 도덕적인 차이, 일어나는 쾌락이나 고통의 확실성까지 고려해서 동물 쪽에 가중치를 주어 저울질을 한다면, 과연 인간의 상당한 이익을 위해 하등 동물이 상당한 고통을 당하는 경우가 정당화될 수 있을지 분명하지 않다.

(다) 동물 실험은 의학 발전의 필수 조건인가?

동물 실험 옹호자들은 동물 실험을 통해 의학 발전을 가져왔을 뿐만 아니라 동물 실험이 없었으면 생명과 건강을 보호하지 못했을 것이라고 주장했다. 정말로 동물 실험이 없었으면 지금과 같은 의학 발전을 가져오지 못했을까? 동물 실험 반대자들은 그런 면이 있다고 하더라도 과장되었다고 주장한다. 공중위생학자들에 따르면 인간 생명의 연장은 환경 개선과 개인위생의 변화에 힘입은 바가 크지 의학적인 개입은 미비하다고 보기 때문이다.

오히려 동물 실험 때문에 다른 가능한 연구의 기회를 막았을 가능성이 있고, 실제로 그런 사례들이 있다. 위 2절에서 동물 실험 옹호자인 코헨은 동물 실험 때문에 소아마비의 공포에서 벗어날 수 있다고 말했지만, 오히려 의학사 연구에 따르면 초기 소아마비 연구자들은 붉은원숭이에만 연구를 집중하여 치료법 발견이 25년이나 늦어졌다.[181] 동물 실험이 의학의 발전을 오히려 막은 사례는 그 외에 흡연과 폐암 사이의 연관성에 관한 연구, 에이즈 백신의 연구에서도 찾을 수 있다. 이런 사례들로부터 동물 실험이 없었다면 지금과 같은 의학의 발전은 불가능했다고 단정적으로 말하기는 어렵다고 동물 실험 반대자들은 주장한다. 이 사례에 대해서는 다음 장에서 부정 오류라는 이름으로 다시 한 번 설명하겠다.

6. 동물 실험의 대안은 없는가?

동물 실험 옹호자들은 동물 실험의 대안으로 제시되는 것들은 확실하거나 믿을 만한 것이 못 된다고 주장한다. 조직 배양이나 컴퓨터 시뮬레이션으로는 온전하고 유기체인 신체에 대한 정보를 주지 못하기 때문이다. 그런데 동물 실험의 대안이라고 말할 때는 조직 배양이나 컴퓨터 시뮬레이션만 말하는 것은 아니다. 그것은 러셀과 버치가 도입한 3R, 곧 대체(replacement), 감소(reduction), 정교화(refinement) 중 대체에만 해당한다.[182] 대체는 위 방법들 말고도 고통을 느끼지 못하거나 덜 느끼는 동물이나 오히려 인간 자원자를 실험 대상으로 쓰는 것도 포함한다. 교육에서는 생체 실험보다는 컴퓨터 등의 시청각 교재가 널리 쓰이고 있다. 감소는 실험동물의 마릿수를 줄이는 엄격하고 우수한 통계 기술을 이용하여 꼭 필요한 만큼의 동물만을 실험하고, 유사한 실험을 사전에 조사하여 불필요한 반복을 막는 것을 말한다. 정교화는 실험동물의 고통이나 스트레스를 줄이는 것을 말하는데, 동물을 실험 환경에 적응시키거나 마취·진통제를 적절하게 사용한다거나 사육이나 관리 환경을 개선하거나 인도적으로 종료하는 것 등이 예가 되겠다.

3R는 동물 실험에서 널리 알려진 정책이고, 실험동물을 윤리적으로 다루게 되는 획기적인 계기가 된다고 평가받는다. 그러나 오해하지 말아야 할 것은 3R는 동물 실험을 옹호하는, 그것도 강력하게 옹호하는 정책이라는 것이다. 러셀과 버치가 동물의 괴로움을 줄이려는 목표를 가지고 있었던 것은 사실이지만 그 목표는 어디까지나 과학의 진보를 성취하려는 목적에 종속되는 것이다.[183]

대안 부재 논증의 결정적인 문제점은 대안으로 제시되는 조직 배양이나 컴퓨터 시뮬레이션으로는 온전하고 유기체인 신체에 대한 정보를 주지 못한다는 주장이 스스로의 발목을 잡는다는 것이다. 다음 장의 6절에서 인간을 비롯한 유기체는 온전한 체계이기에 약간의 진화의 차이가 큰 결과를 낳게 되어 종 간의 인과적 일치를 보장할 수 없음을 보여 줄 것이다. 동물 실험의 대안은 확실하고 믿을 만하지 못하다고 했지만, 만약 그렇다면 동물 실험 자체도 확실하고 믿을 만하지 못하다. 사실 사람만큼 확실하고 믿을 만한 실험 대상은 없다. 동물 실험의 목표 자체가 사람에 대한 생명 의학적 정보를 얻는 것이므로 사람에게 직접 실험을 했을 때 최선의 결과를 얻을 수 있다는 것은 두말할 나위가 없다. 동물 실험 없이 자원자를 이용한 실험이나 역학 연구는 인간 질병이나 치료 기법 연구에 도움을 줄 수 있다. 어떻게 인간에게 실험할 수 있느냐는 반론이 나오겠지만, 동물 실험 반대자들이 볼 때는 인간에게 실험할 수 없다면 인간과 도덕적 지위가 비슷한 동물에게도 실험을 할 수 없다. 그리고 대안에 대한 회의론은 신뢰성 있는 대안을 찾는 노력을 기피하게 만든다. 대안을 찾는 노력을 꾸준히 할수록 효율적인 대안을 발견할 가능성이 커질 것이다.

7. 맺음말

동물 실험 옹호 논증은 철저하게 인간의 이익에 초점이 맞추어져 있다. 첫 번째 전제인 유사성 논증은 두 번째 전제인 이익 논증을 지지하는 데 필요한 것이고, 세 번째 전제인 대안 부재 논증도 그 이익이 꼭 필요하다는 것을 가정하고 있다. 동물 윤리의 주제 중 동물 실험의 경우는 논의의 의제가 항상 이 이익에 맞춰져 있다. 이 장의 머리말에서도 말했듯이 육식의 이익은 동물의 고통에 비해 아주 사소한 것이거나 다른 것으로 대체 가능하지만, 동물 실험이 주는 이익은 상당한 것이고 다른 것으로 대체 불가능하다고 말이다. 그러나 1장에서 말한 평등의 원칙은 기본적인 이익 또는 능력이 어떤 인종이나 성별의 것인가와 상관없을 뿐만 아니라 어떤 종의 것인가와도 상관이 없다고 말하고 있다. 실험의 대상이 되는 동물은 인위적으로 번식이 되거나 유전자 조작이 되어야 하고 감금이 되어야 하고, 무엇보다 신약 복용이나 독성 노출이나 새로운 수술 기법의 대상이 되어 고통을 느껴야 한다. 흔한 실험동물인 설치류는 자의식이 없기에 인위적인 탄생과 죽음의 대상이 되거나 감금이 되더라도 본래의 습성을 크게 해치지 않을 수도 있다. (자의식과 감금에 대해서는 3장과 9장을 보라.) 그러나 고통을 느낄 수 있는 능력은 자의식의 유무와 상관이 없다. 동물 실험 옹호론자들이 경계하는 인간 대상 실험도 다른 인종의 사람들에게 시행되었는데, 인종이 다르다고 해서 고통이나 억압을 느끼지 못하지 않는 것이나 마찬가지이다. 대부분의 동물 실험은 척추동물을 대상으로 고통이나 억압을 동반하는 실험이다. 동물 실험 윤리 위원회를 위한 표준 운영 가이드라인에는 고통이나 억압이 있으면 적절한 마취제나 진통제 등의 고통 경감 조치가 반드시 수반되도록 하고 있지만, 고통 경감을 할 수 없는 분명한 사유를 제시하면 하지 않아도 된다.[184] 많은 동물 실험은 실험의 정확성을 이유로 고통 경감 조치를 하지 않는다.

동물 실험은 평등의 원칙을 어기는 종 차별주의적 관행이라는 비판을 면할 수가 없다. 먼저 동물 권리론은 인간에게 주는 이익과 상관없이 동물에게 고통을 주는 것은 동물의 권리를 침해하는 것으로 볼 것이다. 리건은 이렇게 말한다. "이익 논증은 확실히 동물권 논쟁에서 논리적으로 함축하는 바가 전혀 없다. 확실히, 이익 논증이 보여 줄 수 있는 것은 동물 생체 실험이 인간에게 이익을 준다는 것이다. 동물이 권리를 가지느냐는 생체 실험이 인간에게 얼마나 많은 이익을 주느냐에 의해 대답할 수 있는 질문이 아니다."[185] 이익이 권리보다 우선할 수 있음을 인정하는 동물 해방론이라고 해도 판단이 다르지 않다. 위 2절에서도 보았듯이 인간의 이익이 동물의 고통보다 도덕적인 가치가 더 큰 실험이라는 것이 입증되어야 하고, 설령 그렇다고 하더라도 고통받는 개체의 수, 행위와 무위의 도덕적인 차이, 일어나는 쾌락이나 고통의 확실성까지 고려해야 할 요소들을 생각하면 허용 가능한 동물 실험은 아주 제한적이다.

가장 큰 문제는 동물 실험 옹호론자들은 프레이와 같은 소수를 제외하고는[186] 동물 실험의 가장 확실한 대안인 인간 실험을 허용하지 않는다는 사실이다. 엄혹한 시절의 인간 대상 실험처럼 인류의 건강과 의학의 진보를 위해 특정 인종이 희생되어야 한다고 말한다면 누구나 경악해 마지 않을 것이다. 그러나 동물에게는 그런 희생을 강요한다. 이익 논증을 동물에게는 적용하면서 인간에게는 적용하지 않는 것은 종에 따른 차별이다. 인간의 이익을 위해 동물은 고통을 감수해야 하지만 인간은 감수해서는 안 되는 이유를 제시하지 못하는 한 이익 논증은 종 차별주의의 혐의를 벗을 수 없다. 노직이 "동물에 대한 공리주의, 인간에 대한 칸트주의"라고 지적한 게 이런 비일관성 때문이다.[187] 인간은 실험에 거부 의사를 표현할 수 있지만 동물은 그럴 수 없다는 것은 차이가 되지 못한다. 동물도 감금되거나 약물이 주입될 때 몸짓으로 거부의 의사를 표현할 수 있고, 인간도 가장자리 인간의 경우는 거부의 의사를 말로 표현할 수 없기 때문이다. 인간은 실험의 대상이 되는 인간이 있다는 것을 인지하므로 그것을 알게 된 가족이나 친지가 경악한다는 차이점을 제시할 수도 있지만, 그러면 가족이나 친지가 없는 인간은 허용될 수 있게 된다. 나도 무작위로 실험의 대상이 될 수 있다는 생각에 공포를 느낄 수 있다. 그러나 왜 래트가 실험동물이 되는 것에는 공포를 느끼지 않고 동료 인간이 실험 대상이 되는 것에만 공포를 느끼는가? 그런 공포 자체가 종 차별주의적인 것이다. 똑같이 고통을 느끼는데도 "동물이니까."라는 차별적인 생각이 깔려 있다는 것이다. 더구나 실험에서 생기는 이익은 동물보다 인간을 대상으로 할 때 더 확실하고 직접적인데 말이다.

그래도 여전히 "동물 실험에서 얻는 이익이 얼만데 그것을 포기한단 말인가?"라고 생각하는 사람들은 도널드슨과 킴리카의 다음과 같은 지적을 귀담아들어야 한다. 인간에게 직접 실험하면 확실하고 직접 얻을 수 있는 수많은 실험이 있지만 우리는 인간에게 실험하지 않는다. 그렇다고 해서 "우리는 아침에 일어날 때마다 손대지 않은 지식에 탄식하지 않는다. 인간 주체가 의학의 진보를 가로막았다고 탄식하지도 않는다. [희생자가 될 수 있었던] 소수 인간의 권리를 존중하는 심하게 결백증적인 태도 때문에 나머지 사람들이 더 오래 건강하게 사는 삶이 방해받았다고 걱정하지도 않는다."[188] 그런데 왜 동물 실험이 이루어지지 않는 것에 대해서만 탄식하는가? 동물은 해도 되지만 인간은 하면 안 된다는 종 차별적 생각 때문이다.

결국 인간에게 이익이 있다는 것은 동물 실험을 옹호하는 윤리적인 근거가 되지 못한다. 다음 장에는 이익 논증의 지지 근거가 되는 유사성 논증에 문제가 있음을 살펴보겠다. 그렇다면 동물 실험이 인간에게 이익이 된다는 가정 자체가 흔들리게 된다. 윤리적 정당성뿐만 아니라 방법론적 정당성마저도 잃게 되는 것이다.

6장 동물 실험의 인식론

1. 머리말

앞 장에서 살펴보았듯이 동물 실험을 둘러싼 논쟁은 주로 동물 실험의 윤리적 측면에 집중된다. 그 결과 동물 실험을 반대하는 쪽은 위 옹호 논증의 건전성보다는 타당성에 더 집중하게 된다. 다시 말해서 전제가 되는 각 논증을 비판하기보다는, 설령 그 논증들이 성립한다고 하더라도 결론은 따라 나오지 않는다고 주장하는 전략을 쓴다. 예컨대 동물 해방론자들은 동물 실험에서 얻는 이익이 꼭 필요하다고 하더라도 그 이익보다 동물이 받는 고통이 더 크기 때문에 동물 실험은 정당화되지 않는다고 주장한다. 또 동물 권리론자들은 설령 인간을 대상으로 하는 생체 실험만큼 실질적인 이익이 되는 것은 없겠지만 인간의 본래적 가치를 생각할 때 생체 실험을 할 수 없듯이 비슷한 본래적 가치를 지닌 동물에 대해서도 실험을 할 수 없다고 주장한다.

동물 실험 반대 진영이 위 옹호 논증의 건전성을 심도 있게 건드리지 않는 것은, 방금 살펴보았듯이 전제를 이루는 각 논증들이 성립해도 결론이 도출되지 않는다고 생각하는 까닭도 있지만, 그 논증들은 대체로 경험적 탐구가 필요한 논쟁이기 때문이다. 동물 실험의 윤리적 정당성을 탐구하는 윤리학자로서 인간과 동물이 얼마나 유사한지, 동물 실험이 얼마만 한 이익이 되는지, 동물 실험 외에 다른 믿을 만한 대안은 없는지 판단하기는 쉽지 않다. 그리고 경험적인 논쟁의 경우 찬성과 반대 양 진영 모두 지지 사례들을 나열하는 지루한(?) 방법을 쓴다. 유사성 논증을 지지하는 근거로는 인간과 동물이 생물학적으로 유사하여 동물 실험의 결과가 인간에게 성공적으로 적용된 역사적 사례들을, 유사성 논증을 반대하는 근거로는 인간과 동물이 생물학적으로 유사하지 않아 동물 실험 결과가 인간에 적용하는 데 실패한 사례들을 누가 더 많이 아는가 내기하듯이 끝없이 제시한다. 앞 장에서 동물 실험 찬성론자인 코헨이 소아마비 백신을 근거로 들고 반대론자인 그릭 부부가 탈리도마이드를 근거로 든 것처럼 그 근거 사례들을 얼마든지 계속 들 수 있다.

이런 상황에서 유사성 논증의 인식론적 의미를 파헤치는 라폴레트와 생크스의 연구는 주목할 만하다.[189] 사실 동물 실험 옹호 논증의 전제를 이루는 세 논증 중에서 유사성 논증은 가장 핵심이 된다. 인간과 동물은 생물학적으로 유사하기에 동물 실험의 결과는 인간에게 적용할 수 있고 거기서 인간의 생명과 건강을 지키는 커다란 이득이 생긴다고 주장하기 때문이다(이익 논증). 그리고 이런 이득은 동물 실험 이외의 다른 방법으로 얻어낼 수 없다고 주장하기 때문이다(대안 부재 논증). 위에서 보았듯이 동물 해방론자는 물론 인간 못지않은 동물의 본래적 가치를 주장하는 동물 권리론자마저도 동물 실험의 이익 자체는 인정한다. 그런 생각은 인간과 동물이 생물학적으로 유사하다는 것을 의심 없이 받아들이기 때문에 나온다.[190]

라폴레트와 생크스는 인간과 동물이 생물학적으로 유사하기 위해서는 인간과 동물 사이에 인과적 유사성이 성립해야 하는데 그것을 보장할 수 없다는 주장을 한다. 물론 동물 실험의 결과가 인간에게 성공적으로 적용된 사례들은 많기에 인간과 동물 사이에 인과적 유사성이 성립하는 때도 분명히 있다. 그러나 동물 실험의 결과를 인간에게 적용하기 전까지는 인간과 동물 사이에 인과적 유사성이 성립하는지 알 수 없기에, 동물 실험을 지지하는 중요한 지지 논증인 유사성 논증은 성립할 수 없다는 것이다. 물론 라폴레트와 생크스도 인간과 동물 사이의 인과적 유사성을 비판하기 위해 경험적 사례를 많이 제시한다. 그러나 그들의 주장은 기본적으로 동물 실험의 방법론적 또는 인식론적 정당성을 문제 삼기에 철학적으로 가치 있는 접근이다. 더구나 그들의 주장대로 유사성 논증이 성립하지 않는다면 동물 실험의 정당성을 지지하는 중요한 근거가 무너지므로 동물의 도덕적 지위를 고려한다면 동물 실험의 윤리적 정당성은 옹호되기 힘들다.

애초에 동물 실험을 하는 것 자체에 윤리적 이유만 있는 게 아니라 인식론적 이유가 있기에 동물 실험의 인식론을 탐구하는 것은 의미가 있다. 많은 사람은 인간을 위해 개발한 새로운 약물이나 수술법은 인간에게 직접 시행하는 것이 가장 효율적이겠지만 윤리적인 문제를 일으키기 때문에 인간을 대상으로 하는 임상 시험이나 역학(疫學, epidemiology) 연구 대신에 동물 실험을 한다고 생각한다. 나치나 일본 731 부대의 생체 실험이나 미국 앨라배마 주 터스키기에서 40여년 동안 벌어진 매독 생체 실험 등은 당사자의 동의를 받지 않은 채 생명과 신체에 치명적인 위해를 끼치는 실험을 했다는 점에서 비난을 받는다.[191] 당사자의 동의를 받았더라도 돈 때문에 동의를 했을 수도 있고, 순수하게 자발적이라고 하더라도 그런 신체 위해가 있는 한 논란이 된다. 그러나 임상 시험은 비윤리적일 뿐만 아니라 애초의 짐작과 달리 효율적이지도 않다. 잘 설계된 과학 실험이라면 관련된 여러 변수들을 엄격하게 통제해야 한다. 그런 통제를 못한다면 어떤 원인에 의해 어떤 결과가 생겼는지 정확하게 예측할 수 없다. 그런데 인간은 적절하게 통제할 수 없다는 문제가 있다. 흡연과 폐암 발생의 인과 관계를 관찰한다고 할 때 담배를 피우는 사람 중에서는 술을 마시는 사람도 있고 대기가 나쁜 곳에 사는 사람도 있고 선천적으로 발암 요인을 갖는 사람도 있으므로 정확한 인과 관계를 특정하기가 어렵다. 인종과 성별 등의 요인도 영향을 미칠 수 있을 것이다. 이렇게 인과 관계가 있으리라고 생각하는 변수 이외에 영향을 미치는 다른 변수들을 교란 변수(confounding factor)라고 한다. 라폴레트와 생크스는 인간을 직접 대상으로 하는 실험을 믿을 수 없는 첫 번째 이유로 교란 변수를 든다.[192]

그들은 실험 설계에서 개입되는 편향(bias)을 또 다른 이유로 든다. 예컨대 전자기장의 암 발생률 연구를 할 때 연구자들은 무작위로 집에 전화를 걸어 통제 집단을 선택하지만, 이는 저소득층을 실제보다 덜 선택하게 된다. 저소득층은 낮에 일을 하러 가야 하므로 전화에 응답할 가능성이 작기 때문이다.[193] 문제는 연구자들이 어떤 변수가 관련이 있는지를 확실히 알 수 없다는 데 있다. 그러나 동물 실험은 교란 변수를 최대한 배제할 수 있고 관련 있는 변수를 최대한 통제할 수 있다. 가령 유전적인 차이가 없도록 유전적으로 동질적인 종을 사용할 수 있고, 환경적인 차이가 없도록 환경적 조건을 비슷하게 통제하여 실험할 수 있다. 더구나 인간이나 영장류 실험과 달리 설치류를 대상으로 하는 실험은 충분히 많은 개체에 실험할 수 있기에 통계적으로 유의미한 결과를 얻을 수 있고, 흡연이나 음주 여부를 본인의 진술에 의존해야 하는 인간과 달리 동물 실험은 객관적이고 신뢰성 있는 관찰을 할 수 있다는 장점이 있다.[194] 이러한 이유 때문에 동물 실험은 인간을 대상으로 하는 실험에 견주어 윤리적 문제도 피할 수 있고 인식론적으로 신뢰도 얻을 수 있다.

이번 장은 라폴레트와 섕크스의 연구를 중심으로 동물 실험의 인식론을 검토하려고 한다. 이 분야에서 그들의 연구가 선구자적인 위치에 있고 후속 연구가 많이 없어서 주로 그들의 연구를 중심으로 서술될 것이다. 동물 실험을 찬성하는 쪽이나 반대하는 쪽이나 모두 지지 사례를 제시하는 방법을 즐겨 쓰는데, 먼저 2절에서는 이 방법의 문제점을 지적한다. 라폴레트와 섕크스는 현재 생명 의학 연구에서 동물 실험이 주도적인 방법론이 된 것은 19세기 생리학자인 베르나르의 유산이라고 본다. 3절에서는 베르나르의 어떤 방법론이 현재 동물 실험에까지 영향을 끼치는지 살펴본다. 동물 실험의 가능한 모형으로 인과적 유비 모형과 가설적 유비 모형이 있다. 이 모형들에 대해서는 4절에서 설명이 된다. 그 중 현재 동물 실험의 패러다임은 인과적 유비 모형인데, 5절과 6절에서는 각각 그 모형에 인식론적 문제와 경험 과학적인 문제가 있다는 라폴레트와 섕크스의 주장을 소개한다.

마지막으로 7절에서는 그들의 주장에 대한 비판들을 검토해 보겠다.

2. 동물 실험 지지 사례와 반대 사례

동물을 윤리적으로 대우해야 한다고 생각하면서도 동물을 이용하는 관행 중에서 육식과 달리 동물 실험에 선뜻 반대할 수 없는 까닭은 동물 실험이 주는 이득이 막대하고 그 이득은 다른 것으로 대체될 수 없기 때문이었다. 동물 실험을 찬성하는 쪽은 생명 의학의 역사에서 동물 실험이 가져다준 혜택을 여러 가지 나열한다. 동물 실험 옹호자들은 5장 1절에서 동물 실험이 쓰이는 다양한 연구 분야들로 열거한 것들이 이미 동물 실험이 우리에게 많은 이득을 주는 증거라고 말할 것이다. 미국 의학 협회는 『생명 의학 연구에서 동물의 사용』이라는 백서에서 20세기 의학에서 항생제와 백신에서 항우울제와 장기 이식까지 사실상 거의 모든 진보가 동물을 사용함으로써 이루어졌다고 주장함을 이미 보았다. 그리고 이 백서는 천연두, 소아마비, 홍역처럼 동물 실험을 통해 박멸한 전염병이나 수혈, 화상 치료, 심장 절개 및 뇌 수술처럼 동물 실험 덕분에 발전한 의료 기술을 구체적으로 나열했다.[195] 미국 의학 협회는 1800년대부터 생명 의학 연구에서 동물의 사용을 꾸준히 지지하고, 동물을 사용하는 연구를 규제하는 법령을 적극적으로 반대해 왔다고 한다. 그런데 근래에 동물 보호 단체들이 생명 의학 연구에서 동물의 금지를 주장하자, 위원회 보고서에서 장장 5쪽에 걸쳐 생명 의학 연구에서 동물의 사용이 얼마만 한 혜택을 가져다주는지 알리고 있다. 그 혜택은 다음과 같은 항목으로 분류되는데

각 항목 아래에는 수많은 연구들이 포함되어 있다.

> 노화, 후천성 면역 결핍증(AIDS), 마취, 자기 면역 질환, 기초 유전학, 행동, 암, 심혈관 계통, 소아 질병, 콜레라, 간질, 당뇨병, 강글리오시드증, 위장관 수술, 청력, 혈우병, 간염, 감염, 말라리아, 근육 위축병, 영양, 안질환, 장기 이식, 파킨슨병, 폐 질환, 광견병, 방사선 생물학, 생식 생물학, 골격 구조와 골절, 척수 손상, 톡소플라스마증, 트라우마와 충격, 황열병, 바이러스학[196]

이런 연구들을 나열하는 까닭은 두말할 필요 없이 동물들이 받는 고통을 인정하지만 (그리고 동물의 불필요한 고통과 부적절한 동물 사용을 규제하는 데는 동의하지만), 동물 실험을 금지했을 때 인간에게 주는 피해가 얼마나 큰지 저울질해 보라는 데 있다.

그러나 동물 실험을 한 결과가 인간에게는 적용되지 않는 사례도 그만큼 많이 제시된다. 과학 방법론에서 어떤 가설을 확증할 때 그 결과는 네 가지 경우로 분류된다.

결과 \ 가설	참	거짓
참	확증	긍정 오류
거짓	부정 오류	확증

참이라고 가설을 세웠는데 실제로 참이거나, 거짓이라고 가설을 세웠

는데 결과가 실제로 거짓이라면 그 가설은 확증된 것이다. 반면에 거짓이라고 가설을 세웠는데 참인 것으로 드러나거나 참이라고 가설을 세웠는데 거짓인 것으로 드러나면 그 가설은 반증된 것인데, 전자를 **긍정 오류**(false positive), 후자를 **부정 오류**(false negative)라고 부른다. 쉽게 말해서 긍정적인 결과가 나왔는데 실제로는 오류이면 긍정 오류, 부정적인 결과가 나왔는데 실제로는 오류이면 부정 오류이다. 동물 실험 연구자들은 동물에게 실험한 결과가 인간에게 **외삽**될 수 있다고 가정한다. 동물 실험의 결과가 인간에게 외삽이 된다고 가정하는 것은 외삽의 가설을 참으로 보는 것이고, 인간에게 외삽이 안 된다고 가정하는 것은 외삽의 가설을 거짓으로 보는 것이다. 따라서 긍정 오류와 부정 오류를 동물 실험에 적용하면, 긍정 오류는 실제로는 인간에게 외삽되지 않는데 외삽하는 것으로 잘못 판단하는 것이고, 부정 오류는 실제로는 외삽하는데 외삽하지 않는 것으로 잘못 판단하는 것이다. 이것들은 모두 동물 실험의 실패 사례이다.

동물 실험에서 긍정 오류와 부정 오류의 사례는 쉽게 찾을 수 있다. 긍정 오류의 가장 유명하고 널리 알려진 사례는 앞 장에서 살펴본 탈리도마이드이다. 동물의 안전성 시험을 통과하여 인간에게도 안전하리라고 추측한 탈리도마이드는 인간에게서 치명적인 부작용을 낳았다. 1950년대에 입덧 치료제로 복용한 산모에게서 기형아가 태어난 사례가 1만여 건이나 있었다. 최근의 긍정 오류 사례로는 만성 염증과 백혈병 치료약으로 독일 테게네로사가 개발한 TGN1412가 있다. TGN1412는 동물 실험에서는 문제가 없었는데 2006년에 임상 시험에서 이 약을 투여 받은 사람 6명 모두가 장기가 손상되는 부작용을 낳았다.[197] 대표적인 부정 오류 동물 실험 사례는 페니실린이다. 페니실린은 래트에서는 안전성 실험을 아주 잘 통과해서 바로 임상 시험으로 진행되었다. 그러나 당시에 실험동물로 널리 사용되었던 기니피그에게 실험했다면 페니실린은 등장하지 않았을 것이다. 페니실린은 기니피그의 장내에 자연 공생하는 박테리아를 전멸시켜 죽음에 이르게 하기 때문이다. 숨겨진 이야기로는 페니실린을 개발한 플레밍은 기니피그를 실험용으로 신청하고 기다렸는데 오지 않아 래트 실험으로 만족해야 했다고 한다.[198] 인류를 구한 항생제가 이런 우연을 통해 등장한 것이다. 부정 오류의 사례가 있으면 진작에 나왔을 약품이 나오지 못하게 한다는 점에서 그런 사례를 낳는 동물 실험은 의학의 진보를 가로막는다고 볼 수 있다.

위에서 동물 실험을 강력하게 옹호하는 미국 의학 협회가 동물 실험으로 얻은 혜택들을 나열한 것을 보았다. 동물 실험을 반대하는 쪽도 얼마든지 그런 목록을 만들 수 있다. 동물 실험의 부정적인 면을 적극적으로 알리는 그릭 부부는 동물들에게는 부작용을 보이지 않는 의약품이 인간에게 치명적인 부작용을 일으키는 긍정 오류의 사례들로 탈리도마이드를 비롯한 다음 약품들을 열거한다.[199]

합성 에스트로겐, 티클리드, 렉사르, 쎄레브렉스, 지멜단, 엔브렐, 자리르루카스트, 플로신트, 노미펜신, 암리논, 클리오퀴놀, 프락토콜, 오프렌, 조막스, 앤지오텐신, 토가이니드, 오랩, 마프로틸라인, 웰버트린, 할시온, 리토드린, 리도라, 르리마코 그리고 그릭 부부가 인간에게는 이롭지만 동물에게는 치명적인 부정 오류의 사례로 드는 대표적인 약품은 타이레놀과 아스피린이다. 타이레놀은 단 1회 복용으로 고양이를 죽음에 이르게 할 수 있고, 아스피린은 마우스와 래트에게 선천적 기형을 일으키고 고양이의 혈압 이상을 초래한다. 그 외 다음과 같은 약품이 부정 오류의 사례이다.

> 이부프로펜, 프로작, 데포-프로베, 디기탈리스, 스트렙토마이신, 타크로리무스, 프레드니손, 스테로이드, 코르티코스테로이드, 프리로섹, 이소니아지드, 푸로세미드, 플루오라이드

이런 약품들은 운이 좋아 세상에 나왔지만, 실제로는 인간에게 이로운데 동물에게 부작용을 일으킨다는 이유로 허가를 받지 못한 의약품들이 존재할 것이다.[200]

이런 식으로 한쪽에서 옹호 사례들을 제시하면 다른 쪽에서 반대 사례들을 제시하는 식으로는 논쟁의 결말을 맺을 수 없다. 논쟁이 누가 누가 사례를 더 많이 제시하는가 하는 양상으로 변하는데, 그 사례는 끝이 없을 것이기 때문이다. 그러나 나는 찬반 양쪽 사례가 모두 제시 가능하다는 것은 동물 실험 반대쪽에 유리할 수 있다고 생각한다. 현재 동물 실험 옹호론자는 다음과 같은 방식으로 옹호 논증을 제시한다.

> 가설 A를 지지하는 실험 사례 a가 있다.
> 가설 B를 지지하는 실험 사례 b가 있다.

가설 C를 지지하는 실험 사례 c가 있다.

…

반면에 동물 실험 반대론자의 논증 방식은 다음과 같다.

가설 A′를 지지하는 실험 사례 a′도 있지만 반박하는 실험 사례 a″도 있다.

가설 B′를 지지하는 실험 사례 b′도 있지만 반박하는 실험 사례 b″도 있다.

가설 C′를 지지하는 실험 사례 c′도 있지만 반박하는 실험 사례 c″도 있다.

…

논증 방식으로만 본다면 논증은 동물 실험 반대론에 유리하다. 먼저 동물 실험 찬성론의 논증에서는 지지 사례만 있어서 반박 사례가 있을지 없을지 알 수 없다는 문제가 있다. 탈리도마이드 사례가 대표적이다. 물론 옹호론자들은 실험을 다양하게 진행하면 반박하는 사례가 나타날 것이라고 말할 것이다. 실제로 탈리도마이드는 인간에서 부작용이 밝혀진 이후에 토끼의 일부 종에서 사람과 같은 부작용이 생긴다는 것을 확인했음을 앞 장에서 보았다. 이것을 보고 마우스나 래트뿐만 아니라 더 많은 동물에서 실험을 거쳤다면 그 위해성이 드러났을 것이라고 주장하는 것이다. 그러나 얼마나 많은 실험을 해야 하는지 알 수 없고, 결정적으로 인간에 대한 임상 시험이 있기 전에는 인간에게 적용되는 실험 결과가 마우스나 래트의 것인지 토끼의 일부 종의 것인지 알 수 없다는 문제가 있다. 한편 동물 실험 반대론에서는 특정 가설을 지지하는 사례와 반대하는 사례 모두 있지만, 이 중 인간에게 외삽이 되는 사례는 어떤 것인지는 임상 시험을 해보기 전에는 알 수가 없다. 이 말은 동물 실험 옹호론과 반대론에 중립적인 결과가 되는 것이 아니라, 임상 시험 전에는 동물 실험이 확증되는지 반증되는지 알 수 없다는 뜻이므로 동물 실험 반대론에 유리하게 된다. 이상을 종합해 볼 때 사례에 의한 논증 방식은 인식론적으로 동물 실험 반대론에 유리하다.

사례에 의한 동물 실험 옹호는 이러한 문젯거리가 있는데 왜 아직도 동물 실험 찬반 논쟁에서 즐겨 사용될까? 라폴레트와 생크스는 '사례 게임'의 수사학적 힘에 주목한다. 대중들은 방금 말한 논증의 인식론적 구조나 복잡한 과학에 무지하고 관심도 없으므로 찬성 쪽이든 반대 쪽이든 대중들이 쉽게 이해할 수 있고 흔들릴 수 있는 사례들을 제시하는 것이다.[201] 수사학적 힘에도 불구하고 동물 실험을 반박하는 사례가 있다는 것은 동물 실험을 결정적으로 반박하는 증거가 될까? 탈리도마이드 사례와 같은 실패 사례는 동물 실험의 신뢰성을 심각하게 떨어뜨릴까? 라폴레트와 생크스는 그렇지 않음을 지적한다. 실패 사례는 좋은 과학에서 흔한 일이고 예외가 아니기 때문이다. 동물 실험에서도 탈리도마이드 사례와 같은 실패 사례가 있다고 해서 놀랄 일이 아니라 오히려 항상 성공하기만 하는 것이 오히려 놀랄 일이라는 것이다.[202] 그래서 라폴레트와 생크스는 동물 실험을 제대로 평가하기 위해서는 실패 사례의 수만 셀 것이 아니라 그 의미를 평가해야 한다고 말한다. 다시 말해서 그 실패가 과학의 실패에서 으레 나오는 유형의 것인지, 아니면 동물 실험에 심각한 문제가 있음을 드러내는 것인지 평가해야 한다는 것이다. 동물 실험의 실패를 과대 평가해서는 안 된다는 라폴레트와 생크스의 지적은 일리가 있다. 이제부터 살펴보겠지만, 실패 사례는 동물 실험을 패러다임 차원에서 설명하게 하는 중요한 장치가 되기 때문이다. 라폴레트와 생크스는 이렇게 말한다.

> 실패 사례들이 동물 실험의 정당성을 훼손하는 방법론적 결함을 보여 준다고 생각하는 이론적 이유가 있을 때만 실패 사례는 동물 실험에 결함이 있다는 증거가 된다. 이 이론은 실험의 실패를 해석할 수 있는 적절한 이론적 틀을 제공한다. 그런 이론이 없다면 단일한 실패 사례는 단순히 하나의 사례일 뿐이다. 그런 사례로는 동물 실험이 과학적으로 정당하지 않다는 것을 보여 주지 못한다.[203]

그렇지만 나는 동물 실험의 실패 사례는 과학사의 실패 사례와 차원이 다르기에 설령 이론적 틀이 없더라도 단일한 실패 사례는 동물 실험이 과학적으로 정당하지 않다는 것을 (적어도 인식론적으로) 보여 줄 수 있다고 생각한다. 물론 여기서 단일한 실패 사례라고 해서 한 번의 실패 사례를 말하지는 않는다. 동물 실험이 한 종(특정 동물 또는 인간)에 적용되지 않는 것을 말한다. 이것은 단순히 과학사에서의 흔한 사례로 취급해서는 안 된다고 생각한다. 동물 실험은 동물 실험의 결과를 인간에게 외삽하려는 목적으로 시행한다. 곧 동물에서 성립하는 사례가 동물과 다른 차원인 인간에서도 성립하는지 검증하려는 목적이다. 한 영역에서 축적된 성공 사례를 그것과 다른 차원의 영역으로 외삽한다. 그러나 과학사의 사례는 대체로 그런 축적 사례 없이 가설을 직접 검증하려는 차원이다. 물론 과학사에서도 외삽을 통한 검증은 드문 것은 아니다. 그러나 그런 외삽은 설령 실패를 하더라도 동물실험에서처럼 윤리적·인식론적 논란을 낳으면서 시도한 실패는 아니라는 점에서 중요한 차이가 있다. 속되게 말해서 여러 문제점이 있으니 굳이 하지 말라는데 해서 실패하는 것과 그런 논란 없이 실패하는 것은 다르다는 것이다.

어쨌든 이런 차이점에도 불구하고 라폴레트와 생크스에서 이론적 틀에 대해 배울 점이 있으니 그들의 말을 계속해서 들어 보자. 여기서 말하는 이론적 틀은 쿤의 '패러다임'을 연상케 한다. 그런데 주목할 만한 것은 쿤의 패러다임은 사례들을 포함한다는 사실이다. 쿤은 교과서에 실리는 법칙, 이론, 응용, 기기법 등을 포함하는 사례들이 교과서를 공부하는 과학도들에게 동일한 규칙과 표준을 지키게 하여 특정 과학자 사회의 구성원이 될 수 있도록 준비시키는 역할을 하는데, 이것을 패러다임이라고 부른다고 말한다.[204] 그리고 이런 성공적인 사례들은 교과서에 수용되어 상세히 설명되고 그것이 곧 '정상 과학'이 된다. 위에서 사례는 이론을 확증하는 역할을 할 수 없다고 말했는데, 쿤에서는 사례가 정상 과학을 구성하는 핵심적인 요소가 된다. 이런 차이는 지금 우리는 사례에 대해 인식론적으로 접근하고 쿤은 잘 알려진 대로 사회학적으로 접근한 데서 기인한다. 쿤은 과학사학자 또는 과학 사회학자로서 과학이 실제로 이루어지는 활동에 주목하지 그것의 정당화에 관심을 보인 것은 아니다. 그런데 우리가 쿤에서 주목해야 할 또 다른 점은 정상 과학에서 실패 사례를 대하는 자세이다. 정상 과학 내에서 과학의 목표는 수수께끼 또는 퍼즐을 푸는 데 있다.

패러다임을 모범 또는 기준으로 삼아 패러다임 안에서 제기되는 수수께끼를 풀이하는 것이 과학자들의 일상적인 일이다. 오히려 "퍼즐의 도전은 과학자로 하여금 지속적인 연구를 수행하게 하는 무엇인가의 중요한 요소가 된다."[205] 그러니 수수께끼가 있다고 해서 그것이 정상 과학에 반대되는 것은 아니다. 과학 활동에서는 흔한 일이고 정상 과학 내에서 풀리지 않는 문제일 뿐이다. 이렇게 보았을 때 동물 실험에 반대되는 실패 사례가 있다는 것은 동물 실험을 그만두어야 할 이유가 되는 것이 아니라 오히려 실험을 더 해야 하는 이유가 된다.[206] 물론 정상 과학이 풀지 못하는 수수께끼가 발생할 때가 있다. 정상 과학의 한계 때문에 발생하는 이런 것들은 '이상 현상'이 되는데 이상 현상이 자주 발생하게 되면 정상 과학의 패러다임은 '위기'에 빠져든다. 그러면 과학자들은 위기를 극복할 수 있는 새로운 패러다임을 찾고, 옛 패러다임을 대체하는 이런 과정이 바로 우리가 잘 아는 '혁명'이다.

라폴레트와 생크스이 보기에 현재 생명 의학을 지배하는 정상 과학은 동물 실험이다. 그들도 동물 실험의 실패 사례들이 상당수 있다고 인정하지만, 그렇다고 해서 동물 실험이 지배하는 정상 과학이 아직 위기의 단계는 아니라고 본다. 다만 기존 패러다임의 실패 사례를 해석할 수 있는 경쟁 이론 틀을 제공할 수는 있다고 생각한다. 그들이 보기에 동물 실험을 뒷받침하는 이론 틀은 베르나르(Claude Bernard)의 **기계적 생리학**이고 그것과 경쟁하는 새로운 이론은 **진화론**이다.[207] 진화론은 기계적 생리학을 대체하는 새로운 이론인 것이다. 그래서 동물 실험의 성공과 실패를 진화론의 틀을 이용해서 가장 잘 설명할 수 있다고 주장한다. 베르나르는 19세기 프랑스의 생리학자이다. 그는 실험 의학의 창시자로 인정받는다. 라폴레트와 생크스의 기본적인 생각은 현대 생명 의학의 관행들이 19세기의 과학적 패러다임에 의해 지나치게 지배받고 있다는 것이다. 그 패러다임의 상당 부분은 진화론으로 부정되는데도 말이다. 이어지는 절들에서는 베르나르의 기계적 생리학과 그것에 기반을 둔 인과적 유비 모형을 살펴보도록 하겠다.

3. 동물 실험에서 베르나르의 유산

베르나르의 기계적 생리학을 이해하기 위해서는 먼저 19세기 의학의 발전 상황을 이해할 필요가 있다. 당시 임상 의학은 연금술의 수준과 크게 다르지 않았다. 세균, 바이러스, 호르몬, 비타민 등은 아직 알려지지 않았으며, 생리학은 초보적 수준이었고 생화학은 아직 존재하지 않았다. 베르나르는 이런 상황에서 생리학의 과학적 기반을 화학이나 물리학만큼 굳건하게 만들어야겠다는 야망을 품고 있었다. 그는 그러기 위해서는 생리학자의 '과학적인 고향'은 일차적으로 환자의 침대 옆이 아니라 실험실이 되어야 한다고 생각했다. 실험실 없는 물리학자나 화학자를 상상할 수 없듯이, 생리학자에게 병원과 책이면 충분하다는 생각은 잘못이라는 것이다.[208] 생리학이 진정한 실험실 과학이 되기 위해서는 실험을 수행할 대상이 있어야 할 것이다. 베르나르는 동물이 그 대상이 되어야 한다고 믿었다.[209] 모든 생리학 실험은 실험실에서 수행되어야 하고, 그 실험 대상은 동물이어야 한다는 것, 이게 베르나르 생리학의 기본 믿음이었다.

베르나르가 실험실을 중요하게 생각하고 임상에서 연구되는 관찰 의학을 폄하한 까닭은 앞 절에서 보았듯이 인간을 대상으로 하는 실험은 통제를 할 수 없다고 생각하기 때문이다. 인간에게 있는 다양한 변수와 연구자의 편향은 화학이나 물리학에서 볼 수 있는 정확한 인과 관계를 예측할 수 없게 만든다. 당시 (지금도 그렇지만) 화학이나 물리학의 기본적인 방법론은 가설-연역법이다. 이것은 가설을 세우고 거기서 예측을 연역한 다음에 그 예측이 참인지 확인하여 가설을 검증하는 방법론이다. 베르나르는 이 중 가설 검증은 실험실에서 이루어져야 한다고 생각했다. 관찰이 주된 기능인 임상 의학도 쓸모가 없는 것은 아니지만 그것은 가설을 세우는 데 도움을 주는 정도의 역할일 뿐이다. 베르나르가 보기에 임상 의학은 절대 과학일 수 없으며 기껏해야 '생리학의 시녀'일 뿐이다.[210] 베르나르가 생각한 생리학의 가설-연역법을 정리해 보면 다음과 같은 구조를 띤다.

가설 정립
(임상의 관찰, 상상, 이전 실험에 의해)

↓ 연역

예측

↓

실험실에서 예측 확인

↓

가설 검증

↓ 귀납

임상에 적용

실험실에서 동물을 대상으로 검증된 가설을 임상에 적용하는데 이때 귀납의 방법론이 적용된다. 귀납은 이미 알려진 사실에서 새로운 사실로 지식을 확장해 나가는 과정이다. 동물에서 검증된 가설을 인간에게까지 확장하여 외삽하는 것이다. 이런 귀납 또는 외삽이 가능한 데는 베르나르가 인과적 결정론을 전제하기 때문이다. **인과적 결정론**은 다음과 같은 가정을 한다.

(1) 모든 사건에는 원인이 있다. (인과성의 원리)

(2) 수적으로는 다르지만 질적으로는 같은 체계에서는 원인이 같으면 결과가 같다. (제일성uniformity의 원리)[211]

물리학자나 화학자가 실험실에서 어떤 물질 X를 다루면서 어떤 결과를 얻었다고 해보자. 인과적 결정론의 두 원리를 적용하면, 실험실 밖에서 X를 똑같이 다룰 때도 똑같은 결과가 생긴다고 추론할 수 있다. 물리학 또는 화학의 패러다임을 따르는 베르나르는 인과적 결정론의 원리들이 생리학에도 똑같이 적용될 수 있다고 생각했다. 화학자가 실험실에서 수소와 산소가 결합하여 물이 된다는 것을 알았다고 하면, 그는 귀납으로 실험실 밖에서도 수소와 산소가 결합하면 물이 되리라 추정할 것이다. 수소와 산소가 원인이 되어 물이라는 결과가 일어난다는 인과성의 원리와 실험실 안에서의 물질이나 밖에서의 물질은 같은 인과 법칙이 적용된다는 제일성의 원리를 전제하기 때문이다. 베르나르는 살아 있는 생명체도 이런 물질들과 똑같게 인과성의 원리와 제일성의 원리가 적용된다고 믿었다. 생리학 또는 실험 의학은 뉴턴의 법칙이나 화학의 법칙과 비슷한 결정론적인 인과 법칙을 발견할 수 있고, 실험실 내의 동물이나 임상에서의 인간은 비록 크기는 다르지만 질적으로는 같아서 인간과 동물 사이에는 근본적인 차이가 없고 그래서 원인이 같으면 결과도 같다고 생각했다. 이런 가정을 하기에 동물에서 검증된 실험 결과들을 인간에 적용하는 귀납적 추론, 곧 외삽은 성공할 수밖에 없다고 본 것이다.

물론 베르나르는 종 간의 차이가 있다는 것을 무시하지 않는다. 각 종들은 생긴 외형도 다르고 크기도 다르다는 것은 한눈에 알 수 있기 때문이다. 그런데도 종들은 모두 기본적으로 같은 방식으로 자극에 반응한다고 인과적 결정론은 주장한다. 베르나르가 이렇게 주장하게 된 배경에는 다양한 종들은 넓게 보면 공통점이 많기 때문이다. 적어도 포유류를 보면 심장, 허파, 콩팥, 뇌, 내분비샘, 신경, 근육, 소화계를 모두 가지고 있고, 핵, 미토콘드리아, 세포막 같은 생물학적 요소도 같다. 호흡, 소화, 분비, 순환 등의 작동 방식도 비슷하다. 다양한 종들이 이런 공통점을 보이는 까닭은 두말할 것도 없이 공통 조상에서 진화되어 나왔기 때문이다.[212]

종들 사이에는 다양성과 특이성이 분명히 존재하지만 그것들은 결국에 보편적인 생리학적 법칙으로 포섭 가능하다고 본다. 라폴레트와 생크스는 이것을 천문학에서 가져온 비유로 설명한다. 결정론에 따르면 천문학의 법칙은 모든 천체에 적용되어야 한다. 그러나 천왕성은 예상된 궤도를 벗어나 결정론이 들어맞지 않는 것처럼 보였다. 그러다가 1846년에 프랑스의 천문학자인 르베리에는 천왕성 궤도 바깥에 또 다른 행성이 있으리라 예측했다. 나중에 해왕성이 발견되자 천왕성 궤도의 이상함은 설명이 되었고 우주는 '질서'를 되찾았다. 이와 마찬가지로 베르나르는 생리학적인 '혜왕성'을 발견하여, 보편적인 법칙에서 벗어난 듯이 보이는 현상들을 설명할 수 있다고 생각했다는 것이다. 각 종들 간에는 차이가 있어 보이지만 그 차이는 생리학적으로 환원 불가능한 것이 아니라, 더 근본적인 유사성에 의해 설명될 수 있는 성격의 것이다.[213]

그래서 베르나르가 보기에 종들끼리의 차이는 있기는 하지만 그것 때문에 생리학의 작업이 방해를 받지는 않는다. 그 차이는 질적인 것이 아니라 양적인 것이다. 다시 말해서 복잡성이나 조직에서 진화적 차이를 보이는 것이 아니라 단순히 몸무게, 대사율, 겉넓이 따위에서의 양적인 차이를 보이기 때문에 그 차이만 적절하게 보정하면 한 종의 실험 결과를 다른 종에 적용할 수 있다. 베르나르는 두꺼비 독(toad venom)은 개구리의 심장을 빠르게 멈추게 하지만 두꺼비의 심장을 멈추게 하지는 않는 예를 든다. 이 현상은 얼핏 보기에 원인이 같아도 결과가 다른 사례로 보이지만, 그는 개구리를 쉽게 죽일 만큼의 두꺼비 독의 양이 두꺼비에게는 충분하지 않다는 식의 설명이 가능하다고 말한다.[214] 종 간의 차이는 양의 차이로 귀결되는 것이다. 베르나르에서 종들 사이에는 보정 가능한 양적 차이만 있을 뿐이고, 같은 원인에 같은 결과라는 결정론이 여전히 적용된다. 그래서 서로 다른 종은 "다른 옷을 입은 같은 동물"일 뿐이다.[215]

라폴레트와 섕크스는 종 간의 차이는 궁극적으로 보편 법칙에 의해 해명 가능하다는 베르나르의 전제는 그의 진화론 거부와 연결된다고 말한다.[216] 진화론은 임상의 통제되지 않은 관찰처럼 실험실에서의 통제된 실험을 통해 검증할 수 없으므로 베르나르는 진화론이 단순히 사변적일 뿐이고 과학적이지 못하다고 생각했다. 진화론이 사변적이라는 베르나르의 지적은 어느 정도 일리가 있다. 베르나르 당시의 진화론은 아직 태동기였기 때문에 제대로 된 실험적 증거를 제시할 수 없었을 것이기 때문이다. 그러나 여기서 중요한 것은 진화론을 거부했다는 사실보다는 그 거부의 밑바탕에는 물리학의 결정론이 전제되어 있다는 사실이다. 베르나르는 생물 현상의 물리-화학적인 구조를 제대로 이해한다면 종 간의 차이를 모두 해명할 수 있다고 생각하고, 그런 생각은 종 간의 차이를 인정하는 진화론을 거부하게 만들었다. 그런 생각은 경험적 증거로 무장한 현대 진화론마저도 종 간의 차이를 인정하는 한 거부하게 만들 것이다. 그래서 라폴레트와 생크스는 베르나르의 결정론과 그에 따른 주장은 여러 생물 현상을 설명할 수 없고, 현대의 진화론과 모순되는 점이 생긴다는 점을 지적한다. 다시 말해서 베르나르의 생리학은 19세기의 낡은 학문이고, 지금의 동물 실험은 그런 낡은 패러다임의 지배를 받고 있다는 것이 라폴레트와 생크스의 주장이다.

4. 인과적 유비 모형(CAM)과 가설적 유비 모형(HAM)

앞 절에서 살펴본 것처럼 동물을 대상으로 약물, 독성, 식품 첨가물, 외과 처치 등에 어떻게 반응하는지 밝힌 다음에, 인간도 똑같이 반응할 것이라고 추론하는 모형을 라폴레트와 생크스는 **인과적 유비 모형**(CAM, Causal Analogical Model)이라고 부른다. 동물에서 적절한 인과적 메커니즘을 찾아 유비로 그 메커니즘이 인간에서도 비슷할 것이라고 추론하기 때문에 그런 이름이 붙었다.

동물 실험의 정당성을 받아들이고 동물 실험에 의존하는 사람들은, 꼭 베르나르의 후손임을 자처하지 않더라도, 인과적 추론 모형을 암묵적으로 받아들이고 있다. 이미 위 2절에서 본 것처럼 미국 의학 협회는 백서인 『생명 의학 연구에서 동물의 사용』에서 20세기 의학에서 거의 모든 진보는 실험실의 동물 사용에서 이루어졌음을 인정했다. 백서는 좀 더 구체적으로 인과적 유비 모형이 생명 의학 연구를 지배하는 원칙임을 말한다.

> 해로운 물질이나 유해한 환경에 대한 동물 실험은 인간의 독성학이나 위생을 위해 매우 유익하고 아주 결정적이다. 약효가 있는 물질이나 독성이 있는 물질에 대한 탐구 역시 치료적 관점에서 인간에 완전히 적용 가능하다. (…) 이런 물질들이 인간에서 보이는 효과는 정도의 차이가 있기는 하지만 동물에서 보이는 효과와 같다.[217]

유비 논증은 널리 사용되는 귀납 논증이다. 어떤 두 대상이 몇 가지 점에서 비슷하다는 사실이 알려져 있을 때, 첫 번째 대상이 그 밖의 추가적인 특성이 있으면 두 번째 대상도 그 특성이 있을 것이라고 추론하는 것이 유비 논증이다. 두 번째 대상이 그 추가적인 특성이 있다는 사실은 우리가 이미 알고 있는 정보, 곧 두 대상이 몇 가지 점에서 비슷하다는 사실과 첫 번째 대상에 그 특성이 있다는 사실에는 들어 있지 않은 새로운 정보이므로, 유비 논증은 귀납 논증이다. 그만큼 두 번째 대상이 추가적인 특성을 가지고 있다는 추론은 실패로 끝날 수도 있다. 그래서 유비 논증이 성공하기 위해서는 두 종류의 대상이 최대한 유사해야 하고, 그것도 현재 추론과 관련 있는 점에서 유사해야 한다.[218] 동물 실험이 바로 대표적인 유비 논증이다. 동물 중에서도 주로 포유류가 실험동물로 쓰이는 까닭은 인간과 생리적인 유사성이 많기 때문이다. 비록 실험동물은 인간과 차이가 있기는 하지만, 가령 마우스나 래트는 꼬리가 있는 데 비해 인간은 없지만, 그런 차이점은 실험 결과와 관련 있는 차이점은 아니므로 유비 논증의 정당성에 영향을 주지 않는다.

라폴레트와 생크스는 CAM의 일반적 구조를 다음과 같이 정리한다.

> (모형) X는 (모형의 대상이 되는) Y와 특성 [a, …, e]와 관련해서 유사하다. X는 추가적인 특성 f를 가지고 있다. f는 Y에서 아직 직접 관찰되지 않았지만, Y 역시 특성 f를 가질 가능성이 있다.

이것은 유비 추론의 일반적인 구조이다. CAM은 여기에 인과와 관련된 두 가지 추가적인 조건을 더 만족해야 한다.

> (1) 공통되는 특성 [a, …, e]는 인과적 특성이어야 한다.
>
> (2) [a, …, e]는 우리가 투사하려고(project) 하는 특성 f와 인과적으로 관련 있어야 한다. 구체적으로 말하면 f는 [a, …, e]의 원인이나 결과로 기능해야 한다.[219]

그런데 모형(예컨대 동물)의 인과적 메커니즘과 모형의 대상이 되는 것(예컨대 인간)의 인과적 메커니즘이 다르면 유비 논증은 성공하지 못한다. 그래서 라폴레트와 생크스는 여기에 조건 하나를 더 추가한다.

> (3) 모형과 모형이 되는 대상 사이에는 인과적으로 관련 있는 불일치가 없어야 한다.[220]

(3)까지 성립해야 우리는 동물 실험의 결과가 인간에게 외삽한다고 확신할 수 있다. 라폴레트와 생크스는 (3)까지 만족하는 CAM을 **강한** 모형이라고 부른다.[221] 여기서는 모형과 모형의 대상이 되는 것 사이에 인과적 동형성이 성립한다. 이에 비해 둘 사이의 인과적 동형성이 부분적으로 와해될 때, 곧 (3)이 성립하지 않을 때는 **약한** 모형이다. 만약 동물과 인간 사이에 인과적 불일치가 있다면 동물 실험이 인간의 생명 의학 현상에 직접 적용될 수 있다는 주장은 타격을 입게 된다. 물론 동물 실험 그 자체의 가치가 없는 것은 아니다. 동물 실험을 하는 목적은 동물 생리학에 대한 호기심 차원에서 수행하기도 하기 때문이다. 그러나 적어도 인간의 생명 의학 현상에 적용한다는 목표는 달성할 수 없다. 라폴레트와 생크스는 동물 실험과 관련해서 CAM과 대비되는 또 다른 모형을 **가설적 유비 모형**(HAM, Hypothetical Analogical Modes)이라고 부른다.[222] 이 모형에 따르면 동물 실험은 인간의 생명 의학 현상의 본성과 관련해서 가설을 형성하게 하는 기능을 할 뿐이다. 동물 실험에서 찾은 인과적 메커니즘이 곧 인간의 인과적 메커니즘인 것이 아니라, 동물 실험의 결과는 인간의 생명 의학 현

상을 설명하는 데 방법론적으로 가이드의 역할을 한다는 것이다.

이제부터 라폴레트와 생크스의 작업은 위 조건 (3)이 만족되지 않는다는 것을 입증하여, 동물 실험은 CAM이 아니라 기껏해야 HAM 정도에 머문다는 것을 보여 준다. 혹자는 동물 실험의 목표를 CAM이라고 보는 것은, 곧 동물 실험이 성공하기 위해서는 조건 (3)까지 만족해야 한다는 것은 너무 과도한 요구 아니냐고 물을 것이다. CAM은 이상적인 목표로서 거기에 달성하도록 실험을 규제하는 일종의 '규제적 이상'으로 작용해야 하지 않느냐는 것이다. 실제로 7절에서 살펴볼 라폴레트와 생크스에 쏟아지는 비판은 주로 그 점에 집중된다. 그러나 그것은 과도한 요구가 아니며 동물 실험의 진정한 목표가 달성되기 위해서는 반드시 조건 (3)을 만족해야 한다. 바로 다음 절에서 설명하겠다.

5. 외삽자의 순환

유비 논증은 이미 알려진 사실에서 새로운 사실로 지식을 확장해 나가는 귀납 논증이다. 따라서 연역 논증과 달리 결론의 참이 절대적으로 보장되지 않고 참의 보장이 필요하다. 특히 동물 실험을 외삽한 결론은 인간의 건강 및 생명과 직결되기 때문에 외삽의 실패는 간단하게 치부할 수 없다. 흔한 귀납 논증인 "모든 까마귀는 검다."의 경우 이미 관찰한 까마귀에서 새롭게 관찰한 까마귀로 외삽하는 추론이 실패하더라도, 곧 검지 않은 까마귀가 발견되더라도 놀라움을 줄 뿐이지 우리에게 치명적인 영향을 끼치지는 않는다. 그러나 동물 실험의 경우 동물에서 확인한 약효나 독성이 인간에게 적용되지 않을 때는 치명적인 결과가 발생한다. 우리는 생생한 실례를 탈리도마이드 사례에서 확인했다. 4장에서 말한 사전 주의의 원칙은 이런 위험의 중요성이 아무리 강조해도 지나치지 않음을 강조한다.

앞 절에서 살펴본 CAM이 성공하기 위해 꼭 필요한 조건은 동물의 연구를 인간에 적용하는 외삽을 할 때 동물에서의 발견들이 인간의 생명 의학 조건들과 인과적으로 관련이 있어야 한다는 것이었다. 라폴레트와 생크스는 관련성과 관련해서 두 가지 문제를 제기한다.[223] 첫째는 **관련성의 존재론적 문제**로서, 동물 대상의 실험을 인간에 외삽할 수 있을 정도로 동물과 인간은 충분히 비슷하느냐는 문제이다. 우리는 인간과 동물이 같다는 것을 당연히 전제할 수 없다. 인간과 동물은 외형상의 차이도 있고 진화의 역사도 다르기 때문이다. 그 사이에는 외삽을 방해 또는 약화하는 존재론적 차이가 있을 수 있다. 둘째는 **관련성의 인식론적 문제**로서, 동물과 인간이 존재론적으로 충분히 비슷하다고 하더라도, 존재론적으로 비슷하다는 것을 우리가 알지 못한다면 동물로부터 인간으로의 추론은 의심스럽다는 문제이다. 동물과 인간이 존재론적으로 충분히 비슷하다고 하더라도 증거가 필요하다. 다시 말해서 그것을 입증하는 인식론적 과정이 필요하다. 동물에서 인간으로 외삽하는 추론이 정당하다는 것을 어떻게 밝힐 수 있을까? 오직 한 가지 방법밖에 없다. 실험실 동물에서 알아낸 발견들을 인간을 대상으로 한 임상 시험 결과와 비교하는 방법이 그것이다. 다시 말해서 동물을 모형으로 인간의 생명 의학 조건을 연구하는 것이 정당하다는 것을 증명하기 위해, 인간 연구에 의존해야 한다는 것이다. 애초에 윤리적으로 직접 할 수 없어서 또는 인식론적으로 믿을 수 없어서 인간 연구 대신에 동물 모형을 이용했던 것인데, 그 동물 모형의 정당성을 증명하기 위해 인간 연구에 의존해야 한다!

앞 절에서 말한 조건 (3)을 만족하지 않는다는 것은 이렇게 인식론적으로 증명이 된다. 인간을 대상으로 광범위하고 통제된 실험을 한 다음에야 우리는 조건 (3)을 만족하는지 확신할 수 있다. 그러나 인간을 대상으로 하는 실험은 조건 (3)이 말하려고 하는 바로 그것, 곧 동물과 인간은 인과적으로 동형적이라는 것이다. 스틸은 관련성의 인식론적 문제를 **외삽자의 순환**(the extrapolator's circle)이라고 부른다.[224] 외삽의 정당성을 증명하려고 할 때 자신이 증명하려고 하는 것에 의존하여 증명하는 순환이 끼어들기 때문이다. 관련성의 인식론적 문제는 귀납에 대한 흄의 회의론을 떠올리게 한다. 흄은 귀납의 합리적인 정당화는 가능하지 않다고 주장했는데, 자연이 한결같다는 귀납의 원리를 증명하기 위해서는 그 귀납의 원리가 과거에도 그리고 미래에까지 항상 성립한다는 것을 가정해야 하기 때문이다. 귀납의 정당화에는 심각한 순환이 있다. 잘 알려져 있다시피 귀납에 대한 흄의 회의론은 아직까지 만족스럽게 대답되지 못했다. 가장 그럴듯한 대답은 귀납을 합리적으로 정당화하라는 것은 과도한 요구라는 것이다. "모든 까마귀는 검다."나 "태양은 내일도 떠오른다."라는 귀납이 지금까지 실패하지 않은 것을 감안할 때 그런 대답은 어느 정도 일리가 있다. 그런 귀납의 정당화는 철학자의 관심일 뿐이며, 새로운 까마귀가 검다는 데에 또 태양이 내일도 떠오를 것이라는 데에 아무도 의심하지 않고 정당화가 되지 않아도 달라지는 것은 없기 때문이다. 그러나 동물 실험의 정당화는 경우가 다르다. 까마귀나 태양을 외삽하는 것은 지금까지 실패 사례가 없으므로 논리적인 정당화는 제시되지 못했더라도 그렇게 되리라는 심리적인 기대라도 할 수 있지만, 동물 실험의 외삽의 경우에는 실패한 사례가 이미 많기에 그런 심리적인 기대도 할 수 없기 때문이다. 그리고 까마귀나 태양의 외삽과 달리 동물 실험의 외삽은 실패하면 인간의 건강과 생명에 치명적인 위협을 주기 때문이다. 동물 실험이 과연 인간에게 외삽이 될지 우려하는 것은 내일도 태양이 떠오를까 하는 고민처럼 기우가 아니다.

외삽에 실패하는 경우는 소수이고 성공하는 경우가 대다수이기 때문에 귀납의 정당화에서와 같은 심리적인 기대를 해도 된다는 반론이 있을 수 있다. 실제로 생물학 현상에서는 인과적 추론이 확률적인 경우가 흔하다. 우리는 담배를 피우면 폐암에 걸릴 가능성이 크다는 것을 받아들이지만, 담배를 피운다고 해서 반드시 폐암에 걸리는 것은 아니고 그럴 확률이 매우 높을 뿐이다. 그래서 흡연과 폐암 사이의 인과적 추론은 확률적 추론이다. 우리는 이 장의 머리말에서 여러 교란변수가 확률적 추론이 되는 한 가지 요인임을 보았다. 그러나 외삽의 순환은 이런 의미에서 확률적이 아니다. 생명 의학의 인과 추론이 확률적이라는 것은 그 추론이 적용되는 특정 원인이 있을 때 특정 결과가 반드시 나오는 것은 아니라는 뜻이지만, 외삽이 확률적이라는 것은 (혹시 이런 것을 확률적이라고 할 수 있다면) 실험실의 동물 연구에서 임상으로 인과적 추론을 할 때 그것이 반드시 성립하는 것은 아니라는 뜻이다.[225] 간단하게 말해서 생명 의학의 인과 추론은 이러한 특정 원인이 있을 때 이러한 특정 결과가 도출되리라고 추론하는 데 비해,

동물 실험의 외삽은 동물에서 이러이러한 인과 관계가 성립하므로 인간에서도 이러이러한 인과 관계가 성립할 것이라고 추론한다. 그렇기 때문에 동물 실험은 인과적 추론이 아니라 인과적 유비 추론이 되는 것이다. 생명 의학의 인과 추론은 귀납 토대(특정 원인이 있을 때 특정 결과가 도출된 사례들)가 충분히 많다면 그것을 근거로 추론을 했을 때 성공하리라는 심리적인 기대를 해도 된다. 그러나 동물 실험의 외삽은 귀납 토대가 대체로 하나뿐이다. 마우스 또는 래트 또는 토끼 등 특정 종에서 어떤 효과가 있다는 것이 그것인데, 그 한 사례를 토대로 인간으로 외삽을 할 때 성공하리라는 심리적인 기대를 하기에는 너무 허망하다. 유명한 '다른 사람의 마음 문제'도 귀납 토대가 내가 마음을 갖는다는 것 하나뿐이기에 철학적 문제로서 의미가 있다. 그러나 철학적 문제를 넘어서 현실에서는, 나와 다른 사람들이 마음 이외의 신체 구조나 행동이나 생리적 구조가 유사하므로 단 하나의 귀납 토대를 근거로 외삽을 해도 실질적인 문제가 생기지 않는다. 그러나 동물 실험은 신체 구조나 행동도 다르고, 다음 절에서 보겠지만 생리적 구조도 생각과 달리 같지 않기 때문에 실질적인 문제가 생기는 것이다. 그리고 단 하나의 귀납 토대에 근거한 추론을 확률적이라고 부르지는 않는다. 따라서 외삽의 순환이 확률적이라고 말하는 것은 적절하지 않다.

흡연이 높은 확률로 폐암을 일으킴에도 불구하고 여전히 담배를 피우는 사람들이 있는 것은 폐암이 자신에게만은 비켜 가리라는 비합리적인 기대 때문이다. 그런 비합리적인 선택을 하더라도 그것은 개인의 선택 영역이기 때문에 정부는 개입할 수 없다. (부권적인 간섭을 주장하기도 하나 논란 중이다.) 그러나 동물 실험은 개인의 선택이 아니라 학문적인 토론과 정책의 결정에 따라 이루어지는 것인데, 거기에 개인의 선택과 다름없는 비합리적인 선택이 들어간다는 것은 이해하기 어렵다. 외삽의 성공은 확률적이기는 하다. 그 확률이 높다는 증거도 없지만 설령 높다고 하더라도 실패할 가능성이 있다면 그것은 치명적이다. 앞 절에서 CAM이 조건 (3)의 인과적 동형성을 만족해야 한다고 요구하는 것은 이런 의미에서 과도하지 않다. 인과적 동형성이 없는 확률적 인과만으로는 외삽이 실패할 가능성이 언제나 존재한다. 그리고 그 외삽이 성공할지 실패할지는 인간을 대상으로 하는 임상 시험을 해 보고 나서야 알 수 있다. 외삽은 외삽자의 순환이라는 인식론적 덫에서 빠져나올 수 없다. 그런데 그런 확률에 기대어 동물 실험의 결과를 인간에 적용하는 것은 흡연하는 행동만큼, 아니 오히려 그보다 훨씬 더 비합리적이다.

6. 인과적 불일치

외삽자의 순환은 조건 (3)이 성립하지 않음을 보여 주는 인식론적 반론이다. 라폴레트와 섕크스는 조건 (3)이 성립하지 않는다는 경험적 반론도 제시한다. 경험적 반론이라고 해서 위 2절에서 본 것처럼 사례를 제시하는 방법은 아니다. 경험 과학의 이론에 근거한 반론이라는 뜻이다.

인과적인 동형성이 보장되기 위해서는 원인이 같을 때 결과도 같다는 것이 입증되어야 한다. 문제는 이때 원인과 결과가 어떤 차원에서 말해지는 것이냐이다. 생명 의학 현상에서는 기능과 그 기능을 구현하는 인과의 차원이 구분된다. 가령 하늘을 난다는 기능은 같아도 박쥐와 나비의 날개는 그 생리학적 · 생화학적 구조가 다르다. 진화론은 기능적 속성과 그것을 구현하는 인과적 메커니즘이 다르다는 것을 알려 준다. 척추동물들은 비슷한 기능을 많이 한다. 영양분을 얻고, 환경과 가스를 주고받고, 피에 산소를 공급하고, 배설물을 분비하고, 번식하고, 적절한 신체 온도를 유지한다. 그러나 종의 개체들은 자연선택의 결과 오랜 시간 동안 변화가 축적되면서 자신의 생태적 지위(ecological niche)를 찾아 나선다. 생물학 체계는 아주 복잡하다. 그리고 유기체의 하위 체계에서, 예컨대 장기, 조직, 세포뿐만 아니라 생화학적 차원에서 밀접하게 서로 맞물려 있다. 그래서 거기서 조그마한 차이가 있더라도 그 결과는 아주 클 수 있다.[226]

그릭 부부도 결과적인 차이를 지적한다. 실험동물로 가장 많이 쓰이는 래트는 인간과 해부학적으로 큰 차이를 보인다. 한 가지 예를 들면 쓸개가 없는 쥐는 매우 효과적으로 담즙을 분비하는데, 많은 약물이 담즙을 통해 분비되기에 약의 반감기에 영향을 미칠 수 있다. 이러한 불일치는 약의 물질대사를 변화시킬 수 있다.[227] 그들도 라폴레트와 생크스처럼 진화의 결과 더 미세한 수준에서 불일치가 생기는 것을 우려한다.

> (…) 약물은 극히 미세한 수준에 작용한다. 약물은 너무 작아서 육안으로 관찰할 수 없는 분자 활동을 변화시키면서, 화학 반응을 방해하기도 하고 일으키기도 한다. (…) 다양한 포유동물들 사이의 불일치는 대부분 미시

> 적이다. 그들은 헤아릴 수 없을 정도의 복잡한 과정을 거쳐, 즉 수백만 년의 분화, 적응 및 돌연변이의 과정을 거쳐 태어났다. 현대 과학이 유전자, 세포의 기능, 이온 경로, 프로테인 등등에 관해 더 많은 것을 밝혀내면 낼수록, 종들 사이의 복잡한 간격은 더욱더 명확해진다. 그리고 현존하는 동물 실험에 대한 요구 조건들은 점점 더 우스워진다.[228]

라폴레트와 생크스가 든 예를 보자. 어떤 유기체가 진화를 통해서 하늘을 나는 능력이 생겼다고 할 때 그 능력은 단순히 날개의 진화로만 나타나지 않고 물질대사나 다른 변화 역시 일으킨다. 인간에서는 콩팥을 걸쳐 소변에서 요소의 형태로 암모니아가 배출된다. 그러나 공기 중이나 건조한 환경에서는 이것만으로 충분하지 않다. 소변으로 요소를 배출하려면 동시에 상대적으로 많은 양의 물도 배출해야 하는데, 물의 무게는 새가 나는 것을 방해한다. 그리고 건조한 곳에 사는 파충류는 물을 보존해야 한다. 실제로 이런 동물들은 아미노질소를 요산으로 변환하는데, 이것은 상대적으로 불용성의 화합물로서 대변의 반고체 덩어리의 요산 결정체로 배출된다.[229] 결국 인간이나 새나 파충류나 암모니아를 배출한다는 기능은 똑같지만, 그것을 수행하는 인과적 경로는 다르다. 진화에서 적응 환경의 차이는 이렇게 큰 변화를 가져온다. 그것은 기능적 차원과 인과적 차원이 대칭적이지 않음을 보여 준다. 그렇다면 인과적으로 관련 있는 불일치가 없어야 한다고 말하는 CAM의 조건 (3)은 더 이상 성립하지 않는다. 동물과 인간 사이에 단지 기능적 차원에서만 동형성이 성립해서는 동물 실험의 결과가 인간에게 외삽될 수 없다. 실험실 동물과 인간의 인과적 메커니즘이 같지 않다면, 특정 약물이나 독성이 동물에서 반응한 결과가 인간에서도 같으리라고 가정할 이유가 없기 때문이다. 위 예로 말해 보면 인간이나 새나 파충류가 모두 암모니아를 배출한다는 기능이 같다는 것을 알고, 또한 새나 파충류의 암모니아 배출 메커니즘을 안다고 하더라도, 그것이 인간의 암모니아 배출 메커니즘이 어떤지를 알려 주는 것은 아니다. 동물 연구자들이 궁극적으로 알고자 하는 약물이나 독성 반응은 그런 메커니즘을 알아야 확인할 수 있는데 말이다.

사실 기능은 같은데 그것을 구현하는 인과적 메커니즘은 다르다는 것은 심리 철학에서 복수 실현 가능성 논증으로 잘 알려져 있다. 시계는 시간을 알려 준다는 기능을 하지만 그것을 구현하는 메커니즘은 태엽 시계, 전자시계, 물시계, 해 시계 등에서 모두 다르다. 곧 기능은 여러 메커니즘으로 복수로 실현된다. 심리 철학에서 복수 실현 가능성 논증은 서로 다른 인과적 메커니즘보다 그것들이 공통으로 가지고 있는 기능이 중요하다고 주장하려는 의도에서 나왔다.[230] 그런데 여기서는 기능이 같더라도 그것을 구현하는 인과적 메커니즘은 다르다고 반대 방향에서 강조가 된다. 진화의 역사에서 이런 예는 흔하다. 포유류의 허파나 어류의 아가미는 인과적 메커니즘이 다르지만 환경과 가스를 주고받는다는 기능은 같다. 포유류와 조류는 모두 허파를 가지고 있지만 환경과 가스를 주고받는 인과적 메커니즘은 근본적으로 다르다. 새는 공기주머니를 이용하여 한 방향으로 환기를 하지만, 포유류는 횡경막을 이용해서 밀물과 썰물 방식으로 환기를 한다. 그 구조나 메커니즘은 다르지만 동맥의 산소를 포화한다는 기능은 같다.[231] 페놀의 대사화는 라폴레트와 생크스가 즐겨 드는 또 다른 예이다. 페놀은 글루쿠론 산이나 황산염과 접합하는 반응을 통해 대사된다. 이런 반응의 목적은 물에 잘 용해되어 쉽게 배출되게 하는 것이다. 고양이, 래트, 돼지, 인간은 모두 페놀을 대사한다는 점에서 기능적으로 비슷하다. 그러나 페놀 대사화 메커니즘은 종마다 다르다. 인간에서는 글루쿠론 산과 황산염의 접합 비율이 80%:12%인 데 비해, 래트에서는 45%:40%이고, 돼지에서는 황산염과 접합하지 않고 고양이는 글루쿠론 산과 접합하지 않는다.[232] 기능적으로 유사하다고 해서 그것을 구현하는 인과적 차원에서도 유사하다는 보장이 없는 것이다. 계통적으로 가까운 종들 사이에서는 기능적 유사성이 인과적 유사성을 보장한다고 생각할 수도 있다. 그러나 방금 본 페놀의 예에서 보듯이 사람은 래트보다는 돼지와 계통적으로 더 가깝지만 페놀의 대사의 인과적 측면에서는 돼지보다 래트와 더 가깝다.

진화의 역사는 기능에서 같더라도 인과적 차원에서는 다를 수 있음을 보여 준다. 진화 과정에서 유기체들의 조그만 차이가 생리학적으로 의미 있는 큰 차이를 불러일으키기 때문이다. 5장에서 동물 실험을 옹호하는 세 번째 논증은 대안 부재 논증이었다. 동물은 유기체이기 때문에 분리된 조직을 대상으로 한 실험이나 컴퓨터 시뮬레이션 실험은 대안이 될 수 없고, 온전한 체계(intact system) 전체에 실험해야 한다는 것이다. 그런데 이런 주장이 오히려 종들 사이의 인과적 불일치를 지지해 준다. 인간을 비롯한 유기체는 온전한 체계이기 때문에 적응 과정에서 약간의 차이가 큰 결과로 증폭될 수 있기 때문이다. 라폴레트는 진화의 과정에서 우리가 생각하는 것보다 큰 차이가 생기게 되는 네 가지 요인을 설명한다.[233] 첫째는, 새로운 환경에 적응하기 위해 구조와 과정이 변화했다는 것이다. 이런 적응으로 인해 기존의 이로운 구조와 과정이 기후가 변화하거나 새로운 포식자가 나타나거나 개체들이 새로운 환경으로 재배치되거나 하는 이유로 해로워질 수 있다. 예컨대 낫 모양 적혈구 빈혈 유전자가 있는 사람은 말라리아가 창궐하는 환경에서는 아주 이롭지만, 말라리아가 없는 지역에서는 그런 유전자를 두 개 가지고 있는 후손은 50세 이전에 보통 죽기 때문에 해롭다. 둘째, 한 유기체의 어떤 적응이 이로운 점이 있으면 다른 어떤 점에서는 해롭게 되는 타협이 생긴다. 예컨대 인간은 뇌 크기가 상대적으로 크기 때문에 인지적 능력이 발달했다는 이로움이 있다. 그러나 뇌가 크면 두개골의 크기도 크기 때문에 인간의 아이는 좀 더 일찍 태어나는 타협을 한다. 그러다 보니 인간은 다른 포유류에 견줘서 오랫동안 부모에게 의존해야 하는 해로움이 생긴다. 셋째, 생존과 무관한 진화의 흔적도 있다. 맹장이 그런 예이다. 넷째, DNA와 단백질이 진화하는 속도인 진화 시계의 차이가 다르므로 두 종 사이의 차이가 증폭될 수 있다. 인간과 설치류는 게놈의 크기는 거의 비슷하지만, 설치류의 분자시계가 아주 빠르기 때문에 설치류 계통이 인간 계통에서 갈라지는 속도는 더욱 빠르다. 이런 요인들 때문에 종 사이에는 큰 차이가 있게 되는 것이다.

기능적 차원과 인과적 차원의 비대칭성은 기능이 같다고 해서 인과적 메커니즘이 같다는 보장을 할 수 없게 한다. 기능적 차원에서만 같고 인과적 차원에서 다르다고 한다면 동물 실험을 지지하는 중요한 논증이 타격을 받게 된다. 물론 기능이 같을 때 언제나 인과적으로 다른 것은 아니고, 설령 다르더라도 생명 의학적으로 큰 의미가 없을 수도 있다. 그러나 다시 말하지만 인과적으로 의미 있게 다른지 알 수 있으려면 인간을 대상으로 하는 임상 시험을 거쳐서 확인해야 한다. 하지만 이것은 외삽자의 순환임을 이미 보았다. 그런 확인을 한다면 애초에 동물 실험을 굳이 할 이유가 없다.

7. 비판과 검토

라폴레트와 생크스가 CAM의 조건 (3)을 만족하지 않음을 보여 주는 중요한 논증은 반환원론이다. 일단 환원론은 "동물의 내적인 환경과 체계의 상호 작용은 궁극적으로 더 기본적인 물리적 · 화학적 요소로 환원될 수 있다."[234]라는 주장이다. 마치 기계가 부품이 모여 작동하고 부품으로 분해할 수 있듯이 '살아 있는' 기계도 요소들이 모여 작동하고 요소로 분해할 수 있다고 생각하는 것이다. 베르나르는 이런 환원론을 받아들인다. 환원론을 받아들여야 모든 사건에는 원인이 있고 원인이 같으면 결과가 같다고 말하는 인과적 결정론을 주장할 수 있다.

라폴레트와 생크스는 생명체에 적용되는 환원론을 '생물학적 환원론'이라고 부른다. 그리고 생물학적 환원론이 전제되어야 CAM의 조건 (3)이 만족될 수 있다고 생각한다.

> 현재의 생명 의학 패러다임은 만약 실험 업무가 충분한 환원론적 열정으로 추진된다면 포유류로부터 인간으로의 CAM 추론은 조건 (3)을 만족하게 될 것이라고 말한다. 다시 말해서, 인간과 여타 포유류가 모두 같은 생화학적 빌딩 블록들로 이루어졌기 때문에 상위의 생물학적 차원에서는

> 차이가 나겠지만 조건 (3)이 만족된다고 가정할 수 있다. 따라서 현재 포유류로부터 인간으로의 외삽을 방해하는 듯이 보이는 종 차이는 종마다 똑같은 근본적인 생명 단위에 의해 궁극적으로 해명 가능하다고 생각된다. (…) 클로드 베르나르의 발자취를 따라 연구자들은 생명 현상을 환원론적으로 분석하면 모든 종의 근본적인 공통점을 발견할 수 있으리라고 생각한다. 인간과 쥐가 옷만 다르게 입은 같은 동물이라면, 생물학적 환원론은 이런 서로 다른 종의 구성원들의 옷을 벗길 수 있다. 적절하게 옷을 벗긴 다음에 연구자들은 한 종의 구성원으로부터 다른 종의 구성원으로 인과적 추론을 정당하게 할 수 있다.[235]

그러나 이런 생물학적 환원론은 성립할 수 없고, 따라서 조건 (3)은 만족될 수 없다는 것이 라폴레트와 생크스의 주장이다. 앞 절에서도 언급했듯이, 생물학 체계는 아주 복잡하기에 유기체의 하위 체계를 이루는 단위들이 서로 밀접하게 맞물려 있어서 하위 구조를 안다고 해서 상위 구조를 아는 것은 아니기 때문이다. 그들에 따르면 "생물학적 결과는 개별 유전자에 의해서만 생기는 것이 아니라 유전자들 그리고 그것들이 상호 작용하는 환경과의 진화된 복잡한 관계 때문에 생긴다. 따라서 진화된 유기체의 생명 의학적으로 의미 있는 속성들은 유기체의 하위 체계 사이의 복잡한 상호 작용에서 창발하는 관계적 속성들이다."[236] 라폴레트와 생크스는 이 '창발하는 관계적 속성'에 대해 다음과 같이 말한다.

> 현재 논의에서 가장 중요한 것은, 생물학 체계가 인과적으로 의미 있는 창

발적 속성을 드러내 보인다면, 하위 차원에서 속성들의 유사성이 있다고 하더라도 상위 차원에서도 속성들이 유사하리라고 보장할 수 없다는 것이다. 두 체계가 생물학 위계의 하위 차원에서 유사하지만 상위 차원에서는 인과적으로 관련 있는 측면에서 다를 수 있다.[237]

그러나 라폴레트와 생크스는 생물학적 반환원론을 오해의 소지가 있게 주장한다. 그들은 상위 단계의 속성들은 하위 단계의 속성을 완전히 알아도 연역될 수 없고 창발한다고 주장하고[238], 급기야는 생물학자 마이어를 인용하며 하향적 인과(downward causation)의 가능성까지 인정한다.[239] 상위 속성이 자신이 수반하는 하위 속성과 별개로 또 다른 하위 속성의 원인이 될 수 있음을 인정하는 것이다. 라폴레트와 생크스는 여기서 환원론 또는 반환원론을 애매모호하게 쓰고 있다. 앞 절에서 진화론이 알려 준 것은 생물학 체계는 아주 복잡해서 기능에서 같은 두 종이 인과적 차원에서 다를 수 있다는 사실이었다. 진화과정에서 유기체들의 조그만 차이가 생리학적으로 의미 있는 큰 차이를 불러일으키기 때문이었다. 그래서 두 종은 상위 차원, 곧 기능적 차원에서 비슷하더라도 하위 차원, 곧 인과적 차원에서 다를 수 있다는 것이다. 이것은 두 종이 있을 때 그 둘의 상위 차원의 속성들이 같더라도 그것은 하위 차원의 속성으로 환원되지 않는다고 말하는 것인데, 이것은 반환원론의 주장이 아니다. 단순히 기능적 차원과 인과적 차원의 비대칭성이 성립할 뿐이다. 이에 견줘 환원론 대 반환원론 논쟁 또 창발적 속성과 하향적 인과의 가능성은 한 개체 내에서 이루어진다. 한 개체에서 상위 차원의 속성이 하위 차원의 속성으로 설명될 수 있느냐, 또 상위 차원의 속성이 인과적 힘을 갖는다고 할 때 하위 차원의 속성의 도움을 받지 않고 독립적으로 가질 수 있느냐는 논쟁이다. 그런데 라폴레트와 생크스는 생물학적 반환원론을 언급함으로써 한 개체 내의 반환원론이 진화론의 지지를 받는 듯한 오해를 불러일으키고 있다. 진화론의 증거로서 기능하는 것은 두 종 사이에서 기능적 차원과 인과적 차원이 비대칭적이라는 것을 주장할 때이다. 한 개체 내에서의 반환원론에 대해서는 단순히 주장만 있고 진화론과 같은 경험 과학 이론의 증거를 제시하지 못한 상태이다.

하지만 창발적 속성이나 하향적 인과는 환원론 대 반환원론 논쟁에서 얼마든지 반론 가능하다. 물리계의 인과적 폐쇄성을 인정한다면 창발적 속성이나 하향적 인과는 받아들이기 힘들기 때문이다. 설령 현재 하위 속성으로 설명이 되지 않는 창발적 속성이 출현하고 그것이 인과 체계에서 독립적인 원인으로 기능한다고 하더라도, 인과적 폐쇄성 원리와 아직 설명되지 않은 창발적 속성(또는 하향적 인과) 중 하나를 선택하라고 한다면 전자를 선택할 수밖에 없다. 그것이 현재 진화론까지 포함한 과학의 지배적인 패러다임이기 때문이다. 그리고 아직 설명되지 않은 창발적 속성도 과학의 발달에 따라 설명의 길이 열리고 있다. 가령 물의 투명함이나 촉촉함이라는 속성은 수소나 산소 분자에서는 찾을 수 없다가 수소 분자 한 개와 산소 분자 두 개가 접촉하는 순간 창발한 것이라고 예전에는 설명했으나, 지금은 수소나 산소 개별 분자에서 다른 분자를 접촉하면 투명함이나 촉촉함이 생기는 그런 속성을 찾을 수 있다고 말해진다.[240]

환원론 대 반환원론, 창발적 속성과 하향적 인과의 가능성을 지금 논의할 필요는 없다. 생물학에서 환원론과 반환원론은 상당한 논란거리로서, 생명체의 상위 차원의 속성들이 하위 차원의 단위들로 환원되는지 또는 그것들에 의해 설명될 수 있는지는 뜨거운 주제이다. 나는 그런 논의 없이도 조건 (3)이 성립하지 않음을 보일 수 있다고 생각한다. 다시 말해서 생물학적 반환원론이 성립하지 않더라도 조건 (3)을 여전히 만족하지 않음을 보여 줄 수 있으므로 반환원론은 조건 (3)을 반박하는 근거가 되지 않는다. 지금 라폴레트와 생크스의 목적은 동물 실험의 외삽 가능성을 부정하는 것이다. 그것을 위해서 조건 (3)에서 말하는 두 종 사이의 인과적 동형성을 거부한다. 생명 체계의 복잡성과 비선형성은 분명히 동물 모형을 토대로 인간의 생명 의학 현상을 신뢰성 있게 예측할 수 없게 만든다. 그러나 동물 모형을 토대로 예측을 못 한다는 것은 환원론에 대한 비판은 아니다. 반환원론을 언급하기 위해서는 한 개체 내에서 하위 구조와 상위 구조의 차이를 말해야 하는데, 동물의 하위 구조와 인간의 하위 구조가 다르다는 것은 그것과 상관 없는 종 사이의 이야기이기 때문이다.

지금까지는 라폴레트와 생크스의 반환원론에 대한 비판이지 그들의 인과적 불일치 논증에 대한 근본적인 비판은 아니다. 그런 비판은 주로 그들의 인과적 불일치 조건이 너무 강하다는 데 집중된다. 스틸과 노드그렌이 공통으로 이러한 비판을 하는데[241], 그들은 동물과 인간 사이에 인과적 불일치가 존재함을 인정한다. 그러나 그런 조건은 너무 강해서 인과적 불일치는 종들끼리에서만 존재하는 것이 아니라 한 종 내에서도 존재한다는 것이다. 더 심하게는 한 개체 내에서도 성장 단계가 달라지면 존재한다는 것이다. 우리는 이미 위 1절에서 인종, 성별, 환경 따위의 교란 변수 때문에 인간을 대상으로 하는 실험이 신뢰성을 잃는다는 것을 보았다. 그리고 한 인간 내에서도 나이가 교란 변수가 될 것이다. 스틸과 노드그렌의 비판은 인간 내에서도 그렇게 인과적 불일치가 있을 정도로 인과적 불일치는 흔한 일인데 그것을 이유로 동물 실험의 외삽을 부인할 수는 없다는 것이다. 인과적 불일치가 그렇게 흔하게 되면 생명체를 대상으로 하는 생명 의학 연구는 아예 불가능하기 때문이다.

그러나 이런 비판은 미끄러운 비탈길 논증이다. 곧 인간과 동물 사이의 인과적 불일치를 인정하기 시작하면 인간 내에서도 더 나아가 한 개체 내에서도 인과적 불일치를 인정하지 않을 수가 없다고 말하는 논증이다. 미끄러운 비탈길 논증은 비교하는 대상들이 질적으로 다르다면 비탈길에서 미끄러지지 않을 것이기 때문에 성공하지 못한다. 인간 내에서도 인과적 불일치가 있기는 하지만 그 정도는 인간과 동물 사이에서 생기는 정도와 차원이 다르다. 라폴레트와 생크스는 인간과 동물 사이에 인과적 불일치가 있다는 것을 주장만 한 것이 아니라 그것을 지지하는 이론적 근거, 곧 진화론적 근거를 제시하였다. 진화의 역사에서 적응 환경 따위의 차이로 인해 종들 사이에서 인과적으로 큰 차이를 보인다는 것을 보여 주었다. 그러나 인간 내에서는 인종이나 환경 등과 관련해서 차이를 보이기는 하겠지만 그 차이가 종들 간의 차이만큼 크다는 증거는 없다.

물론 차이가 크지는 않더라도 인간 내에서도 분명히 인과적 불일치가 있다. 앞 절에서 낫 모양 적혈구 빈혈 유전자가 있는 사람과 없는 사람이 말라리아에 걸리는 정도가 다름을 보았는데 그것이 한 가지 예이다. 이럴 때는 한 그룹의 사람들에게 실험한 결과를 다른 그룹의 사람들에게 외삽하는 것이 실패할 수 있다. 외삽의 성공 여부를 알기 위해서는 반드시 외삽의 대상이 되는 사람에게 실험을 거쳐야 한다. 그러나 이 과정에서는 인식론적 문제도 윤리적 문제도 생기지 않는다. 먼저 인간에서 인간으로의 외삽에서는 외삽자의 순환은 없다. 한 그룹의 사람들에 대한 실험은 애초에 다른 그룹의 사람들에 대한 실험을 위한 모형이 아니라 그 자체로 완결된 실험이기 때문에 두 그룹 사이의 동형성을 가정하지 않는다. 외삽자의 순환은 그 동형성을 입증하기 위해 동형성의 한 축이 되는 것을 끌어 들이기 때문에 생긴 것인데, 여기서는 그러한 순환은 없다. 그 다음에 윤리적인 문제가 없는 것은 두 그룹의 사람들 모두에게 실험에 대한 동의를 구하기 때문이다. 이에 비해 동물 실험에서는 그 결과를 임상 시험하려고 할 때는 대상이 되는 인간에게 동의를 구하겠지만, 동물 실험에서 동물의 동의를 구할 리 만무하다. 이와 같은 이유로 인간 내에서의 인과적 불일치는 있다고 하더라도 종들 사이의 인과적 불일치와 달리 논란이 되지 않는다.

스틸과 노드그렌은 라폴레트와 생크스의 인과적 불일치 논증이 과도하다는 것을 주장하기 위해 실제 동물 실험에서 그렇게 강한 인과적 불일치는 필요 없다는 것을 보여 준다. 노드그렌은 동물이 유용한 모형이 되기 위해서는 동물과 인간이 모든 속성을 공유할 필요는 없다고 말한다. 동물의 생물학 과정 중 일부 관련 있는 측면에서만 인간의 그것과 비슷하면 된다는 것이다.[242] 스틸은 그런 생각을 '비교 과정 추적'(comparative process tracing)이라고 부르는 방법을 통해서 구체적으로 보여 준다. 이 방법에서는 중요한 차이점이 있을 것 같은 메커니즘의 단계에서만 비교를 한다. 스틸은 포유류의 발암 메커니즘에서 생기는 대사의 차이를 그 예로 든다.[243] 독성의 가능성이 있는 외부 화합물을 대사한다는 것은 그것을 독성이 덜 있게 만들고 분비하기 쉽게 만드는 과정이다. 외부 화합물의 대사 메커니즘은 보통 두 단계로 기술된다. 단계 I에서는 화합물이 더 극성화되어 분비가 잘 되도록 화학적으로 변형된다. 단계 II에서는 단계 I의 변형을 거친 화합물이 탄수화물과 같은 고분자와 결합하여 화합물의 독성을 없애고 그것을 제거되기가 쉽게 한다. 대사 메커니즘은 화합물이 각 단계에서 어떻게 변형되는가, 어떤 효소의 도움을 받아 화학 작용을 촉진하는가, 외부 화합물의 독성을 없애고 그것을 제거하는 데 어떤 메커니즘이 효과가 있는지 등에서 차이를 보인다. 곡물의 곰팡이가 내는 발암성 독소인 아플라톡신 B1에 대한 대사는 단계 I에서는 인간, 래트, 마우스가 모두 비슷했지만, 단계 II에서는 래트와 인간에서 훨씬 더 비슷했다. 이것은 래트에게 발암 성분인 것은 인간에게도 발암 성분일 가능성이 크다는 것을 뜻한다. 그래서 스틸이 이 예로 말하려고 하는 것은 동물 모형이 정당한지 알기 위해서 인간의 인과적 메커니즘 모두를 알 필요가 없다는 것이다. "[동물 모형의 대상이 되는] 인간 메커니즘의 일부 핵심적인 특성만 알면 되고, 이 특성의 지식만으로는 우리가 외삽에서 알 것이라고 기대하는 것에 한참 못 미친다. 그럴 경우에 외삽자의 순환은 피할 수 있다."[244]

과학자들은 맨바닥에서 연구를 시작하지는 않는다. 그들은 특정 분야에서 쌓인 방대한 지식을 가지고 있고 그것을 토대로 어떤 동물

종이 유용한지 알 수 있다. 모형이 되는 동물과 인간 사이에 유사점과 차이점이 얼마나 있는지 거의 알려지지 않다면 스틸의 비교 과정 추적을 쓸 수가 없고 단순한 유비 추론을 할 수밖에 없을 것이다. 그러면 외삽의 정당성을 확인하기 위해 인간의 모든 것을 알아야 하기에 외삽의 순환이 생긴다는 것이다. 그러나 실제 연구에서는 유사점과 차이점이 거의 알려진 경우는 없기에 외삽의 순환은 피해 갈 수 있다는 것이 스틸의 결론이다. 하지만 외삽의 순환은 인간에 대해 얼마만큼 알아야 하느냐에 따라 생기지 않는다. 모형과 대상의 유사성을 확인하기 위해 대상을 들여다보는 순간 순환이 생기는 것이고, 그때 얼마만큼 들여다보느냐는 인식론적으로 중요하지 않다. 또 다른 문제점도 있다. 스틸은 인간 메커니즘의 '일부 핵심적인 특성만' 알면 된다고 말한다. 그러나 진화론이 우리에게 가르쳐 준 것은 동물과 인간의 작은 차이가 진화의 과정에서 큰 차이를 드러낼 수도 있다는 것이었다. 그렇다면 인간 메커니즘의 '일부 핵심적인 특성만' 알아서는 안 되고 다른 특성도 알아야 할 가능성이 크다. 그 특성이 어떤 것인지는 임상 시험을 하기 전에는 모른다. 사후에 아는 것은 곧 외삽의 순환에 빠지는 것이다.

8. 동물 실험의 가치

지금까지 동물 실험의 인식론적 문제를 라폴레트와 생크스의 논증을 중심으로 살펴보았다. 그들에 따르면 동물 실험은 인과적 유비 모형(CAM)에 근거하고 있는데 이것이 성공하기 위해서는 모형과 모형이 되는 대상 사이에는 인과적으로 관련 있는 불일치가 없어야 한다는 조건을 만족해야 한다. 그러나 거기에는 외삽자의 순환이라는 인식론적 문제가 도사리고 있으며, 또 진화론이 인과적 불일치가 있다는 것을 알려 주기 때문에 CAM은 성공할 수 없다. 나는 반환원주의에 대한 오해를 제외하고는 그들의 주장이 타당함을 보여 주었다. 그들의 주장이 지나치다는 반론도 성공하지 못한다고 지적했다.

그러면 라폴레트와 생크스에서 동물 실험은 쓸모가 없는가? 그것은 아니다. 앞서 CAM과 대비하여 소개한 HAM, 곧 가설 유비 모형의 역할을 한다.[245] 과학 방법론에서 정당화의 맥락과 발견의 맥락을 흔히 구분하는데, HAM은 이 중 발견의 맥락에서 기능한다. 라폴레트와 생크스는 과학사에서 HAM의 사례로 원자의 태양계 모형을 든다. 마치 행성들이 태양 주위를 돌듯이 원자에서 전자가 원자핵 주위를 돈다고 생각한 것이다. 물론 이것은 태양계 모형에서 원자의 구성을 외삽한 것은 아니고 단지 아이디어를 제공한 것뿐이다. 그러나 원자 연구의 초창기에는 핵심적인 역할을 했다고 한다. 왓슨이 나선 계단을 보고 DNA의 구조가 나선 계단처럼 생겼다고 생각한 것도 과학사에서 유명한 예이다. 생명 과학에서는 메치니코프가 불가사리 애벌레의 세포들에서 보이는 소화 과정을 관찰한 후 자신의 면역 세포 이론을 발전시킨 예가 널리 알려져 있다. 불가사리 애벌레의 세포의 인과적 메커니즘은 그가 발견한 식세포의 인과적 메커니즘과 다르기는 하지만, 기능적으로 유사하기에 메치니코프는 인간 면역의 본성에 대해 새로운 발견을 할 수 있었다.[246]

이 사례들 중 메치니코프의 사례가 HAM을 설명하기 위해 가장 적절하다. 왓슨의 사례는 단순히 심리적인 요인이지 어떤 이론을 발견하기 위한 과학적인 장치라고 보기는 힘들기 때문이다. 과학자들은 꿈에서도, 커피를 마시면서도, 달리기하면서도 어떤 영감을 얻을 수가 있다. 과학적 모형이 되려면 과학자들이 거기에 의존해서 탐구 활동을 할 수 있도록 실질적인 도움을 주어야 하는데, 그런 식의 발상은 사후 이야깃거리는 되지만 과학자들이 따라 할 수 있는 것은 아니다. 반면에 HAM은 생명 의학 현상에 풍부한 가설을 세울 수 있게 해 준다. 그것이 가능한 까닭은 앞에서 보았듯이 동물 모형과 인간 사이에는 비록 인과적 동형성은 없다고 하더라도 기능적 유사성은 있기 때문이다. 포유류는 진화의 역사에서 인간과 계통 발생적으로 가까우므로 인간과 기능적으로 유사하다. 그래서 동물 모형은 비록 CAM은 아니더라도 HAM으로 유용하다. 그리고 동물 실험은 기초 연구로서의 가치도 있다. 동물을 연구하는 것은 인간에 대한 응용을 고려하지 않더라도 생명 메커니즘의 지식을 늘린다는 점에서 그 자체로 가치가 있기 때문이다. 그 연구 과정에서 인간 질병 치료에 대한 영감이 부수적으로 나올 수 있다. 단, 기초 연구는 애초에 인간에 응용할 것을 목표로 삼지 않았기 때문에 '모형'도 아니고 '유비' 논증도 쓰지 않는다.

물론 이런 유용성은 어디까지나 동물 실험의 인식론적인 가치를 지적한 것뿐이다. 동물 실험이 CAM에 기초하지 못한다면 동물 실험을 옹호하는 논증, 곧 유사성 논증, 이익 논증, 대안 부재 논증은 그 설득력을 잃을 수밖에 없으므로 동물 실험은 윤리적으로 정당화하기가 더욱 어려워진다. 동물 실험이 동물의 이익 또는 권리를 침해하지만 정당화될 수 있었던 것은 위 논증들이 성립하기 때문이었는데, 그 지지대가 힘을 잃었기 때문이다.

9. 맺음말

동물 실험이 다른 동물 이용 관행에 견줘 비판에서 벗어날 수 있었던 것은 동물의 생리와 실험에 관한 전문적인 내용을 숙지해야 하는 탓도 있지만, 가장 중요하게는 그것이 가져다주는 이득 때문이었다. 비록 동물의 도덕적 지위를 인정한다고 하더라도 동물 실험이 주는 이득은 인류 사회에서 무시할 수 없고 대체 불가능하다고 인식되기에 육식이나 서커스 등과 달리 동물 실험을 반대할 수 없었다.

이 책에서는 먼저 동물 실험의 이득을 경험적으로 접근하는 방법 대신에 동물의 도덕적 지위를 전제하고 그 이득과 손해를 비교하는 방법을 이용했다. 이득과 손해를 계산할 때 단순히 그 사례들의 수를 비교하는 대신에 여러 요소를 고려해야 한다고 주장했다. 그리고 가장 중요한 점으로 동물 실험의 인식론적 문제를 제기했다. 동물 실험이 성공한다는 생각에는 동물 실험의 결과가 임상 시험으로 외삽한다는 가정이 들어 있는데, 그 가정이 외삽자의 순환에 빠지는 결정적 문제에 부딪힌다는 점을 라폴레트와 생크스의 주장을 빌려 지적했다. 이 문제는 여느 귀납의 문제와는 다르다. 귀납의 문제는 현실에서는 귀납 추론이 실패하는 경우가 별로 없는데도 굳이 정당화를 요구하는 철학자의 버릇 때문에 나오는 것이지만, 동물 실험의 외삽은 실패 사례가 충분히 많기 때문이다. 또 귀납이 실패했을 때는 호기심 차원에서 취급할 수 있지만 동물 실험의 실패는 인간에게 회복 불가능한 피해를 주기 때문이다. 여기에 동물의 도덕적 가치까지 고려해 볼 때 동물 실험의 윤리적 정당성은 심하게 의심받게 되는 것이다.

이런 문제가 있음에도 불구하고 동물 실험은 여전히 의학 생명 과학에서 지배적인 패러다임이다. 위 2절에서 동물 실험을 쿤의 패러다임 개념으로 접근했다. 쿤에 따르면 정상 과학 내에서의 교육은 "근본 원리들에 대한 주장과 반박 그리고 논쟁의 전통"은 포기되고 패러다임의 전수는 무비판적으로 주입식으로 이루어지는데[247], 동물 실험이 여전히 지배적인 패러다임이고 그것에 대한 반성이 부족하다는 사실은 쿤 식으로 해석할 수 있다. 쿤은 과학 교육은 주로 '교과서'를 통해서 이루어진다고 설명한다. 과학을 배우는 학생들은 학부는 물론이고 대학원 초기 단계의 교육에서까지 교과서에 의존한다. 교과서는 "이미 명료화된 일단의 문제들, 데이터, 이론 그리고 가장 빈번한 경우로는 그것들이 쓰인 시기의 과학자 사회에 공약되어 있는 일련의 특정 패러다임에 관해서 논의[하는데], 과거의 과학 혁명들의 안정된 결과를 기록하고, 그렇게 함으로써 당대의 정상 과학 전통의 기반을 드러낸다."[248] 쿤에 따르면 과학에서 원전이 아니라 교과서로 교육하는 이유는 다름 아닌 효율성 때문이다. 교과서에 의한 교육은 "주요 연구에서 제1원리들로부터 출발하고 도입된 각 개념의 용도를 정당화시키면서 그 분야를 새롭게 일으키기 위해서 애쓰[는 것은] 교과서의 저자에게 맡[기고], (…) 과학자는 그 책이 끝나는 곳에서 연구를 시작할 수 있으며, 따라서 그 학파의 관심을 끄는 자연 현상에 대한 가장 미묘하고 해득하기 어려운 측면에 전적으로 집중할 수 있다."[249]는 장점이 있는 것이다.

동물 실험이 패러다임으로 여전히 작용할 수 있는 또 다른 이유로는 승자의 역사만 기록되는 이유도 들 수 있다. 성공 사례만 기록되는 선택적 보고는 삼중으로 일어난다. 먼저 동물 실험 자체에서 과학자들은 의식적이든 무의식적이든 자신의 가설에 일치하는 사례만 보고한다. 곧 인간과 동물의 동형성을 보여 주는 데이터만을 편향적으로 보고하는 것이다.[250] 그 다음에 과학자들은 인간과 동물의 동형성을 보여 주는 성공 사례만을 연구 성과로 발표하고 언론도 그것만 보도한다.[251] 인간과 동물이 일치하지 않음을 보여 주는 실패 사례는 과학자의 실험실에서 묻혀버리고 말고 그것은 당연히 대중들에게는 알려지지 않는다. 동물 실험에서 원하는 결과가 도출되었다고 하더라도 그 결과가 임상 시험까지 성공적으로 이어지는지 추적해야 하지만 현실은 그렇지 않다. 임상 시험까지 성공하여 외삽이 이루어지면 그 약품은 시판되고 널리 알려지겠지만, 임상 시험에 실패한 경우는 언론에 보도되지 않는다.[252] 탈리도마이드 정도의 부작용을 일으키는 실패 사례 정도나 언론에 보도되는 것이 현실이다. 이러한 겹겹의 편향적 보고 덕분에 동물 실험은 연구자에게든 대중들에게든 여전히 성공적으로 인식되는 것이다.

그러나 이 책에서 제시한 동물 실험의 실패 사례와 인식론적 순환은 분명히 정상 과학에 '이상 현상'으로 작용한다. 그것은 베르나르에서 시작된 패러다임의 '위기'로 작용해야 하고 패러다임의 대체를 진지하게 고민해 보아야 한다. 물론 그 대체가 무엇이냐는 반론이 제기될 것이다. 대안 부재 논증이 그것이다. 조직 배양을 이용한 실험이나 컴퓨터 모의실험이 방법론적으로 완벽하지 않은 것은 사실이다. 그러나 그것은 동물 실험도 마찬가지이다. 동물 실험이 대체 방법보다 더 뛰어나다는 생각은 일종의 신화임을 이 책은 보여 주었다. 이 책의 주장이 동물 실험의 완전 폐기는 아니다. 동물 실험은 지배적인 패러다임이 되어서는 안 되고, 다른 대체 실험들과 함께 선택할 수 있는 여러 대안 중 하나여야 한다.

IV부

인간-동물 하이브리드의 윤리

7장 이종 이식의 윤리

1. 머리말

현대 사회에서 신체 조직이나 장기가 망가지거나 질병에 걸려 제 기능을 못 할 때 최선의 치료법으로는 장기 이식술이 꼽힌다. 한 개체의 조직이나 장기를 떼어 내어 그것이 필요한 개체에 이식함으로써 정상적인 기능을 하도록 하는 것이다. 장기 이식을 가로막는 가장 큰 걸림돌은 이식받는 신체의 거부 반응이다. 이식받는 환자의 면역 세포가 이식된 장기를 외부 물질로 간주해 공격하는 거부 반응이 일어난다. (알레르기도 외부 물질을 공격하는 거부 반응의 한 가지이다.) 이를 막기 위해서 면역 억제제를 투여하는데, 이로 인해 환자의 면역력이 저하됨에 따라 이식된 장기에 드러내는 거부 반응만 줄어드는 것이 아니라 외부의 세균에도 취약해진다. 그러던 것이 최근에는 새로운 면역 억제제들이 개발되고 외과 수술 기법도 발전함에 따라 상대적으로 안전하게 이식 수술이 이루어지고 있다.[253] 장기 이식 수술을 받은 환자의 생존율도 높은 편이다. 질병관리본부 장기이식관리센터의 『2016

년도 장기 등 이식 통계 연보』에 따르면 우리나라에서 뇌사 이식자 생존율을 보면 1년을 생존하는 비율은 콩팥의 경우 96.32%, 심장의 경우는 90.55%이고, 11년을 생존하는 비율은 콩팥의 경우 85.79%, 심장의 경우는 67.62%였다.[254]

장기가 손상된 환자에게는 이식 수술이 마지막 수단이다. 그래서 우리나라만 놓고 봤을 때 장기이식관리센터의 위 통계 연보에 따르면 2016년도에 총 2,865명이 장기와 조직 등을 기증했으며 이식 수술은 총 4,684건이 이루어졌다.[255] 그러나 이식 수술을 기다리고 있는 환자들이 모두 수술을 받을 수 있는 것은 아니다. 수요와 공급의 불일치가 나타난다. 2016년도에 대기 중인 이식 수술은 31,923건이라고 한다. 장기 기증자 수와 이식 수술 대기자의 수가 일치하지 않아, 이식 수술을 기다리는 환자들은 기약 없이 기다리거나 일부는 중국 등으로 원정 수술을 받으러 가는 실정이다.[256]

이들에게는 또 다른 희망이 있다. 그것은 이종 이식이다. 같은 종끼리 장기나 조직을 이식하는 것을 **동종 이식**(allotransplantation)이라고 한다면, **이종 이식**(xenotransplantation)은 서로 다른 종끼리 장기나 조직을 이식하는 것을 말한다. 인간의 수명이 늘어나고 의료 기술이 발달함에 따라 장기 이식을 기대하는 사람은 갈수록 늘어날 전망이다. 그러나 통계로 보았듯이 장기 공급은 수요를 따라잡지 못한다. 이런 현실에서 동물 농장에서 고기와 가죽을 무한히 공급받을 수 있는 것처럼 장기도 무한히 공급받을 수 있다는 상상은 이식 수술을 기다리는 환자들에게 새로운 희망을 준다. 쉽게 말해 동물의 장기를 인간 장기의 '스페어' 장기로 생각하는 것이다. 이종 이식이 현실화되면 더 이상 장기 기증자를 기다리다가 죽을 염려가 없는 것이다.

그러나 이종 이식이 성공하기 위해서는 넘어야 할 기술적인 난관이 많다. 그리고 그런 난관과 별개로 윤리적인 차원에서 반대 논증이 제기된다. 장기 이식이 절실하게 필요한 사람은 분명히 많지만 필요성이 윤리적 정당성을 보장해 주는 것은 아니다. 9월 9일은 장기 기증의 날이다. 뇌사자가 장기 기증을 하면 9명의 생명(심장, 간장, 콩팥 2개, 폐장 2개, 췌장, 각막 2개 기증)을 구할 수 있기에 9월 9일을 장기 기증의 날로 정했다고 한다. 그런데 한 명이 9명의 목숨을 구할 수 있다고 해서 동의하지 않은 한 명을 납치해서 장기를 적출할 수는 없다. (동의했다고 해서 뇌사자가 아닌 상태에서 장기를 적출해도 되느냐는 별개의 논란거리이다.) 간절히 필요로 한다고 해서 그것이 윤리적으로 정당화되는 것은 아니다.

이 장에서는 이종 이식을 둘러싼 윤리적 논쟁을 살펴본다. 이종 이식 연구의 현황과 기술적인 걸림돌을 살펴본 다음에 이종 이식을 반대하는 윤리적 논증 다섯 가지를 검토할 것이다. 그 결과 이종 이식은 득보다 실이 훨씬 많으므로 윤리적으로 정당화되지 않는다고 결론을 내릴 것이다.

2. 이종 이식 연구의 현황과 걸림돌

이종 이식은 서로 다른 종 사이에서 세포, 조직, 장기 따위를 이식하는 것을 말한다. '이종'이라는 용어는 어떤 종 사이의 이식이라도 포함하겠지만, 일반적으로는 인간이 아닌 동물의 세포, 조직, 장기를 인간에게 이식하는 것을 말한다. 가령 돼지의 장기를 영장류에게 이식하는 수술을 시행하는 이종 이식 수술도 있지만, 그것도 궁극적으로 인간에게 이식 수술을 하기 위한 목적의 임상 전단계의 연구이다. 위에서 말했듯이 이종 이식의 필요성은 인간의 장기 부족에서 생기기 때문이다.

이종 이식의 정의에는 동물의 장기를 인간에게 이식하는 것뿐만 아니라, 피부나 췌장섬 세포(pancreatic islet cell) 같은 살아 있는 동물의 조직을 이식하는 것, 동물의 간 세포를 이용하여 만든 바이오 인공 간에 사람의 혈액을 통과시켜 노폐물을 제거하는 기구[257]를 이용하는 것, 인간 배아 줄기세포를 동물의 영양 세포(feeder cells) 위에서 배양하여 피부 세포를 화상 환자에게 처치하기 위한 목적으로 인간에게 이식하는 것도 포함된다. 이종 이식이라고 할 때는 보통 이종 장기 이식을 떠올리는데 세포와 조직 이식도 장기 이식의 정의에 포함하는 까닭은 살아 있는 동물의 세포와 사람의 몸이 직접 만나게 된다는 점에서 안전의 문제와 윤리적 문제가 유사하기 때문이다.[258] 이 안전과 윤리의 문제는 이 장에서 핵심적으로 다룰 것이다. 반면에 살아 있지 않은 동물의 산물, 예컨대 돼지 심장 판막과 같은 장치나 돼지의 인슐린 같은 분자 물질을 전이하는 것은 이종 이식의 정의에 포함되지 않는다.[259] 머리말에서도 말했고 조금 이따 다시 살펴보겠지만, 이종 이식의 가장 큰 기술적인 걸림돌은 면역 거부 반응이다. 이 문제를 해결하기 위해 동물의 몸에 인간의 장기를 처음부터 키우는 방법이 연구되고 있는데, 이렇게 인간의 세포나 조직을 주입한 동물을 **부분-인간화 동물**(part-human animal), 일명 **키메라**라고 부른다. 부분-인간화 동물의 윤리적 문제는 다음 장에서 따로 다루도록 하겠다.

동물의 신체 부위를 인간에게 이식하려는 시도는 20세기 초반부터 있었지만 당시는 면역 거부와 같은 의학적인 지식이 없는 상태에서 이루어졌다. 합리적인 방식으로 연구가 시작된 것은 1950년대 이후이다.[260] 1964년에 침팬지의 콩팥을 6명의 환자에게 이식하는 수술이 시행되었는데 5명은 며칠 내에 죽고 1명만 9개월을 생존했다. 1984년에는 심장 기형으로 태어난 아기 페이(fae)에게 비비(개코원숭이, baboon)의 심장을 이식했는데 20일 동안 생존했다. 이종 이식의 정의에 포함되지는 않지만 1964년에 돼지 심장 판막 이식 수술이 최초로 이루어졌는데 이후 이 수술은 일상화되었다. 영장류가 아닌 양이나 돼지의 심장을 인간에게 이식하는 수술도 있었으나 환자가 바로 죽거나 24시간 정도밖에 생존하지 못했다. 1994년에는 10명의 당뇨 환자에게 돼지 태아의 췌장 세포를 이식했는데, 4명의 환자에서 돼지 세포가 14개월까지 생존하고 인슐린이 아주 낮은 수준에서 생산되었다. 영장류나 다른 동물의 장기를 인간에게 이식하는 수술은 1990년대 중반까지만 이루어지고 그 이후에는 실시되지 않고 있다. 조류 독감이나 사스와 같은 인수 공동 감염병이 발생할까 우려되었기 때문인데, 이후에는 동물을 대상으로 하는 비임상 연구가 주로 이루어지고 있다.

이종 이식의 가장 큰 걸림돌은 면역 거부 반응이다. 앞서 같은 인간끼리의 동종 이식의 경우에도 이식받는 환자의 면역 세포가 이식된 장기를 외부 물질로 간주해 공격하는 거부 반응이 이식 수술의 심각한 걸림돌이라고 말했다. 이식 수혜자와 기증자의 관련성이 가까울수록 면역 거부 반응은 약하고 멀수록 강할 것이다. 일란성 쌍둥이끼리는 유전자가 동일하므로 거부 반응이 없다.[261] 거부 반응은 동종 이식보다 이종 이식에서 더욱 문제가 될 것이다. 동물 중에는 영장류가 인간과 생물학적으로 가깝기에 거부 반응이 상대적으로 적다. 그러나 영장류의 미생물은 인간에게 쉽게 전염되고 질병을 일으킬 수 있다. 그리고 영장류를 농장 조건에서 사육하기 힘들어서 외인 감염 인자가 제거된 영장류를 기르기가 어렵고, 멸종 위기의 영장류가 많아서 이종 이식의 주된 목적 중 하나인 장기의 대량 공급을 기대하기 어렵다는 문제가 있다.[262] 결정적으로 인간과 생물학적으로 가까운 만큼 윤리적인 문제도 크다. 그래서 최근에는 장기 기증 동물로 돼지가 주목을 받고 있다. 돼지는 장기 기증 동물로서 몇 가지 장점이 있는데 우선 식용으로 널리 이용되고 있어서 윤리적 우려도 덜하고 진화론적으로 인간과 멀기 때문에 거부감도 적다. 오랜 사육 과정에서 어떤 병원균이 있는지 잘 알려진 편이다. 그리고 생리적으로나 장기의 크기 면에서 인간과 비슷하며 번식 속도가 빠르고 새끼를 많이 낳기 때문에 안정적인 장기 공급이 가능하다.[263] (돼지 사용의 윤리적 문제는 아래 5절에서 논의될 것이다.)

그러나 돼지는 인간과 유전적으로 멀기 때문에 장기 이식을 할 경우 심각한 면역 거부 반응을 낳는다. 사람의 몸에 돼지의 장기나 조직을 이식하면 인간의 면역 시스템은 그것을 이물질로 인식하여 단 몇 분만에 파괴하는 '초급성 거부 반응'(hyperacute rejection)이 일어난다. 돼지 장기 표면에는 알파갈(α-GAL)이라는 항원이 붙어 있는데 사람이나 침팬지 같은 영장류의 세포에는 이것이 없다. 그래서 사람의 몸속에 돼지 세포가 들어오면 사람의 피 속에 있는 항체와 보체 등이 이를 낯선 이물질로 판단하여 거부 반응이 곧바로 일어난다. 거부 반응의 결과 피가 응고하여(혈전증) 장기는 폐사하고 만다. 그래서 현재 돼지를 장기 공급자로 하는 연구에서는 이 알파갈을 제거하거나 또는 알파갈을 막는 보체 활동을 돼지에 심는 연구가 진행 중이다. 돼지 세포에 알파갈을 붙이는 역할을 알파갈 합성 효소가 하는데 이것을 만드는 유전자를 제거한 돼지를 만드는 연구가 전자이고, 보체 활동을 조절하는 단백질을 표면에 발현한 돼지를 만드는 연구가 후자이다.[264]

이종 이식의 또 다른 걸림돌은 이식된 동물 장기가 기능을 제대로 수행할지 의문시된다는 점이다. 심장은 상대적으로 간단한 기능을 수행하지만 동물의 심장은 인간의 심장과 크기가 달라서 이식에 적당하지 않다. 그래서 돼지가 유력한 이식 동물로 떠오르고 있다고 위에서 말했다. 간의 경우는 복잡한 생화학적 기능을 수행하므로 그 기능이 종마다 다르다는 문제가 있다. 해독과 저장 기능을 하는 장기인 간은 알부민과 응혈 인자와 같은 수많은 분자를 생산하는 공장이다. 그런데 동물의 간이 생산하는 단백질이 인간과 호환되지 않을 수 있다. 반면에 돼지의 인슐린은 인간의 당뇨병을 성공적으로 치료하기에 돼지 췌장섬(췌도)이 인간 당뇨병을 치료할 수 있다는 희망이 된다.[265] 또 인간과 동물의 수명 차이도 종 간의 이식을 가로막는다. 돼지의 수명은 20여 년에 불과하므로 이식된 돼지의 장기는 빨리 노화할 것 같은 우려가 생긴다.

3. 자연의 질서를 위배한다는 반론

새로운 기술이 출현하면 그 기술이 끼치는 피해와 위험에 대한 윤리적 우려가 나오게 마련이다. 이종 이식에 대해서도 역시 예외 없이 윤리적 반론이 제기된다. 그 중 어떤 반론은 이종 이식 수혜자인 인간의 도덕적 지위에 대한 것이고, 어떤 반론은 장기 제공자인 동물의 도덕적 지위에 대한 것이다. 또 어떤 반론은 이종 이식이 사회 전반에 끼치는 위생적인 또는 경제적인 위협을 거론한다. 다섯 가지 반론을 살펴보도록 하겠다.

첫 번째 반론은 이종 이식은 자연의 질서를 위배한다는 **부자연스러움에 의한 반론**이다. 새로운 기술에 대한 가장 흔한 반론은 자연의 질서를 위배한다는 것이다. 인간의 몸 안에 동물의 장기나 조직이 들어 있다는 것은 자연스럽지 못하기에 많은 사람에게 거부감을 준다는 것이다. 부모에게 태어난 자연스러운 신체를 가지고 살지 않고 동물의 장기를 인위적으로 이식하는 것은 심지어 '신의 영역에 도전한다'(playing God)고까지 생각한다.

이 반론은 이종 이식을 다룰 때는 심각하게 고려하지 않을 예정이다. 이 반론은 이종 이식보다 부분-인간화 동물에서 더 심하게 제기되기 때문에 그 주제를 다루는 다음 장에서 검토해 볼 것이다. 부자연스러움에 의한 반론이 부분-인간화 동물에서 더 많이 제기되는 이유는 장기나 조직 이식과 달리 부분-인간화 동물에서는 이식된 결과가 겉으로 관찰 가능한 경우가 많기 때문이다. 또 동물의 장기를 가지고 있는 인간에서보다 인간의 장기를 가지고 있는 동물에서 거부감을 더 많이 느끼기 때문일 것이다. 사실 거부감은 익숙하지 않아서 생긴다. 남녀 차별이나 흑백 차별이 일상화되어 있을 때는 여자 상사나 흑인 판사에 "어디 감히…"라는 거부감을 보였으나 이제 그런 태도는 비윤리적인 것으로 치부된다. 생명 의료 윤리 분야에서도 체외 수정(IVF)이 처음 시행된 1970년대에는 역시 부자연스럽다거나 신의 영역에 도전한다는 이유로 시험관 아기에 대한 반대가 많았지만, 지금은 종교가 아닌 세속의 영역에서는 이런 반론이 제기되지 않는다.[266]

박수헌은 "돼지의 심장, 간, 폐, 췌장 등을 이식받은 자의 경우에도 여전히 실질적 인간으로 볼 수 있을 것인가?"라고, 권복규와 김현철은 "심장과 같은 심리적 · 문화적으로 중요한 의미가 부여되는 장기를 대치했을 때도 [인간 정체성이] 문제가 되지 않을까?"라고 질문을 던진다.[267] 그러나 인간의 몸 안에는 오래전부터 자연스럽지 않은 장치가 들어와 있지만 이에 대한 윤리적 논란은 없다. 의치, 의안, 의족과 같은 보철물은 흔하게 쓰이고 있다. 돼지 심장 판막 이식 수술은 일상화되었다고 앞에서 말했다. 그런데도 동물의 장기에 대해서만 인간성을 의심하는 것은 적절하지 못하다. 심장이 감정을 발현하는 곳이라고 생각해서인지 특히 심장 이종 이식에 대한 반감이 심하다. 하지만 현대 사회에서 인간의 정체성은 뇌에 있다고 생각하고 심장은 단순히 혈액을 펌프질하는 기능이라는 데 대부분 동의를 하고 있기 때문에 이종 이식 자체에서 생기는 윤리적 문제는 그리 심각하지 않다.

4. 이종 이식 수혜자에게 위험하고 불편하다는 반론

모든 의료 행위에는 위험이 따른다. 이종 이식에도 예외가 아니다. 그런데 이종 이식 임상 시험은 특히 지금까지 검증되지 않은 의료 행위이기 때문에 그 위험은 예상할 수 없는 심각한 것일 수 있다. 그리고 이종 이식은 살아 있는 장기나 조직을 이식한다는 점에서 수혜자나 공공에 예상치 못한 피해를 줄 수 있다. 앞서 인간의 몸에 이물질이 들어오면 면역 체계가 거부 반응을 일으킨다고 말했는데, 그 때문에 강한 면역 억제제를 사용할 수밖에 없고, 가뜩이나 약해져 있는 환자는 감염과 발암이 되기 쉽다. 그리고 6절에서 언급할 인수 공동 전염병의 감염 위험도 증가한다. 이 점은 이종 이식 수혜자에게 닥치는 위험이기도 하지만 사회에 끼치는 영향이므로 따로 다루도록 하겠다. 그러나 인수 공동 전염병의 감염 위험은 이식을 받는 피험자에게 또 다른 고통을 준다. 그것은 그 전염병을 예방하기 위해 환자의 일상을 평생 감시하는 과정에서 생기는 사생활 침해이다. 이 추적은 '평생 추적 관찰'(lifelong surveillance)이라고 불리는데, 피험자는 물론 일상생활을 같이하는 가족까지도 주기적으로 건강 검진을 받아야 하고, 조직 및 혈액 샘플의 수집과 보존에 동의해야 하고, 이식받았음을 주위 사람들에게 알려야 하고, 거주지의 변화나 여행, 가족 관계의 변화 등도 신고해야 하고, 성적 접촉 및 출산도 금지되고, 환자가 죽은 다음에도 혹시 모를 문제에 대비하기 위해 사체를 부검하여 일부 조직을 보관해야 한다. 더구나 피험자는 임상 시험이 시작되기 전에는 얼마든지 수술을 철회할 수 있지만, 시작된 후에는 남은 치료는 중단할 수 있을

지 몰라도 평생 동안 추적 관찰은 계속되어야 한다. 이러한 평생 동안의 추적 관찰은 공중 보건을 위한다는 목적이 있기는 하지만, 과연 그 목적 달성을 위해서 헌법에서 보장하는 자율성과 사생활을 너무 과도하게 침해하는 것 아니냐는 논란이 가능하다.[268] 그러나 현대 사회에서 공중 보건이 갖는 중요성이 매우 크기에 전염병 예방 접종이 강제되고 전염병 환자는 강제적으로 격리 조치되는 점을 고려해 보면, 평생 추적 관찰이 주는 사생활의 제한은 용인될 수 있다. 만약 그렇다면 이종 이식에 따른 이익을 계산하여 이러한 위험을 받아들이는 것은 타산적인가 아닌가의 문제일 수는 있어도 윤리적인가 아닌가의 문제는 일어나지 않는다.

생명 의료 윤리에서 중요한 원칙 중 하나가 **충분한 정보에 의한 동의**(informed consent)이다.[269] 의료 행위나 의학 연구를 진행할 때 환자나 연구 대상자는 적절하고 충분한 설명을 들은 후에 거기에 자발적으로 동의해야 하는 것을 말한다. 이는 환자의 자율성을 존중한다는 의미인데, 자율적인 선택 능력이 없는 유아나 약물 중독 환자의 경우에는 충분한 정보에 의한 동의를 했다고 말할 수 없다. 이종 이식을 받는 환자는 이종 이식 이외에는 생존 불가능한 환자일 가능성이 크다. 따라서 그의 앞에는 죽음과 이종 이식이라는 두 가지 선택지밖에 없으므로 그가 이종 이식 임상 시험에 동의했다고 하더라도 그것을 충분한 정보에 의한 동의라고 말하기는 어렵다. 죽음을 앞둔 사람에게 잃을 것은 없기 때문이다.

다른 한편에서는 죽음과 삶의 선택지에서 삶의 끈을 잡은 선택은 인간의 본능이므로 그 선택이 자율적인가 아닌가는 중요하지 않다고 볼 수도 있다. 물에 빠진 사람이 지푸라기라도 잡으려고 할 때 그 행동이 자율적인가 아닌가 논의하는 것이 무의미한 것이나 마찬가지이다. 그렇다면 이종 이식 임상 시험자가 되겠다는 결정은 자율적이든 아니든 존중해 주어야 한다는 결론이 나온다. 단, 그렇다고 해도 모든 물리적·심리적 불편함을 감수하겠다는 것은 법적으로 강제해야 할 것이다. 전염병에 걸린 사람이 자유 의지로 전염이 되었든 아니든 (눈병에 걸리면 학교에 가지 않아도 된다는 마음에 친구의 눈을 만지고 자기 눈을 비비는 철없는 어린이들이 아니라면 아마 자유 의지로 전염병에 걸릴 사람은 없을 것이다) 그를 격리 수용하는 것이 용인되는 것이나 마찬가지이다. 이런 결론에서는 이종 이식 임상 시험이 피험자에게 위험하고 불편하다는 것은 윤리적인 문제가 되지 않고, 만약 시험에 동의한다면 평생 추적 관찰은 법적으로 강제되어야 한다.

그러나 이종 이식의 임상 시험을 선택하는 상황은 물에 빠진 상황처럼 급박하지 않다. 충분한 시간은 아니어도 시험에 대해 숙고를 할 시간은 주어진다. 따라서 의료진은 환자가 자발적인 동의를 할 수 있도록 적절하고 충분한 설명을 해야 한다. 죽음을 앞두고 잃을 것이 없는 것이 아니라, 죽음보다 더 중요한 것을 잃을 수 있다는 것을 상기시켜 주어야 한다. 예상치 못한 감염이나 사생활 침해로 삶의 질이 형편없이 낮아질 수 있고, 예상치 못한 질병이 공중에 전염되어 인류에게 큰 재앙을 가져올 수도 있다는 것을 알려야 한다. 하지만 이종 이식 임상 시험을 담당하는 의료진이나 연구자 스스로는 새로운 기술의 장밋빛 미래만 보지 그런 위험은 상대적으로 덜 고려할 것이다. 위험을 고려했다면 애초에 연구를 시작하지도 않았을 것이기 때문이다.

의료진이나 연구자의 공정하지 않은 위치를 생각한다면 이종 이식 임상 시험에서 충분한 정보에 의한 동의는 원리상 가능하지 않고, 이종 이식은 생명 의료 윤리의 중요한 원칙 중 하나를 위배할 가능성이 크다.

5. 장기 공여 동물을 비윤리적으로 대우한다는 반론

이종 이식 수혜자에게 적용되는 자율성 존중의 원칙은 장기 공여자인 동물에게는 적용되지 않는다. 어떤 동물도 자율적으로 장기를 기증하지 않기 때문이다. 우리는 영장류를 제외한 동물에게는 그런 자율성이 없다고 생각하기 때문에 자율성 존중의 원칙을 지키지 않았다고 해서 문제가 되지는 않는다. 하지만 장기 이식의 대상이 되는 동물은 고통을 느낄 수 있는 능력은 갖추고 있다. 앞에서 장기 이식의 대상 동물로 영장류보다는 돼지가 주목받고 있음을 말했다. 돼지가 많이 쓰이는 주된 이유 중 하나가 영장류에 견줄 때 윤리적 문제가 덜하다는 것이었다. 돼지를 사육하고 도살하여 음식으로 먹는 관행에 윤리적 문제 제기가 없는 사회에서 돼지를 장기 이식의 원료 동물로 이용하는 것을 윤리적으로 문제 삼을 수 없을 것이다. 더구나 육식은 채식으로 대체 가능하고 채식을 하더라도 필요한 영양을 충분히 공급할 수 있지만 이종 장기 이식은 장기가 필요한 사람의 생명을 연장하는 문제이므로, 설령 돼지고기 육식이 윤리적으로 문제가 되더라도 돼지를 장기 공급의 원료 동물로 쓰는 것은 그것과 상관없이 문제가 되지 않을 수 있다. 이종 이식 과정에서 동물을 비윤리적으로 대우하더라도 인간의 생존을 위해서는 꼭 필요하고 대체 불가능한 과정이기 때문이다. 이 점에서 이종 이식의 옹호는 동물 실험의 옹호와 그 윤리적 측면에서 위상이 같다.

그러나 동물을 음식으로 이용하는 관행에 문제 제기가 거의 없는 사회이기에 거꾸로 육식의 관행이나 이종 이식에서 똑같은 윤리적 문제가 있음이 드러나지 않았을 수 있다. 동물 실험이 인간에게 주는 혜택 때문에 한편에서는 옹호가 되지만 다른 한편에서는 그 혜택이 반드시 필요한 것인지 또 대체 불가능한 것인지 검토해 보아야 하는 것처럼, 이종 이식과 관련해서도 똑같은 검토가 필요하다. 더 심각한 것은 동물 실험이 주는 혜택은 오래전부터 실재하는 것이지만 아직 연구 단계인 이종 이식의 혜택은 어디까지나 추측일 뿐이라는 것이다. 앞 절에서 살펴본 이종 이식의 기술적 걸림돌이나 다음 절에서 살펴볼 이종 이식의 공공 보건상의 문제점을 헤아려 볼 때 과연 눈앞에 있지 않은 이익을 위해 눈앞에 있는 동물의 해악(고통)을 용인해야 하느냐는 문제가 생긴다. 공리주의적 시각에서 이종 이식의 이익과 손해를 계산할 때는 그 이익과 손해가 인간의 것이든 동물의 것이든 상관없이 평등의 원칙에 부합하게 저울질해야 한다. 더 나아가서 그 양팔 저울에 올라가는 이익과 손해도 실재하는 것인지 가상의 것인지에 따라 무게를 달리 재어야 한다. 동물에게 주는 고통은 현실의 것이지만 인간의 이익은 추측의 것—그것도 여러 가지 부작용을 동반한 이익—에 불과하기 때문이다. 현실의 고통과 추측의 이익을 저울질할 때 당연히 전자에 무게를 두어야 한다는 것은 5장에서 이미 주장되었다. 거기서는 동물 실험 일반에 관한 주장이었는데, 이종 이식이 동물 실험보다 문제가 더 심각한 것은 방금 말했듯이 추측의 이익이 그나마 있더라도 그것이 또 다른 부작용을 동반하기 때문이다.

영장류보다 돼지가 장기 공여 동물로 사용되는 이유로 오랜 사육으로 어떤 병원균이 있는지 잘 알려져 있고, 멸종 위기에 있고 사육이 힘든 영장류에 비해 장기를 대량으로 공급할 수 있으며, 진화론적으로 우리와 멀기 때문에 윤리적 문제가 덜하다는 점을 말했다. 이런 이유가 돼지를 장기 공여 동물로 사용하는 것을 윤리적으로 정당화해 주는지 검토해야 한다. 하나씩 검토해 보자. 병원균 문제는 다음 절에서 살펴볼 것이다. 먼저 돼지가 영장류에 비해 흔하고 번식도 쉽다는 것은 맞는 사실이다. 그리고 멸종 위기에 있는 영장류를 보전해야 한다는 생각도 적절하다. 그렇지만 이것이 영장류보다 돼지를 장기 공여 동물로 써도 윤리적으로 문제가 안 된다는 뜻일까? 마지막 모히칸과 백인 한 명이 있다고 해보자. 두 사람 중 마지막 모히칸을 죽이면 더 나쁘고 백인을 죽이면 덜 나쁠까? 아무도 그렇게 생각하지 않을 것이다. 마지막 모히칸이든 백인이든 이유 없이 사람을 죽이는 것은 옳지 않다. 인간의 지적인 관심으로 생긴 추상적 산물에 불과한 종의 멸종이 한 개인에게 닥치는 실존적인 문제인 죽음보다 중요하다고 말할 수 없다. 백인이 죽으면서 우리 인종은 멸종하지 않았으니 다행이라고 생각할 리가 없지 않은가?[270] 영장류나 돼지도 마찬가지이다. 영장류는 물론이고 돼지를 죽이는 것이 옳지 않다면 멸종 위기에 있느냐 없느냐는 그 존재를 죽이는 것의 윤리적 정당성과 상관이 없다. 따라서 우리는 영장류와 상관없이 과연 돼지 그 자체를 죽이는 것이 윤리적으로 옳으냐는 문제를 검토해야 한다. 한 명의 백인을 죽이면 안 되지만 돼지는 죽여도 된다고 한다면 그래도 되는 종 차별적이지 않은 이유를 제시해야 한다.

돼지가 우리와 진화론적으로 멀다는 사실이 그런 이유가 될 수 있겠다. 돼지는 한 명의 백인이나 영장류와 달리 고등한 지능이나 자의식이나 사회성이 없다. 따라서 돼지는 자신이 이종 이식의 원료 동물로 쓰이기 위해 사육되고 결국에는 도살된다는 것을 인지하지 못하므로 이종 이식을 목적으로 돼지를 죽이는 것은 윤리적으로 허용 가능하다. 이런 주장에 맞서 만약 그렇다면 지능이나 자의식이나 사회성에서 돼지와 차이가 없는 가장자리 인간, 곧 영·유아나 무뇌아 그리고 치매 인간이나 뇌사자도 동의를 받지 않고서 (실은 동의할 능력이 없다) 이식의 공여자로 사용할 수 있다는 결론이 나온다는 반론이 제기될 것이다.[271] 이런 반론에 맞서 다시 논리적 일관성을 위해 돼지나 가장자리 인간 모두 공여자로 쓰면 된다는 재반론도 가능하긴 하다. 그러나 그것은 사회에 큰 파문을 불러일으키고 동의를 받기 힘들다. 비록 지적인 측면에서는 돼지와 가장자리 인간이 차이가 없지만 돼지와 달리 가장자리 인간은 동의를 받지 않고 장기 공여자로 쓰면 안 되는, 평등의 원칙에 부합하는 근거가 있을 것 같다. 3장에서 육식과 관련해서 그 근거를 한 번 말하기는 했지만 여기서 다시 진술해 보자. 그것은 가장자리 인간이라고 하더라도 가족이 존재하는데, 동의를 받지 않고 그들의 장기를 적출한다면 그것은 가족에게 엄청난 충격과 공포를 줄 것이라는 점이다. 반면에 돼지의 경우는 젖을 먹이는 새끼를 떨어뜨리는 경우가 아니라면 주변의 돼지를 먹이를 위해 잡아가든 장기 이식을 위해 잡아가든 알아채지 못한다.[272] 그러면 가족이 없는 가장자리 인간은 그런 충격과 공포를 느낄 사람이 없으므로 장기를 적출해도 되지 않느냐고 대꾸할 수 있을 것이다. 하지만 누구나 가족이 없는 가장자리 인간이 될 수 있다. 가령 꼭 천애 고아가 아니더라도 한때는 가족이 있었어도 모두 잃은 후 치매에 걸리거나 뇌사자가 될 가능성이 누구에게나 있기에 본인의 동의를 받지 않고서 장기가 적출될 수 있다는 생각만으로도 사람들에게 공포감을 심어 줄 수 있다. 그러므로 비록 가장자리 인간이 돼지와 지적인 측면에서 차이가 없다고 하더라도 돼지와 달리 가장자리 인간은 강제로 장기 공여자로 쓰면 안 될 것 같다.

그러나 가장자리 인간인 내 가족이 장기 공여자가 될 수 있다는 사실이나 내가 가장자리 인간이 된 후에 장기 공여자가 될 수 있다는 사실에 왜 충격과 공포를 느낄까? 물론 보호자의 동의를 받지 않았다는 점 때문에 분노할 수 있지만 후자의 경우에는 보호자도 없고 당사자는 동의를 할 능력도 없다. 장기 적출이 된다고 하더라도 우리가 죽은 다음이므로 거기서 느낄 고통도 없다. 그런데도 충격과 공포를 왜 느끼는가? 충격과 공포의 배경에는 인간은 비록 지적인 능력이 떨어지더라도 돼지와 달리 장기 공여자로 쓰일 수 없다는 종 차별적인 생각이 깔려 있다고 볼 수밖에 없다. 영·유아는 지적인 능력이 있는 성인으로 성장할 잠재성이 있기에 논의가 복잡해지므로[273] 뇌간 이외의 뇌가 없는 무뇌증 유아나 출생 직후 뇌출혈로 대뇌 피질이 죽은 유아를 예로 들어 보자.[274] 뇌사자도 마찬가지이다. 이들은 돼지보다 지적인 능력에서 나을 바가 전혀 없다. 오히려 동종 이식이라는 점에서 이종 이식인 돼지보다 이식에서 생기는 거부 반응의 문제점도 없다. 그래서 뇌사자의 장기 기증은 많이 이루어지고 있고 적극적으로 기대된다. 따라서 강제적인 장기 적출이 아니라면 가장자리 인간과 돼지는 장기 공여자로서의 도덕적 지위에서 차이가 거의 없다고 보아야 한다.

그렇다면 우리는 다음 중 선택을 해야 한다. 첫째는 가장자리 인간과 돼지 모두 장기 공여자로 사용하는 것이다. 현재 뇌사자의 장기 기증이 사전 등록이나 가족의 동의에 의한 자발적인 기부로 이루어져 있다. 하지만 돼지의 경우는 그런 절차가 없는데, 도덕적 지위에서 다르지 않은 가장자리 인간의 경우에도 기부가 아니라 의무화하는 것이다. 둘째는 가장자리 인간과 돼지 모두 장기 공여자로 사용하지 않는 것이다. 가장자리 인간은 자발적인 기부가 불가능하므로 장기를 기부받지 않는 것처럼, 똑같이 자발적인 기부를 할 수 없는 돼지를 원료 동물로 하는 이종 이식 연구를 더 이상 진행하지 않는 것이다. 이 두 가지 선택지 중 우리는 어느 쪽을 선택해야 할까? 장기 이식에서 얻는 혜택을 생각한다면 당연히 두 번째 선택지보다 첫 번째 선택지를 고를 것이다. 그런데 첫 번째 선택지는 결국 가장자리 인간에 의한 동종 이식만 하고 이종 이식은 하지 않겠다는 뜻이다. 애초에 이종 이식은 동종 이식을 위한 장기 기증이 부족해서 생겼고 기술적인 걸림돌도 많음을 생각해 볼 때, 가장자리 인간의 장기 이식이 의무화된다면 이종 이식을 연구할 이유가 없어지기 때문이다.

나는 여기서 장기 원료 동물이 돼지일 때의 윤리적 문제만 살펴보았고 영장류일 때는 살펴보지 않았다. 그러나 영장류보다 자율성이나 지적인 능력에서 떨어지는 돼지의 경우에도 위와 같이 비윤리적이라는 결론이 나왔음을 생각해 볼 때 영장류를 원료 동물로 사용하는 것은 논의할 필요도 없다. 위에서 말했듯이 영장류 대신 돼지를 원료 동물로 사용하는 까닭은 윤리적 이유도 있지만 그보다는 장기 공급의 수월성 등 현실적인 이유가 더 크기 때문이다. 영장류의 대량 사육이 가능해져 영장류의 장기 공급을 안정적으로 받을 수 있다고 하더라도, 영장류를 통한 이종 이식은 허용되어서는 안 된다. 영장류는 현재 이종 이식의 원료 동물로 사용되고 있지는 않지만, 돼지의 장기를 이식하는 비임상 시험 단계에서 이용되고 있다. 인간에게 이식 수술을 하기 전에 안전성과 효능을 평가하기 위해 영장류에게 먼저 시험하는 것이다. 서로 다른 동물이기는 하지만, 동물은 장기의 공여자이면서 동시에 수혜자인 셈이다. 단, 원하지 않는 수혜자이다. 만약 가장자리 인간이나 이식 수술을 기다리며 자원하는 환자에게 비임상 시험을 허용할 수 없다면 영장류를 대상으로 하는 비임상 시험도 허용할 수 없다. 자율성이나 지적인 능력에서 차이가 없거나 더 못한 인간과 영장류를 다르게 대우해도 되는, 평등의 원칙에 부합하는 근거를 제시할 수 없기 때문이다. 시험의 효능 면에서 본다면 자원하는 환자에게 시험하는 게 훨씬 더 낫기도 하다.

돼지를 원료 동물로 이용하기로 했을 때 사육하는 환경의 윤리적 문제도 언급해야 한다. 돼지는 비록 자의식은 없지만 고통을 느낄 수 있는 능력은 갖추고 있다. 이 고통은 죽음을 당할 때의 고통뿐만 아니라 삶을 누릴 때의 고통까지도 포함한다. 따라서 비록 돼지는 죽음을 인지하는 자의식은 없으므로 그것은 존중해 줄 필요는 없지만, 도살 과정과 사육 과정에서 고통은 느끼지 않게 해 주어야 한다. 우리가 인종이나 성별과 상관없이 누구의 고통이든 똑같이 대우하는 것처럼,

종과 상관없이 누구의 고통이든 똑같이 대우하는 것이 평등의 원칙이기 때문이다. 앞에서 돼지를 음식으로 먹는 관행이 있는 사회에서는 돼지를 원료 동물로 이용하는 것을 윤리적으로 문제 삼을 수 없다고 말했다. 이것은 비난의 비일관성을 지적한 것이지 돼지를 원료 동물로 이용할 때의 사육이나 도살 환경에 윤리적 문제가 없다고 말하는 것은 아니다. 돼지를 음식으로 먹는 관행은 그 자체로 윤리적 반성의 대상이지, 그것이 돼지를 실험 도구로 쓰는 새로운 관행의 정당화 근거가 될 수 없다. 음식으로 먹을 목적일 때나 장기 이식을 위한 목적일 때나 사육이나 도살 환경이 윤리적인지 똑같이 따져 보아야 한다.

사실 장기 이식을 목적으로 하는 실험실의 돼지는 고기를 목적으로 하는 농장 돼지보다 더 쾌적한 환경에서 사육되고 도살된다. 돼지를 기르는 공장식 농장이 얼마나 열악한지는 많이 알려져 있다.[275] 이에 비해 실험실에서 사육되는 돼지는 비교할 수 없게 위생적인 시설에서 사육되고 도살도 동물 실험 윤리 규정에 따라 마취 후 실시한다. 이종 이식 연구를 위해서는 다음 절에서 설명할 인수 공통 전염병을 예방하기 위해 특정 병원균이 없는 무균 돼지(SPF, Specific Pathogen Free)를 만든다. 이는 건강한 어미 돼지로부터 자궁 절제술이나 제왕절개로 태어난 새끼 돼지를 어미와 접촉을 끊고 특정한 세균과 기생충이 없는 무균실에서 무균 사료로 사육한다는 뜻이다. 이 돼지는 성장을 위해 일부러 주입한 비병원성 상재균 이외에는 알려진 세균을 가지고 있지 않다.[276] 하지만 우리는 이런 위생적인 환경이 돼지의 자연적인 습성에 맞는지 물어야 한다. 2장에서 강조했듯이 동물의 도덕적 지위를 존중한다는 것은 각 동물이 갖는 자연적인 습성을 존중해 주고 그에 맞는 환경을 조성해 주어야 한다는 뜻이다. 돼지는 자연 상태에서 짚이나 풀이 깔린 곳을 선호하고, 물웅덩이에 몸을 비비고 코로 땅을 파는 습성이 있다. 그리고 포유류이며 사회적 동물인 돼지는 새끼 때 어미의 젖을 빨며 살아야 하고 다른 돼지들과 무리를 이루며 생활을 해야 한다. 그러나 실험실의 사육 조건은 이와 한참 거리가 멀다. 결국 실험실의 돼지는 자연 상태의 돼지와는 비교할 수 없는 고통을 받고 있으며, 공장식 농장의 돼지보다도 특별히 더 인도적인 환경에서 산다고 말하기 어렵다. 무균 돼지는 어미 돼지로부터 태어난 후 무균 돼지끼리 교배를 거듭해서 무균 특성을 강화한다. 그러나 이런 돼지가 돼지의 선천적인 습성을 잃게 되었다는 보고는 없다. 이종 이식을 목적으로 한 돼지의 사육은 여전히 돼지에게 고통을 주는 것이다. 고통을 느낄 수 있는 존재에게 고통을 주는 것은 평등의 원칙을 어기는 것으로서 윤리적으로 허용할 수가 없다.

이종 이식은 영장류나 돼지를 원료 동물로 사용하기에 이들 동물을 윤리적으로 대우하는지가 중요한 윤리적 문제로서 다루어져야 한다. 그러나 라벨링기엔이 지적하듯이 이종 이식에 대한 논의는 그러한 윤리적 논점보다는 관련 기술이 인간에게 안전한가에 집중되고 있다.[277] 이종 이식은 그 정의상 동물이 없다면 아예 불가능한데도 동물의 윤리적 대우 문제는 이종 이식의 윤리 논의에서는 비켜나 있는 것이다. 나는 다음 절에서 이종 이식이 공중 보건에 끼치는 영향을 살펴볼 것이다. 그 영향과 상관없이 원료 동물을 비윤리적으로 다룬다는 점만으로도 이종 이식은 허용되기 어렵다. 그러나 공중 보건에 끼치는 영향이 심각하다면 이종 이식은 허용되기가 더 어려울 것이다.

6. 공중 보건을 위협한다는 반론

앞서 4절에서 이종 이식은 수혜자에게 위험하고 불편하기에 윤리적 문제가 있다는 반론을 검토했다. 비록 그런 문제가 있지만 수혜자가 충분한 정보를 받았다는 전제 하에 자율적으로 선택한 위험이고 불편이라면 문제가 안 된다고 말했다. (물론 충분한 정보를 받기 어려운 구조라는 점이 더 중요했지만 말이다.) 그런데 이종 이식은 수혜자가 아닌 다른 사람들, 이론적으로는 전 인류에게 위험을 끼칠 수 있고, 이것은 이종 이식에서 어떤 혜택도 받지 못하는 사람들에게 자신이 선택하지 않은 '민폐'를 끼친다는 점에서 더 심각한 문제점을 낳는다.

이종 이식은 살아 있는 장기나 조직을 이식하는 것이기 때문에 인수 공통 감염병(zoonosis)의 위험이 항상 도사리고 있다. 인수 공통 감염병이란 사람과 동물이 함께 걸리는 질병을 말하는데, 주로 동물에서 사람으로 전파되는 질병을 가리킨다. 숙주 세포에 기생하는 바이러스는 각 종마다 다른 수용체에 맞게 종 특이성을 보이는데 이 바이러스가 다른 종에 들어가게 되면 거기에 적합한 상황이 되도록 돌연변이를 일으킬 수 있다. 해당 숙주는 이 바이러스에 노출된 경험이 없으므로 대부분 격렬한 질병 증상을 보이게 된다. 온 누리를 공포에 떨게 한 후천성 면역 결핍증(AIDS), 조류 독감, 중증 급성 호흡기 증후군(SARS), 중동 호흡기 증후군(MERS), 에볼라 따위가 대표적인 인수 공통 감염병이다.[278] 앞에서 돼지는 인류와 오랜 세월을 함께 살아와서 어떤 병원균이 있는지 잘 알려진 장점이 있다고 했다. 그러나 사람이 애완동물이나 가축과 신체 차원에서 접촉하는 것과 동물의 살아 있는 장기를 인체 안으로 이식하는 것 사이에는 중요한 차이점이 있다. 너필드 생명 윤리 위원회는 이 차이점을 고양이 백혈병의 예를 통해 보여 주고 있다. 고양이는 고양이 백혈병 바이러스에 감염되기 쉽지만 개나 사람이 고양이와 접촉했다고 해서 이 바이러스에 걸리지는 않는다. 그러나 면역이 억제된 강아지에게 고양이 조직을 이식하면 이 바이러스에 감염되어 암에 걸리게 된다고 한다.[279]

바이러스는 돌연변이가 빠른 속도로 일어나기 때문에 감염되기도 쉽고 치료도 어렵다. 특히 외인성(exogenous) 감염은 접촉에 의한 것이므로 원료 동물로부터 원인을 제거하면 이론적으로 통제 가능하지만, 유전 물질의 일부로 존재하는 내인성(endogenous) 레트로 바이러스는 제거할 방법이 없다.[280] 이 바이러스는 이종 이식 후에 인체 세포에 있는 유전 물질 속으로 자신의 유전 물질을 끼워 넣을 수 있기에 인간 유전자에 돌연변이를 일으킨다. 애초에는 해가 없던 바이러스가 인체에 들어온 후 그 성격을 빠르게 바꿀 수 있는데, 면역이 억제된 환자의 신체에서는 그 가능성이 더 늘어난다.[281] 인체에 들어온 레트로 바이러스는 질병이 확인되기 전까지는 오랫동안 잠복기에 있는데 그동안 사람들 사이에 전염이 된다. 에이즈를 일으키는 HIV 바이러스도 에이즈가 알려진 후에 확인 가능했던 것이나 마찬가지이다.

여기서 생명 의료 윤리의 중요한 두 원칙이 충돌하게 된다. 그 하나는 해악을 가하지 말아야 한다는 **해악 금지의 원칙**(principle of nonmaleficence)이고, 다른 하나는 선을 행하거나 증진해야 한다는 **선행의 원칙**(principle of beneficence)이다.[282] 선행의 원칙에 따르면 이종 이식 연구를 통해 이식을 기다리는 환자에게 혜택을 주어야 할 것 같은

데, 다른 한편으로 해악 금지의 원칙에 따르면 이종 이식으로 생길 전염병으로 공중 보건을 위협해서는 안 될 것 같다. 어느 쪽이 우선인가? 해악 금지의 원칙은 의료 현장에서 히포크라테스 선서 때부터 들어 있는 오래된 원칙이고 밀이 『자유론』에서 정립한 이래로 일상생활에서도 널리 받아들여지는 원칙이다. 일반적으로 해악 금지는 어떤 행위를 하지 않기만 하면 되지만 선행은 어떤 행위를 적극적으로 해야 하므로 해악 금지가 실행하기가 더 쉽기에, 타인에게 해를 입히지 않아야 할 의무가 타인을 도와야 할 의무보다 더 강한 의무로 받아들여진다. 물론 이 구분에 반대하는 철학자들도 많다.[283] 비첨과 췰드리스도 도덕 원칙이 갖는 중요성은 경우에 따라 다르다고 말하는데, 주삿바늘을 찔러서 생명을 구하는 예를 든다.[284] 주삿바늘에 찔릴 때의 고통이라는 해악이 있기는 하지만 그로부터 질병이 예방되거나 낫는다는 혜택에 의해 정당화된다는 것이다. 설령 그들이 말하는 대로 타인을 도와야 할 의무가 타인에게 해를 입히지 않아야 할 의무보다 더 중요한 때도 있겠지만, 이 예는 혜택을 보는 사람과 피해를 보는 사람이 동일한 경우이다. 그러나 이종 이식의 경우에는 혜택을 보는 사람과 피해를 보는 사람이 다르기 때문에 비첨과 췰드리스가 말하는 사례에 해당하지도 않는다. 이종 이식으로 공중 감염이라는 피해를 보리라 예상되는 사람들이 우리도 언젠가 이식 대기자에 오를지도 모르니, 다시 말해서 결국에는 혜택을 보는 사람과 피해를 보는 사람이 동일할 테니 그런 피해는 감수하자고 용인할까? 대기 리스트에 올라가서 죽는 것이나 전염병으로 죽는 것이나 매한가지이므로 개인에게 오는 피해는 똑같을지 모르지만, 사회 전체적으로 보면 전염병으로 죽는 사람이 훨씬 더 많은 대재앙이다. 그리고 이식을 기다리는 환자들은 노인이 다수이지만 전염병의 피해는 노인과 젊은이를 가리지 않고 닥치므로 기대 수명에 따른 손해도 전염병 쪽이 훨씬 더 크다.

에이즈, 사스, 메르스 따위가 불러일으킨 충격과 공포를 생각해 보면 이종 이식을 통해 인류 전체를 위협할 수 있는 새로운 전염병이 생길 수 있다는 우려는 인류에게 심각한 공포이다. 우리가 어두움 속에서 어떤 위험 요소가 있을지 알지 못할 때 더 무서운 것처럼, 레트로바이러스가 잠복기를 거치기에 바로 확인이 불가능하다는 사실도 공포를 더 부추긴다. 그러나 전염병이 있다는 확실한 증거가 없는데도 대중들에게 불안이나 공포심을 불러일으키는 것은 과학적이고 합리적인 태도가 아니라는 비판도 나온다. 이종 이식에 따른 전염병이 확실히 있는 것은 아니지 않은가? 장기 이식을 받지 않으면 당장 죽는 것은 뻔한 사실이지만 전염병이 공중을 위협한다는 것은 예측일 뿐이지 않은가? 모든 새로운 기술에는 어느 정도의 위험이 따를 수밖에 없는데, 있지도 않은 위험을 거론하여 기술의 도입 자체를 막는 것은 인류의 진보를 가로막는다는 지적이다. 장기 공여자를 기다리는 수많은 환자를 생각해 보면 그것은 동정심이라고는 눈곱만큼도 없는 조치로 보이기도 한다.

여기서 **사전 주의의 원칙**이 거론된다. 이 원칙은 4장에서도 포식과 관련해서 한 번 언급했는데, "어떠한 행위가 인간의 건강이나 환경에 위해를 일으킬 수 있다면, 인과 관계가 과학적으로 충분히 확립되지 않았다 할지라도 사전 주의적 조치를 취해야 한다."라는 내용이다. 1985년 유럽 공동체 집행 위원회는 "안전이 결정적으로 증명되지 않았다"는 이유로 인간이 먹는 가축에 성장 호르몬을 사용하지 못하도록 했고, 1987년에는 "절대적으로 확실한 과학적 증거로 인과적 관계가 확립되기 전이라 할지라도 위험 물질의 바다 유입을 통제하는 조치를 요구할 수 있는 사전 주의적 접근이 요구될 수 있다."라는 이유로 북해로 유입되는 하수 쓰레기 투기가 금지되었다. 이후 리우 선언으로 알려진 1992년의 환경과 개발에 관한 유엔 회의의 각료 선언에서는 다음의 정의가 정책 결정자들 사이에서 국제적으로 표준적인 정의로 받아들여졌다. "환경을 보호하기 위해, 각국은 자국의 능력에 따라 사전 주의적 접근을 널리 적용할 수 있다. 심각하고 비가역적인 피해의 위협이 있을 때는 완전한 과학적 확실성이 부족하다는 점이 환경적 훼손을 예방할 수 있는 비용 효과적인 조치를 연기하는 이유로 사용될 수 없을 것이다."[285] 사전 주의의 원칙에 따르면 이종 이식의 결과 전염병이 발병한다는 확실한 증거가 없더라도 그 기술을 통제할 이유가 있다. 이종 이식이 가져올 전염병은 심각하고 비가역적인 위협이기 때문이다.

그러나 사전 주의의 원칙에 따라 성장 호르몬 투여 쇠고기와 유전자 변형 농산물(GMO) 수입을 거부한 유럽 연합을 미국 무역 대표부가 세계 무역 기구(WTO) 분쟁 해결 기구에 제소한 사건에서 알 수 있듯이 이 원칙은 실제 정책 결정에서 많은 논란을 불러일으키고 있다. 미국 정부와 주요 학계에서는 사전 주의의 원칙이 과학적 근거가 없는 정치적 결정을 정당화하기 때문에 일종의 위장된 보호 무역주의라고 의심한다. 사전 주의의 원칙에서 말하는 위험의 결과나 범위가 너무 모호해서 실제 해석과 적용 과정에서 안정된 정책 결정의 근거가 되기 어렵고 정치적 고려에 따라 쉽게 좌우될 수 있다는 것이다. 우리가 살아간다는 것은 어느 정도의 위험은 항상 감수한다는 뜻인데, 이런 상식을 거부하고 제로 리스크 상황을 요구하는 것은 현실적으로 불가능하고, 대중들의 불안이나 공포심에 영합한 원칙이라는 것이다. 올라칸미는 이러한 이유로 사전 주의의 원칙은 이종 이식의 위험을 평가하는 데 적절하지 않다고 주장한다.[286] 올라칸미와 같은 이들은 대신 '건전한 과학'(sound science)에 기초한 '위험 분석'(risk analysis) 또는 '비용-이익 분석'(cost and benefit analysis)을 그 대안으로 제시한다. 예컨대 어떤 공장 시설에서 유해한 가스가 분출이 된다고 할 때, 가스를 예방하려고 할 때 드는 비용—시설 수리 비용, 환기 시설 비용 등—과 가스를 예방하지 않았을 때 드는 비용—직원의 노동력 손실 비용, 직원의 건강 및 생명 보상 비용 등—을 계산하여 후자가 전자보다 크지 않다고 판단되면 위험을 수용하는 것이다. 이종 이식의 경우에는 생존율, 발병률, 치사율 등을 분명히 해서 이 정도 실험이면 성공적이라고 할 수 있다는 개념을 확실히 한 다음에 인간을 대상으로 하는 임상 시험을 진행할 수 있다는 것이다.

그러나 이종 이식에서 문제가 되고 있는 위험은 잠재적 위해의 규모가 상당히 크고 되돌릴 수 없는 성격의 것이다. 그뿐만 아니라 우려되는 전염병은 점진적이고 비가시적으로 진행되기 때문에 기존의 위험과 상당히 다르다. 그러기에 위험의 확인과 측정에서 과학적 불확실성이 내재될 수밖에 없고, 위험의 비용과 이익이 얼마나 될지 계산할 수가 없는 상황이다. 사전 주의의 원칙으로 이종 이식을 평가하는 데 반대하는 올라칸미도 반대하는 이유로 이 원칙은 비임상 시험에서 (영장류를 대상으로 시험하는 비임상 시험 자체도 윤리적 문제를 낳음을 위에서 보았다) 시험 후 생존 기간이 어느 정도 되어야 안전한지 규정하지 못하므로 비합리적이라고만 말한다.[287] 정작 사전 주의의 원칙이 우려하는 위험은 수혜자에게 닥치는 위험이 아니라 공중에 끼치는 위험이고, 그 위험은 비용과 이익의 방법으로 측정할 수 없는데 그것은 언급하지 않는 것이다. 그리고 사전 주의의 원칙에 따른 결정은 정치적인 고려라고 비판을 받지만 혜택을 받을 환자와 전염병의 위협을 받는 공중 사이에서 선택하는 결정은 그 자체가 정치적, 도덕적일 수밖에 없다.[288] 사전 주의의 원칙 대신에 비용-이익 분석을 받아들이자는 올라칸미도 위험 정도를 측정할 때 의학 연구자만 참여하는 것이 아니라 환자, 의사, 연구자, 법률가, 일반 시민 등 이해 당사자가 모두 참여하자고 말하는데 그 과정 자체가 정치적인 것이다.

해악 금지의 원칙, 사전 주의의 원칙 등 생명 의료 윤리의 주요 원칙들은 이종 이식을 중단해야 할 이유를 제공한다. 이종 이식 연구자들은 공중 보건에서의 안전성을 담보하기 위해 영장류를 대상으로 하는 비임상 연구를 더 오래 철저하게 시행하면 된다고 하겠지만, 영장류 대상의 실험이 갖는 비윤리성은 말할 것도 없고 그 문제와 상관없이 그런 연구 결과가 안전하다고 드러나더라도 인간 대상의 임상 시험이 안전하다는 것을 여전히 보장하지 못한다. 우리에게 필요한 것은 영장류에서의 안전성이 아니라 인간에서의 안전성이기 때문이다.

7. 정의로운 의료 자원 배분이 아니라는 반론

이종 이식의 안전성이 설령 입증되었다고 하더라도 남는 또 다른 문제점이 있다. 그것은 이종 이식은 굉장히 고비용이라는 점이다. 지금까지 보았듯이 이종 이식이 기술적으로 성공하기 위해서는 무균 돼지 또는 유전자가 변형된 돼지를 사육해야 하고 거기서 얻은 장기로 영장류에서 비임상 시험을 거친 다음에 인간에게 임상 시험을 해야 한다. 그 과정에서 투입되는 전문 인력과 연구비는 상당할 것이므로 이종 이식 수술 비용은 상당히 비싸질 것이다. 비싼 수술비를 본인의 부담으로 해결하게 한다면, 수술을 받을 수 있는 돈이 있는 환자들만 그렇지 못한 환자보다 오래 산다는 불공평 문제가 생길 수 있다.[289] 장기 매매를 반대하는 이유 중 하나가 장기를 살 수 있는 돈이 있는 사람만 오래 산다는 점임을 생각할 때 이종 이식 수술은 장기 매매나 다름없게 된다.

그리고 건강 보험으로 해결한다고 하더라도 제한된 재원과 의료 자원을 어떻게 쓰는 것이 효율적인가 하는 문제가 제기된다. 이종 이식에 반대하는 퍼디는 도덕적으로 가장 중요한 게 무엇인지 묻는다. 이종 이식 연구는 이식을 하면 살 수 있는 생명을 구하려는 목적으로 시작되었으므로 생명을 구하는 것을 도덕적으로 가장 중요한 것으로 여길 것이고, 여기에 반대하는 사람들은 드물 것이다. 만약 그렇다면 더 싼 비용으로 위험 없이 구할 수 있는 목숨부터 구해야 하지 않느냐는 것이 퍼디의 주장이다. 그는 설사, 말라리아, 홍역, 폐렴, AIDS, 영양실조로 죽는 수천만의 어린이나 임신이나 출산으로 죽어가는 수십

만의 여성을 간단한 조치로 구할 수 있는데, 생명 구하기가 도덕적 우선순위에서 가장 중요하다면 왜 이런 사람부터 구하지 않느냐고 묻는다. 이런 경우에는 구하는 방법, 대상, 비용, 위험 정도를 분명히 알고 있는데도 말이다.[290]

장기 이식을 받으려는 까닭은 두말할 필요 없이 장기가 제 기능을 못 하기 때문이다. 이종 이식 연구에 쏟는 막대한 예산을 생각한다면 장기의 악화를 막기 위한 예방 의학에 더 힘을 쏟는 것이 합리적일 수 있다. 모든 질병과 마찬가지로 장기 부전(不全)도 흡연, 음주, 운동 부족 등이 주된 원인일 터이므로 그것을 줄이는 캠페인을 벌이는 것이 비용에 대비해서 더 큰 이익이 될 수 있다.

또 이종 이식보다 동종 이식이 확실하고 안전한 장기 이식술임을 고려해 볼 때 부족한 장기 기증을 늘리는 방안을 마련하는 것이 더 효율적이다. **추정 동의**(presumed consent)라고 불리는 방법이 유력한 대안이 될 수 있다.[291] 지금까지는 장기 기증을 적극적으로 밝힌 때에 유고 시 장기 기증을 하고 그렇지 않을 때에는 가족의 동의에 따르는 **명시적 동의**(express consent) 제도가 시행되고 있는데, 추정 동의는 거꾸로 장기 기증을 하지 않겠다고 적극적으로 밝히지 않는 한 장기 기증을 하겠다는 데 동의한 것으로 추정하고 장기 기증을 받는 제도이다.[292] 코헨은 이 추정 동의가 편리하고 이로울 뿐만 아니라 정의롭기까지 하다고 말한다.[293] 편리하고 이롭다고 하는 것은 이해하기 쉽다. 명시적 동의 제도가 시행될 때보다 추정 동의 제도가 시행될 때 장기 기증이 늘어날 것 같기 때문이다. 꼭 그렇게 생각하지 않는 이들도 있다. 생명 의료 윤리학자들인 비첨과 칠드리스는 추정 동의 정책이 "미국에서 채택될 것 같지 않으며 설사 도입된다 할지라도 많은 시민이 [장기 기증을 하지 않겠다는 쪽]을 선택할 것이기 때문에 이식을 위한 장기의 수가 증가할 것 같지 않다."라고 추측한다.[294] 이와 달리 경제학자들인 탈러와 선스타인은 명시적 동의 제도보다 추정 동의 제도에서 장기 기증자가 상당히 증가한다는 경험적인 증거를 제시한다. 온라인 설문 조사에서 명시적 동의가 디폴트일 때는 42%가 장기 기증에 동의하는 데 견줘 추정 동의가 디폴트일 때는 79%가 장기 기증에 동의한다거나, 명시적 동의 제도를 채택하는 독일은 장기 기증에 동의하는 사람이 12%에 불과한 반면 추정 동의 제도를 채택하는 오스트리아는 99%가 동의한다는 증거가 그것이다.[295]

사실 우리 사회의 장기 수요와 그 수요의 간절함을 생각하면 추정 동의의 난점은 코헨도 말하듯이 거의 없다. 아홉 명의 목숨을 살리기 위해 한 명의 장기를 강제로 적출하는 사례는 공리주의를 반대하기 위해 흔히 거론되는 사고 실험이지만, 그 경우는 장기를 얻기 위해 강제로 목숨을 빼앗기 때문에 윤리적으로 허용할 수 없다.[296] 그러나 추정 동의의 경우는 사후에 장기를 적출하고 사전에 그것에 대한 거부감을 적극적으로 밝힌 적이 없으므로 강제성은 없다고 보아야 한다. 그러면서 다른 사람들의 목숨까지 구하니 추정 동의는 공리주의 기준으로 볼 때 확실히 옳은 제도이다. 물론 공리주의적 관점에서만 본다면 명시적이든 추정적이든 동의와 상관없이 모든 사람의 사후에 장기를 적출하는 것이 가장 이득이 크다.[297] 그러나 자율성 존중을 기본적 원칙으로 삼는다면 이런 제도는 개인의 자율성을 침해하는 것이므로 받아들일 수 없다. 추정 동의는 그와 달리 비록 추정이긴 하지만 개인의 자율성을 존중하는 제도이다.

코헨은 자율성을 존중한다는 바로 이 이유로 추정 동의가 공리주의적으로 이로울 뿐만 아니라 정의롭기까지 하다고 주장한다. 장기는 신체를 소유한 개인에게 전적으로 소유권이 있고 그것을 마음대로 쓸 수 있는 자율성이 있다. 우리는 현재 대부분의 사람이 사후에 장기를 기증하지 않으려고 한다고 추정하고 있다. 그러나 각종 통계가 보여주는 바에 따르면 이것은 사람들이 실제 바라는 바와 일치하지 않는다. 대부분의 사람은 질문을 받으면 사후 장기 기증에 대해 진심으로 지지한다고 말한다. 우리나라의 경우에 질병 관리 본부가 2013년 전국의 성인 남녀 1,000명을 대상으로 한 장기 기증 인식 조사에서 전체 응답자 중 47.7%가 '장기 기증 의향이 있다'라고 응답했으며, 52.3%가 '기증할 의향이 없다'라고 응답하였다.[298] 부산·울산·경남 지역만을 대상으로 한 2017년의 조사에서는 긍정적인 답의 비율이 꽤 많이 증가하는데, 사후 장기 기증에 대해 74.2%가 '긍정적', 7.5%가 '부정적', 18.3%가 '잘 모른다'라고 답했고, 가족의 뇌사 시 장기 기증 동의 여부에 대해서는 '동의'가 61.3%, '비동의'가 17.9%, '잘 모른다'가 20.8%였다.[299] 당신이 죽은 후 장기를 기증함으로써 다른 사람의 목숨을 살릴 수 있다면 그렇게 하겠느냐고 물으면 '네'라고 대답하겠지만 그런 질문을 받은 적도 없고 생각도 해본 적이 없으므로 적극적인 동의를 하지 않은 것뿐이다. 일종의 '고소원(固所願)이나 불감청(不敢請)이라'는 마음이다. 또 장기 기증을 희망하더라도 등록 절차를 잘 알지 못하고 알아도 복잡하기 때문에 등록을 하지 못한 것뿐이다.[300] 현실이 이런데도 현재의 명시적 동의 제도는 사후에 가족에게 장기 기증 의사를 물어보는데, 이것은 고인의 자율성을 오히려 해친다는 것이 코헨의 주장이다. "우리는 최악의 시기에[곧 죽은 후에] 엉뚱한 사람에게[곧 당사자가 아닌 가족에게] 물어봐서는 안 될 것을 묻고 있다."라는 것이다.[301] 고인의 장기가 다른 사람의 목숨을 살리기 위해 쓰일 수 있다면 그렇게 쓰여야 한다고 고인이 바랐다는 강력한 경험적 이유가 있기에 추정 동의가 고인의 자율성을 가장 잘 실현하는 제도라는 것이다.

장기 매매는 장기 부족을 해결할 수 있는 한 가지 방법으로 거론된다. 여기서 장기 매매가 윤리적인지를 논의할 수는 없는데, 현재 논의하고 있는 자율성과 관련해서 분명한 것은 자율적으로 장기를 사고판다고 하더라도 그것은 아주 제한적이라는 사실이다. 장기와 관련해서 개인의 자율성이 적용되는 것은 살아 있으면서 팔 수 있는 콩팥과 간 정도에 불과하다. 그 외 장기는 사후에 사고팔 수 있으므로 소유자의 자율성이 개입될 수가 없다. 장기 기증도 사후에 결정하는 것은 장기 소유자의 의사가 아니라 가족의 의사에 따르는 것이므로 소유자의 자율성에 따라 이루어지는 것이 아니다. 따라서 장기 소유자가 살아 있을 때의 의사를 추정하는 것이 그의 자율성을 최대한 존중하는 것이다. 하지만 추정 동의와 달리 명시적 동의는, 위에서 말한 경험적 증거 때문에, 살아 있는 사람의 의사를 왜곡할 가능성이 크다.

물론 장기 기증에 거부감을 갖는 사람도 있을 것이다. 우리나라에서도 위 질병 관리 본부의 조사에서 장기 기증을 할 의향이 없다고 대답한 사람들의 이유로 '막연한 두려움'(46.5%)과 '신체를 훼손하는 것이 꺼려짐'(39.2%)이라는 이유가 많았다. 이런 거부감은 장기 기증을 주변에서 흔히 접하게 되고 교육이 점점 많아짐에 따라 줄어들 것이다. 그럼에도 불구하고 장기 기증에 동의하지 않는 사람은 추정 동의 제도에서는 분명하게 의사를 밝히면 된다. 반대하지 않은 것과 동의하는 것은 다르다는 이유로 추정 동의에 반대하는 사람도 있을 것이다. 반대하지 않았다는 이유로 동의한 것으로 추정하는 것은 실제로는 반대하는 사람의 자율성을 존중하지 못한다는 것이다. 그러나 코헨은 그 차이는 운영상의 차이일 뿐이지 도덕적인 차이는 아니라고 주장한다. 추정 동의를 운영할지 명시적 동의를 운영할지는 대부분의 사람이 보이는 경향이 어떻다고 우리가 아는지에 따라 달라지는 문제라는 것이다. 가령 열 명 중 한두 명만 자율적으로 장기 기증을 한다고 우리가 알 때는 추정 동의 제도는 그 10%의 자율성만 존중하고 90%의 자율성은 무시하게 되어 부정의한 제도가 될 것이다. 반면에 열 명 중 일고여덟, 또는 적어도 여섯 명 정도가 자율적으로 장기 기증을 한다고 알고 있을 때는 추정 동의가 오히려 정의롭고 거꾸로 명시적 동의가 부정의한 제도가 될 것이다.[302]

사실 추정 동의에서나 명시적 동의에서나 자율성이 침해되는 사례는 모두 나올 수 있다. 추정 동의에서는 실제로는 반대하는데 반대 의사를 표시하지 않았다는 이유로 동의로 간주하는 사례가 있을 수 있고, 명시적 동의에서는 실제로는 찬성하는데 찬성 의사를 표시하지 않았다는 이유로 반대로 간주하는 사례가 있을 수 있다. 두 경우 모두 본인의 의사를 오해하여 자율성이 제대로 보장되지 못한다. 물론 추정 동의가 일반화된 사회에서는 그런 사례는 소수일 것이다. (명시적 동의가 일반화된 사회에서도 마찬가지이다.) 아홉 명의 목숨을 살리기 위해 한 명의 장기를 강제로 적출하는 사례를 옹호하는 사람이 아니라면 소수라고 하더라도 자율성은 존중해야 한다. 하지만 우리는 추정 동의와 명시적 동의 중 하나를 선택할 수밖에 없는 상황이고, 두 경우 모두 자율성 침해 사례가 소수라도 있게 된다면 어느 쪽을 선택할지는 그 선택에서 따라 나오는 이득을 따라야 할 것이다. 오해의 정도가 똑같다면, 다시 말해서 어차피 비슷한 정도의 오해가 양쪽에 다 있다면, 장기 이식으로 수많은 사람의 목숨을 건지게 되는 추정 동의를 채택하는 게 훨씬 합리적이지 않겠는가? 이것은 아홉 명의 목숨을 살리기 위해 한 명의 장기를 강제로 적출하는 사례를 옹호하는 경우처럼 소수의 희생보다 다수의 이득이 중요하다고 주장하는 것과 전적으로 다르다. 두 가지 선택지 중 소수의 희생이 양쪽 모두에 있다는 가정 아래 이득이 큰 쪽을 선택한 것이기 때문이다.

추정 동의 제도가 정착된다면 장기 기증의 분위기가 조성됨에 따라 장기 기증을 거부하는 사람은 더 줄어들게 될 것이고, 그럴수록 사실은 반대인데 찬성으로 오해받는 비율도 더 줄어들게 될 것이다. 그러면 추정 동의의 인식적 정당성은 더 증강한다. 이렇게 장기 기증이 증가한다면 이종 이식의 필요성은 줄어들 수밖에 없다. 안전성과 윤리성에서 검증이 된 동종 이식이 있는데도 논란이 되는 이종 이식을 선택할 이유가 없는 것이다.

8. 맺음말

지금까지 이종 이식을 반대하는 윤리적 이유를 살펴보았다. 그것 중 이종 이식은 자연 질서를 위배한다는 반론 정도만 그럴듯하지 않았고, 나머지 논증들은 아주 강력했다. 이종 이식 수혜자들에게 주는 피해를 보나 공공에 주는 피해로 보나 의료 자원의 정의로운 분배 차원에서 보나 원료 동물의 도덕적 지위에서 보나, 이종 이식은 윤리적으로 허용 가능하지 않다. 이종 이식을 기다리는 수많은 대기자가 있다는 절박함이 있지만, 앞에서도 말했듯이 절박하다고 해서 윤리적 정당성이 담보되는 것은 아니다. 이종 이식의 기술적인 성공 가능성이 있다고 해서 윤리적 정당성이 생기는 것도 아니지만, 기술적인 성공 가능성마저도 현재로는 희박한 상태이다. 지금부터 10여년 전의 관측이기는 하지만 라벨링기엔은 이종 이식이 사람들의 장기 부족을 해결할 수 있으리라는 기대에 지금까지 부응하지 못하고 있다는 '나쁜 소식'을 전한다.[303] 이종 이식은 지난 세기 초반부터 시작되었지만 2절에서 말했듯이 1964년에 침팬지의 콩팥을 이식받은 사람이 9개월 동안 생존한 것이 지금까지 가장 긴 생존 기록이다. 그 이유는 우리가 충분히 보았듯이 인간과 동물의 생리학적 또는 생화학적 불화합성 때문이다. 이런 여러 가지 이유들을 종합해 볼 때 이종 이식은 윤리적으로 정당화하기가 어렵다.

비용-이익 분석으로 보아도 이종 이식은 정당화하기 힘들다. 이종 이식 연구를 안 할 때 우리가 치러야 하는 비용, 곧 손해는 이식을 기다리는 환자의 죽음이다. 이 환자들은 모두는 아니지만 대부분 노인 환자들이다. 애석하기는 하지만 냉정하게 말하면 그들의 손해는 추가의 삶을 살지 않은 것뿐이다. 그러나 이종 이식 연구를 할 때 우리가 치러야 하는 비용은 공중에 전염병을 전파할 가능성과 동물이 겪어야 할 고통이다. 희생당하는 실험동물의 수가 아무리 많아도 그 삶의 가치는 인간의 가치를 능가할 수는 없으므로 동물이 겪어야 할 고통은 여기서 제외한다고 하자. 사실은 5장에서 거론한 행위와 무위의 구분, 확실한 눈앞의 고통과 불확실한 가상의 이득 따위까지 비용-이익 계산에 고려해야 하지만 그런 복잡한 계산은 하지 않는다고 하자. 그래도 공중에 퍼진 전염병 때문에 살아야 하는 삶을 살지 못하는 손해만으로도 추가의 삶을 살지 못하는 손해를 훨씬 능가할 수 있다. 심하게 말하면 이종 이식 연구는 꼭 살 이유가 없는 몇 사람을 구하기 위해 꼭 살아야 하는 수많은 사람에게 해를 끼치는 것이다. 더구나 이식을 기다리는 환자는 이종 이식이 아니더라도 대안이 있다. 바로 동종 이식의 확대이다. 나는 추정 동의를 그 유력한 방안으로 제안했다.

8장 부분-인간화 동물 연구의 윤리

1. 머리말

이종 이식의 윤리를 다룬 앞 장에서, 이종 이식은 서로 다른 종 사이에서 세포, 조직, 장기 따위를 이식하는 것을 말하므로 여기에는 어떤 종 사이의 이식이라도 포함되겠지만 일반적으로 인간이 아닌 동물의 세포, 조직, 장기를 인간에게 이식하는 것을 말한다고 했다. 앞으로 이종 이식은 인간이 아닌 동물의 세포, 조직, 장기를 인간에게 이식하는 것에 국한해 말하겠다. 인간의 세포나 조직이나 장기를 동물에게 주입하는 것도 크게 보아 이종 이식의 하나겠지만, 그런 동물은 흔히 **키메라**(chimera)라고 부른다.

이종 이식은 부족한 장기를 대체할 목적으로 연구된다고 했다. 키메라는 인간을 직접 피험자로 할 수 없는 실험을 동물에게 하려는 목적이나 동물에서 인간의 장기를 기르려는 목적 따위로 시행된다. 키메라는 넓은 의미의 이종 이식의 하나임에도 불구하고 각각의 목적도 사뭇 다르고 그만큼 제기되는 윤리적 논쟁도 다르다. 가령 이종 이식 연구에도 부자연스러움에 의한 반론이 제기되기는 하지만 그리 심각하지는 않은 반면에 이 반론은 키메라에서는 상당히 중요하다. 그리고 이종 이식에 제기되는 반론은 이식 수혜자에게 위험하다거나 공중보건을 위협한다거나 정의로운 의료 자원 배분이 아니라는 식으로 이종 이식이 인간에게 끼치는 또는 끼칠 구체적인 피해를 언급하는 데 견주어, 앞으로 보겠지만 키메라 연구에 제기되는 반론은 인간의 존엄성을 해친다는 식으로 추상적으로 언급된다. 이 반론을 부자연스러움에 의한 반론, 도덕적 혼란에 의한 반론, 인간 존엄성에 의한 반론의 세 가지로 나누어 비판적으로 살펴볼 텐데, 그 밑바닥에는 모두 인간의 존엄성을 지켜야 한다는 생각이 깔려 있다. 그에 앞서 부분-인간화 동물을 어떻게 정의하고 그 연구 현황은 어떠한지 살펴보겠다.

2. 부분-인간화 동물의 정의

잘 알다시피 키메라는 그리스 신화에 나오는 상상 속의 존재로서 머리는 사자, 몸통은 양, 꼬리는 뱀 또는 용의 모양을 하고 있으며 불을 내뿜는다고 한다. ('키메라'는 라틴어이고 그리스어로는 '키마이라'이다.) 키메라는 신화 속의 존재만 가리키는 것이 아니라 과학 용어로도 쓰이는데, 한 개체 속에 유전적으로 서로 다른 두 가지 이상의 세포가 섞여 있는 존재를 말한다. 서로 다른 세포는 꼭 다른 종일 필요는 없다. 윤리적으로는 다른 종의 세포로 된 키메라가 관심의 대상이지만, 우리 주변에서는 같은 종의 서로 다른 세포로 이루어진 키메라를 흔히 볼 수 있고 우리 자신도 그런 키메라이다. 두 생식 세포가 섞여 태어난 모든 생명체는 키메라이기 때문이다. 수혈이나 동종 이식을 받은 사람도 키메라로 분류될 수 있다.[304] 또 태아에서 세포들을 얻는 임신부나 다른 생물의 피를 빠는 모기도 키메라이다.[305] 다른 세포가 들어온다고 해서 모두 키메라가 되는 것은 아니다. 앞 장에서 돼지 판막 이식이 이종 이식으로 분류되지 않은 까닭은 돼지 판막이 살아 있는 조직이 아니기 때문이었다. 키메라의 정의에서도 마찬가지이다. 개체끼리 주고받는 세포는 살아 있고 상대 생명체에 융합되어야(integrate) 한다. 예컨대 사람이 소고기를 먹거나 호랑이가 사람을 먹는다고 해서 소의 세포나 사람의 세포가 사람이나 호랑이에 융합되는 것은 아니므로 그런 사람이나 호랑이가 키메라가 되는 것은 아니다. 생명공학 기술이 인간 치료 단백질을 만들기 위해 대장균, 효모, 중국 햄스터 난소 세포에서 사용하는 인간 유전자도 마찬가지 이유에서 키메라가 아니다.[306] 그리고 나무나 합성 수지로 만든 의족이나 의안을 하고 있는 사람도 키메라는 아니다.

이종 이식을 받은 수혜자도 물론 키메라이다. 식물의 접붙이기 역시 키메라인데, 우리가 일상적으로 키메라라는 말을 쓸 때는 이 접붙이기로 생긴 식물체를 가리킨다.[307] 현실에서의 키메라는 대부분 종이 같거나 비슷한 개체의 세포가 섞인 것이다. 식물의 접붙이기의 경우에도 유전적으로 너무 다른 식물 사이에서는 성공하기 어렵다. 그러나 체세포 핵 이식과 같은 미세 수술 기법의 발달[308]과 1998년의 인간 배아 줄기세포 분리의 성공[309]에 힘입어 다른 종들 사이에서도 인위적인 방법으로 키메라를 만드는 길이 열렸다.

신화 속에만 나오는 것으로 생각되던 키메라는 이렇게 우리가 일부러 만들지 않아도 주변에서 흔하게 존재한다. 자연스럽게 생긴 그런 존재가 윤리적 논쟁을 일으킬 리는 없다. 따라서 키메라의 정의와 분류를 명확하게 해야 그것의 윤리적 함축을 분명하게 평가할 수 있다. 머리말에서 잠깐 말했듯이 키메라를 둘러싼 윤리적 논쟁에서 가장 중요하게 거론되는 것은 인간의 존엄성인데, 키메라를 어떻게 정의하느냐에 따라 '인간성'이 달라지고 그에 따라 윤리적 함축이 달라지기 때문이다. 위에서 키메라를 한 개체 속에 유전적으로 서로 다른 두 가지 이상의 세포가 섞여 있는 존재라고 범박하게 정의했다. 이 정의를 좀 더 구체화해 보자. 그릴리가 제기한 네 가지 차원에 따라 분류해 보면 도움이 된다.[310]

(1) 섞이는 생물학적 요소: 세포인가, 조직인가, 장기인가, 정자나 난자와 같은 생식 세포인가, 유전자인가?

(2) 섞이는 두 유기체 사이의 관계: 같은 종끼리인가, 가까운 종끼리인가, 먼 종끼리인가?

(3) 섞임이 이루어지는 방법: 자연에서 일어나는가, 인간의 개입이 들어가는가?

(4) 섞임이 이루어지는 시점: 수정란이나 초기 배아가 형성될 때 섞이는가, 성체에서 섞이는가?

이 네 가지 차원은 서로 조합하여 여러 가지 분류의 키메라가 생긴다. 가령 세포(1)가 같은 종 사이에서(2) 자연스러운 방식으로(3) 초기에(4) 섞여서 나오는 키메라는 모자이크 쌍둥이다.[311] 여기서 후기에 섞임이 이루어진다는 점만 다르면 태아의 세포를 갖는 임부가 되고, 인간의 개입으로 후기에 이루어진다는 점에서 다르면 수혈이나 이식이 된다. 생식 세포(1)가 같은 종 사이에서(2) 자연스러운 방식으로(3) 섞여서 나오는 키메라는 성관계로 태어난 모든 생명체이다. 여기서 서로 다른 종 사이에서 나온다는 점에서만 다르면(2) 노새나 라이거가 되고, 인간의 개입이 있다는 점에서만 다르면(3) 체외 수정(IVF)으로 태어난 아이가 된다.

윤리적인 논쟁을 일으키는 키메라는 인간의 신체 부분이 동물로 인위적인 방식으로 이식되는 경우이다. 일단 자연에서 생기는 키메라에서는 윤리적 논쟁이 일어날 리가 없다. 자연에 윤리를 물을 수는 없는 노릇이기 때문이다. 인위적인 개입이 있다고 하더라도 상대적으로 간단한 기술이 필요한 접붙이기나 노새의 경우에도 윤리적 문젯거리가 거의 없다. 그것들은 인간 사회에서 오랜 세월 동안 있었지만 특별한 문제 제기가 있지는 않았다. 인간이 필요해서 만들었고 인간이 그 대상으로 이용되지 않은 탓이 클 것이다. 반면에 꽤 정교한 기술이 필요한 IVF는 도입된 초기에 많은 윤리적 논쟁을 불러일으켰지만 현재 그것을 비윤리적으로 생각하는 사람은 드물다. 이종 이식이 어떤 윤리적 논란을 낳는지는 앞 장에서 충분히 보았다. 성인에게 장기를 이식하는 것보다 수정란이나 초기 배아가 형성될 때 섞기를 하면 결과적으로 생기는 유기체에 잠재적 영향이 클 것이다. 예컨대 성인 개체에 콩팥을 이식하면 그것은 여전히 콩팥이지만, 인간 배아 줄기세포는 만능 분화 세포이기에 이것을 돼지에 이식하면 근육, 뇌, 피부, 난자, 정자 등 어떤 종류의 세포도 될 수 있기 때문이다.[312] 따라서 윤리적 논란거리로 남는 키메라는 ① **인간의 신체 부분을** ② **동물로** ③ **인위**

적인 방식으로 ④ 특히 초기에 이식하는 경우이다. 그때에 인간의 존엄성까지 같이 동물로 이전된다고, 그래서 동물이 어떻게 '감히' 인간성을 가질 수 있느냐 또는 인간의 신체 부위가 동물에 있음으로써 인간의 존엄성이 훼손되지 않느냐고 생각되기 때문이다. (반대의 경우, 곧 동물의 부분을 인간으로 이식하는 것은 앞 장에서 다룬 이종 이식의 사례이다.) 그래서 키메라를 둘러싼 대부분의 윤리적 논쟁은 **인간의 배아에서 유래한 줄기세포를 동물의 태아에 주입한 경우**에 제한된다.[313] 여기서도 이것을 키메라의 정의로 삼겠다.

우리의 관심 범위가 좁아진 만큼 그 범위보다 훨씬 넓은 것을 가리키는 '키메라'라는 용어도 다시 생각해 봐야 한다. 키메라와 관련된 논의에서는 키메라 외에 하이브리드(hybrid), 형질 전환(transgenic) 동물, 종간 교잡 혼합체(cross-species mixes), 종간 결합체(inter-species combination), 부분-인간화 동물 등 여러 가지 용어들이 쓰인다. 이 중 하이브리드는 노새나 라이거처럼 두 종의 생식 세포를 결합시켜 만들어진 것을 말하는데, 우리의 관심은 수정란 또는 초기 배아 이후의 시기에 줄기세포가 융합된 것이므로 하이브리드는 우리의 논의에서 제외된다. 그 다음에 유전자 변형 동물, 종간 교잡 혼합체, 종간 결합체는 주입하는 쪽(graft)과 주입되는 쪽(host)이 구분되지 않는 용어이므로 우리에게 유용하지 않다. 그런 점에서 부분-인간화 동물(part-human animal)이 적절한 용어이다. 만약 '부분 인간 동물'이라고 하면 인간의 세포를 주입 받은 동물이 인간이라는 것을 내포할 수 있으므로, 유전자 '조작' 농산물처럼, 키메라의 인간성 논쟁에서 특정 견해를 부당하게 전제하게 된다. 따라서 용어에서 인간인지 아닌지 견해를 밝히지 않는 중립적인 의도를 살리기 위해서는 헤이버와 벤햄이 쓴 '인간 유래물을 가진 동물'(animal with human derived parts)[314]이 가장 정확하겠지만, 편의상의 이유로 그리고 널리 알려진 '부분-인간화 동물'을 쓰겠다. '부분-인간화'라고 해서 인간이 되었다고 생각하지는 않기 때문이다.

3. 부분-인간화 동물의 연구 현황

실험실에서 만들어진 최초의 키메라는 1984년에 양의 배아와 염소의 배아를 융합하여 만든 염소-양(geep)이다. 이 키메라는 일부는 양털을, 일부는 염소 털을 가지고 있다.[315] 그러나 이것은 부분-인간화 동물은 아니므로 우리의 윤리적 관심의 대상이 아니다. 최초의 부분-인간화 동물은 1988년 스탠퍼드 대학교의 와이즈만과 맥큔이 만든 SCID-hu 마우스이다.[316] 이 마우스는 자신의 면역 체계는 없지만 인간의 골수와 조직을 이식하여 인간의 면역 체계처럼 기능한다. 에이즈는 면역 체계의 장애로 생긴 질병인데, 이 마우스는 살아 있는 유기체에서 HIV에 감염될 수 있는 인간의 면역 체계를 연구할 수 있도록 하기에 주목을 받았다. 와이즈만과 맥큔은 면역 체계의 피와 세포를 형성하는 데 도움이 되는 조직(인간 태아의 뼈, 가슴샘, 간)뿐만 아니라 인간 조혈 조직 세포(나중 실험에서는 인간 조혈 조직 줄기세포)를 SCID-hu 마우스에 이식한다.[317] 마우스의 약한 면역 체계는 인간의 세포를 이질적이라고 공격하지 않고, 그 세포들은 인간 태아의 뼈와 간을, 나중에는 가슴샘을, 대량 산출하여 거기에 인간의 피와 면역 체계를 형성한다. 결과적으로 인간 혈액을 생성하는 면역 체계를 갖춘 실험실 동물 모형을 만들어, 인간 면역 체계를 가진 살아 있는 인간에게는 윤리적으로 할 수 없는 실험을 할 수 있다. 예컨대 살아 있는 사람을 일부러 HIV에 감염시켜 어떤 변화가 일어나는지 실험을 할 수 없기에 이 마우스를 대상으로 하는 것이다. 이 마우스 종류는 30년이 넘는 지금도 사용되고 있다.

와이즈만은 2000년에 인간 뇌 줄기세포를 12주 이후에 낙태된 태아의 뇌에서 분리하는 데 성공했다고 발표했다. 연구자들은 이 세포를 이용한 체외 실험에서 여러 종류의 뉴런뿐만 아니라 신경 아교 세포처럼 뇌에서 핵심적인 역할을 하는 세포들을 만들 수 있음을 보여주었다. 그 세포들은 이른바 만능 분화 세포이다. 이런 세포의 분리는 파킨슨병처럼 뉴런이 퇴화한 질병이 있는 환자에게 성숙한 뇌 세포, 특히 뉴런을 이식하고 자라게 할 가능성을 열었다.[318] 와이즈만은 이 발표에서 SCID-hu 마우스는 인간의 뇌 줄기세포에서 전적으로 유래한 뉴런을 가진 마우스인 '인간 뉴런 마우스'(Human Neuron Mouse)를 만들기 위한 전초라고 말했다.[319] SCID-hu 마우스처럼 인간 뉴런 마우스는 살아 있는 유기체에 인간의 조직을 가지고 있어서 인간을 훨씬 쉽게 연구할 수 있다는 장점이 있다. 인간 줄기세포를 임상적으로 사용하기 전에 동물에서 인간 세포를 비임상으로 실험할 수 있다. 그래서 그는 인간의 줄기세포를 마우스의 뉴런이 죽기 직전에 마우스의 태아에 이식하는 것을 제안했다. 그의 희망은 마우스의 신경 아교 세포와 인간에서 유래한 뉴런으로 이루어진 뇌를 가진 살아 있는 마우스를 만드는 것이었다. 그러나 와이즈만은 실제 인간 뉴런 마우스를 만드는 실험은 하지 않았다. 앞에서 윤리적 관심을 일으키는 부분-인간화 동물은 인간의 배아에서 유래한 줄기세포를 동물의 태아에 주입한 경우라고 말했는데, 특히 인간의 뇌에서 유래한 줄기세포를 동물에게 주입한 경우가 더 논란이 된다. 인간의 혈액이나 피부 줄기세포를 주입하는 경우도 있지만, 그런 부위는 아무래도 인간의 본질이 아니라고 생각되기 때문이다.[320] 그와 달리 인간의 뉴런을 가진 마우스는 인간처럼 생각할 수 있지 않느냐라거나, 그런 마우스는 더는 마우스라고 할 수 있느냐는 우려가 생기는 것이다.

2000년대 중반에 다른 두 과학자의 키메라 실험이 이어졌다.[321] 먼저 레드몬드의 예일 대학교 연구팀은 미성숙한 인간 뉴런 세포를 초록색긴꼬리원숭이 뇌의 도파민 생성 지역에 이식했는데, 이 지역은 파킨스병과 관련되어 있어서 연구팀은 파킨슨병을 이해하고 치료하는 데 도움이 되리라 기대했다. 네바다 대학교 르노 캠퍼스의 잔자니는 인간 줄기세포 중 주로 혈액을 형성하는 줄기세포를 양에게 이식했다. 그는 이 세포가 양에서 여러 종류의 세포 유형으로 변형되는데, 그 중 하나가 인간 세포에서 유래된 간 세포를 40% 가진 간이 있는 양이 된다고 주장했다. 이 간은 인간의 간 구조를 가지고 있고 완전한 인간의 단백질을 생산한다고 한다. 그런데 이 양은 대학 소유의 목장에서 길러져서 논란이 되었다. 혹시 코요테에게 잡아 먹힌다면 생태계 교란의 위험이 있기 때문이다.[322]

이렇게 부분-인간화 동물 연구는 인간 세포가 어떻게 분화하고 발달하는지 관찰하고, 그것이 어떤 치료적 가치가 있는지 살펴보고, 줄기세포를 이용해서 인간에게 이식하기 위한 조직 및 장기를 개발할 수 있는지 알기 위해 진행된다. 그런데 정치권과 사회는 이런 시도에 우려를 보이고 있다. 2006년, 조지 W. 부시 대통령은 연두 교서에서 이렇게 말했다.

> 희망적인 사회는 윤리를 무시하지 않고 모든 생명의 소중함을 인정하는 과학과 의약 제도를 채택하고 있다. 나는 오늘 밤 모든 형태의 인간 복제, 실험 목적으로 태아를 만들어 내거나 이식하는 것, 하이브리드, 인간 태아를 사고팔고 특허를 내는 몹시 나쁜 의학 연구 남용을 금지하는 법안을 통과시켜 줄 것을 촉구한다. 인간의 생명은 창조주의 선물이다. 그 선물은 버려져서도 안 되고 무시돼서도 안 되며 팔려서도 안 된다.

이 말에는 사실관계에서 잘못된 내용이 많다. 지금까지 진행된 실험에는 인간 태아를 만들어내거나 이식하는 연구도 없고 하이브리드도 없다. 그런데도 이 연두 교서의 내용이 부분-인간화 동물에 사람들이 갖는 일반적인 반감이다. 지금부터 부분-인간화 동물에 대한 반론을 부자연스러움에 의한 반론, 도덕적 혼란에 의한 반론, 인간 존엄성에 의한 반론의 세 가지로 정리하여 각각 살펴보도록 하겠다.

4. 부자연스러움에 의한 반론

부분-인간화 동물을 향한 가장 '자연스러운' 반론은 부분-인간화 동물은 **부자연스럽기** 때문에 옳지 않다는 것이다. 부분-인간화 동물은 자연에 존재하지 않는다. 물론 부분-인간화 동물의 정의에서 보았듯이 유전적으로 서로 다른 유전자가 섞여 부분-인간화 동물이 만들어지는 방식이 꼭 인간의 개입에 의한 것만 있는 것은 아니고 자연에서 일어나기도 한다. 그러나 윤리적으로 논란이 되는 부분-인간화 동물은 인위적인 방식으로 만들어지는 경우라고 말했기 때문에 자연에 존재하지 않고 인위적으로 만들어지는 부분-인간화 동물에 반감이 생기는 것이다.

곧 드러나겠지만 '자연스럽다'는 상당히 애매한 말이다. 따라서 부자연스러움에 의한 반론을 평가하기 위해서는 이 반론에서 '자연스럽다' 또는 '부자연스럽다'가 무슨 뜻으로 쓰이는지 파악하는 게 중요하다. 위에서 보았듯이 '부자연스럽다'는 첫째 자연에 존재하지 않고 인간이 만들었다는 뜻으로 이해할 수 있다. 그러나 그런 뜻으로 이해하면 반론은 쉽게 무너지고 만다. 이 세상에는 자연에 존재하지 않고 인간이 만든 것이 한두 가지가 아닌데 그런 것들을 모두 윤리적으로 그르다고 비판하지는 않기 때문이다. 당장 부분-인간화 동물에 속하는 노새와 같은 하이브리드나 식물의 접붙이기는 자연에 존재하지 않는 것을 인간이 만든 것이지만 그것을 윤리적으로 문제 삼는 이들은 거의 없다.[323]

'부자연스럽다'의 두 번째 의미는 신의 영역에 도전한다는 뜻으로 해석할 수 있다. 앞 장의 이종 이식에 대한 반론에서 살펴보았듯이 부분-인간화 동물을 만드는 것은 신의 영역에 도전하기에 자연스럽지 못하다고 비판하는 것이다. 인간이 동물의 장기를 가지게 하거나 동물이 인간의 장기 또는 조직을 가지게 한다면 그것은 신이 할 일에 도전한다고 보는 것이다. 그러나 이종 이식의 윤리에서도 대답했듯이 이미 우리는 의치, 의안, 의족과 같은 보철물, 돼지 심장 판막 이식 수술, 체외 수정 등 신의 영역에 도전하는 일을 흔하게 하고 있는데 굳이 부분-인간화 동물에만 반감을 표현하는 것은 일관되지 못하다.

신을 운운하는 것이 꼭 크리스트교의 인격신을 염두에 두고 있다고 생각할 필요는 없다. 이 세상을 지배하는 섭리를 가지고도 신의 영역에 도전한다는 반론을 펼칠 수 있다. 자연에 없는 것을 인간이 만드는 것은 자연의 섭리에 어긋난다고 주장할 수 있기 때문이다. 물론 크리스트교의 교리에 맞게 신의 영역에 도전한다는 반론도 적극적으로 제기된다. 신은 완벽하므로 이 세상을 창조할 때 모든 가능한 창조물을 이미 창조해 놓았는데, 하이브리드나 키메라와 같은 새로운 창조물을 만드는 것은 신의 완벽성을 부인하는 것이고 이는 곧 신의 존재를 부정한다고 말이다.[324] 그러나 이런 반론은 신의 존재나 신의 완벽성을 인정한 다음에나 의미가 있으므로 여기서 진지하게 검토할 필요는 없다.

사실 '자연스럽다'는 말과 '윤리'를 결부하는 것은 올바른 논증 태도가 아니다. 자연은 옳고 그름 또는 좋고 나쁨의 가치 판단을 할 수 없기 때문이다. 자연에 있지만 바람직하지 않은 것도 있고, 인위적인 것이지만 바람직한 것도 있다. 태풍이나 가뭄과 같은 자연 현상이 전자의 대표적인 예이고, 태풍이나 가뭄을 막기 위한 인간의 노력이 후자의 대표적인 예이다.[325] 그런데도 '부자연스럽다'가 '비윤리적'이라는 말과 동의어로 쓰이는 것은 기존에 익숙한 것을 지키려고 하는 보수적인 태도나 새로운 것을 반성적으로 검토하려는 자세를 거부하는 무비판적 태도와 다를 바 없다. 실제로 우리 사회에서도 동성동본 결혼이나 호주제 따위에 반대하면서 '자연의 순리에 어긋난다'는 근거를 제시한 사례를 통해 그런 모습이 확인된다. 서구 사회에서도 노예제 폐기나 여성의 지위 향상에 똑같은 근거를 들어 반발한 역사가 있다. 오랫동안 익숙해 왔던 것을 편안해 하고 새로운 것에 거부감을 느끼는 것은 인간의 '자연스러운' 감정이다. 이렇게 보았을 때 '부자연스럽다'의 세 번째 의미는 익숙하지 않아서 싫다는 것이다. 이것은 어떤 특별한 이유를 제시할 수는 없지만 그냥 싫다는 것이고 쉽게 말해서 익숙하지 않은 것에 혐오감을 보이는 것이다.

그러나 반복해서 말하면 자연스럽다고 해서 올바른 것은 아니다. 이런 자연스러운 감정은 터부, 감정, 직관 등으로 표현되기도 하는데, 이것들은 윤리적 추론에서 근거의 기능을 할 수 없다. 그냥 자신이 싫다는 느낌, 혐오감을 드러내는 것이 윤리적 정당화가 될 수는 없는 노릇이니까. 물론 대부분의 사람은 비윤리적인 행동을 보고 불편한 감정을 느끼고 그것을 옹호하지 않는 직관을 가지고 있다. 예를 들어 사람들은 살인에 대해 역겨움을 느끼고 그것을 옹호하지 않는다. 미국의 조지 W. 부시 정부에서 대통령 생명 윤리 위원회 위원장을 지낸 카스는 혐오감을 윤리의 근거로 적극적으로 받아들이는 사람이다. 그는 이렇게 말한다.

> 혐오감(repugnance)은 논증이 아니다. (…) 그러나 결정적일 때 혐오감은 깊은 지혜를 감정적으로 표현한 것이고, 이것은 깊은 지혜를 분명하게 표현하는 이성의 능력을 넘어서는 것이다. 아버지와 딸 사이의 (심지어 동의에

의한) 근친상간, 수간, 주검 훼손, 인육 먹기, 다른 사람을 그냥 (그냥!) 강간하거나 살인하기의 공포를 충분히 적절하게 보여 주는 논증을 제시할 수 있을까? 이런 행동들에 대해 사람들이 갖는 혐오감을 충분히 합리적으로 정당화하지 못한다고 해서 그 혐오감이 윤리적으로 의심받아야 할까? 전혀 그렇지 않다. 그 반대로 동종 번식의 유전적 위험을 논증하여 근친상간의 위험성을 설명하는 방식으로 이런 공포를 합리화할 수 있다고 생각하는 사람을 우리는 의심한다.[326]

카스는 이런 주장으로 혐오감에 의해 인간 복제에 반대한다. 그러나 카스가 인간의 '깊은 지혜'라고 말한 것은 지혜가 아니라 한 공동체가 오랫동안 지녀온 무비판적인 신념일 가능성이 크다. 그것은 공동체마다 일치하지도 않는다. 카스가 예를 든 주검 훼손이나 인육 먹기를 예를 들어 보면 그것에 혐오감을 느끼는 공동체도 있지만 거꾸로 시신을 먹지 않고 그대로 땅에 묻거나 화장하는 것에 혐오감을 느끼는 공동체도 있다. 헤로도토스의 『역사』에는 고대 페르시아 왕인 다레이오스가 조상의 주검을 먹는 풍습이 있는 칼라티아이 사람들에게 주검을 먹지 않고 그 대신에 얼마만 한 돈이면 주검을 태우겠느냐고 묻자 칼라티아이 사람들이 큰 소리를 지르며 그런 불길한 말은 하지 말라고 간청하는 장면이 나온다. 그리고 다레이오스는 "관습이 만물의 제왕이다."라고 말한 핀다로스의 시(詩)가 옳다고 생각한다고 말한다.[327] 이 이야기가 역사적 실례에 근거하는지 알 수 없지만 우리의 '깊은 지혜'라는 것은 우리 공동체만이 지닌 터부, 좋게 말하면 '관습'에 불과할 수 있음을 잘 보여 준다. 역사적 사실에 근거하는 사례로, 이종 이식이나 키메라에 반대하는 생각은 인간을 신의 형상에 따라 만들었다는 크리스트교의 전통이라는 주장이 있다. 그런 전통의 문화에서는 인간과 동물이 명확히 구분되고 그 둘이 섞이는 것을 용납하기는 쉽지 않다. 그러나 인간과 동물이 구분되지 않는 전통은 흔하다. 고대 이집트 문화도 신을 동물의 형상으로 그리고 있고, 당장 우리나라의 건국 신화도 우리의 조상이 곰에서 태어난 것으로 그리고 있다. '깊은 지혜'는 공동체마다 다른 정도가 아니라 한 공동체 내의 개인마다도 다르다. 혐오감은 동성애 행위를 비판하는 근거로도 자주 사용되는데, 모든 사람이 그것에 혐오감을 느끼는 것은 아니다. 실제 동성애 행위를 하는 사람도 있고 그것에 중립적인 태도를 취하는 사람도 있다.[328] 드물기는 하지만 동의 하에 식육을 하는 사람도 있다.[329]

물론 카스가 말한 '깊은 지혜'의 상당 부분은 인류의 공통되는 윤리일 가능성이 크다. 그가 예를 든, 아무 이유 없이 그냥 강간하고 살인하기를 옹호하는 문화를 찾기는 어렵다. 그러나 강간과 살인이 옳지 않다는 것에 대해서는 그런 혐오감과 별도로 논리적인 근거를 제시할 수 있으므로 혐오감만으로 살인의 비윤리성이 정당화되는 것은 아니다. 카스는 "혐오감은 (…) 말할 수 없을 정도로 심오한 무엇인가를 넘어서지 말라고 우리에게 경고하며, 인간 의지의 과잉을 경고한다."[330] 라고 말한다. 혐오감이 비윤리적인 행동을 막는 구실을 한다는 것이다. 이 말은 어느 정도 일리가 있다. 우리는 윤리적인 숙고를 내릴 시간이 없이 즉각적인 판단을 내려야 할 때 그러한 혐오감에 의지하는 경우가 있기 때문이다. 그렇다고 해서 숙고되지 못한, 다시 말해서 윤리적 반성을 거치지 못한 혐오감이 옹호되는 것은 아니다. 혐오감은 윤리의 근거가 되지 못할 뿐만 아니라 실제로 수많은 차별을 정당화하는 데 쓰여 왔고 지금도 쓰이고 있다. 과거에 (또는 지금도) 흑인이나 유대인 등을 차별하는 데 그런 혐오감이 동원되었고, 지금도 신분이 낮은 사람들, 장애인, 이주 노동자, 외국인 등에 대한 혐오감은 그들을 대상으로 한 차별을 공고히 한다. 한편 얼핏 보기에 혐오감이 있지만 이로운 행위들도 있다. 누스바움은 어린이에게 보이는 성행위와 비의료인에게 보이는 수술 장면 등을 그런 예로 든다. 그들에게 그런 모습은 혐오스럽게 보이지만 성행위가 없었다면 어린이는 태어날 수 없었고 비의료인은 치료를 받을 수 없으므로 꼭 필요하다.[331]

부분-인간화 동물이 부자연스럽기에 윤리적으로 받아들일 수 없다고 비판하는 것도 부분-인간화 동물에 혐오감을 느끼기 때문이다. 그런 혐오감은 부분적으로는 신화에서 보여 주는 키메라의 혐오스러운 모습에서 비롯된다. 또 부분적으로는 언론에서 보여 주는 부분-인간화 동물의 역겨운 사진에서 비롯되는데, 인간의 귀를 등에 달고 있는 쥐의 사진이 대표적이다. 이 사진은 1997년 미국 매사추세츠의 과학자들이 의학 논문을 발표하면서 실은 것인데, 유전 공학의 혐오감을 보여 주는 유명한 사진이 되었다. 그러나 그 쥐는 부분-인간화 동물이 아니다. 소의 무릎 연골로 인간의 귀 모양을 만든 것이었다.[332] 설령 그것이 부분-인간화 동물이라고 하더라도 그 동물이 인간의 모습을 하고 있는 데서 혐오감을 느끼는 것은 단순히 미적인 문제일 뿐이지 윤리적인 문제는 아니다.[333]

부자연스러움에 의한 반론이 혐오감에 의한 반론처럼 합리적 근거가 없는 것만은 아니다. 카르포비치 등은 각 생물은 고유의 기능 또는 목적(telos)이 있다는 아리스토텔레스적인 논증을 소개한다.[334] 이 논증에 따르면 각 존재는 적절한 목적을 행사할 때 도덕적으로 옳고 그 목적을 왜곡하거나 어기는 방식으로 자연적 기능을 바꾸면 도덕적으로 그르다. 그런데 인간의 세포, 조직, 장기를 동물에게 이식하는 것은 그 기능을 바꾸는 것이고, 목적을 위배하는 것이다. 따라서 부자연스럽고 그르다는 것이다. 이렇게 볼 때 '부자연스럽다'의 네 번째 의미는 각 생물의 자연적인 기능이나 목적을 거스른다는 뜻이다.

이런 의미에 의한 부자연스러움에 의한 반론은 부분-인간화 동물뿐만 아니라 이종 이식, 유전 공학, 인간 복제 등의 생명 공학 기술에 똑같이 적용될 수 있을 것이다. 그러나 자연스러움에서 어떤 윤리를 찾으려는 잘못이 이 반론에도 역시 숨어 있다. 자연의 본래적 기능이 있다고 하더라도 그것을 유지하는 것만이 선인가? 인간을 비롯한 성체는 생식을 하여 후손을 낳는 것이 고유한 기능이라는 것을 인정한다고 하자. 이 반론에 따르면 불임인 성체는 악이라는 결론이 나오는데 이것을 받아들일 수 있는가? 카르포비치 등은 고유의 기능 또는 목적을 벗어나지만 비윤리적이라고 말하기 힘든 사례를 든다. 나의 간은 나의 신체를 위한 기능—해독 기능—을 한다. 그런데 그것을 다른 사람에게 기증을 한다면 그 목적에서 어긋나는 것 아닌가? 정자와 난자의 고유한 기능도 체내에서 수정하는 것인데 체외에서 수정한다면 그 기능을 벗어나는 것 아닌가? 그러나 장기 기증이나 체외 수정도 크게 보면 생명 유지나 번식이라는 자연적인 목적을 달성하기 위한 것이다.[335] 고유의 기능 또는 목적이라는 것은 귀에 걸면 귀걸이, 코에 걸면 코걸이 식으로 해석될 수 있는 것으로 역시 합리성이 없는

것이다.[336]

지금까지 '부자연스럽다'는 말의 여러 가지 의미—인간이 만들었다, 신의 영역에 도전한다, 익숙하지 않다, 각 생명의 자연적인 기능이나 목적을 거스른다—에 따라 부자연스러움에 의한 반론을 평가해 보았지만, 자연스러움과 윤리적임을 엮으려는 어떤 시도도 성공하기 어려움을 보았다. 어떤 행위를 보고 부자연스럽다고 말하는 것은 대중의 가장 흔한 반응이지만 그만큼 세련되지 못하다.

5. 도덕적 혼란에 의한 반론

부분-동물화 인간의 윤리적 문제를 처음으로 제기한 이들은 로버트와 베일리스이다. 그들은 부자연스러움에 의한 반론에서 말한 신의 영역에 도전한다는 비판이나 혐오감에 의한 비판을 검토하고 부분-동물화 인간의 문제는 그것들보다는 다음에서 생긴다고 주장한다.

> 모든 것을 고려해 볼 때, 부분적으로 인간이고 부분적으로 동물인 생명체가 존재하게 되면 동물과의 기존 관계와 특정 하이브리드나 키메라와의 미래의 관계에서 **거침없는 도덕적 혼란**(inexorable moral confusion)이 생기기 때문에 그런 생명체를 만드는 것은 부적절하다.[337]

어떤 '도덕적 혼란'을 말하는가? 로버트와 베일리스는 먼저 종의 구분을 이야기한다. 그동안 자연 종을 명확히 정의하려는 여러 가지 시도가 제시되었다. DNA, 겉모습, 상호 교배 가능성, 형태적 유사성 등 여러 가지가 제시되었지만 어느 것도 만족스럽지 못했다. 그런 것들은 필요 충분하게 어떤 한 종의 구성원이 되는 본질이 되지 못하기 때문이다. 예컨대 상호 교배 가능성을 종의 정의로 제시한다고 하면 무성생식을 하는 상당히 많은 생명체가 종이 되지 못한다. 그래서 그들은 인간 종과 인간 아닌 동물 종을 구분할 생물학적 근거가 이렇게 확실히 없지만, 그래도 문화적 합의가 있음에 근거해서 논의를 펼친다. 마치 인종이 생물학적으로 의미 없는 범주이지만 현실에서는 고정된 인종 개념이 문화적 구성물로서 또는 도덕적 범주로서 존재하는 것처럼, 종도 생물학적으로는 유동적이지만 도덕적 구성물로서 받아들여진다는 것이다. 그들은 사람들이 종의 정체성과 경계가 실제로 존재한다고 믿고 있고 그런 믿음을 바탕으로 일상적인 도덕적 판단을 내리는 현실을 그 근거로 든다.[338]

그렇다면 우리는 비록 합의를 본 종 구분이기는 하지만 그것을 지켜야 할 도덕적 의무가 있다. 그런데 로버트와 베일리스가 보기에 부분-인간화 동물은 종을 교차하는(cross) 것이어서 도덕적 혼란을 가져온다. 인간인지 동물인지 명확하지 않은 부분-인간화 동물을 인간으로 대우해야 하는지 동물로 대우해야 하는지 헷갈리기 때문이다. 그들이 보기에 우리 사회에서 인간과 동물을 대우하는 관행은 완전히 다르다. 인간은 어떤 의도로 태어났는가에 따라 도덕적 지위가 달라지지는 않는다. 상속자로 태어나든, 하나뿐인 아이가 심심해서 태어나게 하든, 가족의 조직 공여자로 태어나게 하든 인간으로서의 도덕적 지위는 똑같다. 그러나 그들에 따르면 동물의 경우에는 어떤 의도로 태어났느냐가 도덕적 지위에 영향을 미친다. 음식용인가, 노동용인가, 연구용인가에 따라 도덕적 지위가 달라지고, 고등 동물과 하등 동물의 도덕적 지위도 다르다.[339] 그런데 인간-부분화 동물을 만드는 것은 이런 관행에 위협을 주는 것이라고 주장한다.

> 우리가 인간과 동물 사이에 분명하게 (그러나 깨지기 쉽게) 쳐져 있는 **도덕적** 경계를 깨뜨리면, 이런 새로운 존재에 지게 될 도덕적 의무를 해결해야 한다거나, 인간이나 동물에 대한 기존의 관행을 재고해야 한다는 점에서 상당한 파문이 일어난다. (…) 인간의 독립성은 위태로워지고 쉽게 상실된다. 따라서 그 경계는 엄격하게 지켜질 필요가 있다.
>
> (…) 인간 사회의 수많은 사회적 제도, 구조, 관행이 인간과 동물의 구분에 의존하고 있다. 그러므로 존재의 위계 질서에서 인간의 특권적인 위치를 지키기 위해서는 종의 정체성에 대한 본질주의를 받아들이고, 종과 새로운 존재의 종 지위에 쏟아지는 과학적 불만을 효율적으로 억누르는 것이 중요하다.[340]

로버트와 베일리스의 도덕적 혼란에 의한 반론은 기존 관행을 유지하려는 보수주의적 논증임이 쉽게 확인된다. 그러나 우리는 "새로운 존재에 지게 될 도덕적 의무를 해결해야 한다거나, 인간이나 동물에 대한 기존의 관행을 재고"하는 것이 윤리학의 할 일이라고 알고 있다. 그런데 그들에게는 그렇게 하는 것이 '상당한 파문'이 된다. 인간은 어떤 의도로 태어났든 그 도덕적 지위가 똑같고, 동물은 태어나게 한 의도에 따라 도덕적 지위가 다르다는 주장은 논의의 대상이지 주장의 근거가 될 수는 없다. 실제로 동물은 도덕적 지위를 인간에게 의존하는 것이 아니라 그 자체로 가지고 있다는 주장은, 1장에서 보았듯이 동물 윤리 논의에서 핵심적인 논제이다.[341] 동물은 어떤 의도로 태어났느냐에 따라 다른 도덕적 지위를 갖게 된다는 주장은 우리나라의 개고기 논쟁에서 애완용 개와 식육용 개는 처음부터 다르게 사육되므로 개고기를 먹는 것은 문제가 안 된다는 주장을 떠올리게 한다. 이렇게 볼 때 도덕적 혼란에 의한 반론은 크게 보면 부자연스러움에 의한 반론의 하나로 간주할 수 있다. 부분-인간화 동물의 등장은 고정된 종이 있다는 문화적 합의를 깨뜨리는 행위인데 이는 곧 자연스럽지 못한 것이고 혐오감을 불러일으킨다고 말하는 것이나 다름없기 때문이다. 로버트와 베일리스가 보기에 이 혐오감이 곧 도덕적 혼란이다.[342] 도덕적 혼란에 의한 반론은 이렇게 부자연스러움에 의한 반론의 일종으로 다룰 수도 있지만, 종 간의 경계와 그것의 교차를 주요 개념으로 거론한다는 점에서 부자연스러움에 의한 반론과 별도로 논의할 만한 가치가 있다.[343]

도덕적 혼란은 과거에 여성이나 흑인에게 남성이나 백인과 같은 도덕적 지위를 주어야 한다는 주장이 나올 때도 있었다. 도덕적 혼란을 이유로 여성이나 흑인에게 동등한 도덕적 지위를 주어서는 안 된다고 주장한다면 이는 분명히 받아들일 수 없다. 1792년에 메리 울스턴크래프트의 『여성의 권리 옹호』라는 책이 나왔을 때 그 책을 풍자하기 위해 『짐승의 권리 옹호』라는 책이 익명으로 출간되었다.[344] 여성에게 권리가 있다고 생각된다면 동물에게도 평등을 인정해야 한다고 말하는 것을 보면, 여성에게 권리를 인정하는 것이 당시 지식인들에게 동물의 평등을 인정하는 것만큼이나 도덕적 혼란으로 받아들여졌음을 짐작할 수 있다. 비록 과거의 일이지만 도덕적 혼란을 이유로 여성의 평등을 인정하지 않는 것이 얼마나 어처구니없는지 우리는 잘 알고 있다.

로버트와 베일리스도 이런 반론이 있다는 것을 알고 있다. 그들은 거기에 덧붙여 식물 인간, 반사회적 인격 장애자, 영장류, 인공 지능이나 사이보그의 도덕적 지위에 대해서도 도덕적 혼란이 있음을 언급한다. 그런데도 이러한 도덕적 혼란은 지금의 논의와 무관하다고 보는데, 부분-인간화 동물의 창조는 "기존의 사회 질서에 충분한 위협이 되므로 많은 사람에게 인간을 포함한 종 경계를 넘어서는 것을 금지할 충분한 이유가 되기" 때문이다.[345] 그들이 우려하는 것은 종을 교차하는 존재가 생김으로써 사회에서 고정된 종의 경계가 위협을 받는 현실이다. 여성이나 인공 지능에 도덕적 지위를 부여해야 한다는 논의가 생김으로써 도덕적 지위를 어디까지 부여하느냐는 문제에 도덕적 혼란이 생기기는 했지만 그렇다고 해서 기존의 남성이나 사람의 종 개념이 흔들린 것은 아니라고 본다. 그러나 부분-인간화 동물의 등장은 기존의 사람과 동물의 종 개념에 혼란을 가져오므로 다른 차원의 도덕적 혼란으로 여기는 것이다.

그렇다면 우리는 다음 두 가지 질문을 던져야 한다. 첫째, 종 교차가 정말로 일어나는가? 둘째, 종 교차가 있다면 정말로 도덕적 혼란이 있는가? 첫째 질문부터 검토해 보자. 종 교차, 곧 인간의 뇌 줄기세포나 뉴런이 주입된 마우스가 인간이 되는 일이 일어날까? 자연에서 새로운 종이 생기는 일은 흔한 일이다. 노새가 그런 예이고, 농작물에서 새로운 품종을 만드는 일은 아주 흔하다. 그렇다고 해서 여기서 혼란이 생기지는 않는다. 그것들은 새로운 종이고 기존의 종에 혼란을 주지는 않기 때문이다. 노새가 당나귀인지 말인지 고민하는 사람은 없다. 그러나 인간 뉴런 마우스는 인간 종으로 분류해야만 할 것 같은 생각 때문에 고민을 하는 것이다. 하지만 인간 뉴런 마우스는 정말로 사람으로 볼 수 있는가? 돼지 심장 판막을 이식받은 인간을 돼지라고 생각하는 사람은 전혀 없다. 심지어 인간의 정체성이 있다고 생각되는 뇌가 뇌간을 제외하고는 없는 무뇌증 신생아도 인간으로 간주한다.[346] 그런데 왜 부분-인간화 동물은 인간으로 분류될 가능성이 있다고 생각하는 것일까?

한 가지 대답은 동물에는 없는 인간의 존엄성 때문일 것이다. 인간의 가치와 동물의 가치 중 인간의 가치가 더 중요하고 눈에 띄기 때문에, 인간은 동물의 부분을 가지고 있더라도 동물로 볼 수 없어도 동물은 인간의 부분을 일부라도 가지고 있으면 인간으로 볼 수 있다는 것이다. 인간의 존엄성 논의는 다음 절에서 살펴볼 것이다. 또 다른 이유는 인간의 뇌 줄기세포나 인간의 뉴런을 이식받은 마우스의 경우 정말로 인간의 뇌처럼 기능하리라는 생각 때문이다. 인간의 뉴런을 태아기의 마우스에 이식하면 인간 뉴런의 단백질과 세포질만 갖는 것이 아니라, 인간의 뉴런처럼 작동해서 인간처럼 인지한다고 생각한다. 헤이버와 벤햄은 이런 식의 생각을 '소박한 발달 본질주의'라고 부른다. 이것은 어떤 존재의 본질은 발달 물질에 있다는 생각이다.[347] 인간 뉴런 마우스는 마우스의 뉴런 또한 갖고 있으므로 소박한 발달 본질주의에 따르면 인간의 본질과 쥐의 본질을 모두 가지고 있게 된다. 헤이버와 벤햄은 이것을 한 몸에 통약 불가능한 두 개의 본질이 있다고 해서 '두 본질 문제'라고 부른다. 그러나 소박한 발달 본질주의와 거기서 파생된 두 본질 문제는 심각한 문제로 고민할 필요가 없다. 우선 인간의 본질이 뇌에 있는 것은 아니기 때문이다. 위에서 생물학적 종의 명확한 정의가 어렵다고 지적한 데서 보았듯이 호모 사피엔스의 본질이 어느 곳에 있다고 딱 집어내는 데 성공한 적이 없다. 인간의 정체성이 뇌에 있다고 보는 것은 자연스러운 생각이긴 하다. 그러나 인간의 뉴런을 갖는 마우스가 어떤 행동을 해야 인간이라고 부를 수 있을까? 그릴리는 인간의 의식이나 지능을 특별하게 하는 뇌의 부위가 어디인지도 아직 밝혀지지 않은 마당에 마우스 뇌의 어떤 부위를 보고 인간인지 파악할 수 있느냐고 묻는다.[348] 마우스가 인간처럼 말을 한다면 인간이라고 인정할 것이다. 그러나 인간과 비슷한 침팬지는 훈련을 받아 수화로 인간과 의사소통을 하는 사례가 있지만 그런 침팬지마저도 인간의 성대를 갖지 못하기에 인간처럼 말을 할 줄은 모른다.

소박한 발달 본질주의와 두 본질 문제가 심각한 문제가 아닌 또 다른 이유는 인간 유래 세포를 마우스 조직에 넣는다고 해서 인간 조직에 있는 것처럼 자라지 않기 때문이다. 세포들은 자신이 있는 환경에서 보내는 시그널에 반응을 하고, 자신이 발달하는 맥락에 맞춰서 자신의 발달을 조정하고 수정한다. 그래서 헤이버와 벤햄은 한 환경에서 세포 발달의 특징으로 나타나는 것이 같은 세포가 다른 환경에 있다고 해서 나타난다고 볼 수 없다고 말한다.[349] 뇌는 감각 또는 의식과 같은 인지 작용이 생기는 곳이지만 그것을 결정하는 것은 개별적인 뉴런이 아니라 뉴런들이 상호 작용하는 구조인 것이다. 그릴리는 뉴런을 벽돌과 비유하는데, 어떤 건물이 성당인가 차고인가를 결정하는 것은 벽돌이 빨간색인가 회색인가가 아니라 그 벽돌이 어떤 구조를 이루고 쌓여 있는 것이다.[350] 마찬가지로 완전히 사람의 뉴런만으로 이루어진 마우스의 뇌라고 해도 거기서 인간의 의식이 생기는 것은 아니고 여전히 마우스의 뇌일 수 있는 것이다. 또 인간과 마우스의 뇌 용량이 1,000배나 차이 나는 것도 마우스의 뇌가 인간의 뇌처럼 발달할 가능성을 막는다.[351] 따라서 인간이 아닌 맥락에 있는 세포를 '인간' 세포라고 부르는 것은 잘못이다. 결국 인간의 마우스에 뉴런을 이식한다고 해서 인간의 본질까지 이식되는 것은 아니다.

카르포비치 등도 인간의 줄기세포를 이식받은 부분-인간화 동물이 인간과 같은 특성을 지금까지도 보이지 않았고 미래에도 보이지 않으리라고 주장한다.[352] 그 이유는 방금 말한 인간과 마우스의 뇌 크기 차이 탓도 있고, 마우스의 세포가 이식되는 인간의 줄기세포보다 월등히 많은 이유도 있고[353], 인간의 줄기세포가 마우스의 다른 조직과 분리된 이유도 있다. 코르포비치 등은 인간의 망막 줄기세포를 예로 든다.

> 인간의 망막 줄기세포가 마우스나 원숭이의 기본적인 신경 기능과 융합되어 동물의 광수용체를 대치하려고 한다 해도, 동물의 뇌가 작동하는 방식을 통제하지는 못한다. 인간의 망막 줄기세포가 동물의 눈 또는 뇌 안에서 메시지를 주고받는 유사한 일련의 장치와 연결되어 빛을 감지하는 세포 장치가 되겠지만, 동물 뇌의 전체적인 구조는 그런 세포가 존재한다고 해서 영향을 받지는 않는다. 인간의 망각 줄기세포는 부분-인간화 동물의

뇌 자체에 빛 자극 정보를 보낼 뿐이다. 동물 뇌의 조직은 주인인 동물이 지배하기 때문에 그 신경학적 기능은 변하지 않고 그대로 남을 것이다. 인간의 세포는 주인인 동물의 선천적인 형태를 흉내 내어 환경에 따라 변화할 것이고, 인간과 동물의 유전적인 차이는 주인인 뇌가 기능하는 방식에 영향을 주지 않을 것이다.[354]

간단히 말해 인간의 줄기세포가 동물의 뇌에 주입된다고 하더라도 그 뇌의 주인인 동물이 그 세포가 작동하는 방식을 지배한다는 것이다. 인간의 뇌가 인간 몸 밖에서 발달할 가능성은 매우 의심스럽다.

지금까지 로버트와 베일리스가 우려하는 종 교차는 일어날 가능성이 없다는 것을 보았다. 그러면 둘째 질문, 곧 설령 종 교차가 있다고 하더라도 정말로 도덕적 혼란이 있을지 살펴보자. 인간의 뇌 줄기세포를 갖는 마우스 또는 인간 뉴런 마우스가 인간 종의 특성을 갖게 된다면 그들의 우려대로 그 동물을 인간으로 대우해야 할지 동물로 대우해야 할지 고민이 될 것이다. 그러나 그런 도덕적 '혼란'은 지금도 이미 있고 새로운 것이 아니다. 영장류는 인간을 인간으로 특징짓는다고 생각되는 특성—합리성, 언어 사용, 사회생활, 도덕성, 자의식—을 상당 부분 가지고 있다. 그래서 싱어 같은 이는 영장류는 호모 사피엔스라는 생물학적 종에는 속하지 않지만 인간 대부분과 함께 '인격체'(person)로 취급해야 한다고 말함을 이미 3장에서 살펴보았다. 심지어 인격체에 속한다고 보기 힘든 호모 사피엔스—회복 불가능한 중증 장애인, 영아—도 있다. 호모 사피엔스와 인격체라는 이중의 종 구분에 따르면 인간과 침팬지는 종 교차를 하는 셈이다. 설령 인간과 마우스 사이에서 마찬가지의 종 교차가 일어난다고 하더라도 그 마우스가 인격체에 속하는 특성을 갖는지 살펴보아 그것에 맞게 도덕적 지위를 부여하면 그만이다. 그러나 위에서 보았듯이 그럴 가능성은 없다.

사실 '도덕적 혼란'은 규범적인 성격의 혼란이므로 종 교차가 일어난다고 할 때 사실 차원에서 도덕적 혼란이 있을지 없을지 살펴보아서는 안 된다. 실상에서 도덕적 혼란이 있다고 하더라도 그 혼란이 정당한 성격의 것인지 규범적 판단을 내려야 한다. 그러나 방금 검토한 것처럼 종 차별주의적이지 않은 태도를 지닌다면 도덕적 혼란은 있을 수 없거나 있더라도 새로운 성격의 것은 아니다.

6. 인간 존엄성에 의한 반론

부분-인간화 동물을 향한 또 다른 반론은 인간은 존엄성이 있는데 부분-인간화 동물이 만들어짐으로써 그 존엄성이 훼손된다는 비판이다. 인간이 존엄하다는 것은 이 세상에 있는 다른 존재들과 달리 인간이 특별히 존중받고 보호받을 위치에 있다는 것을 전제하는 것이다. 사실 지금까지 살펴본 부자연스러움에 의한 반론이나 도덕적 혼란에 의한 반론도 '특별한 인간'을 전제하고 있다. 특별한 인간을 다른 동물과 섞는 것을 보고 혐오감을 보이고 도덕적 혼란을 느끼는 것이기 때문이다.

우리는 인간은 존엄하다는 말을 자주 듣는다. 그러나 인간의 존엄성은 구체적으로 무슨 뜻일까? 인간은 왜 존엄할까? 카르포비치 등은 부분-인간화 반대 논증 중 인간 존엄성에 의한 반론이 윤리적으로 가장 위력이 있다고 말하면서도[355], 인간은 "무조건적이고 비교할 수 없는 가치를 지닌다"거나 "특별하게 가치 있고 존경받을 만하다"[356]라고 존엄성의 의미를 막연하게 말한다. 인간이 존엄한 이유로는 대체로 앞에서 인간의 생물학적 종을 정의할 때 거론한 특성들을 지니고 있기 때문이라고 말해진다. 합리성, 언어 사용, 사회 생활, 도덕성, 자의식 따위가 그런 특성들이다. 그런데 인간 중에는 중증 장애인이나 갓 태어난 영아처럼 이런 특성들이 없는 존재도 있는데, 이런 인간들은 존엄성이 없다는 받아들이기 힘든 결론이 나온다. 이른바 가장자리 인간의 문제는 여기서 논외로 하고[357], 대부분의 인간이 가지고 있다고 생각되는 존엄성을 훼손하면 안 되는 이유를 생각해 보자. 카르포비치 등은 살인, 고문, 감금 따위에 의해 방금 말한 인간을 특징 짓는 핵심적인 특성들을 잃게 되면 인간이 육체적으로나 심리적으로 손상을 입을 뿐만 아니라, 그 특성들을 행사할 수 없게 되어 특별한 가치가 없는 단순한 물건에 지나지 않게 되기 때문이라고 말한다. 그런데 부분-인간화 동물에도 똑같은 문제가 생길 수 있다고 지적한다.

> 인간 존엄성에 의한 반론의 지지자들은 인간-동물 키메라를 창조하면 인간이 인간 존엄성과 결부되는 능력들을 행사할 가능성을 감소시키거나 완전히 제거하게 되어 키메라를 다른 사람의 목적을 위한 수단으로 취급하게 될 것이라고 주장한다. 인간 존엄성과 결부되는 능력들이 발달하는 데 필수적인 물리적 조건 중 일부를 동물에게 주면서 이 조건들을 동물의 몸 안에 가두어 놓게 되면 동물들은 그 능력을 전혀 발휘하지 못하거나 아

주 감소한 정도로 발휘할 수 있게 되는데, 이것은 인간 존엄성을 더럽힌 인간-동물 키메라를 창조한 것이다.[358]

이 반론에 따르면 부분-인간화 동물을 만든 사람은 고문하는 사람이나 노예주와 다름이 없다. 사람을 고문하거나 노예로 부림으로써 그 사람이 인간 존엄성과 결부된 능력을 발휘할 기회를 빼앗아 가는 것처럼, 부분-인간화 동물을 만듦으로써 똑같이 그런 기회를 빼앗아 가기 때문이다.[359]

인간 존엄성에 의한 반론은 인간의 신체 부분 중 인간의 존엄성과 결부된 특성을 지닌 부분이 동물에게 이식되고 그 부분이 인간의 존엄성을 발휘할 수 있는데도 동물의 신체에 갇혀서 존엄성을 발휘하지 못할 때 성립한다. 그러나 우리는 이미 앞 절에서 인간의 뇌 줄기세포가 마우스에게 주입이 되더라도 그것이 인간의 뇌처럼 기능할 가능성은 없다는 것을 보았다. 인간 뇌의 줄기세포는 단지 마우스의 뇌에 있을 뿐 마우스 뇌의 신경학적 기능에 융합되지 못하는 것이다. 따라서 마우스에 주입된 인간의 뇌 줄기세포는 인간의 존엄성을 발휘할 가능성이 없다. 고문받는 사람이나 노예처럼 인간 존엄성의 능력은 갖추고 있지만 그것을 발휘하지 못하는 것이 아니라 그런 능력이 아예 없는 것이다. 그것은 인간의 존엄성을 담지하고 있는 특별한 부분이 아니라 인간에서 분리된 인간의 여러 세포나 조직일 뿐이다. 그래서 인간 존엄성에 의한 반론을 소개한 카르포비치 등도 그런 이유로 부분-인간화 동물이 만들어진다고 하더라도 인간 존엄성은 훼손되지 않는다고 말한다.[360]

물론 인간에서 분리된 세포나 조직이라고 하더라도 당사자의 동의를 받지 않고 쓰인다면 그 인간의 존엄성을 훼손할 것이다. 인간의 존엄성을 특징짓는 중요한 특성 중 하나는 '자율성'이고 자율성은 우리 신체와 그 부산물을 본인의 의지대로 사용한다는 뜻이기 때문이다. 그러나 부분-인간화 동물이 연구된다면 마우스에 주입되는 뇌 줄기세포를 제공하는 사람에게 동의를 받아야 한다는 것은 기본적인 연구윤리이다. 부분-인간화 동물 연구 이외의 분야에서 본인의 동의 하에 신체 일부나 부산물이 다른 사람에 의해 또는 다른 용도로 쓰이는 일은 허다하다. 당장 장기 이식이나 헌혈이 그렇고 정자나 난자도 연구용이나 보조 생식의 목적으로 쓰인다. 태반도 의료 및 미용 목적으로 팔리고 있고, 심지어 주검도 해부나 인체 표본 전시 등의 형태로 교육이나 연구 목적으로 쓰이고 있다. 이와 마찬가지로 동의를 받은 인간의 뇌 줄기세포가 마우스에 이식된다고 하더라도 동의만 받는다면 특별한 윤리적 문제를 낳지는 않는다.

인간 존엄성에 의한 반론은 다른 방식으로 제기될 수도 있다. 부분-인간화 동물이 인간의 존엄성을 갖는 특징을 보여 주지 못한다고 했지만 그것이 가능하다고 가정해 보자. 만약 그렇다면 부분-인간화 동물에도 인간과 같은 존엄성을 존중해 주어야 하는데 현실은 그렇지 못할 것이다. 스트라이퍼는 이런 우려 때문에 부분-인간화 동물을 만드는 것을 반대한다.[361] 이런 우려는 두 가지로 해석할 수 있다. 첫째는 어떤 집단에 기존 구성원과 다른 특징을 가진 구성원이 들어오면 그 집단의 격이 떨어진다는 생각으로, 이른바 '물이 흐려진다'는 논증이다. 우리나라에서도 모 대학교에서 직장인들을 대상으로 하는 단과 대학 신설을 추진하자 재학생들의 반대가 있었는데 한 가지 이유는 학교의 이미지가 실추된다는 것이었다. 학생들의 반대가 이 이유에만 의거한 것이라고 단편적으로 말할 수는 없지만, 거기에는 자격이 없는 사람에게까지 입학 기회를 확대함으로써 자격이 있는 사람의 가치를 떨어뜨린다는 생각이 들어 있다.[362] 부분-인간화 동물이 인간과 같은 도덕적 지위를 갖게 되면 인간의 도덕적 지위까지 함께 떨어진다는 것도 같은 방식의 생각이다. 모 대학교 재학생들의 반발은 새로 생기는 단과 대학의 입학생이 똑같은 입학 자격이 없다고 생각해서 생긴 것이다. 그러나 부분-인간화 동물이 인간의 존엄성을 갖는 특성을 똑같이 보인다면 그에 걸맞게 대우해야 한다. 단지 외모가 다르다고 해서 그 존엄성을 인정하지 않는다면 그것은 종 차별주의적 태도이다.

그러나 스트라이퍼가 부분-인간화 동물을 반대하는 우려는 이것은 아니다. 그는 부분-인간화 동물이 인간의 존엄성을 갖게 된다면 그에 걸맞은 대우를 받아야 하는데 현실은 그렇지 못할 것이라는 점에 대해 우려를 한다. 방금 말한 종 차별주의의 현실을 생각해 볼 때 현재 실험동물이나 농장 동물이 받는 취급을 똑같이 받을 가능성이 있다. 그러나 이는 덮어 둘 현실이 아니라 극복해야 할 현실이다. 그의 우려는 흑인이나 여성이 차별받는 세상에서 흑인이나 여성으로 태어나면 차별받을 가능성이 크므로 태어나게 해서는 안 된다는 주장만큼이나 비관적이다. 흑인이나 여성에게 백인과 남성이 갖는 인간의 존엄성을 똑같이 부여받을 수 있도록 노력해야 하는 것처럼, 부분-인간화 동물도 그것의 존엄성에 적합한 대우를 해야 한다. 그러나 위에서 보았듯이 부분-인간화 동물이 인간의 존엄성에 해당하는 능력을 갖출 가능성은 없으므로 스트라이퍼가 하는 우려는 기우일 뿐이다.

나는 인간 존엄성에 의한 반론을 위와 같이 반박했지만 사실은 근본적인 것을 다시 생각해 보아야 한다. 만약 부분-인간화 동물이 인간의 존엄성을 보여 주는 능력을 갖추게 된다면 물을 흐린다고 불평하는 사람들의 편협함을 비판하거나 그것이 받을 만한 대우를 받지 못할까 봐 우려하는 사람의 소심함을 비판하기 전에 먼저 할 일이 있다. 인간의 존엄성을 갖는 부분-인간화 동물은 실험에 의해 창조하지 말아야 한다! 종 차별주의적 태도를 보이지 않는 한, 우리는 인간을 실험실에서 만들지 않는다. 체외 수정은 실험실 아기라고 불리기는 하지만, 실험실에서 만들어지는 것은 인간의 정체성이 의심되는 또는 인정되지 않는 수정란이고 수정란 이후에는 자궁에 착상되어 자연적인 탄생의 과정을 거친다. 누구도 인간을 실험실에서 만들고 그렇게 만들어진 인간의 뇌에서 인간의 면역 체계나 파킨슨병을 연구하지 않는다. 그리고 실험실에서 만들어졌더라도 인간이라면 이제는 실험실 우리 속에 가두어 두고 계속해서 실험하지 않는다. 그런데 왜 비록 외모는 마우스이지만 엄연히 인간의 존엄성을 가지고 있(다고 생각되)는 동물은 감금 상태에서 그런 연구를 계속하는가? 이것은 분명히 종 차별주의적 연구 자세이다. 인간 존엄성에 의한 반론은 그 의도와 다르게, 다시 말해서 인간의 존엄성을 보호하기 위해서가 아니라 인간과 다름없는 동물을 차별적으로 다루지 않기 위해서라면, 부분-인간화 동물을 연구하지 말아야 하는 이유로 받아들일 수 있다.

부분-인간화 동물을 만들어서는 안 되는 또 다른 이유는 스트라이퍼가 말하는 차별 우려와 관련이 있다. 그의 차별 우려와 달리 현실에 외모나 출생 방법이 다른 존재가 있다고 할 때 그를 차별하는 것은 평등의 원칙에 의해서 옳지 못하다. 그러나 왜 굳이 그런 존재를 만들려고 하는가? 부분-인간화 동물은 만약 인간의 존엄성을 갖게 된다면 도덕적 지위는 있겠지만 그 도덕적 지위는 완전한 것이 아니다. 일종의 유아나 장애인을 만드는 것과 다름이 없다. 유아는 결국 성인으로 자랄 것이고, 장애인은 비장애인이 되지 못한다 해도 가족이나 공동체와 유대감이 있다. 가장 중요한 점은 장애인은 애초에 장애인으로 태어나게 의도하지는 않았지만, 부분-인간화 동물은 그렇게 의도했다는 사실이다. 왜 그런 존재를 만들어 스스로 도덕적인 부담감을 지는가? 의도하지 않은 장애인에 지는 도덕적 의무와 그런 의무를 스스로 만드는 것은 별개의 문제이다. 장애인을 차별하지 않는 것과 선택할 수 있다면 장애인을 선택하지 않는 것은 별개의 문제이기 때문이다.[363] 그런데도 일부러 장애가 있는 존재를 만드는 것은 잔인하고 옳지 못한 일이다.

7. 맺음말

지금까지 부분-인간화 동물에 대한 윤리적 반론을 비판적으로 검토하였다. 그 결과 부자연스러움에 의한 반론, 도덕적 혼란에 의한 반론, 인간 존엄성에 의한 반론 모두 만족스럽지 못했고, 그 반론들의 근저에는 인간은 존엄하고 동물과 달리 특별하다는 검토 안 된 전제가 깔려 있음을 보았다. 한갓 동물이 감히 인간의 일부를 가지고 있다는 것 자체에 반감을 보이거나, 동물이 인간 고유의 외모나 특성을 보이는 것을 못 받아들이겠다는 것이다. 이는 여성이나 흑인의 인권을 존중하지 않는 시대에 어떻게 여성이나 흑인에게 남성이나 백인과 동등한 권리를 줄 수 있느냐고 반대했던 생각과 그 근본정신에서는 다르지 않다. 성별이나 피부색과 상관없이 인간은 인간을 특징짓는 능력을 똑같이 갖추고 있으므로 똑같이 대우해야 한다. 이는 부분-인간화 동물 논의에서도 마찬가지이다. 나는 위에서 부분-인간화 동물이 인간의 능력을 갖추게 되는 일은 일어나지 않을 것이라는 주장을 받아들였고 또 그런 일이 일어날 것 같은 대상에 실험하는 것 자체가 종 차별주의적 발상이라고 주장했다. 한편 설령 그런 일이 일어난다고 하더라도 동물이면서 인간인 그 생명체를 인간과 차별하는 것은 옳지 못하지만, 굳이 그런 존재를 만들려는 시도 자체가 옳지 못하다고도 주장했다.

데그라지아는 어떤 섬에서 생존해 있는 호모 플로레시언시스가 발견되었다고 상상해 보라고 말한다.[364] 호모 플로레시언시스는 1만 8천 년 전까지 현생 인류와 공존했으리라 추정되는 종이다. 톨킨의 소설 『반지의 제왕』에 나오는 호빗족을 연상하면 된다. 멸종한 호모 플로레시언시스가 살아 있다는 것을 알게 되었을 때 우리는 부분-인간화 동물의 경우처럼 혐오감을 느끼고 도덕적 혼란을 겪고 인간 존엄성이 훼손된다고 생각할까? 그렇게 생각할 이유는 없다. 부분-인간화 동물은 호모 플로레시언시스와 달리 인간의 외모와 멀기는 하지만 인간의 특성을 똑같이 보인다면 호모 플로레시언시스와 마찬가지 태도를 보여야 한다.

부분-인간화 동물에 대한 윤리적 반론이 만족스럽지 못하다고 해서 연구에 문제가 없을까? 반론들 중 인간 존엄성에 의한 반론만을 의미 있는 반론으로 생각하는 카르포비치는 다음과 같은 가이드라인을 제시한다.[365]

(1) 신뢰할 만한 과학적 결론을 내릴 만큼의 최소한의 세포만 주입되어야 한다.

(2) 세포가 주입되는 동물은 형태론적으로나 기능적으로 인간과 관련이 있어서는 안 된다.

(3) 분리된 인간 줄기세포가 사용되어야 한다.

이 가이드라인의 취지는 모두 부분-인간화 동물에서 인간 존엄성이 나타나지 않게 하기 위한 것이다. 앞서 5절에서 동물이 인간의 줄기세포를 이식받더라도 인간과 같은 특성을 보이지 않을 이유로 인간과 마우스의 뇌 크기 차이가 있고, 마우스의 세포가 이식되는 인간의 줄기세포보다 월등히 많고, 인간의 줄기세포가 마우스의 다른 조직과 분리되었다는 것을 들었다. 이 이유가 해소되면, 곧 뇌 크기가 인간과 비슷한 영장류에서 시행하거나 세포 수를 많이 주입하거나 주입되는 줄기세포가 분리되지 않으면 부분-인간화 동물에서 인간의 존엄성이 나타날 우려가 조금이라도 생길 것이다. 그래서 위와 같은 가이드라인을 제시했다.

그러나 이 가이드라인에서도 인간의 존엄성이 나타날 우려만 하지 동물의 도덕적 지위를 위한 배려는 없다. 카르포비치는 침팬지와 같은 영장류가 부분-인간화 동물로 사용되어서는 안 되는 이유는 인간의 존엄성이 나타날 가능성이 크기 때문이라고 생각한다.[366] 그러나 나는 인간 존엄성에 의한 반론의 문제점을 비판하면서 동물에서 인간의 존엄성이 나타나는 일이 무슨 문제냐고 물었다. 사실 그런 존엄성이 나타나게 하기 위해서는 영장류를 대상으로 실험실에서 실험해야 한다. 그러나 가장자리 인간에게는 그런 실험을 용납할 수 없으면서 그보다 도덕적 지위가 떨어지지 않거나 더 높은 영장류에게는 실험을 할 수 있다고 생각하는 것 자체가 종 차별주의적 사고이다. 영장류에 인간의 뇌 줄기세포를 주입하여 인간의 면역 체계나 파킨스병 연구에서 획기적인 성과를 낼 수 있다고 하더라도 가장자리 인간에게 그런 실험을 할 수 없다면 영장류를 대상으로 하는 실험은 똑같이 허용되어서는 안 된다.

사실 부분-인간화 동물 연구의 윤리를 논의하는 문헌 중 동물의 도덕적 지위를 고려해야 한다는 주장은 데그라지아를 제외하고는 거의 찾을 수 없다. 동물의 도덕적 지위가 높지 않다고 생각되는 마우스를 대상으로 연구가 진행되는 탓이 크지만, 똑같은 연구가 침팬지에게 시행될 수도 있으므로 우리는 동물의 윤리적 대우를 고려해야 한다.

현재의 부분-인간화 동물은 마우스와 같은 설치류를 대상으로 시행되고 있다. 이 연구는 현재 진행되는 마우스 대상의 동물 실험과 같은 윤리 기준으로 평가하면 될 것이다. 실험에서 마우스가 겪는 고통 등급은 C 등급, 곧 척추동물을 대상으로 단시간의 경미한 통증 또는 스트레스가 가해지는 교육 또는 연구로 판단된다. 따라서 이 실험에서 얻어지는 이익이 있다고 판단되므로 동물 실험 윤리 위원회에서 통과될 가능성이 크다.

마지막으로 우리나라 법률에서는 어떤 방식으로든 이종 간 교잡을 금지하고 있다. 생명 윤리 및 안전에 관한 법률(시행 2013.2.2, 법률 제11250호, 2012.2.1, 전부개정)은 부분-인간화 동물과 관련해서 다음과 같은 법 조항을 두고 있다.

> 제21조(이종 간의 착상 등의 금지)
>
> ① 누구든지 인간의 배아를 동물의 자궁에 착상시키거나 동물의 배아를 인간의 자궁에 착상시키는 행위를 하여서는 아니 된다.
>
> ② 누구든지 다음 각 호의 행위를 하여서는 아니 된다.
>
> 1. 인간의 난자를 동물의 정자로 수정시키거나 동물의 난자를 인간의 정자로 수정시키는 행위. 다만, 의학적으로 인간의 정자의 활동성을 시험하기 위한 경우는 제외한다.
> 2. 핵이 제거된 인간의 난자에 동물의 체세포 핵을 이식하거나 핵이 제거된 동물의 난자에 인간의 체세포 핵을 이식하는 행위
> 3. 인간의 배아와 동물의 배아를 융합하는 행위
> 4. 다른 유전정보를 가진 인간의 배아를 융합하는 행위
>
> ③ 누구든지 제2항 각 호의 어느 하나에 해당하는 행위로부터 생성된 것을 인간 또는 동물의 자궁에 착상시키는 행위를 하여서는 아니 된다.

인간과 동물의 수정 가능성을 우려해서 나온 법률이다. 그러나 인간과 마우스는 수정 가능성이 없다. 인간은 인간 DNA를 포함하는 염색체가 23쌍이고 마우스의 경우는 20쌍이어서, 이 차이 때문에 인간과 마우스 사이의 후손을 만들 수 없다. 현생 인류와 네안데르탈인 사이

에서도 성공적인 짝짓기가 가능한지 논란거리가 되는 마당에 부분-인간화 동물에서 수정이 일어날 가능성은 기우이다.[367] 과학자들이 부분-인간화 동물을 연구하는 목적을 생각해 보면 그런 수정은 관심 밖이다. 그런데도 이런 법률이 나온 배경에는 인간의 배아나 난자, 정자를 신성시하기 때문일 것이다. 존엄성이 있는 인간을 어디 감히 동물과 짝짓기하느냐는 생각이다. 이런 생각은 이 장의 논의대로 근거가 없다. 다만 이 법률은 동물의 종과 상관없이 이종 간 교잡을 금지하고 있지만, 위에서 말한 대로 영장류는 제한하는 법률은 필요하다. 그 이유는 인간의 존엄성이 아니라 동물의 도덕적 지위 때문이다.

V부

감금과 공생의 윤리

9장 동물원과 감금의 윤리

1. 머리말

우리가 일상생활에서 가장 흔하게 접할 수 있는 동물은 먹는 음식으로서의 형태이다. 그러나 고기가 되기 전에 사육되는 동물을 일상생활에서 흔히 볼 수 있었던 과거 사회와 달리 현대 사회는 공장식 농장에서 고기라는 '제품'으로 포장되어 슈퍼에 진열되기 때문에 그 고기가 한때는 우리처럼 살아 있는 생명이라는 사실이 감추어져 있다.[368] 실험동물도 공장식 농장의 동물과 마찬가지로 연구자들만 접촉할 수 있기에 관계자 외에는 보지 못한다. 현대 사회에서 일반인들이 직접 볼 수 있는 동물은 애완동물, 비둘기나 쥐처럼 가축화되지는 않았지만 야생에 살지 않고 인간 주위에 사는 경계 동물[369], 그리고 동물원에 있는 동물 정도이다. 이 중 애완동물과 동물원의 동물은 **감금되었다**는 공통점이 있다. 감금되었다는 것은 자신의 이익을 자신이 원하는 대로 추구할 수 없고, 다른 누군가의 통제를 받으며 그 사람에게 의존한다는 뜻이다. 애완동물은 오랜 세월 동안 가축화가 진행되어 감금이 자발적인 것인지 강제에 의한 것인지 논란이 되고 있지만, 담이 쳐 있는 일정한 공간 안에 가두고 있으며 외출 시 목줄을 채우기에 자신이 원하는 대로 행동할 수 없고, 기본적인 이익을 주인에게 의존한다는 점에서 감금된 것은 분명한 사실이다. 동물원의 동물은 야생에서 포획되어 동물원에 갇혀 있으므로 감금되었다는 것은 의심의 여지가 없다. 동물원에서 태어나 거기서 평생 동안 자란 동물이라고 하더라도 동물원의 담이 없다면 탈출할 것이기에 자발적인 감금이 아닌 것은 분명하다.[370]

애완동물 또는 동물원의 감금이 윤리적으로 옳은지 물을 수 있다. 감금을 비롯한 애완동물을 둘러싼 윤리적 문제는 다음 장에서 살펴보고, 이번 장에서는 먼저 감금을 비롯해서 동물원의 윤리적 정당성을 주제로 하려고 한다. 애완동물에 견줘 동물원의 동물은 감금되어 있음이 분명하기 때문에 동물원을 먼저 다루는 것이 도움이 될 것 같기 때문이다.

동물 윤리학의 논의도 주로 육식과 동물 실험에 집중되지만, 민간의 동물 보호 운동은, 특히 우리나라의 경우 농장 동물과 실험동물의 복지 향상보다는 유기견이나 개 사육 농장 문제 등의 애완동물의 복지에 집중되어 있다. 한편에서는 애완동물 사육 인구가 지속적으로 늘고 있고 또 오래된 보신탕 논쟁 때문일 것이고, 다른 한편에서는 애완동물과 농장 동물을 다르게 취급하는 시선 때문일 것이다. 동물원 문제에 집중하는 동물 보호 운동도 미약한 편이라 동물원이 어떤 윤리적 문제를 갖는지 잘 알려지지 않고 있다.[371] 동물원을 옹호하는 쪽은 동물원의 목적을 몇 가지 언급하면서 동물원을 정당화한다. 이 장에서는 2절에서 먼저 동물원의 정의를 명확히 한 다음에, 3절과 4절에 걸쳐서 동물원 옹호론자들이 거론하는 동물원의 목적이 정말로 정당화 가능한 것인지 검토할 것이다. 수족관(아쿠아리움)은 동물원과 별개의 시설로 생각되지만 육상 동물인가 수중 동물인가의 차이만 있지 동물원과 수족관은 같은 기능을 한다고 생각되므로 같은 범주에서 논의하도록 하겠다. 그리고 서커스(관광지의 동물 쇼 포함)도 동물을 감금하여 사람들이 관람하게 한다는 점에서 동물원과 같으므로 역시 함께 논의하겠다. 동물원의 정당성을 논의하고 나서 5절에서 감금의 문제를 동물의 존엄성 또는 자율성 문제와 관련하여 논의하겠다. 인간은 존엄성 또는 자율성이 있다고 생각하기에 설령 인간을 자의에 의해서 감금하더라도 윤리적으로 문제가 된다. 동물을 타의에 의해 감금하는 것이 윤리적으로 옳은지 검토하기 위해서는 동물에게 존엄성 또는 자율성이 있는지 검토하는 방법을 사용해야 할 것이다.

2. 동물원의 정의

동물원 옹호 논증을 검토하기 위해서는 먼저 동물원의 정의를 분명히 하는 작업이 필요하다. 동물원을 어떻게 정의하느냐에 따라 동물원의 정당화 가능성이 달라질 수 있기 때문이다. 우리는 동물원을 "주변에서 흔히 볼 수 없는 동물들을 부자연스러운 환경에 가두어 놓고 구경하게 하는 곳"으로 이해하고 있다. 물론 동물원의 관람은 단순히 오락(엔터테인먼트)의 목적에 그치는 것이 아니라 교육 목적까지 추구할 것이다. 서커스는 동물들을 단순히 구경만 하게 하는 곳이 아니라 동물이 재주를 부리게 하여 구경하도록 하는 곳이다. 그러나 동물원과 달리 교육보다는 재미를 추구한다는 것이 주된 목적일 것이다. 동물원은 아직도 온 가족이 함께 나들이를 갈 수 있는 놀이공원으로 인식되고 있으며, 다른 한편으로는 일상에서는 보기 힘든 동물들을 직접 관찰할 수 있도록 하여 동물의 습성과 행태를 교육한다고 생각된다. 오락과 교육을 목표로 한다는 점에서 수족관은 좀 더 고급스러운 형태의 동물원으로 인식된다. 육상이 아닌 수중의 생물들을 눈앞에서 보기는 쉽지 않은 일이고 동물원보다 수족관을 설립하는 데 좀 더 많은 자본과 기술이 필요하기 때문이다.

그런데 사전이나 법률의 동물원 정의는 오락보다는 교육 그리고 다른 쪽에 더 비중을 두고 있다. 표준국어대사전은 동물원을 "일정한 시설을 갖추어 각지의 동물을 관람시키는 곳. 동물의 보호와 번식, 연구를 꾀하고 일반인에게는 관람을 통하여 동물에 대한 지식을 넓히고 오락 및 휴식을 제공하기 위하여 여러 가지 동물을 모아 기른다."라고 정의하고 있다. 그리고 현재 우리나라의 '동물원 및 수족관의 관리에 관한 법률' 제2조는 "'동물원'이란 야생동물 등을 보전·증식하거나 그 생태·습성을 조사·연구함으로써 국민들에게 전시·교육을 통해 야생동물에 대한 다양한 정보를 제공하는 시설로서 대통령령으로 정하는 것을 말한다."라고 정의 내리고 있다. 한편 세계 동물원 및 수족관 협회(World Association of Zoos and Aquariums)는 1935년에 설립된 이 기관을 소개하면서 "동물원 및 수족관과 이와 생각이 비슷한 기관들이 동물 보호와 복지 그리고 환경 교육과 지구 보전이라는 목표를 이끌고 북돋우고 뒷받침한다."[372]라고 말한다. 사람들의 일상적인 생각과 다르게 지금 살펴본 곳들에서는 동물원의 목표 중 오락은 표준국어대사전에서만 다른 목표에 부차적인 것으로 최소한으로 정의되고 있고, '동물원 및 수족관의 관리에 관한 법률'은 '전시'라는 말로써 오락의 기능을 감추고 있다. 한결같이 오락보다는 동물의 보호와 번식 그리고 그에 관한 교육과 연구를 중요한 목표로 삼고 있다.

그러나 나는 방금 살펴본 정의들은 동물원을 옹호하는 쪽의 의도가 들어가 있는 '설득적 정의'라고 생각한다.[373] 다시 말해서 이 정의들은 동물원의 현실을 객관적으로 보여 주는 것이 아니라 동물원을 옹호하기 위해 실제로는 없거나 약한 긍정적인 면을 부각하여 보여 준다는 것이다. 나중에 살펴보겠지만 동물 보호와 연구는 동물원이 실제로 하지 않거나 하더라도 동물원이라는 이름으로 할 필요가 없는 목적이다. 이 절을 시작하면서 내가 동물원을 "주변에서 흔히 볼 수 없는 동물들을 부자연스러운 환경에 가두어 놓고 구경하게 하는 곳"이라고 정의한 것 역시 동물원을 반대하는 쪽의 의도가 들어가 있는 설득적 정의가 아니냐고 대꾸할지 모른다. 하지만 '동물을 가두어 놓고 구경하게 하는 곳'은 분명한 사실이다. 동물원에서 동물을 가두어 놓지 않는다면 관람객들에게 피해를 줄 뿐만 아니라 설령 그렇지 않더라도 탈출한 동물은 야생이 아닌 환경에 적응하지 못하고 곧 죽고 만다. 그리고 동물을 구경시키지 않는다면 그곳은 동물 보호 센터나 연구소이지 동물원이 아니다. 내 정의에서 동물원의 동물 보전 및 연구 기능이 의도적으로 빠졌다는 점에서 특정 의도가 개입되어 있다고 반박할 수 있겠으나 나는 그것이 동물원이 실제로 하지 않거나 하더라도 동물원이라는 이름으로 할 필요가 없는 기능임을 보여 줄 것이다. '부자연스러운' 환경이라는 정의를 문제 삼을 수도 있을 것이다. 그러나 동물원의 사육 환경이 자연환경에 한참 미치지 못한다는 것은 객관적 사실이다. 나중에 살펴보겠지만 서식 환경뿐만 아니라 거기서 보이는 동물의 습성도 자연에서 보이는 '자연스러운' 것이 아니다. 따라서 동물이 이미 서식하고 있는 야생을 공원화하여 자동차를 타고 다니며 동물을 구경하게 하는 사파리는 지금 말하는 동물원의 정의에 해당하지 않는다. 그곳은 '부자연스러운' 환경이 아니기 때문이다. 사파리를 동물원의 일종으로 볼 수도 있겠지만, 만약 그렇다면 이 장에서 그 정당성을 검토하는 그런 동물원은 아니다.

3. 동물원의 목적: 오락과 교육

앞 절에서 나는 동물원의 현실적인 정의로 '동물을 가두어 놓고 구경하게 하는 곳'을 제시했다. 이것은 동물원에 오락 그리고 거기에 덧붙여 교육 정도의 목적이 있음을 인정하는 것이었다. 그러나 내가 설득적 정의라고 비판하는 정의에서는 동물의 보전과 연구를 주된 목적으로 제시한다. 이 절에서는 이렇게 제시된 목적들을 동물원이 과연 제대로 수행하고 있는지 검토해 보겠다. 이러한 검토는 단순히 동물원의 목적이 현실에서 잘 수행되고 있는지만 검토해 보겠다는 뜻은 아니다. 동물원이 현실에서 수행하지 못하는 특정 목적 또는 기능이 있다고 하더라도 동물원이 수행해야 하는 목표라면 규범적 차원에서 이상으로 삼을 수 있을 것이다. 이번 절은 그런 규범이 과연 동물원의 이상적인 목적이 될 수 있는지를 동시에 살펴보겠다는 것이다.

동물원의 목적을 대상으로 한 선행 연구가 이미 있다. 제이미슨은 동물원을 (1) 오락, (2) 교육, (3) 과학 연구, (4) 종 보전의 네 가지 목적을 수행한다고 선언하고, 동물원은 감금된 야생 동물들을 사람들에게 보여 주는 공원이라고 정의한 다음에, 이 감금을 반대할 만한 강한 도덕적 이유가 있다고 주장한다.[374] 제이미슨의 분류를 따라가면서 동물원의 목적을 하나씩 검토해서 정당화되는지 살펴보자.

제이미슨이 거론한 네 가지 목적 중 첫 번째 목적인 **오락**은 앞 절의 정의에서 보았듯이 동물원 옹호론 쪽에서 애써 강조하지 않는 것이다. 아무리 동물이라고 하더라도 오락의 대상으로 삼는다는 것은 용납되기 쉽지 않으리라고 생각하기 때문일 것이다. 사람은 물론이고 동물이라고 하더라도 사람들에게 구경거리가 되는 것은 혐오스럽다고 생각하는 사람들이 있다. 그러나 구경거리가 되는 것은 정말 혐오스러운 일인가? 코크런의 지적대로 그것은 검증 안 된 직관 아닐까?[375] 우리는 똑같이 감금되어 있지만 애완동물을 보고 그런 혐오를 느끼지 않는다. 가정집에서 기르는 애완동물은 가족과 같으므로 누구의 구경거리도 아니지만, 애완동물 판매점(펫숍)에 전시된 강아지는 애초에 보여 주기용이다. 그렇지만 그 강아지를 보고 귀엽다고는 말해도 혐오스럽다고 말하지는 않는다. 그리고 자동차를 타고 사파리에서 야생 동물을 구경할 때도 역시 혐오스럽다고 하지 않는다. 펫숍이나 사파리에서의 구경은 오락이 목적인데 말이다. 반면에 서커스에서 발에 사슬이 채워진 채 공연하는 곰을 볼 때나 혹시 배터리식 닭장에 갇힌 닭들을 볼 일이 있으면 불편함을 느낀다. 이렇게 본다면 동물원의 동물을 볼 때 혐오감을 느낀다면 그것은 단순히 구경거리의 대상이 되기 때문이 아니라 감금된 동물이 고통을 느낀다고 생각하기 때문이다. 만약 자연스럽지 않은 환경에 적응하지 못해서 고통을 느낀다는 점에서 혐오를 느끼는 것이라면 야생의 환경에 뒤지지 않는 또는 더 나은 환경을 제공해 주고 구경거리로 삼는다면 그것은 용납되는 것 아닐까? 야생의 환경과 차이는 없으면서 포식자의 위험이 없고 먹이를 찾아야 하는 수고로움까지 없으므로 동물 처지에서는 최상의 복지일 수 있기 때문이다. 제이미슨은 많은 동물원 기획자나 관리자가 동물원의 주된 목표가 오락이라는 데 반대하고, 설령 사람들이 동물을 구경하는 데서 즐거움을 느끼더라도 그것은 교육 목적을 위한 필요악이라고 생각한다고 말한다.[376] 그러나 그들의 생각과 달리 오락이라는 목적은 의외로 감금이 주는 고통이 없다면 동물원의 목적 중 (앞으로 보겠지만 유일하게) 정당화 가능한 것일 수 있다. 구경거리와 관련된 문제는 5절에서 존엄성과 관련해서 좀 더 다루어 보자.

동물원의 오락 목적이 단순히 구경에 의한 즐거움을 주는 데서 그치는 것이 아니라 서커스에서 공연하게 하거나 미니 동물원[377]에서 직접 만지는 체험을 하게 하면 필연적으로 학대가 따르기 때문에 오락 목적도 정당화되기 어려워진다. 반면에 오락 목적이 설령 정당화되지 못한다고 하더라도 제이미슨의 주장대로 교육 목적과 결부된다면 정당화 가능성이 커진다. 그래서 제시되는 동물원의 두 번째 목적은 **교육**이다. 확실히 야생에서나, 그것도 아프리카와 같은 먼 대륙에서나 볼 수 있는 동물들을 도심의 동물원에서 볼 수 있다는 것은 교육적으로 의의가 있다. 〈동물의 왕국〉이나 〈내셔널 지오그래픽〉 같은 야생 동물 프로그램이 있기는 하지만 눈앞에서 직접 보는 것과 비교할 수 없다. 더구나 우리에 내걸린 동물에 대한 자세한 설명을 읽거나 관계자로부터 직접 설명을 듣는다면 그 교육적 효과는 더욱 배가될 것이다.

그러나 동물원은 교육의 목적을 제대로 달성하지 못한다. 가장 중요한 이유는 동물원에서 관찰하는 동물은 교육의 목표로 삼는 동물 본연의 모습을 하고 있지 않기 때문이다. 2장에서 강조했듯이 동물의 본래의 습성을 존중하지 않는 관행은 평등의 원칙에 어긋난다. 동물원이 아무리 최선의 환경을 조성한다고 하더라도 야생과 같은 환경을 만들 수는 없다. (그런 환경 조성이 가능하다면 오락 목적은 달성될 수 있다고 위에서 말했는데 이에 대해서는 다음 절에서 논의하겠다.) 넓은 야생에서 생활하던 코끼리나 호랑이는 좁은 우리에서, 그리고 드넓은 바다에서 헤엄치던 돌고래는 좁은 수족관에서 지내야만 한다. 그리고 현실의 많은 동물원의 환경은 훨씬 열악하다. 좁은 우리, 시멘트로 만들어진 바닥, 빈약한 환경은 활동에 무리를 주고 동물의 선천적인 호기심을 만족하게 해 주지 못한다. 예를 들어 서울대공원 동물원에서는 홍학이 음악에 맞춰 움직이게 하는 쇼가 벌어지는데, 이는 홍학의 깃털을 잘라 균형이 안 맞도록 해 날지 못하게 한 후 음악에 맞춰 인위적으로 움직이게 하는 것이다.[378] 잔인성이 논란이 되어 지금은 인위적인 쇼는 하지 않지만 여전히 날지 못하는 홍학을 관람객들에게 보여 주고 있다. 날지 못하는 홍학을 보는 것이 교육적이라고 말할 수 있을까? 동물들은 야생에서 볼 수 있는 자연스러운 습성이나 행동을 보여 주지 못할 뿐 아니라 비정상적인 행동을 보여 주기까지 한다. 포획과 그에 따른 장시간의 수송 과정에서부터 고통과 스트레스를 겪은 동물들은 맨 콘크리트로 된 좁은 우리 안에서 방책 좌우를 끊임없이 왔다 갔다 하는 틀에 박힌 행동(stereotypical behavior)을 드러낸다.[379] 이는 자연에서는 결코 볼 수 없고 감금된 상태에서나 볼 수 있는 행동이다. 이런 정상적이 아닌 비정상적인 행동을 관람하는 것을 교육이라고 말할 수는 없다. 동물이 자연 상태에서 보여 주는 습성과 행동을 관찰하는 게 교육이지 비정상적인 환경에서 스트레스 받는 모습을 관찰하는 게 교육은 아니다. 그것은 동물에 대한 왜곡된 지식을 주게 된다. 김성한 교수는 설령 그 행동이 동물 본연의 행동이라고 하더라도 대부분의 동물원 관람객들이 특정 동물의 습성을 줄곧 주시하면서 관찰하지 않는다는 점을 지적한다.[380] 일회성의 나들이 위주의 동물원 방문으로는 교육 목적을 제대로 달성할 수 없는 것은 분명해 보인다. 김성한 교수도 말하고 있지만 동물원이 무언가 교육적 효과를 준다면 그것은 동물들이 감금 생활을 얼마나 힘들어하며 그러한 생활을 지속시켜서는 안 된다는 것을 가르쳐 준다는 점이다.[381] 동물원은 역설적이게도 반면교사로서의 교육적 효과만을 갖는다!

4. 동물원의 목적: 연구와 종 보전

동물원의 동물은 동물 본연의 모습이 아니기에 교육 목적이 정당화되지 않는다는 주장은 동물원의 세 번째 목적인 **연구**에도 그대로 적용된다. 동물원의 동물은 야생 상태의 동물이 아니라 갇힌 상태의 동물이기에 위에서 말했듯이 틀에 박힌 행동을 한다. 그뿐만 아니라 피식 동물의 경우에는 포식자의 위험이 없고 포식 동물의 경우에는 피식자를 일부러 찾을 이유가 없으므로 야생 상태와 다른 행동을 보인다. 포식이 없는 환경에서 동물이 보이는 행동은 야생에서보다 동물의 유전적 가능성이 완전하게 발현되기 때문에 흥미로운 연구 주제라는 의견도 있다.[382] 그러나 그러한 행동은 동물의 자연스러운 습성이 아니므로 동물과 관련해서 우리가 얻고자 하는 정확하고 완전한 데이터가 아니다. 그리고 갇힌 상태의 동물 연구가 '흥미롭다'고 생각하는 것은 심하게 말하면 변태적인(?) 발상이 아닐 수 없다. 갇힐 이유가 없는 인간을 굳이 가두어 놓은 다음에 갇힌 상태의 인간의 심리나 행동을 연구하겠다는 발상이 정상이 아닌 것처럼, 갇힐 이유가 없는 동물을 굳이 가두어 놓고 그 행동—설령 풍부하다고 하더라도—을 연구하겠다는 것 역시 정상이 아니기 때문이다. 동물원이 없다면 애초에 그런 연구를 할 이유가 없는 것이다.

따라서 동물의 행동 또는 습성을 제대로 연구하기 위해서는 자연스러운 야생 상태에서 연구해야 한다. 물론 동물의 생리학적 또는 해부학적 연구를 하기 위해서는 동물을 사로잡아 연구해야 할 때도 있다. 그런 연구는 인간의 지적인 호기심 때문일 수도 있고 연구 결과를 동물에게 또는 인간에게 적용하기 위한 실용적 목적 때문일 수도 있다. 동물원을 옹호하는 대표적인 동물 행동학자인 허친스는 야생에서보다 사로잡혀 있는 실험실에서 더 정확하게 그리고 규칙적으로 실험 데이터를 추출할 수 있다고 주장한다. 혈액이나 조직 따위의 생물학적 물질을 수집하는 것이 생명 과학 연구에서는 일상적인 일이다. 그런데 야생에서는 채취도 어려울 뿐만 아니라 인간에게 익숙하지 않은 동물은 스트레스를 받기에 정확한 데이터가 아닐 수 있지만, 사로잡힌 동물들은 훈련을 받아서 샘플 수집에 자발적으로 협조한다는 것이다. 가령 수족관의 범고래는 정기적으로 혈액을 수집할 때 꼬리지느러미를 자발적으로 내놓도록 훈련을 받았다고 하는데, 이렇게 해서 암컷의 생식 주기를 처음으로 알아냈다고 한다. 야생에서는 이렇게 규칙적으로 샘플을 채집할 수 없기 때문이다.[383] 그러나 위에서도 말했지만 자연 상태가 아니라 갇혀 있는 상태에서 실험동물의 '적극적인' 협조로 얻은 데이터가 더 정확하다고 말하기는 어렵다. 과학 연구를 위해서는 규칙적인 데이터 수집이 필요할 것이다. 그러나 정확한 데이터를 위해서는 야생에서 수집하는 방법을 연구해야 한다. 고래는 3차원 공간에서 넓은 공간을 장거리 여행하는 동물로 잘 알려져 있다. 먹이를 잡기 위해서 수십 미터까지 잠수하기도 하고 수천 킬로미터를 무리 지어 여행한다. 예컨대 2016년 제2롯데월드 아쿠아리움에서 폐사하여 널리 알려진 흰돌고래(벨루가)는 수개월 사이에 수천 킬로미터를 이동하고 시속 6킬로미터의 속도로 헤엄칠 수 있고 600~1,000미터의 깊이까지 헤엄친다. 허친스가 예로 든 범고래는 먹이를 찾지 않을 때 똑같은 방향으로 빠른 속도로 헤엄치며, 가끔 동료들과 동시에 다이빙을 하는 사회성을 보인다. 그리고 시속 20킬로미터 이상의 속도로 헤엄치며 가오리를 잡아먹기 위해 바다 바닥 20미터까지 잠수한다.[384] 인간으로 치면 목욕탕 정도의 크기밖에 안 되는 수족관에 있는 고래들이 자유롭게 사는 고래의 행동과 습성을 보인다고 절대 말할 수 없을 것이다. 고래들이 자연 상태의 사냥, 여행 그리고 사회적이고 문화적인 행동을 보이지 못한다면 혈액이나 조직 따위의 생물학적 물질도 정상적이지 못하리라는 것은 쉽게 짐작할 수 있다. 정상적으로 사회생활을 하는 사람과 감금되어 스트레스를 받는 사람의 생리적 구성이 같으리라고 생각하기 어려운 것이나 마찬가지이다. 나치의 수용소에 수감된 여성들은 아무도 생리를 하지 않았다고 하지 않는가?[385] 허친스의 주장과 달리 야생에서보다 사로잡혀 있는 실험실에서 더 정확한 실험 데이터를 추출할 수 있는 것은 아니다.

설령 허친스의 주장대로 정확한 데이터를 위해 실험실에서의 실험이 필요하다고 하더라도 그런 실험은 이미 생명 과학 또는 수의학 실험실에서 진행되고 있으므로 굳이 동물원에서 진행할 필요가 없다. 동물원을 옹호하느냐 그렇지 않느냐에 따라 동물을 사람들에게 구경시켜 주는 기능이 동물원의 주된 기능인지 부수적인 기능인지 논란은 되지만, 사람들에게 구경을 시켜 주지 않는다면 그것은 더 이상 동물원이 아니다. 2절의 동물원의 정의에서 보다시피 사전이나 법률의 정의는 동물원에서 동물 구경의 기능을 숨기려 하고 있지만 사실은 그것이 동물원의 핵심 기능이다. 그런데 생명 과학 실험실에 갇힌 동물은 견학 목적이 아니라면 일반인들에게 공개되지 않기에 그곳은 동물원이 아니다. 설령 동물원에서 동물의 행동이나 습성을 연구한다고 하더라도, 제이미슨에 따르면 그런 연구를 하는 동물원은 소수에 불과하다.[386]

동물원의 네 번째 목적으로 제시되는 **종 보전**도 과학 연구 목적과 마찬가지 결론을 내릴 수 있다. 그게 필요하다고 하더라도 굳이 동물원에서 할 필요가 없다고 말이다. 2019년 5월에 우리나라에서 멸종됐던 따오기가 복원되어 창녕군 우포늪에 방사되었다. 1979년 비무장지대에서 사진이 찍힌 이후 야생 따오기는 국내에서 완전히 자취를 감추었는데, 2013년 중국에서 따오기를 기증받은 것을 계기로 복원 사업을 시작하게 되었다고 한다.[387] 그런데 이 복원 사업을 시행한 주체는 동물원이 아니라 창녕군이 설립한 '따오기복원센터'이다. 이 복원 사업을 동물원에서 시행했다면 성공하지 못했을 수도 있다. 국내에서 조류 인플루엔자가 발생하면 따오기복원센터 직원이 24시간 따오기를 지키는 등 지극 정성을 다했다고 하는데[388], 관람객의 왕래가 잦은 동물원에서는 조류 인플루엔자의 감염 가능성이 매우 클 것이기 때문이다. (실제로 2016년과 2017년에 조류 인플루엔자가 유행할 때 국내의 동물원들은 폐쇄했다.) 희귀 종이나 자연 서식지 보전이 필요하면 동물원이 아니라 복원 센터와 같은 곳에서 하면 되고 또 방금 말한 이유로 그래야만 한다. 그래서 제이미슨은 종 번식 프로그램을 동물원 정당화 근거로 내세우는 이유는 멸종 종 보전을 위한다기보다 동물원 보존을 위한다고 꼬집는다.[389]

그러나 종 보전 자체를 향해 근본적으로 회의적인 시각이 존재한다. 그 하나는 종 보전이 필요하다고 하더라도 이른바 '포획 번식 프로그램'(captive breeding program)으로는 그 목적을 달성할 수 없다는 시각이고, 다른 하나는 인간이 종 보전을 위해 노력할 필요가 없다는 시각이다. 첫 번째 시각을 보자. 희귀 종 또는 자연 서식지 보전을 위한 방법으로는 현지 보전(in situ conservation)과 현지 외 보전(ex situ conservation)이 있다. 현지 보전은 자연 서식지 바로 그곳에서 종을 보전하는 방법을 말하고 현지 외 보전은 동물을 포획하여 번식시키는 프로그램을 말한다.[390] 타이슨은 산악고릴라(mountain gorilla)를 예로 들어 설명한다. 산악고릴라는 아프리카의 우간다, 르완다, 콩고민주공화국 등지를 서식지로 하는데, 자연 서식지에 700마리 정도밖에 남지 않은 멸종 위기 종이다. 현지 보전을 위해서는 자연 서식지에서 산악고릴라를 보전하려는 프로젝트를 지원해야 하고, 현지 외 보전을 위해서는 동물원이나 종 보전 센터에서 산악고릴라를 번식시켜야 한다. 그런데 현지 외 보전을 위해 몇 마리의 산악고릴라를 사로잡는 것은 윤리적 문제를 일으킨다. 종 보전을 위한다는 명분이 있지만 사로잡힌 산악고릴라는 감금된 채 남은 삶을 보내야 하는데, 인간처럼 자의식이 있다고 생각되고 사회성이 있는 영장류인 산악고릴라를 감금하는 것은 권리 침해의 문제가 생기기 때문이다. 타이슨은 싱어의 공리주의적 패러다임에서는 자연 서식지의 고릴라들이 심각한 고통(멸종이나 감염)을 받는 것을 막기 위해 심각한 고통을 주지 않은 채 산악고릴라를 포획하고 감금하는 것을 정당화할 수 있다고 말한다.[391] 그러고 나서 실제로 그런 프로그램에 재정적인 지원이 제대로 되지 않는다거나, 포획 후 자연 서식지에 방사된 동물이 생존하거나 무리들 사이에서 어울려 살 가능성이 작다는 이유로 반대를 한다. 그러나 설령 그 프로그램이 성공한다고 하더라도 영장류의 권리 입장에서는 여전히 반대할 수 있다. 인간의 경우 특정 인종의 멸종을 막는다는 명분으로 동의 없이 그 구성원을 보호—라고 쓰고 '감금'이라고 읽는다—하는 것은 정당화되지 못한다. 인간은 목적을 위한 수단으로 사용될 수 없다는 데에 대부분 동의하기 때문이다. 그렇다면 인간과 도덕적 지위에서 큰 차이가 없는 산악고릴라 역시 어떠한 명분을 위해서도 감금하는 것은 정당화되지 못한다.

타이슨의 지적대로 감금의 목적이 현실적으로 달성되지 못할 가능성이 크다면 더욱 그러할 것이다. 영장류가 아닌 동물들은 도덕적 지위가 있더라도 자의식이 없기에 권리 침해 차원에서 감금의 부당성이 적용되지는 않지만, 감금되는 동물 개체가 겪는 고통 차원에서 부당성은 지적된다. 포획되어 번식되는 동물들은 감금된 상태에서 사육되었기에 야생에서 살아남는 기술이 부족하다. 사회성이 있는 동물이라면 무리들 사이에서 어울려 살 가능성도 작다. 생존의 가능성이 작을 것을 알면서도 감금 상태에서 번식시켜 자연에 방사하는 것은 그 동물들에게 의도적으로 잔인한 고통을 주는 것이나 다르지 않다. 설령 멸종 위기 종을 방사하지 않고 동물원에 사육하기만 한다고 해도 세 번째 연구 목적에서 말했듯이 그 동물은 행동이나 습성 면에서 자연 상태의 동물과 더 이상 같은 동물이 아니다. 심지어 몇 년간의 감금이 지속된 후에는 유전적으로도 달라질 수 있다.[392]

한편 인간이 종 보전을 위해 나서는 것이 과연 옳은 일인가 하는 시각도 존재한다. 방금 주장한 대로 인위적으로 복원하여 자연에 방사할 때 성공 가능성이 작을 뿐만 아니라, 설령 성공하더라도 생태계에 혼란을 가져올 수 있기 때문이다. 나는 이미 4장에서 포식을 막기 위해 야생에 개입했을 때 예측할 수 없었던 재앙이 일어날 수도 있다는 '오류 가능성 논증'을 검토하였다. 그러고 나서 실제로 자연에의 개입은 점진적으로 일어나고, 설령 생태계의 교란이 일어나더라도 자연에 의해 또는 인위적인 개입으로 정상화가 가능하므로 오류의 가능성을 심각하게 걱정할 필요가 없다고 말했다. 그렇다면 멸종 위기 종 또는 멸종된 종을 복원하여 자연에 개입하는 사업 역시 생태계에 혼란을 줄 위험을 걱정할 필요가 없을까? 나는 그렇게 생각한다.[393] 4장에서 예로 들었던 큰입배스나 황소개구리가 생태계에서 일시적인 혼란이 있었어도 결국에 정상으로 돌아오는 것처럼, 따오기의 방사도 설령 일시적인 혼란이 있어도 결국에는 정상으로 회복될 것이다. 그러나 그보다는 종을 복원하는 근본적인 목적을 생각해 보아야 한다. 포식을 막기 위해 야생에 개입하는 이유는 자연계에서 고통을 줄이기 위해서라는 정당화 가능한 목적이 있었다. 그러나 우리는 왜 멸종된 종을 복원해야 하는가? 우리는 한 개체가 겪는 고통을 막아야 하는 도덕적 의무는 있지만 종이라는 추상적 집합이 없어지는 것을 막아야 할 도덕적 의무까지 있는가? 위에서도 말했듯이 종의 멸종을 막기 위해 한 개체를 감금하여 고통을 주는 것이 정당화될 수 있는가? 데자르댕은 멸종위기종보호법을 지지하는 이유로 첫째, 종들의 보전이 농업적이고 의학적인 용도 등에서 인간의 안녕과 만족에 기여한다는 점, 둘째, 식물과 동물이 그 자체로 존중되어야 하는 생명에 대한 권리를 갖는다는 점, 셋째, 동물과 식물 종이 본래적 가치를 갖는다는 점을 말한다.[394] 첫째 이유는 논란의 여지가 없다. 문제는 둘째와 셋째 이유이다. 1장에서 말한 것처럼 도덕적 지위를 갖는 대상은 고통을 느낄 수 있는 능력이 있는 동물 개체이지 생태계나 종이 아니다. 따라서 생태계나 종은 위 첫째 이유처럼 도구적인 가치는 가질 수 있지만 셋째 이유에서 말하는 본래적 가치는 가지지 못한다. 그리고 둘째 이유에서 말하는 생명에 대한 권리도 식물 또는 동물 개체가 갖는 것이지 그것이 속한 종이 갖는 것이 아니다. 그러므로 특정 종의 멸종이 인간을 포함한 다른 동물들에게 피해를 주고 그것을 복원하면 거꾸로 이득을 가져다준다면 모를까, 그렇지 않고 종 그 자체가 본래적 가치를

가지기에 복원해야 한다는 주장은 설득력이 없다.[395]

특정 종이 멸종된 근본적인 원인을 분석하지 않고 단순히 종만 복원해서는 쓸데없는 자원의 낭비만을 가져올 수 있다. 우리나라에서 따오기가 멸종된 이유는 따오기가 행동이 비교적 느린 데다 주로 사람이 사는 곳 주변에 서식해 쉽게 사냥감이 됐다는 점, 농약 등으로 인한 서식지 파괴, 먹이 감소 등이 거론된다.[396] 복원된 따오기의 행동은 멸종 이전에 따오기가 보이던 행동 그대로일 것이기에 여전히 쉽게 사냥감이 되기 쉽다. 그리고 서식지 파괴와 먹이 감소 요인이 여전하다면 따오기를 복원하여 방사하더라도 여전히 과거의 멸종을 반복할 것이다. 그래서 포획 복원은 다른 결과가 나오기만 바라며 같은 잘못을 반복하는 바보 같은 짓이라고까지 말해진다.[397] 우리 인간의 행위로 인해 서식지 파괴나 환경 오염 따위를 일으키고 그것이 종의 멸종으로 이어졌다면 종의 멸종을 일으키는 원인인 인간의 행위를 중단해야 한다. 그것은 희귀 종 또는 자연 서식지 보전을 위한 방법 중 현지 외 보전이 아닌 현지 보전으로 가능하다. 그러나 문제가 생기는 원인 제거는 하지 않고 문제만 해결하려고 한다면 그 문제는 계속해서 일어날 수밖에 없다.

지금까지 살펴본 것처럼 동물원이 갖는 네 가지 목적 중 오락을 제외하고는 어느 것도 정당화되지 못한다. 동물원 옹호론자들이 정면으로 내세우지 않는 오락이 정당화되는 것이 아이러니이다. 이는 동물의 존엄성과 관련된 논점이다. 곧 동물이 존엄성이 없다고 한다면 오락의 대상이 될 수 있다는 것이다. 다음 절에서 이에 대해 살펴보자.

5. 동물의 존엄성

2절에서 동물원의 첫 번째 목적인 오락을 검토하면서 야생과 같은 환경이 조성된다면 이 목적은 정당화될 수 있다고 말했다. 그런데 두 번째 목적인 교육을 검토하면서는 동물원의 열악한 환경 탓에 동물의 자연스러운 행동과 습성을 보여 주지 못하므로 이 목적은 정당화되지 못한다고 말했다. 현실의 동물원은 동물들에게 자연스러운 환경을 조성해 주지 못한다. 하루에 30~50킬로미터를 걷는 코끼리를 비롯해 호랑이, 여우, 고래류, 조류 등 행동 반경이 넓은 동물에게는 공간이 매우 협소하다. 단순히 공간만 비좁은 것이 아니라 시멘트 구조물로는 야생에서 만날 수 있는 복잡하고 풍부한 환경을 꾸며 주지 못한다. 무리를 이루어 사는 사회적 동물들에게는 많아야 몇 마리가 모여 사는 삶은 고독하고 지루할 뿐이다. 추운 지방에 사는 북극곰이나 더운 지방에 사는 열대 동물들은 우리나라의 춥거나 더운 날씨는 고통일 수밖에 없다. 관람객의 소음이나 우리의 불빛 등도 거기에 익숙하지 않은 동물들에게는 고통이다. 일부 동물원에서는 서커스에서처럼 코끼리, 돌고래, 원숭이 등의 동물 쇼를 하는데, 훈련 과정에서 필연적으로 학대가 따를 수밖에 없다. 동물원은 야생의 자연공원이 아닌 이상 관람객의 안전을 도모하고 동물의 탈출을 막기 위해 동물을 감금해야 하기에 위와 같이 동물의 자연스러운 본성을 억누르는 시설은 반드시 필요하다. 동물의 자연스러운 본성을 억누른다면 고통이 따를 수밖에 없으며 더구나 이런 고통은 일시적인 것이 아니라 동물원에 갇혀 사는 내내 지속된다. 그렇다면 야생과 같은 환경이 조성된다고 가정할 때 오락 목적이 정당화될 수 있다고 했는데, 이 가정은 실패하게 되므로 오락 목적은 정당화될 수 없다.

앞 절에서 오락 목적을 제외한 동물원의 나머지 목적들은 정당화될 수 없다고 진작에 주장되었기에 오락 목적마저 정당화되지 않는다면 동물원은 폐기되어야 한다는 결론이 나온다. 그러나 폐기되지 않는 방법이 있지 않을까? 동물들이 탄자니아의 세렝게티 국립 공원처럼 야생 그대로 살게 하거나 미국의 샌디에이고 동물원처럼 상대적으로 넓은 공간에서 우리에 가두지 않은 채 살게 한다면 동물원의 오락 목적은 정당화될 수 있는 것 아닐까? 또는 이동 공간이 넓지 않고 자연과 비슷한 환경을 조성해 주기 쉬운 동물—주로 소동물—을 가두어 놓고 관람하는 것 역시 문제가 안 되지 않을까? 예컨대 사슴은 자기가 태어난 곳에서 평생 5마일을 넘는 곳까지는 거의 가지 않는다고 하는데, 넓은 공원에 사슴을 풀어 놓고 구경한다고 해서 사슴에게 갇혀 있는 고통을 주지는 않을 것 같다.[398] 세렝게티 국립 공원은 잡아먹고 잡아먹히는 잔혹함이 여전히 있지만, 샌디에이고의 동물원 같은 경우는 야생에서와 크게 다름없는 환경을 누릴 뿐만 아니라 야생에서와 달리 포식자에게 잡아먹힐 위험도 없고 굶어 죽을 걱정도 없으므로 감금되어 구경거리가 되는 것을 더 반겨야 하는 것 아닐까?[399] 이러한 질문들에 긍정적인 대답이 가능하다면 동물원은 폐기될 것이 아니라 동물의 복지를 만족하면서 사람들에게 오락을 제공할 수 있도록 규제되어야 한다. 이른바 **폐기론**이 아니라 **규제론**이 힘을 얻게 된다.[400]

우리가 물어야 할 것은 동물에게 야생에서와 같은 자연환경을 조성해 주고 먹이와 안전을 제공해 준다면 자유를 주지 않고 감금해도 옳으냐는 것이다. 이 질문에 대답하기 위해서 3장에서 죽이는 것이 나쁜 이유를 물을 때와 마찬가지로 인간과 비교하는 방식을 쓰면 도움이 될 것이다. 인간에게 충분한 복지 환경을 조성해 준다면 자유를 주지 않고 감금해도 옳은가? 여기서 노예제를 생각해 보자. 설령 노동을 하는 데 충분한 식사와 안락한 보금자리를 제공해 준다고 해도 인간을 노예로 삼는 것에는 누구나 반대할 것이다. 노예제는 복지를 향상하도록 규제해야 할 대상이 아니라 폐기되어야 할 대상인 것이다. 인간을 동물원에 감금하여 구경거리로 만들어도 마찬가지이다. 인류의 역사에서 인간을 동물처럼 구경거리로 삼은 부끄러운 역사가 있었다. 벨기에는 1958년에 식민지였던 콩고민주공화국의 사람들을 만국박람회에서 '전시'하였다. 콩고민주공화국 마을을 꾸며 놓고 거기에서 사는 사람들의 모습을 보여 주어 '교육과 즐거움'을 준다는 취지였는데, 관람객들은 콩고민주공화국 사람들의 반응이 없으면 울타리 너머로 돈이나 바나나를 던졌다고 한다.[401] 이 경우에는 먹을 것과 잠잘 곳 등 최소한의 복지도 마련해 주지 않았을 것이다. 그러나 혹시 그런 것이 제대로 주어진다면 인간을 구경거리로 삼는 것이 용납될 수 있을까? 동물원은 아니지만 인간이 자발적으로 다른 사람에게 구경거리가 된 사례도 있다. "모두를 만족시킬 수 있는 것이 있습니다."라는 흥행 문구 때문에 '바넘 효과'라는 심리학 용어를 낳은 장본인인 19세기 후반의 미국 서커스 흥행업자 바넘은 샴쌍둥이나 다모증 질환을 가진 여성 또는 거인이나 왜소증인 사람 등을 사람들에게 구경시켜 주고 돈을 받았다. 그러나 이들은 자의에 의해 바넘과 정식 계약을 맺고 공연을 했다.[402] 똑같이 사람들을 구경거리로 삼았지만 바넘의 서커스는 벨기에의 '인간 동물원'에 비해 비난을 받지 않았다. 어떤 차이가 있을까?

나는 8장에서 부분-인간화 동물에 대한 핵심적인 반론으로 부분-인간화 동물은 인간의 존엄성을 훼손하기에 옳지 않다는 반론을 검토하였다. 거기서 인간의 존엄성을 특징 짓는 중요한 특성 중 하나는 자율성이고 자율성은 우리 신체와 그 부산물을 본인의 의지대로 사용한다는 뜻이라고 말했다. 존경받을 만하고 품위가 있다는 뜻인 존엄성은 애매한 개념이다. 사람들은 각자가 생각하는 존경과 품위의 정도가 다르기에 일률적으로 정의 내리기 어렵기 때문이다. 그런 점에서 **존엄성**을 **자율성**을 통해 설명하는 것은 효율적이기도 하고 바람직하다. 코크런은 자율성에 대해 이렇게 말한다.

> (…) 자율성은 일반적으로 자기 자신의 선 개념을 만들고 수정하고 추구할 수 있는 능력과 관련된다. 따라서 자율성은 단순히 욕구를 추구하고 만족하는 능력 이상의 것과 관련된다. 그것은 자신의 욕구를 판단해 보고 반성해 보며, 자신의 가치와 선 개념에 비추어 보아 수정도 하는 능력을 가리킨다. (…) 다른 말로 자율성은 자기 자신의 선 개념을 선택하고 추구하는 '이차적' 능력을 가리킨다.[403]

동물들도 무엇인가를 추구하고 만족하는 능력이 있다. 3장에서도 말했듯이 동물들 역시 미래를 향한 계획을 세우고 그에 맞춰 선택하고 환경을 변화시키려고 노력한다. 따라서 평등의 원칙에 따라 그 능력을 존중해 주면 그만이다. 그러나 목표로 삼는 욕구나 선호를 반성하고 수정하는 능력은 없기에 욕구나 선호의 만족을 방해하는 것은 고통을 주는 일이기는 하지만 존엄성을 상하게 하는 일은 아니다. 이에 견줘 사람들은 자신들이 가치 있게 생각하는 것을 자유롭게 추구하고 그에 따라 살고 싶어 하는데, 자신의 존엄성을 존중하는 한 가지 방법은 자신이 자율적으로 선택한 것의 가치를 인정하는 것이다. 그런 가치를 가장 잘 실현할 수 있는 삶을 선택할 자유가 허락되지 않았을 때 자율성은 부정되었고, 이는 곧 존엄성이 훼손된 것이다. 칸트가 말한 도덕성의 두 번째 근본 원리도 자율성과 관련해서 해석할 수 있다.

> 너는 너 자신의 인격에서건 다른 어떤 사람의 인격에서건 인간성을 언제나 동시에 목적으로 대하고, 결코 한갓 수단으로 사용하지 않도록 행위하라.[404]

칸트가 인간을 수단으로 사용하는 것에 반대한 것은 아니라는 것은 잘 알려져 있다. 학생은 선생을 가르침을 받을 수단으로, 선생은 학생을 가르침을 베풀 수단으로 사용하지만 거기에 무슨 도덕적인 문제가 있는 것은 아니다. 문제는 '동시에 목적으로' 대하지 않고 '한갓 수단으로만' 이용할 때 생기는 것이다. 그러나 이때 동시에 목적으로 대하지 않고 수단으로만 이용한다는 것이 무슨 뜻인지 칸트는 분명히 밝히지 않았다. 데그라지아는 이것을 동의 없이 이용할 때 '한갓 수단으로' 이용하는 것으로 해석한다.[405] 사제지간은 서로를 수단으로 이용하기는 하지만 가르치고 배우겠다는 것을 명시적이든 암묵적으로든 동의하고 있으므로 한갓 수단으로 이용하고 있는 것은 아니다. 내가 세운 선 개념에 따라 자율적으로 상대방의 수단이 되기를 바라는 것이다.

자율성에 의한 존엄성 해석을 위 동물원 예에 적용해 보자. 벨기에의 만국 박람회 전시에서 주최 측이 피식민지인들의 동의를 받았을 리가 없다. 그들은 순전히 강압에 의해 모국에서 벨기에까지 끌려왔고 강제로 구경거리가 되었을 터이다. 식민지 콩고민주공화국 사람들이 납치되고 다른 나라에 실려가 구경거리가 되는 것을 즐기는 선 개념을 가지며 그것을 추구했을 리는 없다. 반면에 바넘의 서커스의 출연진들은 자의에 의해 서커스에서 구경거리가 되었을 터이다. 자신의 신체적 특이함을 더 이상 부끄러워하지 않고 재능으로 이용해야겠다고 자기 자신의 선 개념을 수정하여 추구하였다. 물론 서커스에서 구경거리가 된다는 것이 무엇인지 충분한 정보가 주어지지 않은 채 동의를 했을지도 모르고, 내키지 않지만 출연료 때문에 출연 계약에 서명했을지도 모른다. 마르크스주의자나 페미니스트들이 말하는 이른바 '허위의식'에 의해 사실은 자유롭지 않은 조건인데 자유롭게 판단했다고 믿었을지도 모른다.[406] 하지만 허위의식의 존재에 대해서는 논란의 여지가 있고, 무엇보다 벨기에의 전시는 그러한 '허위적인' 동의마저도 없었다는 점을 고려한다면 바넘의 출연진들은 자율적인 결정에 따랐고 존엄성이 해쳐지지 않는다고 판단을 내려도 무리가 없다. 한편 강제가 없더라도 동의를 받지 않은 채 구경거리가 된다면 역시 존엄성이 상한다. 몰래카메라가 그 대표적인 사례이다. 영화 〈트루먼쇼〉(1994)의 주인공 트루먼은 태어나면서 지금까지 자신의 삶이 몰래 방송되고 있다는 것을 모른다. 트루먼은 그때까지 행복한 삶을 살고 있었지만 그의 존엄성이 존중되고 있다고 생각하는 관객은 없다. 그의 동의를 구했다면 분명히 거부했을 것이기 때문이다. 인간의 경우는 알든 모르든, 행복한 삶을 살든 살지 않든, 구경거리가 되는 삶은 존엄적이지 못한 것이다.

인간이 설령 행복한 삶을 살더라도 자율성을 잃으면 존엄성을 해치게 되는 것은 자율성 또는 자유가 인간이 갖는 독특한 가치이기 때문이다. 자유는 소중하고 가치 있는 것으로 생각되므로 그것을 빼앗으면 윤리적으로 그르다. 그런데 왜 자유는 소중하고 가치 있을까? 자유는 도구적 가치와 본질적 가치를 갖는다고 생각된다. 자유를 **도구적 가치**를 갖는 것으로 이해한다면 자유를 갖는 것이 중요한 까닭이 쾌락이나 선호의 만족 등 다른 가치 있는 것을 주기 때문이라는 뜻이고, **본질적 가치**를 갖는 것으로 이해한다면 가치 있는 다른 무엇인가를 주는 것과 상관없이 자유는 그 자체로 좋은 삶의 필수 구성 요소라는 뜻이다.[407] 인간에게 자유는 본질적 가치를 갖는다. 자유가 도구적 가치만을 갖는다면 자유로써 추구하려고 하는 다른 가치들이 만족되는 경우 굳이 자유를 주지 않아도 된다. 가령 자유가 쾌락이나 선호를 만족하기 때문에 가치 있는 것이라면, 감금이 되어 있더라도 쾌락 추구를 보장해 주고 충분한 수준의 복지를 유지해 준다면 윤리적으로 문제가 되지 않는다. 〈트루먼쇼〉에서 촬영되고 있다는 것을 모르는 행복한 트루먼이나 잘 대우받아 그 생활에 길들여진 노예도 문제가 되지 않는 것이다. 그러나 우리는 트루먼이나 길들여진 노예가 윤리적인 문제가 없다고 생각하지 않는다. 코크런이 말한 '자기 자신의 선 개념을 만들고 수정하고 추구할 수 있는 능력' 그리고 칸트의 '한갓 수단'을 해석할 때 동의를 할 수 있는 능력은 인간만이 가진다고 보아야 한다. 그리고 이것은 3장에서 말한 자의식이 있는 인격체만이 가질 수 있는 능력이다. 자신의 삶과 자신의 문화를 이야기로 만들 능력이 있어야 자신의 선 개념을 만들고 수정하고 추구하는 능력이 있다. 그런데 트루먼이나 길들여진 노예는 그런 능력이 없기에 쾌락이나 선호의 만족이 있어도 자율적 행위자가 아니다. 거꾸로 인간에게 자유는 그 자체로 소중한 본질적 가치가 있기에 설령 쾌락이나 선호가 만족되지 못하더라도 가치가 있을 수 있다. 이솝 우화의 '서울 쥐와 시골 쥐'를 읽은 사람들이 진수성찬을 먹지만 자유는 없는 서울 쥐보다 비록 푸성귀만 먹지만 자유는 있는 시골 쥐처럼 살아야겠다고 다짐하는 것도 바로 그런 이유 때문이다.

그러나 동물은 쾌락이나 선호의 만족은 있지만, 자신이 추구하는 쾌락이나 선호를 반성하거나 수정하지는 못한다. 동물에게 자유는 도구적 가치만 있기에, 그 자유가 도구적으로 추구하는 쾌락이나 선호를 만족시켜 준다면 자유를 주지 않아도 윤리적으로 문제가 되지 않는다. 코크런의 표현에 따르면 동물은 그 쾌락이나 선호에 '갇혀 있으므로' 그것만 만족시켜 주면 된다.[408] 물론 여기에는 많은 단서 조건이 따른다. 첫째, 일부 영장류—바너가 '유사 인격체'라고 부르는 존재—는 자의식이 있거나 있다고 의심되므로 영장류에게 자유가 도구적 가치만 있다고 단정해서는 안 된다. 둘째, 한갓 의식적인 동물에게 자유가 도구적 가치만 있다고 하더라도 감금하기 위해서는 그 도구적 가치를 존중해 주어야 한다. 다시 말해서 동물이 적어도 야생 상태에서의 쾌락과 선호를 만족하도록 동물원 시설을 갖추어 주어야 한다. 그렇다면 구경거리가 되더라도 그것은 그 동물의 존엄성을 해치는 일이 아니다. 그루언은 곰에게 우스꽝스럽게 광대 분장을 시키는 것은 곰의 존엄성을 존중하지 않는 행위라고 말한다. 그 이유는 곰의 본래 모습이 아닌 것을 강요받았기 때문이다.[409] 그러나 곰의 본래 모습인가 아닌가로 판단할 것이 아니라 그런 행위가 곰의 도구적 가치—쾌락이나 선호의 만족—를 만족시켜 주는지 또 곰의 존엄성을 훼손하는지를 통해 판단해야 한다. 곰은 스스로 선 개념을 만들 수 없으므로 구경거리가 된다고 해서 존엄성의 손상을 받지 않는다. 그러나 곰에게 광대 분장을 시키는 것이 곰에게 고통을 주는지 판단해야 한다. 어느 정도의 분장인지에 따라 다르겠지만 무엇인가를 걸쳐 입은 적이 없는 곰에게 분장을 시킨다는 것은 거북함의 고통을 주는 행위일 것 같다. (개에게 옷을 입히는 것도 똑같이 생각할 수 있다.) 동물에게 자유의 본질적 가치가 있음을 부정하는 코크런은 말에게 장애물 넘기를 시킨다고 해서 자유의 제한이 그렇게 해로울 것 같지 않다고 말한다.[410] 자율성의 측면에만 주목하면 그렇게 말할 수 있다. 말은 자율성이 없기 때문이다. 그러나 말에게 장애물 넘기를 훈련하는 과정에서 말에게 고통을 주지 않는다고 보기 어렵다. 말이 잘 달린다고 해도 자연 상태에서 인간이 만든 장애물을 넘는 데에 익숙하지는 않을 테니 그것을 넘기 위해서는 자신의 욕구나 선호와 다르게 강요를 받았을 것이라고 보아야 할 것 같기 때문이다. 이렇게 동물이 본래의 모습을 그대로 유지한 채 단순히 구경거리만 되는 것이 아니라, 본래의 습성과 다른 모습을 강요당하는 것은 자유의 도구적 가치마저 부정할 가능성이 크다. 동물 쇼나 서커스에서 호랑이, 곰, 말, 돌고래, 물개 따위에게 공이나 링을 가지고 쇼를 시키는 게 모두 마찬가지이다. 단순히 타고난 습성과 다르고 조롱거리가 된다는 이유에서가 아니라, 그 과정에서 자신의 활동을 제한받아 고통을 받을 가능성이 크기 때문이다.

6. 맺음말

인간의 역사에서 노예나 포로 등 인간을 감금하는 부끄러운 역사가 있었다. 현대에는 감금의 제도로 남아 있는 것은 감옥인데, 이는 죄에 대한 대가로 인위적으로 자유를 제한하고 있다. 그러나 동물을 감금하는 동물원이나 수족관은 본격적인 반성의 대상이 되고 있지 않고, 여전히 많은 사람에게 놀이공원의 역할을 하고 있다. 그러나 이번 장에서 살펴본 것처럼, 동물원이 지닌 목적 중 교육, 연구, 종 보전은 정당화되지 않거나 정당화된다고 하더라도 굳이 동물원에서 할 기능은 아니었다. 그래서 제이미슨은 동물원의 폐기를 강하게 주장한다.

> 동물원은 자연계의 질서에서 우리가 차지하는 위치를 잘못 가르쳐 준다. 감금이 가능한가 가능하지 않은가로 인간과 다른 동물이 갈라진다. 동물은 우리의 즐거움을 위해 존재하고, 우리의 목적을 위해 사용된다. 도덕성 그리고 우리의 생존은 우리가 다른 많은 종 위에 군림하는 종이 아니라 여러 종 중 하나로 살아갈 필요가 있다는 것을 말해 준다. 그러기 위해서 우리는 동물원에서 배운 것을 잊어야만 한다. 동물원이 우리에게 가르쳐 준 것은 거짓이고 위험하므로, 인간과 다른 동물은 모두 동물원이 폐기되면 더 나은 삶을 살 것이다.[411]

그러나 지금까지의 논의에 따르면 제이미슨의 주장과는 달리, 그리고 동물원 옹호론자들이 애써 감추려는 의도와도 달리 오락의 목적만은 정당화될 가능성이 있었다. 그러나 그것은 야생에서와 최대한 비슷한 환경을 조성해 줄 수 있다는 가정에서만 가능한데, 이를 만족시킬 수 있는 동물원은 사파리 형태이거나 일부 소동물을 수용하는 동물원뿐이었다.

동물원의 정당성 논의는 동물의 존엄성 문제와 깊이 관련되어 있다. 동물이 오락 기능을 만족시킬 수 있다는 것은 동물이 구경거리가 되는 것을 허용할 수 있다는 뜻인데, 이는 동물에게 존엄성이 있다고 해도 도구적인 가치만 있기 때문이었다. 다시 말해서 감금을 하더라도 자유가 주는 가치인 쾌락 또는 선호의 만족을 만족시켜 준다면 동물에게는 윤리적으로 그르지 않다는 것이다. 반면에 인간의 자유는 본질적 가치를 가지는 것이기 때문에 쾌락이나 선호를 만족시켜 준다고 해도 자유를 빼앗는 것은 허용되지 않는다고 말했다.

애완동물도 어떤 의미에서 가정에 감금되어 있다. 자신이 가고 싶은 곳을 마음대로 갈 수 없기 때문이다. 동물원의 동물이나 애완동물이나 갇혀 있다는 점에서는 똑같다. 그러나 전자를 보면 마음이 아프지만 후자를 보면 귀여움을 느낀다. 그 차이는 무엇일까? 갇혀 있다는 차이 때문이 아니라 애완동물은 인간과 가족 같은 관계를 유지하기 때문일까? 아니면 동물원의 동물은 살 곳이 동물원이 아니라 야생이지만, 오랜 세월 가축화가 된 애완동물은 집이 살 곳이라고 생각하기 때문일까? 잘 대접받아 길들여진 노예와 잘 대접받아 길들여진 애완동물의 차이는 무엇일까? 이것이 다음 장에서 다룰 주제들이다.

10장 애완동물의 윤리

1. 머리말

이 책에서 지금까지 다룬 주제 중 육식과 동물 실험 정도 말고는 논의가 그리 활성화되어 있지는 않다. 애완동물의 윤리도 마찬가지로 걸음마 수준의 논의만 있을 뿐이다. 동물 윤리학을 대표하는 두 저서로 흔히 꼽히는 싱어의 『동물 해방』과 리건의 『동물권 옹호』에서도 애완동물과 관련된 언급은 거의 찾아보기 힘들다. 『동물 해방』에서 애완동물은 "이 책은 애완동물에 대해 쓴 책이 아니다."라는 말을 하기 위해 거론될 뿐이다. 애완동물은 도덕적 고려가 아니라 애호의 대상인데, "동물의 조건을 개선하기 위해 노력하는 사람들은 동물을 애호해야 한다."라고 가정할 필요가 없다는 것이 싱어의 생각이기 때문이다.[412] 한편 『동물권 옹호』에서 애완동물은 "유기되고 원치 않은 건강한 애완동물"의 안락사를 언급하면서 한 번 거론될 뿐이다.[413] 그 외 저명한 동물 윤리학자 중 애완동물에 대해 길게 논의한 이는 롤린 정도이다. 그가 쓴 『동물권과 인간의 도덕』[414]의 5개 장 중 한 장의 제목이 '도덕과 애완동물'이다.

애완동물은 지금까지 동물 윤리 논의가 대상으로 하는 농장 동물이나 실험동물보다 오히려 인간의 눈에 더 자주 띄는 동물이다. 공장식 사육이 보편화된 지금은 농장 동물을 축사 밖에서는 보기 어렵고, 소비자는 고기를 슈퍼에서 포장된 형태로만 접한다. 관계자가 아니고서는 실험동물이 실험의 대상이 되는 현장에 접근할 수 없으며, 우리는 동물 실험의 결과를 약품화된 형태로 접하기에 그 과정에서 동물이 이용되고 있다는 사실조차 알지 못한다. 그리고 포식은 야생에서 일어나는 일일 뿐이다. 살아 있는 동물을 가장 흔하게 접할 수 있는 것은 바로 애완동물이다. 우리나라만 치더라도 애완동물을 기르는 인구가 1,000만 명이 넘어가는 추세이고[415] 그 인구는 점점 늘어날 것이며, 직접 기르지 않더라도 '살아 있는' 형태로 거리에서 산책하는 애완동물들을 매일 마주친다.

농장 동물이나 실험동물에 견줘 애완동물을 대상으로 한 윤리적 연구가 많이 이루어지지 않은 까닭은 농장 동물이나 실험동물은 열악한 대우를 받지만 애완동물은 그 지나침을 걱정할 정도로 인간에게서 애정을 받는다고 생각하기 때문일 것이다. 잘 알려져 있다시피 농장 동물은 터무니없이 좁고 불결한 공장식 축사에서 길러지며 인간에게 고기를 제공하기 위해 자연 상태의 수명보다 훨씬 짧은 생을 마감한다. 실험동물은 각종 병균이 인위적으로 주입되어 고통스러운 삶을 살아야 한다. 동물원이나 서커스도 좁은 우리에 동물을 감금하고 동물의 자연스러운 생태에 맞지 않는 행동을 강요한다. 이런 관행들은 동물에게 피해를 입히는 데 비해 애완동물로 동물을 이용하는 것은 동물에게 피해를 입히는 것이 전혀 없어 보인다. 애완동물은 인간에게 경비(警備)와 귀여움을 제공한 대가로 천적의 공격에서 보호받고 먹을 것을 받기 때문에 피해는커녕 이득을 얻는다고 생각된다. 애완동물의 소유주는 단지 잠잘 곳과 먹을 것만 제공하는 데 그치는 것이 아니라 가족의 일원으로 대우하고, 그들이 애완동물에게 보여 주는 애정과 관심은 애완동물에게 직접적인 도덕적 지위까지 부여하는 것으로 판단된다. 그런데도 애완동물을 키우는 것은 윤리적으로 그른 일일까?

물론 현재에도 애완동물을 둘러싼 윤리적 논쟁을 주변에서 드물지 않게 볼 수 있다. 애완동물의 윤리라고 생각하면 학대를 생각할 텐데, 사실 그것은 논쟁거리가 되지 않는다. 애완동물은 물론이고 동물을 이유 없이 괴롭히는 학대는 사람을 학대하는 것이나 마찬가지로 윤리적으로 그르다는 것은 논란의 여지가 없기 때문이다. 인터넷 공론장을 자주 달구는 문제들은 다음과 같은 것들이다.

애완동물에게 입마개를 해야 하는가?

사람을 문 애완견은 안락사시켜야 하는가?

도둑고양이[416]에게 먹이를 주는 것은 옳은가?

개 식용은 옳은가?

위 논쟁은 애완동물을 애호하는 쪽과 그렇지 않은 쪽 사이에 벌어진다. 사람이 개에게 공격을 받아 다치거나 심지어 죽게 되는 일이 가끔씩 발생하기 때문에 외출 시 애완동물에게 목줄은 물론이고 입마개까지 해야 한다거나 사람을 문 애완견은 안락사시켜야 한다는 여론이 일고, 다른 한편에서는 이것은 심한 규제라는 반대 의견이 제기된다. 그리고 지역 사회에서는 도둑고양이에게 먹이를 주는 이른바 '캣맘'의 행동을 두고 다툼이 자주 벌어진다. 개 식용 논쟁은 오래된 논쟁이지만 아직도 지속되고 있다. 이 논쟁은 애완동물과 농장 동물을 다르게 취급하는 것이 옳으냐라는 문제 제기로서, 특히 개의 식용을 금지하는 법제화 문제와 식용 개 업자의 생존권 문제와도 관련되어 보신탕 소비가 느는 매년 여름철을 맞아 논쟁이 되풀이되고 있다.

반면에 애완동물을 애호하는 사람들 사이에서 이루어지는 논쟁도 있다.

애완동물 구입과 입양은 엄격한 심사를 거쳐야 하지 않는가?
애완동물을 펫숍에서 구입하는 대신 입양해야 하지 않는가?
애완동물 번식 농장(퍼피밀)은 허용 가능한가?
애완동물의 인위적인 품종 개량은 옳은가?
애완동물을 온종일 혼자 집에 두는 것은 학대인가?
애완동물의 중성화 수술은 학대인가?
회복할 수 없는 질병에 걸리지 않았는데도 애완동물에 대한 안락사는 허용되는가?

애완동물 학대와 더불어 자주 거론되는 사회적 문제는 애완동물의 유기이다. 애완동물을 물건 버리듯이 버리는 주된 이유는 애완동물에 대한 책임감이 부족해서일 텐데, 그러다 보니 아기를 입양할 때 엄격한 심사를 하듯이 애완동물을 구입하거나 입양할 때도 엄격한 심사를 거쳐야 하지 않느냐는 주장이 제기된다. 그리고 독일의 경우처럼 구입을 금지하고 입양만을 허용해야 하지 않느냐는 주장도 나온다. 애완동물을 구입하는 인구가 많다 보니 인위적으로 번식시키는 농장이 생기고, 귀여운 동물만을 찾는 소비자의 구미에 따라 인위적인 품종 개량이 늘어난다. 이는 동물의 자연스러운 번식을 막는 행위인데, 애완동물을 온종일 혼자 집에 두는 것이나 중성화 수술과 마찬가지로 동물의 자연스러운 본성을 막는 것 아니냐는 비판이 제기된다. 한편 2019년 1월에는 한 동물 보호 단체의 대표가 긴급 구조한 애완견들의 개체 수가 많다는 이유로 안락사를 시킨 사건이 논란이 되었다. 이 대표는 구조한 개들을 보호한다는 명목으로 지원금을 받았는데도 그와 달리 안락사를 시켜 공분을 사고 논란이 되었지만, 투명하게 진행한다면 애완동물에 대한 안락사가 허용 가능한지 진지하게 물을 수 있다. 현재 보호 기간이 지난 유기견은 개체 수 과잉의 이유로 안락사를 시킬 수 있는데, 이것 자체가 옳은지 물음을 던질 수 있다.[417]

이것들은 애완동물과의 교류가 늘어나면서 새롭게 생기게 된 문제들로서, 모두 애완동물의 구체적인 탄생 또는 존재 양상과 관련된 실천적인 윤리적 논쟁이다. 그러나 나는 이보다는 애완동물이 존재하는 것 자체가 윤리적으로 옳으냐는 더 근본적인 질문을 던지려고 한다. 설령 애완동물이 인간의 애정을 받는다고 하더라도 애완동물을 태어나게 하는 것이 윤리적으로 바람직한가 묻는 것이다. 위 질문들은 모두 야생 동물이나 농장 동물에서는 발생하지 않는 문제들이다. (물론 인위적인 품종 개량이나 번식은 농장 동물에서도 발생하는 문제이기는 하지만 앞으로 살펴보겠지만 애완동물의 경우와 그 목적이 다르다.) 이것은 동물이 애완화되었기 때문에 생기는 문제들이다. 따라서 애완동물이 존재하는 것 자체가 윤리적으로 옳으냐는 근본적인 질문이 의미가 있고 선행되어야 한다.

이 질문에 대답하기 위해서는 애완동물이 인간에 의해 또는 자발적으로 **가축화된**(domesticated) 것이 그 동물에게 이득인지 아닌지를 살펴보는 경험적 방식이 필요하기는 하다. 나도 부분적으로 그런 방식을 사용할 것이다. 그러나 거기에 전적으로 의존하는 것에는 한계가 있다. 애완동물의 가축화가 과연 그 동물에게 이득인지 아닌지 판단하기에는 어려운 점이 많기 때문이다. 우리가 그 동물의 처지가 직접 되어 볼 수도 없고, 그 동물이 가축화하지 않았을 때와 비교해서 어느 쪽이 그 동물에게 더 좋은지 반사실적으로 판단하기 어렵기 때문이다. 그래서 나는 그런 경험적인 접근보다는 개념적인 접근을 하려고 한다. 애완동물을 설명하는 프루와 워치니안스키의 두 가지 모형[418]을 변형한 세 가지 모형을 제시하고, 각 모형에서 애완동물이 적절한지 살펴보는 방식이 그것이다. 세 가지 모형은 각각 **장난감**, **피보호자**, **반려** 모형이다. 나는 애완동물은 이 세 가지 모형 어디에도 적합하지 않다는 것을 보여 줄 것이다. 이 과정에서 애완동물의 **의존성**과 **취약성**이 핵심적으로 논의될 것이다. 그렇다면 애완동물에 대한 다른 적합한 모형이 있기 전까지는 애완동물을 존재하지 않게 하는 것이 옳다는 결론을 내릴 것이다.

2. 장난감 모형

프루와 워치니안스키는 애완동물을 설명하는 두 가지 모형을 제시한다. 첫째 모형은 '주인-재산 모형'으로서, 애완동물을 개인의 사적 재산으로 생각한다. 이 모형에서 사람과 동물의 관계는 소유주-재산 관계에 지나지 않게 된다. 둘째 모형은 위 모형의 문제점이 '개선된 모형'으로서, 소유자-재산 관계를 보호자-피보호자 관계로 대체한 것이다. 보호자-피보호자 관계는 부모-아이 관계에서 찾아볼 수 있는데, 아이가 부모의 피보호자이듯이 애완동물도 기르는 사람의 피보호자라는 것이다. 이 모형에서 애완동물은 가족과 같으므로 그것을 소유한다는 생각은 폐기해야 한다고 본다. 나는 프루와 워치니안스키의 두 모형에 바탕을 두고, 애완동물을 각각 장난감, 피보호자, 반려로 보는 세 가지 모형으로 확장 가능하다고 생각한다. 장난감 모형은 프루와 워치니안스키의 주인-재산 모형에 해당하고, 보호자-피보호자 관계의 개선된 모형은 피보호자 모형과 반려 모형으로 좀 더 세분될 수 있다고 생각한다. 반려 모형을 별도로 고려하는 것은 애완동물을 반려동물로 보아야 한다고 주장하는 최근의 상황을 반영한 것이기도 하고, 이 모형이 프루와 워치니안스키가 자신들의 개선된 모형에서 애완동물이 설명될 수 없다고 할 때 생각할 수 있는 또 다른 대안이기 때문이다.

먼저 **장난감 모형**을 보자. 프루와 워치니안스키의 주인-재산 모형은 애완동물을 재산 또는 물건으로 간주하는 것인데, '애완'의 '완'(玩, 장난감)에 그 뜻이 잘 반영되어 있다. 애완동물은 물건은 물건이지만 애정을 주면서 즐기는 물건이므로 다른 물건과 다르게 장난감이 적절한 용어인 듯하여, 장난감 모형으로 부르기로 한다. 이 모형은 애완동물에 관한 현재의 법률을 가장 잘 반영하고 있다. 현재 우리나라의 민법은 애완동물을 포함해서 동물을 동산에 해당하는 물건으로 취급하고 있고(제99조 제2항), 형법에서 동물은 재물에 해당하여 다른 사람의 동물을 학대하면 재물손괴죄(제366조)가 성립한다.[419] 법률은 이렇지만 이 법률은 사람들의 생각을 제대로 반영하지 못한다. 여러 철학자는 애완동물을 한갓 물건으로 보았을 때 생기는 윤리적 문제를 언급한다.[420] 만약 애완동물이 장난감에 불과하다면 애완동물을 쓰고 버려도 되는 존재로 취급하고, 일부러 죽여도 죄가 안 되기도 하고, 경제적 이득이 있을 때는 학대를 해도 된다. 그러나 도덕적 가치를 가지고 있다고 생각되는 동물을 소유물로, 한갓 수단으로 여겨서는 안 된다는 것이 우리의 상식이다. 이것은 가장자리 인간을 한갓 수단으로 간주하는 것과 비슷하게 생각된다.

그러나 디즈니 만화 영화 〈토이스토리〉의 주인공 앤디처럼 '장난감'을 애지중지하는 경우는 그 모형이 문제없이 유지된다. 애완동물에게 최대한의 복지를 제공해 주면서도 애완동물은 물건에 불과하다고 생각하는 사람이 있다면 위와 같은 비판은 적용되지 않기 때문이다.[421] 현실적으로 애완동물 '소유주'들도 애완동물을 단순한 물건으로 취급하지 않는다. 꼭 애완동물을 키우지 않는 사람들도 동물이란 존재를 무엇인가 생명이 있는 대상이므로 단순한 물건 이상으로 생각하는데, 우리와 함께 사는 애완동물에 대한 인식은 그 이상일 것이다. 따라서 데카르트처럼 동물을 자동인형에 불과하다고 생각하지 않는 이상 동물에 도덕적 지위를 부여해야 하는 것이 상식이다. 1장에서 동물은 직접적인 도덕적 지위를 갖는다고, 다시 말해서 다른 존재와의 관련 때문에 도덕적 지위를 갖는 것이 아니라 그 자체가 도덕적 지위를 갖는다고 주장했다. 만약 동물이 직접적인 도덕적 지위를 갖는다면 그런 애완동물을 정원석처럼 한갓 소유물로 생각할 수는 없다. 〈토이스토리〉의 앤디가 장난감을 다루듯 애완동물을 애지중지하든, 같은 영화의 악동 시드가 장난감을 고문하듯 애완동물을 학대하든 상관없이 말이다.[422] 따라서 장난감 모형은 쉽게 파기된다.[423] 그것은 애완동물의 소유주가 동물에게 해를 끼치든 끼치지 않든 상관없이 성립한다.

3. 피보호자 모형

다음에 검토할 애완동물 모형은 **피보호자 모형**이다. 이 모형은 애완동물을 한갓 소유물이나 재산으로 취급하지 않고 돌봄의 대상으로 대한다. 그런 점에서 장난감 모형과 달리 애완동물을 도덕적 지위를 갖는 대상으로 보고 애완동물에게 도덕적인 책임을 보인다는 차이점이 있다. 소유물의 켤레말은 '소유주' 또는 '주인'이고 '피보호자'의 켤레말은 '보호자'이다. 보호자는 어린이나 돌봄이 필요한 장애인처럼 법률적으로나 신체적으로 스스로 권리를 행사할 수 없는 사람을 보호할 책임이 있는 사람을 가리킬 때 쓰인다. 따라서 피보호자 모형은 프루와 워치니안스키도 지적하듯이[424] 부모가 아이를 돌보는 관계에서 대표적으로 드러난다. 인간 보호자는 피보호자인 아이가 성인이 될 때까지 헌신을 하며 보호한다. 자식이 건강하게 위험을 피하며 자라도록 하고, 기본적인 의식주는 물론이고 재능을 개발할 수 있도록 뒷바라지를 한다. 우리는 아이를 낳은 부모가 이러한 활동을 한다고 해서 자선을 베푼다고 생각하지 않고 기본적인 의무를 다한다고 생각한다. 그래서 그러한 의무를 다하지 못하는 부모는 사회적인 비난을 받고 심한 경우에는 보호자의 자격을 박탈당하기도 한다. 피보호자 모형에서는 애완동물을 상대로도 보호자는 마찬가지의 의무를 져야 한다고 본다. 애완동물의 보호자는 애완동물이 건강하게 위험을 피하며 자라도록 해야 하고, 기본적인 먹을 것과 잠잘 곳을 제공해 주어야 하며, 애완동물의 재능(본성)을 개발할 수 있도록 뒷바라지를 다해야 한다고 생각한다.[425] 그리고 보호자가 그 의무를 다하지 못했을 때는 도덕적인 비난을 한다. 보호자의 의무를 다하지 못하는 부모에게 "책임지지 못할 거면서 왜 낳았느냐?"라고 비난을 하는 것처럼, "책임지지 못할 거면서 왜 기르느냐?"라는 비난을 하는 것이다. 비록 애완동물의 보호자는 애완동물을 직접 낳지 않고 구입하거나 입양했지만 구입이나 입양의 의사 때문에 그 동물이 존재하게 되었으므로 그에 따르는 책임을 요구하는 것이다. 그래서 애완동물을 더 이상 키울 수 없어서 유기하거나 유기하지는 않더라도 먹을 것을 주지 않고 방치하는 것도 학대나 마찬가지로 윤리적으로 비난을 받는다. 애완동물의 주인이 된 이상 그 동물에게 잘 곳과 먹을 것을 주겠다는 계약을 한 것이고 방치하면 그 계약을 어겼으므로 윤리적으로 옳지 않기 때문이다. 애완동물은 혼자서는 살 수 없는데, 주인이 소유의 의사를 밝혔기 때문에 특정 개체는 존재하게 되었다. 구매를 하거나 입양을 한 경우도 소유자가 있으리라는 예상에서 태어났으므로 마찬가지이다. 소유주가 없었으면 태어나지 않을 존재를 태어나게 했으므로 그 존재를 보살필 의무가 있다. 그 의무를 다하지 않는 것은 윤리적인 비난을 받아 마땅하다.

피보호자 모형은 부모-아이 관계를 유비했다고 말했다. 따라서 애완동물의 보호자-피보호자 관계가 부모-아이 관계를 잘 반영하고 있는가를 보면 이 모형의 성패를 판정할 수 있을 것이다. 애완동물이든 인간의 아이든 피보호자가 되는 까닭은 스스로는 의식주를 해결하지 못하기 때문이다. 다시 말해서 피보호자는 보호자에게 전적으로 의존하는 관계이다.[426] 이 의존 관계에 대한 분석이 이루어져야 피보호자 모형의 성패가 판가름 난다. 인간의 아이는 성인이 되기 전까지 부모에게 의존하는 존재일 수밖에 없다. 그런데 인간이 낳지 않은 애완동물은 왜 인간에게 의존하는 존재가 되었을까? 나는 먼저 그 연원을 통해 피보호자 모형의 적절성을 판정하려고 한다.

애완동물은 농장 동물과 함께 우리가 가축화한, 다시 말해서 길들인 동물이다. **길들인 동물**(domesticated animals)은 인간의 이익을 위해서 강제로 갇혀 있으며 인간의 목적을 위해서 선택적으로 번식되고 인간에게 계속해서 돌봄을 받아야 하는 의존적 존재를 말한다.[427] 야생 동물은 인간에 의해 길들여지면서 인간에게 의존하는 존재가 되었다. 야생 동물을 사로잡아 '노예화'하고[428] 번식시키는 과정은 철저히 인간의 목적과 이익을 만족하기 위해서인데, 길들이는 과정에서 선택적 교배를 통해 동물의 생리도 바꾼다. 대체로 야생 동물에 비교할 때 덩치가 작아지고 유순해지는 방향으로 바뀌는데, 농장 동물과 애완동물은 교배 과정에서 각각 다른 특성을 발전시킨다. 가령 농장 동물인 젖

소는 우유를 많이 생산하게 하기 위해서 젖이 커지게 하고 닭이나 칠면조는 가슴살을 많이 생산하게 하기 위해서 가슴을 크게 하는데, 이런 현상은 최근의 공장식 사육에서 극대화된다. 애완동물은 나이를 먹어서도 어릴 때의 신체적 · 행동적 특성을 그대로 간직하도록 하는데 이런 특성을 **유형 성숙**(幼形成熟, neoteny)이라고 부른다.[429] 어릴 때의 특성은 곧 귀여움을 말하는데 과학 저술가인 부디안스키에 따르면 인간이 개나 고양이와 같은 애완동물을 키우면서 가장 선호하는 것은 이 특성이다. 우리는 흔히 인류의 조상이 개를 길들이게 된 동기를 집을 지키거나 사냥에 쓸모가 있어서라고 생각하지만 부디안스키는 동물 행동학이나 고고학 연구를 보면 수천 년 전에도 대부분의 개는 "하는 일 없이 밥만 축내는 존재"였다고 한다.[430] 우리가 경비나 사냥처럼 개에게 기대하는 일을 제대로 하는 개들은 예나 지금이나 일부일 뿐이라는 것이다. 그에 따르면 개가 우리와 친숙하게 된 것은 다름 아닌 귀여움 때문이다. 인간은 귀엽고 작은 존재를 향한 타고난 호감이 존재하는데, 개는 바로 이 점을 이용하여 "우리를 마음대로 조종하고 휘두른다."라는 것이다.[431] 길들인 동물은 인간의 이익을 위해 신체뿐만 아니라 정신(성격)까지 바꾼 것이다. 어쨌든 인간에게 선택된 인위적인 특성은 부작용을 낳게 된다. 가령 가슴살이 커진 칠면조는 짝짓기를 자연스럽게 할 수 없게 되고, 장모종(長毛種) 개는 인간의 돌봄이 없으면 긴 털 때문에 시야 확보가 곤란하고 위생에서 문제가 생긴다.

인간은 자신들이 원하는 특성을 만들어 내기 위해서 애완동물을 '선택적으로' 교배한다. 과학 저술가인 부디안스키는 그 교배의 종류로, 순종 혈통이 강조되고 족보가 있는 개를 찾으면서 순종으로 인정받게끔 교배를 하는 전통과, 견종 경진 대회에서 인기 있는 종견을 찾는 유행을 들고 있다.[432] 그런데 우리나라에서는 그런 목적의 선택적 교배보다는 귀여운 개를 만들기 위한 교배가 특히 심하다. 대체로 아파트에서 애완동물을 기르다 보니 작고 귀여운 종을 찾는 경향이 강하기 때문이다.[433] 앞서 말했듯이 애완동물 자체가 유년기의 신체적·행동적 특성을 평생토록 유지하도록 선택되었기에 귀여움은 애완동물에서 소유주가 가장 선호하는 특성이다. 그런데 이러한 순종이나 귀여움과 같은 특정한 성질은 동종 번식을 통해서만 얻어진다. 동종 번식은 부모 중 한쪽의 자질을 후손들에게 더 많이 빨리 퍼뜨리는 목적으로 시행된다. 그러나 거기에는 대가가 따르는데, 동종 번식은 좋은 형질과 나쁜 형질을 구분하지 못해서 동종 번식을 반복하다 보면 원하는 형질이 고착되는 동시에 숨겨진 결함도 고착된다.[434] 앞서 예로 든 장모종 개가 그런 결함이 생겼다. 자연 세계가 후속 세대의 특징을 예측할 수 없는 이종 교배를 통해 진화를 거듭한 까닭은 비록 동일성을 버리더라도 건강하고 활동적인 다양한 개체를 만들어 유해한 형질이 발현되는 것을 막기 위해서이다.[435] 수의사이면서 생명 윤리학자인 로시는 그런 결함을 구체적으로 지적하는데, 대표적으로 불도그나 시추 따위의 주둥이가 눌린 단두종(短頭種) 개에서 기도가 막히는 증후군이 그런 예이다. 이것은 특정 품종의 특징적 안면 외양을 선택해서 직접 생긴 결과이다. 또 선택적 번식 때문에 생긴 질병은 심장 결함, 피부 문제, 암, 신경계 질환 등 300가지가 넘는다고 말한다.[436]

어떤 생명체든 질병에 걸릴 수 있다. 그러나 그런 질병에 걸릴 것을 예상하면서도 인위적인 번식을 시키는 것은 다른 존재에게 해악을 끼치지 말라는 기본적인 윤리 원칙(7장에서 말한 해악 금지의 원칙)을 저버린 것이다. 얼마든지 피할 수 있는 해악인데도 일으키는 것은 윤리적으로 비난을 받아 마땅하다. 설령 그런 해악이 있더라도 거기서 생기는 이득이 그것을 훨씬 능가한다면 해악은 공리주의적으로 용인될 수 있겠지만, 위에서 보았듯이 그 이득이라는 것은 순종 혈통이나 대회 우승과 같은 허세이거나 귀여움처럼 동물이 겪는 질환에 견주면 아주 사소한 것이다.

애완동물이 받는 해악은 선택적 교배에 따라 생기는 질병만 있는 것이 아니다. 보호자로부터 귀여움을 받는 대신에 집에서 갇혀 지내면서 생기는 괴로움들이 있다. 가장 흔한 애완동물인 개를 예로 들어 보면, 늑대와 같은 갯과의 동물인데도 좁은 집 안에서 마음대로 뛰어다니지 못하고 산책하러 나갈 때도 목줄에 묶여 있어야 하는 답답함(급기야는 입마개를 해야 한다는 여론도 있다), 동료들과 함께 지내지 못하고 주인이 없을 때는 온종일 혼자서 지내야 하는 지루함, 어릴 때 어미나 동기들과 헤어져야 하는 슬픔, 강아지 번식 농장에서 태어났다면 거기서 받는 고통이나 죽음 따위가 그것이다.[437]

물론 애완동물은 인간에게 길들여지면서 지금까지 말한 해악만 받는 것은 아니다. 그것을 능가한다고 생각하는 반대급부의 이득이 분명히 있다. 추위와 굶주림 그리고 천적의 공격으로부터 보호받는다는 이득이 바로 그것이다. 그러나 우리는 애완동물이 인간에게 길들여지면서 생기는 해악과 이득 중 어느 쪽이 더 큰지 판단하기 힘들다. '박쥐가 된다는 것이 어떤 것인지'[438] 알 수 없는 것처럼, 우리가 직접 그 애완동물의 처지가 될 수 없기 때문이다. 또 같은 갯과에 속하면서 길들여지지 않은 늑대와 비교했을 때 지금의 개가 더 나은 삶을 사는지 못한 삶을 사는지 평가하는 것은 불가능하다. 몇 만 년 전의 늑대에게 현재의 개의 삶을 보여 주면서 야생의 삶을 계속할 것인지 가축화를 선택할 것인지 묻는 사고 실험을 할 수 있을까? 그러나 우리는 늑대들이 춥고 배고프지만 자유로운 삶과, 속박되어 있지만 안락한 삶 중 어느 쪽을 선택할지 확정할 수 없다. 3장에서 말했듯이 동물에게 선택을 위한 '충분한 정보'를 줄 수는 없는 노릇이다.

4. 애완동물의 의존성과 취약성

지금까지는 인간이 야생 동물을 길들이면서 애완동물은 인간에게 의존하는 존재가 되었고, 그 과정에서 인간이 선택한 귀여움이라는 특성과 감금되는 괴로움은 애완동물에게 해악을 주었다고 말했다. 이에 견주어 반대급부의 이득도 있다. 그러나 앞 절에서 야생의 삶과 애완동물로 길들여진 이후의 삶을 저울질할 수 없기에 애완동물의 적절한 모형을 찾기 위해 다른 방식을 써야 한다고 말했다. 피보호자 모형은 인간의 부모-아이 유비에 의존한다고 했는데, 나는 이 유비에 주목해야 한다고 생각한다. 그래서 나는 애완동물과 인간의 아이 사이에는 결정적인 차이가 있기에 그 유비는 개연성을 잃게 되고 그에 따라 피보호자 모형도 실패하게 된다고 생각한다. 그것은 아이는 부모에게 한정된 기간 동안 의존하지만 애완동물은 평생 동안 의존한다는 사실이다. 여기서 지적하려는 근본적인 문제는 유년기의 신체적·행동적 특성을 평생토록 유지하도록 선택되었기에 생기는 **의존성**과 **취**

약성이다. 보호자와 애완동물의 관계는 일방적이다. 애완동물은 잠잘 곳과 먹을 것과 같은 기본적인 사회적 욕구뿐만 아니라 질병의 치료까지 인간에게 의존한다. 애완동물은 보호자가 없으면 스스로 생존할 수 없다. 애완동물은 보호자가 없으면 차려져 있지 않은 먹이(예컨대 깡통 안에 든 먹이)는 먹을 수도 없고 운동도 할 수 없다. 고양이는 다르지만 개는 대소변을 가리는 훈련이나 사람들에게 복종하는 기본적인 예절도 인간에게서 배운다. 사실 이런 훈련이나 예절은 인간의 필요 때문에 이루어지지 애완동물의 처지에서는 꼭 필요하지 않다. 그러나 잠잘 곳과 먹을 것을 인간에게 의존한다는 것은 치명적이다. 보호자와 애완동물의 관계가 일방적이라는 말이 갖는 의미는 애완동물의 생사가 순전히 보호자의 선택에 달려 있다는 사실이다. 보호자가 애완동물을 다시는 키우지 않겠다고 마음을 먹고 돌보지 않거나 버리면 그 동물은 죽고 만다. 인간의 비위에 맞추기 위해 유순하게 되어 공격적인 본성을 잃은 애완동물은 거친 야생에서 먹이를 찾지도 못하고 추위에도 견디지 못한다. 그래서 의존성은 취약성으로 말해지기도 한다.[439] 애완동물은 인간의 보호가 없다면 환경에 매우 취약하다. 의존적이고 취약한 애완동물은 급기야 '사회적 기생 동물'로 불리기도 한다.[440] 사실은 기생 동물보다 더 열악하다. 기생 동물은 적어도 보호자로부터 유기되는 일은 없기 때문이다. 물론 인간은 기생충의 존재를 안다면 그것을 박멸하려고 노력한다. 그렇다고 해도 기생 동물은 애완동물과 달리 인위적으로 만들어진 것이 아니므로 존재 자체가 비난거리가 되지는 않는다. 보호자와 애완동물은 서로에게 이익을 주므로 기생 동물보다는 '공생 동물'이 더 적절한 비유일 것도 같다. 그러나 공생 동물도 한쪽이 다른 한쪽을 유기하는 일은 없다.

앞 절에서 애완동물과 소유주 사이의 계약을 이야기했는데 애완동물을 포함한 길들인 동물이 가축화하는 과정을 인간과 맺은 계약 과정으로 설명할 수 있다.[441] 야생 상태에서 배고픔, 포식자로부터 잡아먹힘, 질병 따위에 시달리던 동물 중 일부는 인간과의 계약을 통해 쉴 곳과 먹을 것, 그리고 의학적인 치료를 받고 그 대신에 인간에게 노동력과 고기, 우유, 털과 가죽 따위를 제공하거나 동무가 되어 주고 재미를 주었다고 말이다. 물론 이 계약은 역사 속에서 실재하는 계약이 아니라 가상의 계약이다. 많은 사람은 늑대가 진화의 과정을 거쳐 개가 되었다고 생각한다. 하지만 우리는 롤스의 원초적 상황에 동물이 합리적 계약자로서 참여한다고 할 때 이러한 계약에 과연 동의할지 물어볼 수 있다. 사람과 동물 모두에게 유리한 윈윈(win-win) 계약이므로 기꺼이 계약에 동의할까? 동물들이 계약 조건이 아니라 현재의 실상을 알면 그런 계약을 하지 않을 것 같다. 일단 농장 동물을 보면 포식자의 위협이 없다는 점을 제외하고 야생에서 살 때와 큰 차이가 없다는 전제에서 인간과 계약을 한 것이다. 물론 소나 말의 경우 노동력을 제공해야 하므로 힘이 들지만 그 정도는 가축이 됨으로써 받는 혜택으로 상쇄될 수 있으므로 개의치 않을 것 같다. 또 고기나 털과 가죽을 제공하기 위해서는 죽어야 하지만 자신의 인지 상태가 죽음의 공포를 예측 못하고 도살이 고통 없이 이루어진다면 그런 계약은 받아들일 것 같다.[442] (동물에서 고통 없는 죽음의 허용 가능성은 3장을 보라.) 그러나 현대의 공장식 농장에서는 그런 계약은 쉽게 깨지고 만다. 농장 동물에게 더는 노동을 시키지는 않지만 이제는 야생에서와 같은 동물의 본성에 맞는 환경에서 사육하지 않고 도살 과정에서도 고통을 주기 때문이다. 애완동물도 소유주의 집에서 소유주에게 귀여움을 주고 대신에 안락함과 먹을 것을 제공하기만 하는 것은 아니다. 소유주의 변덕에 의해 언제든지 버림받을 수 있고, 동료와 누리는 사회생활이 불가능하며 온종일 혼자 있어야 하는 일이 빈번하고, 위에서 말했듯이 의존적이고 취약한 존재이기에 버려진 환경에서 스스로 살아남을 수 없다. 그리고 강아지 번식 농장에서 태어나 열악한 환경에서 자라다가, 입양이 되지 않으면 안락사되거나 심하게는 고기로 팔려갈 수도 있다.

농장 동물과 애완동물의 이러한 비참한 현실은 바로잡아야 할 현실이므로 이것을 근거로 계약의 '사기성'을 주장하는 것은 논의에 별로 도움이 되지 않는다. 현실보다 더 중요한 논의거리가 있는데, 인간과 동물 사이의 계약은 언제든지 깨질 수 있다는 점이다. 인간은 계약을 파기했을 때 얻을 이득이 상당히 많으므로 언제든 계약을 깨뜨릴 유혹에 빠질 수 있다. 계약론은 인간 사이의 윤리를 설명할 때도 자주 이용된다. 계약론적 윤리설의 가장 큰 문제점으로 소수 민족, 어린이, 장애인, 다음 세대 등 굳이 대등한 관계에서 계약할 필요가 없는 존재와는 계약하지 않는다는 점이 자주 지적된다. 자신의 힘으로 상대방을 억누르거나 무시할 수 있는데 굳이 '윤리적인' 계약을 할 필요가 없는 것이다. 계약의 필요성이 없는 사회적 소수자에 동물도 포함된다. 설령 계약했다고 하더라도 사회적 약자와 맺은 계약은 언제든지 깨뜨릴 수 있다. 상대방은 계약의 파기에 대해 항의하지 못하거나 항의하더라도 무시하면 그만인 존재이기 때문이다. 그런데 혹시 계약한 후 계약을 깨뜨렸다고 하면 그 소수자가 아닌 다른 사람들로부터 신용을 잃게 되어 다른 계약을 할 때 곤란을 겪게 될 수는 있다.[443] 약자와 맺은 계약이라고 해서 저렇게 함부로 깨뜨리는 사람은 믿을 수 없다는 인상을 주기 때문이다. 그러나 동물과 한 계약을 깨뜨렸다고 하더라도 그런 취급을 받을 걱정은 없다. 대부분의 주위 사람들은 계약이 파기당한 동물을 가엽게 생각하지 않고 오히려 거기에 동조하여 이익을 얻기 때문이다. 계약을 파기한 공장식 농장주에게 항의하는 사람은 고기를 비싸게 먹을 각오가 되어 있어야 하는데, 대부분의 사람은 고기를 싸게 자주 먹을 수 있는 현재의 환경에 만족해 한다. 팔머는 동물과의 계약에서 재미있는 지적을 하는데, 동물에게 이 계약이 문제되는 또 다른 이유는 무를 수 없는 계약이기 때문이다.[444] 계약 당사자 중 한쪽이 일방적으로 계약을 파기하고 그 잘못을 물을 수 없는 상태라면, 그 계약이 애초에 없었다고 무르는 것도 한 가지 방법이다. 그러나 길들인 동물이 소유주가 계약 내용을 지키지 않았다고 해서 돌아갈 곳이 어디인가? 길들여지기 이전의 야생 상태로 돌아갈 수 있겠는가? 이미 인간에게 길들여졌는데, 야생으로 돌아가 자립적으로 생존할 수 있겠는가? 길들인 동물은 계약이 없었다면 아예 존재할 수 없는 운명이니 계약을 파기하는 순간 사라지고 마는 존재론적 문제를 안고 있다. 그러니 울며 겨자 먹기로 불공정한 계약 파기를 따를 수밖에 없는 것이다. 이렇게 보았을 때 인간이 농장 동물을 열악한 환경에서 사육하고 애완동물을 언제든지 유기하는 것은 일부 인간의 일탈 행위가 아니라 그 계약의 성격상 필연적으로 일어나게 되는 일이다.

가축은 인간의 필요로 길들여졌다고 흔히 생각한다. 예컨대 인류의 조상들이 살던 주거지에서 쓰레기를 주워 먹던 늑대를 인간이 집을 지키거나 사냥할 때 데리고 다니면 쓸모가 있겠다고 생각하여 데려다 키운 것이 개의 기원이라는 것이다. 그러나 이에 대한 반대 의견도 있다. 동물을 길들인 것은 인간 자신의 선택이 아니라 거꾸로 동물이 인간을 선택했다는 것이다. 부디안스키가 그런 주장을 하는데, 그에 따르면 어떤 종이 길들여진다는 것은 기후 변화, 지질학적 변화, 진화 등 인간이 좌지우지할 수 없는 거대한 힘에 의한 자연적 과정이다.[445] 1만 5000년 전에 기후의 변화에 따른 생태계의 변화로 일부 동물이 인간의 주거지 근처에서 살게 되었다. 그래서 들판에 떨어진 곡식이나 음식물 찌꺼기 따위로 배를 채우고, 지리적인 고립으로 인해 다른 종과 섞이지 않고 이러한 특성이 후대에 유전되었다. 좀 더 구체적으로 개를 예로 들어 말해 보면, 최근의 DNA 분석에 따르면 인간의 농경 문화나 정착 생활이 시작되기 전인 1만 4000년보다 훨씬 전에 야생 늑대와 개가 유전적으로 분리되었다고 한다.[446] 개가 늑대와 갈라진 것은 인간이 늑대를 길들여서가 아니라 그 이전에 돌연변이에 의해 갈라졌다는 것이다. 그리고 인간 주변을 맴도는 개와, 인간 세계에는 접근하지 않는 늑대 사이에는 교미가 이루어지지 않고 완전한 분리가 일어났다는 것이다. 그래서 부디안스키는 우리 인간이 개를 길들인 것이 아니라 개 자신의 의지에 따라 인간 사회에 정착했다고 결론을 내린다. "결국 공존을 선택한 것은 우리가 아니었다. 바로 개가 우리 인간을 선택한 것이다."[447]

부디안스키의 주장에 따르면 개를 비롯한 길들인 동물이 인간에 의해 '노예화'되었다는 것은 사실이 아니다. 인간의 경우에는 스스로 선택하여 '노예'가 되었다고 해서 노예가 윤리적으로 문제가 안 되는 것은 아니다. 한 사람의 주체적인 선택권을 다른 사람에게 전적으로 맡기고 자존심을 버리는 것은 인간의 본성에 어긋나기 때문이다. 그러나 앞 장에서 동물원의 감금과 관련해서 설명했듯이 길들인 동물을 포함해서 대부분의 동물은 그 본성에 존엄성이 있다고 보기 힘들므로 스스로 노예가 되었다고 해서 윤리적으로 문제가 되지 않을 것 같다.[448] 그러나 부디안스키의 주장대로 길들인 동물이 처음부터 인간에 의해 길들여진 것이 아니라 인간이 좌지우지할 수 없는 자연적 과정에 의해 인간과 같이 살게 되었다고 하더라도, 그 자연적 힘은 어디까지나 인간의 주거지 근처에 살게 되는 과정에까지만 미친다. 마치 지금의 떠돌이 개나 도둑고양이처럼 인간이 흘리거나 버린 음식물을 먹고 살던 동물 중 유순하고 귀여운 성질을 가진 동물만이 인간으로부터 선택을 받고 애완동물화된 것이다. 이는 부디안스키도 인정한 것인데, 그에 따르면 인간 근처에 살게 되는 자연화 과정에서 "인간이 미친 영향이란 공격성이 강한 동물을 쫓아 버리고 온순하거나 귀여운 동물은 그냥 참고 넘어가 주는 것뿐이었다."[449] 그는 그것'뿐'이라고 말하지만 지금 의존화의 윤리를 논의하는 자리에서는 그것은 주목할 만한 인간의 영향이다. 인간의 주변에서 살면서 가축화되지 못한 동물들도 많다. 도널드슨과 킴리카는 야생 동물과 길들인 동물 외에 '경계 동물'(liminal animals)을 별도로 분류하는데, 비둘기, 참새, 쥐, 코요테, 캐나다거위처럼 가축화되지는 않았지만 인간과 떨어져서 야생에서 살지도 않는 동물을 말한다. 이런 경계 동물과 달리 애완동물은 인간의 가축을 공격하지 않고 적당한 덩치에 애처롭게 구걸하는 귀여운 모습이 인간에 의해 선택되어 인간에게 완전히 의존적이 된 것이다. 결국 애완동물은 인간에 의해 의존적이고 취약하게 되었다.

5. 의존적이고 취약한 애완동물을 책임져야 하는가?

애완동물이 인간에 의해 의존적이고 취약하게 되었다면 우리가 고려해야 하는 윤리적 문제는 크게 세 가지가 있다.

첫째, 우리는 의존적이고 취약한 동물을 끝까지 책임져야 하는가?
둘째, 우리는 모든 의존적이고 취약한 동물을 책임져야 하는가?
셋째, 우리는 의존적이고 취약한 동물을 만들지 말아야 하는가?

첫째 문제에는 대답하기 쉽다. 앞서 인간의 부모에게도 "책임지지 못할 거면서 왜 낳았느냐?"라고 비난을 하는 것처럼, 애완동물의 보호자에게도 "책임지지 못할 거면서 왜 기르느냐?"라는 비난을 한다고 말했다. 인간의 아이는 성인의 도움이 없으면 살지 못하는 연약한 존재이므로 그런 연약한 존재를 만든 부모는 아이를 돌보아야 할 책임을 지는 것을 당연하게 생각하고 그런 의무를 다하지 않은 부모에게는 윤리적인 비난을 한다. 물론 인간의 아이 사례를 애완동물에 그대로 적용하기에는 차이점이 있다. 첫째, 인간의 부모는 자신의 선택으로 아이를 낳았지만 애완동물의 소유주는 그 동물을 낳은 것은 아니다. 둘째, 인간의 의존성과 취약성은 평생 가지 않고 성년이 되어 가면서 점점 없어지지만 애완동물은 평생을 인간에게 의존해야 한다. 이런 차이점에도 불구하고 인간의 보육 의무를 애완동물에도 유비할 수 있다. 먼저 애완동물의 소유주는 그 동물을 직접 낳은 것은 아니지만 태어나게는 했다. 애완동물을 키우면서 직접 짝짓기를 시키거나 짝짓기를 허용하는 것은 직접 낳는 것이나 마찬가지이다. 그리고 짝짓기를 하지 않고 입양을 했다고 하더라도 입양의 수요가 있지 않았다면 그 개체가 태어나지 않았을 터이므로 태어나게 한 것이나 다름이 없다. 그러므로 애완동물의 소유주는 태어나게 한 또는 입양한 개체를 돌보아야 할 책임이 있다. 그리고 그 책임은 애완동물이 죽을 때까지 적용되는데, 앞서 말했듯이 인간과 달리 성년이 된다고 해서 의존성을 벗는 것은 아니기 때문이다. 특히나 그렇게 평생 의존성을 벗어나지 못하게 한 것은 인간의 책임이다. 앞서 말했듯이 인간은 선택적 번식으로 의존성을 더 키우도록 교배한다. 인간의 경우에는 특정 성질이 더 발현되도록 선택적으로 교배를 하지 않는다. 태아에서 장애가 발견될 경우 출산을 포기하는 일은 있지만, 특별한 방식으로 인간을 만들지는 않는다.[450] 만약 그렇게 만든다면 윤리적인 비난을 면치 못할 것이다. 그러나 애완동물의 경우에는 인간이 원하는 특성을 갖는 개체를 낳기 위해 교배를 하고, 그런 특성은 의존성을 더 키운다. 앞서 살펴본 애완동물의 두 가지 모형 중 장난감 모형에서는 이런 교배가 받아들여질지 모르지만, 피보호자 모형에서는 받아들여질 수 없다.

둘째 문제는 우리가 직접 태어나게 하거나 입양한 애완동물이 아닌 경우에도 돌보아야 할 책임이 있느냐는 문제이다. 가깝게는 유기견을 입양해야 하느냐는 문제부터 멀리는 재난 현장에서 조난한 애완동물을 구조해야 하는 문제까지가 이 부류의 문제에 해당한다. 우리나라만 놓고 볼 때 유기견은 전국의 유기 동물 보호소나 보호 센터의 집계에 따르면 한 해 평균 6만 마리이다. 그러나 동물 보호 단체는 통계에 잡히지 않는 유기견까지 합하면 한 해 평균 10만 마리에 이른다고 보고 있다.[451] 유기견을 만든 소유주는 책임을 다하지 않았으므로 윤리적인 비난을 받아야 함은 첫째 문제에서 언급했다. 지금 검토하는 문제는 소유주가 아닌 사람들도 유기견을 돌보아야 할 책임이 있느냐는 것이다. 내가 버리지 않았는데 내가 책임져야 하는가? 팔머는 '이익 논증'으로 이 질문에 대답한다. 곧 길들인 동물에서 이익을 받았다면 설령 직접 키운 동물이 아니더라도 버려졌으면 돌볼 책임이 있다는 것이다. 우리는 음식이나 가죽이나 오락 따위로 동물이 주는 이득을 보았다. 그리고 팔머는 만약 엄격하게 채식을 하고 동물 부산품을 이용하지 않으며, 동물을 길들이는 것을 반대한다면 그런 의무에서 면제가 된다고 말한다.[452] 그러나 팔머의 이익 논증은 길들인 동물 중 농장 동물에는 적용될 수 있지만 애완동물에는 적용될 것 같지 않다. 엄격한 채식주의자가 아닌 이상 대부분의 사람은 농장 동물을 직접 키우지 않아도 고기나 가죽 등의 동물이 주는 이익을 얻지만, 애완동물이 주는 이익은 그 동물을 직접 키우는 사람에게 국한되기 때문이다.

그렇다면 버려지는 애완동물을 버려지는 인간과 재난에 빠진 야생동물의 경우와 비교하는 방법을 사용해 보자. 버려진 아이가 있는데 나 몰라라 하고 지나친다면 법률적인 처벌은 받지 않을지라도 윤리적인 비난을 받는다. 버려진 아이를 직접 키워야 하는 의무는 지지 않더라도 그 아이를 임시로 직접 보호할 수도 있고 보호할 수 있는 시설로 보낼 수 있기 때문이다. 우리 사회에서 버려지거나 부모가 일찍 죽은 아이는 가까운 친인척이 돌보거나 입양을 하거나 시설을 통해 양육의 책임을 져야 한다는 동의가 이루어져 있다. 반면에 야생 동물이 어미가 죽어 새끼만 남았다거나 가뭄으로 굶어 죽거나 홍수로 서식지가 없어졌다고 해서 구조의 의무가 있다고 생각하지는 않는다. 이런 시각의 차이는 왜 생기는 것일까? 인간은 우리와 같은 종이지만 동물은 같은 종이 아니라는 종 차별주의적 시선도 한몫을 했을 것이다. 종 차별주의는 윤리적으로 지지하기 힘들다. 아마도 인간의 아이의 경우에는 우리가 인위적으로 태어나게 했으므로 우리 사회가 책임을 져야 하지만, 4장에서 포식을 논의할 때 언급되었듯이 야생에 개입하는 것은 자연의 질서를 깨뜨리므로 책임질 필요가 없다는 이유가 대답이 될 것이다. 만약 이런 이유가 두 경우의 차이를 설명해 준다면 버려진 애완동물의 경우도 사회 전체가 책임을 져야 한다는 결론이 나온다. 비록 내가 버리지는 않았더라도 이 동물은 야생 동물과 달리 인간이 태어나게 하지 않았으면 존재하지 않았을 것이므로 우리 사회가 공동으로 책임을 져야 한다. 물론 인간의 경우에도 아프리카처럼 먼 곳에서 굶어 죽는 아이를 돕는 의무가 우리에게 있느냐는 논란이 되고 있다.[453] 그러나 적어도 한 국가 내에서 굶어 죽는 아이를 비록 내가 태어나게 하지 않았고 내가 버리지 않았다고 하더라도 모른 체해도 된다고 생각하지는 않는다. 직접 거두어서 보호하지 않더라도 기부금이나 세금의 형태로 지원해야 할 의무가 있다고 생각한다. 그렇다면 버려진 애완동물의 경우에도 똑같은 의무가 적용될 것이다. 내가 태어나게 하지 않았더라도, 내가 버리지 않았더라도 우리 사회가 공동으로 돌보아야 할 의무가 있으며, 내가 직접 키우지 않더라도 기부금이나 세금의 형태로 돌봄을 지원할 수 있다. 애완동물을 설명하는 피보호자 모형을 받아들이는 쪽에서는 이런 의무를 반대할 수 없다. 피보호자로서의 애완동물의 도덕적 지위는 아기의 도덕적 지위와 다를 바 없는데, 내 책임이 아닌 아기라도 우리 사회가 양육해야 하지만 애완동물은 그럴 필요가 없다고 생각하는 것은 비일관적이기 때문이다. 이런 의무에서 면제되기 위해서는 피보호자 모형 대신에 장난감 모형을 받아들이거나 애완동물을 태어나게 해서는 안 된다는 입장을 받아들여야 한다.[454]

이러한 결론은 유기된 애완동물의 사례에만 적용되는 것은 아니다. 2010년에 연평도가 북한의 폭격을 받아 주민들이 피난을 가자 그 섬에 남은 개들은 동물 보호 단체의 주목을 받았다. 일본에서는 2011년 후쿠시마의 원전 사고 후 동물 구조 활동을 하는 비영리 단체가 사고 지역에 남아 있는 동물들을 구조하는 활동을 했다. 그리고 미국에서는 2005년 허리케인 카트리나의 피해를 본 뉴올리언스 지역에서 동물 보호 단체가 동물들을 구조하고 보호하는 활동을 했다. 그 후 미국 하원에서는 2006년 재난이나 비상 사태 때의 운영 계획에 동물을 포함하라는 법률이 통과되었다.[455] 이러한 노력들에 접하고서 사람이 죽고 사는 마당에 동물을 구조하는 것은 사치라는 시각이 있을 수 있다. 그러나 애완동물을 피보호자라고 여긴다면 동물 구조는 사치가 아니라 피보호자에게 져야 하는 의무가 된다.

결국 우리가 모든 의존적이고 취약한 동물을 책임져야 하느냐는 둘째 물음은 피보호자 모형의 성공 여부에 달려 있다. 피보호자 모형이 받아들여질 수 있다면 우리는 유기견을 비롯한 버려진 동물에 책임을 져야 한다. 다음 절에서 우리는 의존적이고 취약한 동물을 만들지 말아야 하느냐는 셋째 질문을 다룰 것이다. 그 질문을 톺으면서 피보호자 모형의 성공 여부도 함께 검토될 것이다.

6. 애완동물을 태어나게 하지 않는 것이 옳은가?

애완동물을 비롯한 길들인 동물에서 철학적으로 가장 중요한 주제는 태어나지 않았을 존재를 우리가 태어나게 했다는 점이다. 야생 동물의 탄생에는 우리가 개입하지 않았으며, 4장에서 보았듯이 그 동물이 받는 고통도 우리에 의해 생긴 것은 아니다. 그러나 길들인 동물은 우리가 필요로 해서 존재하게 되었다. 농장 동물은 고기, 우유, 가죽, 털 등을 필요로 해서, 애완동물은 경비와 귀여움을 필요로 해서 존재하게 되었다. 그리고 그 동물들이 겪는 고통은 존재하지 않았으면 겪지 않아도 될 고통이다. 그래서 길들인 동물의 경우에는 그 동물을 태어나게 하는 것이 옳으냐는 물음이 철학적으로 중요하게 제기되고, 우리는 의존적이고 취약한 동물을 만들지 말아야 하느냐는 셋째 질문을 심각하게 고려해야 한다. 사실 "태어나는 게 더 나은가?"라는 질문은 남아프리카공화국의 철학자 베너타가 애초에 인간에 대해 제시한 철학적 물음이었다.[456] 개똥밭에 굴러도 이승이 낫다는 속담처럼 죽는 것보다 살아 있는 게 낫다는 것이 상식이다. 그러나 베너타는 고통이 없으면 좋지만 쾌락이 없으면 나쁘지 않다는 점에서, 즉 쾌락과 고통의 비대칭성에 근거해서 존재하지 않는 것이 존재하는 것보다 낫다는 결론을 끌어낸다. 살아 있는 것이 죽는 것보다 더 행복하다는 것이 상식인 인간에게서도 이러한 결론이 따라 나올 수 있는데, 열악한 사육 환경을 견뎌야 하는 농장 동물이나 인간에게 그 존재를 의존하거나 언제든 버림받을 수 있는 애완동물의 경우에는 태어나지 않는 것이 더 낫다는 결론은 훨씬 논란이 덜할 것이다. 애완동물을 둘러싼 가장 중요한 철학적 주제는 태어나지 않았을 존재를 태어나게 하는 것이 옳으냐는 것이라고 했는데, 그런 물음을 던지는 것은 결국 애완동물의 인간 의존적인 삶이 옳다고 생각하지 않기 때문이다. 비록 베너타의 결론은 존재 그 자체가 쾌락보다 고통이 더 많다는 형이상학 전제에서 따라 나오지만, 적어도 애완동물에 대해서는 의존적인 삶이 바람직하느냐고 물을 수 있어서 좀 더 구체적인 논의가 가능하다.

도널드슨과 킴리카도 애완동물이 존재함으로써 필연적으로 생기게 되는 피해들을 나열하는데, 주인이 변심했을 때 버리는 것이 그 대표적인 사례이다.[457] 애완동물은 사람에 의존하는 존재이므로 유기되면 살지 못한다. 재난 따위의 이유로 어쩔 수 없이 유기하는 일도 있겠으나 이때도 어쩔 수 없다고 말할 수 없는 것이, 프러시와 워치니안스키가 말한 피보호자 모형을 따른다면 어쩔 수 없다는 변명이 통하지 않는다. (이 점에 대해서는 다음 절에서 자세히 다루겠다). 강아지 번식농장에서의 죽음과 괴로운 훈련, 주인을 기다릴 때의 지루함도 필연적인 피해들에 추가된다.[458]

더구나 애완동물의 존재는 인간에게 큰 짐이 된다. 부디안스키는 개가 얼마나 "인간에게서 먹을 것을 빼앗고 노동과 자본이라는 형태의 경제적 자원을 엄청나게 소모시키며 병을 퍼뜨리기도" 하는지 서술한다.[459] 개를 '사회적 기생 동물'로 부른 이가 그인데, 개를 다른 종의 둥지에 새끼를 낳는 뻐꾸기와 비교한다. 그러면서 뻐꾸기 새끼는 다른 새끼들을 밀어 둥지에서 떨어뜨리는 짓을 하지만 개는 인간의 아이와 경쟁하고 그 자리를 대신 차지하려고 들지는 않으므로 뻐꾸기보다는 낫지 않느냐고 묻는다. 그리고 바로 "조만간 그렇게 될 가능성도 있기는 하다."라고 말하는데, 정말로 아이를 낳지 않고 대신에 애완견을 기르는 사람이 늘어나고 있다. 부디안스키는 매년 미국에서 개한테 물려서 병원 치료를 받는 사람이 100만 명에 이르고, 목숨을 잃는 사람은 12명이고, 개에게 물린 것을 보상하는 보험비가 2억 5,000만 달러이고, 미국에 사는 개 5,500만 마리가 먹어 치우는 음식은 로스앤젤레스 전체 인구가 소비하는 양과 비슷하고, 개가 수의사로부터 치료 받는 비용은 70억 달러라는 통계를 제시한다. 그리고 미국의 거리에 쌓이는 개의 똥은 200만 톤에 이르고, 개의 배설물에서 인간에게 옮기는 질병은 65가지가 넘는다는 점을 지적한다.

의존적 삶 자체가 나쁜 것은 아니다. 의존적 삶이 언제든 취약한 삶으로 바뀔 수 있다는 것이 문제이다. 애완동물의 의존성에 관하여, 애완동물뿐만 아니라 인간도, 그리고 모든 생태계가 의존적인데 왜 애완동물의 의존성만 문제되느냐는 반론이 가능하다.[460] 그리고 애완동물만 소유주에게 의존하는 게 아니라 소유주도 애완동물에게 의존한다고 볼 수 있다. 인간이나 생태계가 의존적이라고 말할 때 '의존'은 상호 연결되어 있다는 뜻이지 자신의 생사여탈이 다른 존재의 의지에 좌지우지된다는 뜻은 아니다. 인간은 쌀에 의존하지만 쌀이 없어도 대체재가 있다. 그러나 애완동물은 소유주 외에는 '대체재'가 없다. 현 소유주의 맘이 바뀌면 다른 소유주가 대체재가 되지 않겠냐고 말하겠지만, 다른 소유주를 만날 가능성보다는 유기될 가능성이 높고 설령 다른 소유주에게 가더라도 그렇게 소유주를 바꾸는 삶은 또 다른 괴로움일 뿐이다. 소유주가 애완동물에게 의존한다는 것은 애정을 느낀다는 뜻이다. 분명 소유주는 애정을 느끼는 애완동물이 없어지면 괴로워하겠지만, 그것 때문에 소유주의 존재 자체가 치명적인 상태가 되지는 않는다. 이렇게 애완동물이 의존적이라는 말은 자신의 삶을 소유주에게 전적으로 맡긴다는 아주 구체적이고 실존적인 의미로서, 결국 취약하다는 뜻이다.

위에서 기생 동물 또는 공생 동물을 예로 들었지만 이 동물들은 한쪽으로부터 버려질 염려가 없으므로 취약한 삶이 되지 않는다. 인간의 아이도 부모에게 의존적 삶을 살지만 그것은 성인이 될 때까지 한시적일 뿐이다. 물론 취약한 존재는 돌보아 주어야 한다. 우리는 의존이 필요한 어린이나 장애인을 향한 돌봄을 윤리적 의무라고 생각한다. 그러나 처음부터 취약한 존재임을 알면서도 태어나게 하는 것은 별개의 문제이다. 8장에서 장애인을 차별하지 않는 것과 선택할 수 있다면 장애인을 선택하지 않는 것은 별개의 문제라고 말하면서, 부분-인간화 동물은 장애인으로 태어나게 하는 것과 비슷한데 왜 그런 도덕적 부담감을 스스로 지느냐고 물었다. 처음부터 취약한 존재임을 알면서도 태어나게 하는 것에도 똑같은 질문을 던질 수 있다.

뒤투아는 애완동물을 기르는 것을 도덕적으로 허용할 수 없는 세

가지 논증을 제시한다.[461] 자유를 제한한다는 반론과 재산으로 삼는다는 반론이 그 중 첫째와 둘째 반론이다. 이 중 자유를 제한한다는 반론은 애완동물에게 반대급부로 이득이 주어지므로 우리가 판단하기 어렵다고 말했다. 그리고 재산으로 삼는다는 반론은 사람이 애완동물의 소유주가 아니라 피보호자가 되면 해결이 된다고 말했다. 그러나 세 번째 반론인 의존성 반론은 심각하게 생각해야 한다. 의존하는 존재는 존엄성이 없다. 그런 존재는 홉스의 용어대로 취약하고, 짧고 비참한 삶을 살 가능성이 크다. 유기견이 될 가능성이 크다. 인간의 경우에도 의존적인 존재가 있지만 종 전체가 의존적이지는 않다. 어린아이는 의존적이긴 하지만 성인이 되면 의존성을 벗고 자립한다. 그러나 성인이 되어도 부모나 사회에 의존하는 사람은 사회적 문제를 일으킨다. 일부 장애인과 노인처럼 가족이나 사회에 영원히 의존하는 사람도 있지만, 장애인이나 노인은 처음부터 의존적인 존재로 기대하지는 않았다. (장애인과 달리 누구나 노인이 될 수 있지만 노인이라고 해서 모두 남에게 의존하지는 않는다.) 그러나 애완동물을 만드는 것은 처음부터 의존적인 존재를 만드는 것이다. 그러므로 태어나게 하지 말아야 한다는 주장이 나올 수 있다. 그런데 우리 사회에는 너무 많은 유기견이 있고 강아지 번식 농장에서는 계속 강아지를 태어나게 한다. 그래서 뒤투아는 기존에 있는 애완동물은 입양하고 앞으로는 태어나게 하지 말아야 한다고 주장한다.[462] 애완동물의 입양 수요가 기존의 동물보다 많으면 계속 태어나게 할 수 있지만, 그럴 일은 없을 것 같으므로, 애완동물의 **폐기론**을 지지하는 것이다.

프랜시온도 애완동물을 태어나게 하는 것은 도덕적으로 그르다고 주장한다.[463] 그 이유는 애완동물은 동물을 소유물로 다루는 것이고 그것은 동물의 권리를 인정하지 않는 것이기 때문이다. 동물 복지 주장은 아무리 동물을 인도적으로 대우한다고 해도 결국은 동물을 소유물로 다루는 것이다. 프랜시온은 인간 노예를 아무리 도덕적으로 대우해도 그것은 소유물로 다루는 것이고 이것은 노예의 도덕적 가치에 0을 부여하는 것이므로 옳지 않다는 것에 비유한다. 그는 꼭 도덕 권리 이론이 아니더라도 상식적으로 동물을 소유물로 다루는 것에 반대할 수 있다고 하는데, 2007년에 풋볼 선수 빅(Michael Vick)이 투견 도박에 관여한 일에 사람들이 비난한 예를 든다. 빅의 행동을 비난한 이유는 동물을 쾌락과 오락의 도구로 사용하기 때문이다. 이와 마찬가지로 가축이나 애완동물도 동물을 쾌락과 오락의 도구로 사용하는 관행이므로 역시 비난받아야 한다는 것이다. 하지만 9장에서 동물은 존엄성이 없기에 오락의 대상이 되어도 윤리적으로 문제가 안 될 수 있다고 말했기에, 쾌락과 오락의 도구로 사용되기에 비난받아야 한다는 비판은 피할 수 있다. 물론 투견은 단순히 쾌락과 오락의 대상에 그치지 않고 개에게 본성과 다른 고통을 주므로 비난받기는 해야 한다.

동물뿐만 아니라 인간의 아이도 부모에 의해 버림받는 일이 일어나기는 한다. 그러나 그것은 흔한 일이 아니고 인간 사회는 그런 아이를 돌볼 수 있는 시스템을 갖추고 있다. 그러나 우리 사회에는 너무 많은 유기견이 있고 강아지 번식 농장에서는 계속 강아지를 태어나게 하고 있다. 애완동물의 입양 수요가 기존의 동물보다 많으면 계속 태어나게 할 수 있지만, 사람들은 여전히 애완동물의 입양보다는 구매를 선택한다. 인간의 아동 보호소처럼 유기 동물을 보호하는 시스템

이 구축되면 해결된다는 반론도 가능하겠지만, 유기될 줄 뻔히 예측하면서 유기 동물 보호소를 만드는 것은 넌센스이다.

그러나 의존적인 존재인지 알면서 태어나게 했더라도 그 피보호자를 절대 유기하지 않고 돌보겠다는 각오가 있는 사람에게는 위 반론은 타당하지 않을지도 모른다. 의존적인 존재라고 하더라도 내가 평생 돌보겠다는데 왜 문제가 되느냐고 말할 테니까. 이런 반론에는 프루와 워치니안스키의 좀 더 근본적인 문제 제기를 주목할 만하다. 피보호자 모형은 부모가 아이를 돌보는 관계에서 대표적으로 나타난다고 말했다. 그러면 현실에서 부모가 아이를 어떻게 돌보는지 생각해 보자. 인간의 경우 보호자는 피보호자에게 헌신을 한다. 부모와 자식의 관계에서 부모는 자식의 이익을 위해 최선의 노력을 기울인다. 자식이 위험을 피하게 하고 건강을 도모하고 잘 자라도록 하는 것이 부모의 기본적인 관심이다.[464] 부모는 심지어 자식의 이익이 다른 이익과 충돌을 할 때 그 이익이 아무리 커도 자식의 이익을 우선한다. 가령 전 재산을 다 바쳐서라도, 심지어 자신의 목숨을 바쳐서라도 자식을 지키려고 한다. 프루와 워치니안스키에 따르면 이런 헌신이 보호자와 피보호자 관계에서 보이는 기본적인 특성이다. 그러나 애완동물을 피보호자로 여기는 보호자라고 하더라도 이런 헌신의 특성을 보일까? 의존적인 존재라는 것을 알면서도 평생 유기하지 않고 기르겠다는 사람들도 끝까지 헌신의 자세를 보일까? 이 질문에 대답하기 위해서 애완동물을 기르는 사람들을 대상으로 여론 조사를 하는 것은 철학적인 접근 방식은 아니다. 프루와 워치니안스키는 몇 가지 사고 실험을 통해 그렇지 않음을 보여 준다.[465] 우리에게 익숙한 구명정 상황을 생각해 보자. 구명보트에 자리가 하나만 남았는데 피보호자인 애완견과 모르는 사람 중 누구를 태워야 할까? 우리는 동물의 침해할 수 없는 권리를 인정하는 리건과 같은 이도 구명정 상황에서 네 명의 사람을 구하기 위해서는 백만 마리의 개도 버릴 수 있다고 주장함을 알고 있다.[466] 그러니 아무리 보호자와 친숙한 개라고 하더라도 그 개를 구하기 위해서 모르는 사람을 버리는 것은 받아들이기 힘들다. 프루와 워치니안스키는 이 구명정 상황을 몇 가지 추가적인 딜레마로 변형한다. 입양아와 피보호자인 개 중에서 한쪽만 치료해야 한다면 누구를 먼저 치료할 것인가 하는 딜레마, 입양아와 애완동물을 각각 치료하는 데 치료비가 많이 들어 치료를 포기하고 그 돈을 대신 기부한다고 할 때 똑같이 비난받을까 하는 딜레마, 화재 현장에서 피보호자인 딱정벌레와 모르는 사람 중에 누구를 먼저 구할 것인가 하는 딜레마가 그것이다. 이런 딜레마 상황에서 아무리 애완동물의 진정한 보호자라고 생각하는 사람도 애완동물을 선뜻 먼저 구하기는 쉽지 않고 만약 먼저 구해야 한다고 하면 큰 비난을 받을 것이다.

프루와 워치니안스키는 이러한 사고 실험을 근거로 인간의 보호자-피보호자 관계에서 기대하는 헌신은 애완동물에서 기대할 수 없다고 결론을 내린다. 애완동물을 키우는 사람은 그 동물을 '또 하나의 가족'으로 생각하고, 실제로 가족 소개를 할 때 키우는 개나 고양이의 이름을 말하는 경우가 종종 있다. 그러나 위와 같은 사고 실험을 생각할 때 애완동물을 키우는 사람들은 인간인 가족과는 다른 종류의 가족으로 생각하는 것 같다. 그렇다고 해서 앞서 살펴본 장난감 모형도 적절하지 못했다. 그렇다면 장난감 모형과 피보호자 모형 모두 인간과 애완동물의 도덕적 관계를 도덕적으로 적절하게 규정할 수 없으니 "애완동물을 키우는 관행은 폐기되어야 한다."라는 결론이 도출된다.[467]

애완동물은 피보호자라고 하더라도 보호자의 피보호 순위에서 밀려날 가능성이 항상 있다. 현실의 사정 때문에 어쩔 수 없이 피보호자의 자격이 박탈되는 것이 아니라 그 가능성을 본질로 가지고 있다는 것은 진정한 피보호자라고 말할 수 없게 만든다. 따라서 애완동물은 피보호자의 위상에도 적합하지 않다. 결국 피보호자 모형은 애완동물의 모형으로 적합하지 않다.

7. 반려 모형

장난감 모형과 피보호자 모형이 적절하지 못하다면 두 모형 이외의 그럴듯한 애완동물 모형이 제시되지 않는 이상 애완동물은 폐기되어야 한다는 결론이 나오게 된다. 위에서 프루와 워치니안스키가 피보호자 모형을 비판하는 사고 실험은 모르는 인간과 애완동물 중 한쪽을 구해야 할 때 모르는 사람을 구한다는 내용이었다. 피보호자 모형은 애완동물을 아이처럼 생각하기에 그것에 헌신해야 하는데, 막상 긴급한 상황에서는 헌신하지 못한다는 것이다. 이 비판을 피하기 위해서는 왜 꼭 그런 상황에서 애완동물을 구해서는 안 되느냐고 반문하면 된다. 프루와 워치니안스키의 딜레마 상황에서 그리고 리건의 구명보트 상황에서 인간을 구하지 않았을 때 비난을 받는다는 것이 그들의 직관이지만 사람들의 직관이 꼭 그들이 생각하는 대로 형성되지는 않는다. 2011년쯤에 유명 인터넷 커뮤니티의 게시판에 "모르는 사람과 내 개가 같이 물에 빠졌을 때 개를 구하겠다."라는 말을 듣고 충격을 받았다는 글이 올라와 치열한 논쟁이 붙었다. "그런 생각을 하다니 역시 충격이다."라는 쪽과 "반려동물 키우는 사람한테 자기 개는 가족과 같은데 나도 내 개부터 구하겠다."라는 쪽이 붙어 속된 말로 '개판'이 되었다.[468]

단순히 직관으로만 말하면 프루와 워치니안스키 또는 리건의 주장을 뒷받침하는 직관이 더 강하기에 그것을 무너뜨리는 논증을 제시하지 못하는 이상 피보호자 모형은 실패할 수밖에 없다. 그러나 위 커뮤니티의 논쟁에서 보듯이 직관은 사람마다 다르고 지배적인 직관이라도 변할 수 있으므로 이 문제는 직관으로 접근해서는 안 되고 규범 차원에서 접근해야 한다. 프루와 워치니안스키의 질문은 애완견과 모르는 사람 중 누구를 태우는 선택을 하겠느냐고 묻는 것이 아니라 누구를 태우는 것이 옳으냐고 묻는 것이다. 우리는 친숙함에 의한 감정이나 본능을 가지고 있지만 그런 감정이나 본능에 기초한 판단이 꼭 도덕적인 것은 아니다. 나와 가까운 친척, 고향 사람, 인종에 친근감을 느끼는 것은 자연스러운 감정이지만 그것에 끌려 어떤 결정을 내릴 때는 연고주의나 정실주의라고 비난받는다. 그런 친근감을 바탕으로 애완견을 선택한다면 나와 같은 종이라는 이유로 동물보다 인간을 우선하는 종 차별주의와 다를 바가 없다. 그렇다면 친근감이라는 자연적 감정을 배제하고 '이성적으로' 모르는 사람과 내 개 중 누구를 구해야 '도덕적'인지 생각해 보자. 그때 판단의 근거가 되어야 하는 것은 인간과 애완견의 삶의 가치이다. 우리가 3장에서 이미 살펴보았듯이, 자신이 시간 속에서 사는 존재임을 인식하고 미래를 계획할 수 있는 능력, 자의식, 존재의 대체 가능성, 존재하지 않게 되었을 때 주변의 상실감 등을 고려할 때 인간이 애완견보다 삶의 가치가 높다고 생각하는 것은 종 차별주의적 판단이 아니다. 그러나 애완동물을 가족 구성원으로 생각하는 쪽은 애완동물을 가장자리 인간과 똑같이 생각한다. 어린아이, 곧 가장자리 인간도 자신이 시간 속에서 사는 존재임을 인식하고 미래를 계획할 수 있는 능력이나 자의식이 없다는 점에서 애완동물과 똑같다. 그리고 애완동물을 가족 구성원으로 생각한다면 위에서 말한 존재의 대체 가능성이나 존재하지 않게 되었을 때 주변의 상실감은 애완동물이나 어린아이나 차이가 없다. 그렇다면 사람들의 직관을 떠나 규범적으로 판단해 볼 때 모르는 사람 대신에 애완동물을 구했다고 해서 비난을 받을 일은 아니라는 것이다.

이런 반론이 성공할 수 있다면 장난감 모형과 피보호자 모형 이외에 제3의 모형이 가능하다. 이런 모형을 **반려 모형**이라고 불러 보자. 이 모형은 애완동물을 한갓 소유물도 아니고 단순히 피보호자도 아니고 평생 같이 사는 가족의 구성원으로 생각한다. 사실 이 모형에서는 내가 계속 쓰고 있는 '애완동물'(pet)이라는 용어에 대해서도 강력히 반대하고 '반려동물'(companion animal)이라는 용어를 써야 한다고 주장할 것이다. 애완동물은 "좋아하여 가까이 두고 귀여워하며 기르는 동물"이라는 국어사전의 풀이처럼 인간의 동물에 대한 일방적인 소유의 관계를 나타낸다. 장난감 모형이 바로 거기에서 나왔다. 반면에 반려동물은 국어사전에서 "사람이 정서적으로 의지하고자 가까이 두고 기르는 동물"이라고 풀이하고 있는 데에서 알 수 있듯이 반려동물이라고 할 때의 동물은 인간과 대등한 존재의 위치이다. '반려'는 짝이 되는 동무라는 뜻이다. 남편이나 부인을 인생의 '반려' 또는 '반려자' 라고 하듯이 반려동물이라고 할 때는 동물도 인간처럼 평생을 함께하며 정서적으로 교류하는 동무가 될 수 있다고 생각하는 것이다. 심지어 '반려 식물', 더 나아가 '반려 인형'이라는 표현도 쓰이고 있다.[469]

동물을 '키운다'고 하지 않고 동물과 '함께 산다'고 생각하는 인식이 늘어나는 현실을 감안할 때, 단지 살아 있는 장난감 취급을 하는 '애완동물'이라는 말보다는 가족의 하나로 생각하는 '반려동물'이라는 말이 '반려인'의 입장에서는 정치적으로 올바른 표현일 것이다. 그러나 나는 '반려동물'이 반려인의 지향점을 드러내는 표현이긴 하지만 현실을 정확히 반영한 표현이라고 말하기는 어렵다고 본다.[470] 그리고 바로 그 점에서 반려 모형도 애완동물을 설명하는 적절한 모형이 될 수 없다고 생각한다. 애완동물을 '키우는' 사람은 장난감 주인처럼 '소유주'라고 부를 수 있는 데 반해 반려동물과 '함께 사는' 사람은 어떻게 불러야 할까? '반려인'이라는 표현도 쓰이기는 하지만, 과연 동물이 짝이 되는 동무라는 '반려'의 뜻에 맞는 위상인지는 의심스럽다. 앞에서 계속 강조한 의존성이 그 위상을 어둡게 만든다. 애완동물은 구입 또는 분양 또는 탄생 때부터 죽을 때까지 '주인'에게 의존해야 하고 주인의 선택에 전적으로 따라야 하는 일방적인 관계인데 이를 반려라고 말하기는 어렵기 때문이다. 현재 애완동물을 기르게 되는 가장 보편적인 통로는 가게에서 구입하는 것인데, 돈 주고 사는 관계를 반려라고 부르지는 않는다. 애완동물은 인간과 같은 자의식이 없으므로 그것을 재산처럼 사고판다고 해서 그 존재에게 해가 되는 일은 없다는 반론이 가능할 것이다. 그러나 재산으로 취급한다는 것은 이미 문제점을 지적한 애완동물의 장난감 모형과 다르지 않다. 한편에서는 자의식이 없으므로 재산처럼 사고팔아도 된다고 말하고, 다른 한편에서는 가족과 다름없는 반려라고 말하는 것은 모순이다. 그리고 3절에서도 말했지만 인간이 원하는 형질을 만들기 위해 선택적 교배를 해서 태어난 애완견들은 태어날 때부터 각종 질병에 시달린다. 고통이 있을 때 그 아픔을 함께 해 주는 존재가 반려이지만, 고통이 있을지 알면서 태어나게 하는 존재가, 더 정확히 말하면 일부러 고통을 유발하여 태어나게 하는 존재가 반려일 수 없다.

애완동물을 비롯한 동물을 물건으로 취급하는 현재의 국내 법률에 따르면 반려동물은 법률과 거리가 먼 표현이다. 물론 반려동물이 적절한 표현이라고 하면 법률은 수정될 수 있으므로, 법률을 근거로 하여 반려동물의 위상을 문제 삼는 것은 수정되어야 할 대상이 거꾸로 수정을 거부하는 근거가 되는, 일종의 선결문제 요구의 오류일 수 있다. 그러나 법률뿐만 아니라 사람들의 의식은 아직도 반려동물보다는 소유물에 가깝다. '애완견'이 아닌 '반려견'이라고 불러야 한다고 말하는 사람들조차도 '견주'라는 표현을 쓴다. 반려동물이라면 평생을 함께 살아야 하는데, 한 동물 보호 단체의 조사에 따르면 반려동물이 죽을 때까지 같이 사는 사람은 12%밖에 되지 않는다.[471] 그 이외의 사람들은 이사나 소음으로 인한 이웃과의 분쟁이나 배변 문제 등의 개의 나쁜 습관 때문에 개를 다른 사람에게 주거나 심지어는 유기하기까지 한다. 인간끼리의 반려 관계에서는 있을 수 없는 현실이다.[472] 물론 이러한 현실도 법률과 마찬가지로 수정되어야 할 대상이지 수정을 거부하는 근거가 될 수는 없다. 근본적인 문제는 개를 비롯한 반려동물은 수명의 차이로 인간과 평생을 같이 살 수 없다는 것이다. 위 조사는 7년여 전의 것이므로 반려동물과 죽을 때까지 같이 사는 사람의 비율이 지금은 좀 더 늘어났을 것이다. 그러나 설령 모든 사람이 반려동물을 유기하지 않고 반려동물이 죽을 때까지 같이 산다고 하더라도 인간과 반려동물의 수명 차이로 반려동물을 먼저 떠나 보내는 경우가 대부분이다. 그런데 그것을 알면서도 함께 산다는 것은 인간의 반려 관계에서는 상상할 수 없다. 물론 인간도 시한부 인생인 것을 알면서 여생을 함께 사는 때가 있지만 그것은 예외적인 상황이다. 이와 같은 이유로 나는 '반려'라는 말은 인간과 애완동물의 관계를 적절하게 나타내는 표현은 아니라고 생각한다. 그래서 반려 모형도 애완동물에 대한 적절한 모형이 아니다.

8. 맺음말

이 장에서는 애완동물의 윤리에 대한 근본적인 질문을 던졌다. 과연 애완동물을 기르는 것 자체가 옳은 일인가? 그 대답을 찾기 위해서 애완동물에 대한 프루와 워치니안스키의 두 모형을 빌려와 변형하였다. 장난감 모형과 피보호자 모형이 그것이었다. 일단 모든 동물의 직접적인 도덕적 지위를 인정하는 이상 애완동물을 재산으로 인정하는 장난감 모형은 받아들일 수 없다. 피보호자 모형도 애완동물의 현실을 볼 때 적절하지 않다. 애완동물은 의존성과 취약성을 그 본질로 가지고 있다. 따라서 그 존재 자체가 보호자에게 의존할 수밖에 없는데 거기서 필연적으로 방치와 유기의 문제가 생긴다. 이런 문제는 현실에서 흔하게 일어나기는 하지만 그것은 바로잡아야 할 문제이지 애완동물의 존재를 부정하는 문제는 아니라는 반론이 가능하다. 다시 말해서 '필연적'으로 따라 나오는 문제는 아니라는 것이다. 그러나 애완동물의 문제는 단순히 현실의 문제가 아니라 근본적인 문제라는 데 문제가 있다. 애초부터 평생토록 의존적인 존재일 수밖에 없다는 것을 알면서 태어나게 하는 것은 그 존재가 혼자서는 살 수 없고 유기의 가능성을 언제나 내포하고 있다는 뜻이기 때문이다. 애완동물의 존재가 정당화되기 위해서는 두 모형 이외의 모형이 가능해야 하는데, 나는 반려 모형을 그 대안으로 고려해 보았다. 그러나 평생을 함께 살 수 없고 평생을 의존적인 상태로 살아야 하는 존재를 반려라고 말할 수 없으므로 이 모형 역시 받아들일 수 없다고 말했다.

결국 애완동물은 어떤 모형에도 어울리지 않는다. 그렇다면 남는 결론은 그런 존재를 새롭게 태어나지 않게 해야 한다는 것이다. 애초에 누군가의 필요에 의해 이 세상에 나오게 된 존재이기에 취약성이라는 근본적인 문제를 낳게 되었으므로, 그 존재를 이 세상에 나오지 않게 하는 것이 그 문제의 근본적인 해결 방법이다. 그래서 애완동물을 태어나게 하는 것은 도덕적으로 그르다고 주장하는 프랜시온[473]이나, 기존에 있는 반려동물은 입양하고 앞으로는 태어나게 하지 말아야 한다고 주장하는 뒤투아[474] 같은 이들은 **애완동물 폐기론**을 주장한다. 이들에 따르면 기존에 있는 애완동물을 보호하는 것은 그들을 존재하게 한 우리의 의무이므로 당분간은 애완동물을 가게에서 구입하는 대신 입양해야 한다. 결국에 인간의 도움을 받지 않은 자발적인 번식으로 존재하게 되는 애완동물은 인간과 떨어져 살지만 그렇다고 해서 야생에서 살지도 않는 경계 동물[475]로 남거나, 야생 동물화할 것이다.

사실은 농장 동물도 의존적이다. 그러나 농장 동물의 사육에 반대하는 것은 공장식 사육 때문이지 그 의존성 때문은 아니다. 농장 동물의 본성을 존중해 주는 방식으로 사육한다면 공장식 사육에서 생기는 고통의 문제도 해소할 수 있고 본성에 따라 생활하는 농장 동물은 어느 정도 자율성을 가질 수 있다. 예컨대 현재 공장식 축산 방식으로 사육되는 동물들은 좁은 우리에서 주어지는 먹이에 익숙해져 있으므로 야생에 내보내도 스스로 살 수 없지만, 곧 취약성이 크지만, 본성을 존중해 주는 방식으로 '윤리적으로' 사육되는 동물은 스스로 살 가능성이 훨씬 크다. 애완동물도 이런 사육이 가능하다면 꼭 폐기론으로 귀결되지 않을 수 있다. 현재 의존성과 취약성이 특히 강한 애완동물은 아파트에서 기르는 작은 개다. 이런 개들은 귀여움이 극대화되도록 선택적으로 교배되었고 안락한 실내 생활에 익숙해져 있으므로 거칠고 추운 야생에 유기되었을 때 스스로 살아남지 못한다. 반면에 경비와 사냥을 주목적으로 하는 개들은 상대적으로 의존성과 취약성이 덜하다. 경비와 사냥을 하는 능력은 야생에서 살아남는 능력으로 연결되기 때문이다. 그러므로 애완동물의 폐기론이 적절해 보이는 현실에서는 애완동물에게 자립성을 주는 방안을 적극적으로 검토해야 할 것이다. 3장에서 말한 누스바움의 역량 이론을 여기에 적용할 수 있다. 가축화가 된 개라고 하더라도 뛰어다니고 동료들과 교류하는 역량은 가지고 있다. 개를 애완동물로 기르더라도 이 역량을 존중하고 북돋아 주어야 한다. 뛰어다닐 수 있는 넓은 공간과 동료 개들과 어울릴 수 있는 환경을 마련해 주어야 한다. 그것이 애완동물이 폐기되지 않고 남을 수 있는 한 가지 방법이다.

맺음말

평등의 원칙을 딛고 서는 동물 윤리

이 책은 평등의 원칙을 동물과 관련된 여러 실제 관행들에 적용해 보았다. 동물 윤리에서 오랫동안 뜨거운 쟁점인 육식과 동물 실험 외에도, 포식, 이종 이식, 부분-인간화 동물, 동물원, 애완동물의 주제들을 다루었다. 사람들은 오랜 세월 고기를 먹어 왔기 때문에 육식의 윤리적 논쟁은 오래된 주제이다. 기원전 6세기 무렵에 시작된 불교나 자이나교에서 육식을 금하기 시작했고 서양에서도 비슷한 시기에 '철학적 채식주의의 아버지'[476]로 불리는 피타고라스가 육식 금지를 주장했다. 물론 이들의 주장은 부분적으로 종교적인 이유에서 나온 것이긴 하지만[477] 동물에게 불필요한 고통을 주는 것은 도덕적으로 옳지 않다는 생각에 기반하고 있다. 육식 논쟁은 철학의 역사만큼 오래된 셈이다. 반면에 동물 실험은 과학 기술의 발전으로 현대에 새롭게 제기되는 윤리적 문제이고, 이종 이식이나 부분-인간화 동물과 관련된 주제는 특히나 최근의 논쟁거리이다. 애완동물과 관련된 주제는 애완동물을 기르는 사람들이 늘어남에 따라 새롭게 부각되는 주제이고, 동물원도 고래 종류를 수용할 수 있는 규모의 수족관이 생기면서 새삼스레 제기된 면이 있다.

앞으로 과학 기술은 더욱 발전할 것이고 사람들의 생활 습관도 상당히 변할 것이니 예상치 못한 동물 윤리 문제가 새롭게 나타날 것이다. 그러나 어떤 새로운 관행이 윤리적으로 문제가 되더라도 여기서 제시된 평등의 원칙을 적용해서 논의하면 될 일이다. 평등의 원칙이 무소불위이고 무오류의 원칙이라는 뜻이 아니다. 이 원칙은 논쟁을 통해서 잘못된 부분이 있으면 계속 수정되어야 할 것이고 새로운 상황을 설명할 수 있도록 개선되어야 할 것이다. 중요한 것은 동물 문제와 관련해서 윤리적 반성을 할 때는 어떤 원칙을 가지고 접근해야 하고, 그 원칙은 모든 사람의 동의를 받을 수 있도록 보편성을 띠어야 한다는 것이다. 동물 윤리나 생명 의료 윤리의 주제에 접근할 때 가장 주의할 것은 근거 없는 동경이나 애정이다. "인간 생명은 소중하기에", "모든 생명은 신성하기에", "모든 인간은 평등하기에", "개는 사랑스럽기에" 따위가 대표적인 예이다. 왜 생명은, 특히 인간 생명은 소중하고 신성한가? 물론 사람들은 인간 생명은 소중하다고 생각하고 모든 인간은 평등하다고 생각하겠지만, 그 근거를 제시해야 윤리적 논쟁거리가 되는 경우에 적용할 수 있다. 이 책에서는 2장에서 모든 인간이 평등한 이유를, 3장에서는 인간 생명이 특별히 더 소중한 이유를, 9장에서는 인간이 존엄한 이유를 파헤친 다음에 그것을 동물에 적용했다. 1장에서 주장했듯이 사람과 관련해서 누구나 동의하는 상식 또는 직관의 근거를 밝힌 다음에 그 근거를 동물과 관련된 경우에 적용하는 방법론이 타당하다고 생각하기 때문이다. 그런데 그런 작업 없이 인간 생명은 소중하다거나 인간은 모두 평등하다고 선언적으로 주장만 하는 것은 논의에 아무런 도움도 안 되고, 인간과 동물은 다르다는 의식을 단단하게 할 뿐이다. 그런 의식 자체가 틀렸다는 것이 아니라 윤리적 반성 없이 가져다 쓰는 게 잘못이라는 것이다.

한편 개는 사랑스럽기에 다르게 대접받아야 한다는 생각은 보편성을 담보해야 하는 윤리적 판단의 근거가 될 수 없다. 애정은 특정 개인 또는 집단의 선호이고 윤리적 판단은 선호의 문제가 아니기 때문이다. 윤리적으로 받아들여지지 않는 인종 차별주의와 성차별주의도 같은 인종이나 성별에 배타적으로 보이는 애정에서 시작되었다. 이마적에 와서 개를 향한 사랑은 개는 우리의 가족이라는 말로 흔히 표현된다. 그러나 10장에서 두루두루 자세히 보았듯이 개가 반려인가는 논쟁의 대상이지 곧바로 전제할 수 있는 사실이 아니다. 실제 현실을 보나 개념적으로 보나 반려가 될 수 없는 증거가 많이 있기 때문이다.

동물 윤리학을 주제로 하는 이 책의 관심은 어디까지나 학술적인 연구에 있지만, 응용 윤리의 성격상 현실의 관행과 밀접하게 연관될 수밖에 없다. 현실의 관행에 실질적인 영향을 끌어내는 데는 민간단체가 벌이는 동물 보호 운동의 역할이 크다. 나는 이때 동물 보호 운동이 단순한 구호에 그치지 않고 튼튼한 이론적 토대에 서기 위해서는 윤리적인 원칙을 딛고 서야 함을 강조하며 이 책을 매조지려고 한다. 동물 복지를 향한 관심의 증가로 동물 보호 운동도 그 규모나 영향력에서 예전과 비교할 수 없이 중요해지고 있지만, 다른 한편에서는 소수자의 권리를 옹호하는 기존의 운동과 충돌하는 면을 보여 주고 있다. 예컨대 우리나라의 개 식용 논쟁이나 이누이트의 물개 사냥, 일본의 고래 사냥, 중국의 살아 있는 보신용 동물 시장과 상어 지느러미 요리, 코셔[할랄] 음식 생산을 위한 유대인[이슬람 신도]의 종교적 도살이 그런 충돌 지점이다. 동물 보호 운동은 이 관행들이 동물을 잔인하게 학대하고 도살한다거나, 지능이 높거나 인간과 가까운 동물을 대상으로 한다는 점을 들어 비판한다. 그러나 문화의 다양성을 인정하고 장려하는 다문화주의에서는 이런 비판이 소수 문화의 관행을 향하고 있음에 주목한다. 위 관행들은 각 민족의 다양한 고유문화 차원에서 존중되어야 하는데, 지배적인 서구 문화의 관점에서 비서구의 소수 문화를 차별하는 인식이 개입되어 있다는 것이다. 다문화주의에 따르면, 소수자의 동물 관행을 비판하는 시각은 동물의 학대에 초점을 맞추고 있지 않고 그 관행이 비서구의 열등한 문화에서 벌어지고 있다는 데에 초점을 맞추고 있으며, 그러기에 이러한 동물 관행은 미개하고 없어져야 할 문화라고 비판한다는 것이다.

나는 동물 보호 운동이 소수 문화의 동물 관행을 비판하는 것이 평등의 원칙에 근거하지 않았다고 한다면 다문화주의의 위와 같은 비판이 일리가 있다고 생각한다. 평등의 원칙에 근거한다는 것은 2장에서 강조했듯이 인종 차별주의나 성차별주의가 윤리적으로 그른 이유를 우리가 동물을 다루는 방식에 적용하여 종 차별주의도 윤리적으로 그르다고 주장하는 것을 말한다. 다시 말해서 평등의 원칙에서는 어떤 존재가 인종과 성별, 더 나아가 종과 상관없이 누구나 가지고 있는 기본적인 권리를 가지고 있음을 존중해 준다는 점에서 인종 차별주의와 성차별주의 그리고 종 차별주의에 반대하는 것이 같은 정신을 따르고 있다고 본다. 인종이나 성별과 상관없이 인간이라면 누구나 가지고 있는 기본적인 권리를 존중해 주는 것이나, 인간이든 동물이든 상관없이 고통을 느낄 수 있는 능력이 있는 존재라면 누구나 가지고 있는 기본적인 권리를 존중해 주는 것이나 그 취지는 같은 것이다. 물론 인간과 동물이 가지고 있는 능력이나 습성은 다르므로 기본적인 권리가 같지는 않다. 각자의 능력이나 습성에 걸맞은 권리를 존중해 주면 된다. 결국 제대로 실행된 동물 보호 운동이라면 다문화주의와 양립 가능해야 하고 공동의 전선에 서야 한다. 어떤 존재에게 불필요한 고통을 일으키는 관행을 공동의 적으로 삼아야 한다.

그런데 현실에서는 왜 반목하는 것일까? 그것은 일부 동물 반대 운동이 동물이 학대받는 현실에만 주목하고 그것이 왜 윤리적으로 그른지 반성하지 않기 때문이다. 동물이 학대받는 현실의 관행은 소수자의 관행뿐만 아니라 상당히 많고 학대의 정도가 오히려 더 큰 관행도 많다. 그런데도 소수자의 관행에 주목하는 것은, 위에서 말한 대로 바로 '소수자'의 관행이기 때문이다. 이러면 문화를 '인종화'한다는 비판을 벗어나기 어렵다.[478] 소수자의 동물 관행보다 상당히 자주 저질러지고 학대의 정도가 더 큰 관행은 무엇일까? 그것은 바로 이 책에서도 자주 언급한 공장식 축산과 동물 실험에서 저질러지는 동물 학대이다. 여기서 고통받고 죽음에 이르는 동물의 수와 고통의 양은 소수 문화의 관행으로 희생된 동물의 수와 고통의 양과 비교할 수 없을 정도로 크다. 그리고 공장식 축산과 동물 실험은 바로 이윤을 최고의 가치로 좇는 서구 자본주의 문화의 산물이다. 이런 관행이 광범위하게 벌어지고 있는데도 거기에는 눈을 감고 소수 문화의 동물 학대 관행만 비판하는 것은 이중 잣대라는 비난을 받을 수밖에 없고, 이는 평등의 원칙을 일관되게 적용하지 않아서 생긴 것이다.

이 책은 다문화주의의 논의에 그렇게 관심을 보이지 않았다. 그리고 다문화주의의 주장과 달리 소수 문화의 동물 관행이 동물에게 불필요한 고통을 주는 학대라는 점을 적극적으로 주장한다. 열악한 환경에서 개를 학대하고 잡아먹는 문화는 분명히 없어져야 한다. 인간과 지적인 측면에서 크게 차이 나지 않아 인간을 죽이면 안 되는 이유가 적용되는 고래 종류를 죽이는 문화도 없어져야 한다. 다만 여기서 강조하고자 하는 것은 그런 주장이 평등의 원칙을 제대로 적용한 결과로 제시되어야 한다는 점이다. 그랬을 때 소수 문화의 동물 학대 관행이든 서구식 자본주의의 공장식 축산이든 거기에 숨겨져 있는 동물 학대를 똑같이 비판하게 된다. 열악한 환경에서 돼지나 닭을 학대하고 잡아먹는 것이나 고래를 수족관에 가두어 보여 주는 것이나 영장류를 실험 대상으로 쓰는 것에도 똑같은 잣대를 들이대야 한다. 더 나아가 평등의 원칙을 적용했을 때 이주민이든 여성이든 흑인이든 소수자가 차별받는 관행도 똑같이 비판하게 된다. 그것이 인종이나 성별이나 종과 상관없이 자연 상태에서 가지고 있는 능력이나 습성을 존중하자고 이 책에서 강조하려고 했던 정신이다. 동물이 자연 상태에서 가지고 있는 능력이나 습성을 제대로 알고 그것을 존중할 때 동물이 먹이가 될 때든, 실험 대상이 될 때든, 놀이의 대상이나 동료가 될 때든 그 윤리적 의미를 제대로 밝혀낼 수 있다. 가축화한 동물의 경우에는 무엇이 자연 상태의 능력이나 습성인지 논란이 되기는 하지만 거기에 초점을 맞추어 논의를 진행할 때 의미 있는 발전을 기대할 수 있을 것이다.

부록

주석
참고문헌

주석

1장 동물의 도덕적 지위

1 DeGrazia(2011), 742면. 그래서 자신은 두 번째 방법을 선호한다고 말한다.

2 2012년에 실제로 일어난 사건으로 이른바 '악마 에쿠스 사건'이라고 부른다. 그 이후에도 제2, 제3의 악마 에쿠스 사건이 일어나고 있는데, 모두 여론의 질타를 받고 있다.

3 Rachels(1989), 123면.

4 도덕적 지위에 대한 더 상세한 설명은 DeGrazia(2002), 2장과 최훈(2015a), 1장을 보라.

5 Descartes(1989)를 보라.

6 우리나라의 현행 법률은 이런 직관과 달리 '주인 있는 동물'을 학대할 때보다 '주인 없는 동물'을 학대할 때 처벌을 더 크게 하고 있다. 동물보호법은 동물을 학대하는 행위는 벌금 500만원 이하의 벌금형에 처하도록 하고 있는 데 비해 야생동식물보호법은 잔인한 방법 등으로 야생 동물을 학대하는 자는 1년 이하의 징역 또는 500만원 이하의 벌금형에 처하도록 규정하고 있다. 윤수진(2008), 526면을 보라.

7 Aquinas(1989), Kant(1989).

8 Carruthers(1992), 108-19면.

9 Regan(2004), 78면.

10 싱어(2013), 53면.

11 싱어(2013), 103면. 번역본에는 '인종 차별주의'(racism)는 '인종주의'로, '종 차별주의'(speciecism)는 '종족주의'로 번역되어 있다.

2장 동물의 기본권

12 롤즈(2003), 605면.

13 이런 인간을 '가장자리 인간'(marginal human)이라고 부른다. 가장자리 인간

의 도덕적 문제에 대해서는 최훈(2015a), 94면 이하를 보라.

14 싱어(2013), 50면.

15 나는 최훈(2014b)에서 각종 차별의 논리적 근거를 검토하였다. 거기서 정당한 차이를 주장하는 쪽이 자신의 주장이 차별이 아님을 입증할 적극적 책임이 있음을 강조하였다.

16 싱어(2013), 52면.

17 싱어(2013), 53면.

18 싱어(2013), 53면.

19 『논어』 위령공편 23장.

20 마태복음 7, 12, 누가복음 6, 31.

21 칸트(1992), 197면. 『실천이성비판』에 함께 수록되어 있는 『도덕철학서론』에 실린 구절이다.

22 롤즈(2003), 48면.

23 싱어(2013), 56면.

24 물론 Singer는 이익 평등 고려의 원칙은 양쪽으로 기울어지는 저울처럼 작동해서 이익들을 공평하게 측정하는데, 제대로 된 저울은 이익이 보다 강한 쪽으로, 또 비슷한 이익들이라면 소수의 이익보다는 다수의 이익 쪽으로 기울어진다는 것을 인정한다. 다만 자신이 재고 있는 이익들이 누구의 이익인가는 염두에 두지 않는다는 점을 강조한다(싱어, 2013, 54면).

25 Regan(2004), 243면.

26 지능 지수가 높다고 해서 꼭 고통을 많이 느끼는 것은 아니다. 지능 지수가 낮은 경우에는 자신에게 닥칠 일을 합리적으로 판단할 능력이 없으므로 오히려 더 큰 공포를 느낄 수 있다. 가령 치료나 이동을 위해 가두어 두었을 때 인간은 그 상황을 이해하여 수긍을 하나 그런 이해력이 없는 동물은 공포를 느낀다. 이는 영·유아나 심각한 정신 장애가 있는 사람도 마찬가지이다.

27 '고통을 느낄 수 있는 능력' 은 '감응력'(sentience) 또는 '쾌고 감수 능력'이라고 말하기도 한다. 이 책에서는 간단하게 '고통을 느낄 수 있는 능력'이라고 말하겠다.

28 어떤 개체가 고통을 느끼는 행동을 그 개체에게 하지 말아야 할 의무가 우리에게 있다는 점에 대해서는 모두가 동의하지만, 어떤 개체가 쾌락을 느끼는 행동을 그 개체에게 해야 할 의무가 있는지에 대해서는 논란이 된다. 만약 후자의 의무가 있다면 우리에게 너무 큰 부담이 되기 때문이다. 이 책에서 '고통

을 느낄 수 있는 능력'에만 주목하고 '쾌락과 고통을 느낄 수 있는 능력'에는 주목하지 않는 이유는 바로 이 때문이다.

29 정확하게 말하면 생명권은 명시적으로 서술되어 있지 않다. 그 이유에 대해서는 3장을 보라.

30 함태성(2015), 427면.

31 김진석(2010), 303면.

32 윤수진(2008, 531면)은 "투견이 옳지 않다고 하여, 토끼를 사냥하는 여우에 대하여 토끼의 권리가 침해되었으므로 국가의 개입이 필요하다는 식으로 발전하여서는 곤란하기 때문"에 성급히 동물에게 권리가 인정된다고 보기는 힘들다고 주장한다. 이런 식으로 동물에게 권리를 인정할 수 없다고 주장하는 것을 '포식에 의한 비판'이라고 부르는데, 나는 4장에서 이 비판의 문제점을 지적하고, 포식을 막기 위해 자연에 개입하는 것이 윤리적인 의무가 될 수 있다고 주장할 것이다. 그러나 우리의 직관은 그런 의무까지는 없다는 것이므로 이 장에서는 자세한 논의 과정은 생략하고 자연에 개입하는 것은 힘들다는 직관에 의존하겠다.

33 애완동물의 경우 '의존적' 습성이 과연 본래의 습성인지, 본래의 습성이라고 하더라도 존중받아야 하는 습성인지는 논란이 된다. 이 점에 대해서는 10장에서 본격적으로 논의할 것이다.

34 아래의 기본권은 본디는 최훈(2017)에서 헌법의 기본권으로 제안되었던 것이다. 그러나 여기서는 꼭 헌법에 명시되지 않더라도 헌법의 인권 개념처럼 우리가 동물의 기본권으로 인정해야 하는 것으로 바꿔서 서술했다.

35 각 동물의 타고난 습성에 대해서는 최훈(2012a), 6장을 보라.

36 동물이 고통 없이 죽는다고 하더라도 죽지 않았으면 누렸을 쾌락이 없어지므로 동물을 죽이는 것은 나쁘다는 논증이 있다. 그러나 똑같은 쾌락을 누릴 다른 개체를 대신 태어나게 하면 상쇄가 된다는 '대체 가능성 논증'이 그에 대한 답변으로 제시된다. 동물 보호 단체들의 주장과 달리 동물은 '교환 가치'로 평가될 수 있다는 주장이다. 대체 가능성 논증은 3장에서 상세하게 다루겠다.

37 8장 4절에서 부분-인간화 동물을 향한 부자연스러움에 의한 반론을 검토하면서 '부자연스럽다'의 뜻은 각 생물이 갖는 고유의 기능 또는 목적을 어기는 것이라는 견해를 소개한다. 이른바 아리스토텔레스의 목적론이다. 거기서도 인간이 후손을 낳는 것이 고유한 기능이라고 하더라도 그렇게 하지 않으면 옳지 않느냐는 반론이 제시된다.

38 Palmer&Sandøe(2014), 139면 이하, Sandøe et. als.(2015), 60면 이하와 Rice(2016)을 보라. 주관주의/객관주의 용어는 Rice(2016)의 것이다. Palmer&Sandøe(2014)는 동물 복지 견해들을 고양이의 감금에 적용해 보고 있다.

39 Rollin(1994), 80면. Rollin은 전통적인 대규모 농업은 이런 본성을 존중해 주었지만, 감금 농업과 동물 연구는 동물의 본성을 폭넓게 존중해 주지 않아도 성공할 수 있기에, 동물의 기본적 본성을 존중하도록 법제화해야 한다고 주장한다. Rollin(2006a), 2장도 보라.

40 Hursthouse(1999), 202-03면. Hursthouse를 동물 복지에 대한 객관적 견해와 연결시킨 것은 Rice(2016)이다. Rollin과 Hursthouse 외에 객관주의적 동물 복지 견해를 강력하게 주장하는 이는 환경 윤리학자 Taylor이다. 그는 동물뿐만 아니라 식물, 인간 등 모든 생명체가 '그 자체의 선'을 갖는다고 말한다. Taylor(2011), 65-66면을 보라.

41 Hursthouse(1999), 204면.

42 쾌락주의는 벤담(2013)이, 선호주의는 싱어(2013)이 대표적이다. Singer의 선호주의는 3장에서 죽음과 관련된 문제를 논의할 때 자세히 설명될 것이다.

43 Palmer&Sandøe(2014), 142-43면, Sandøe et. als.(2015), 67-71면을 보라.

44 싱어(2013), 44면.

45 Cochrane(2009), 672면.

46 Nussbaum(2006), 392-401면.

47 Rice(2016, 383면)도 그렇게 분류한다. 그러나 Rice는 지금부터 지적하려는 것처럼 객관주의적 견해와 Nussbaum의 차이점을 설명한다.

48 Nussbaum(2006), 370-71면.

3장 인간이 동물을 먹는다는 것: 육식의 문제

49 사냥이 취미로 이루어지는 국가도 있지만 우리나라에서 일반적인 관행은 아니다. 그러나 어업은 여전히 사냥의 형태로 진행되고 있다. 양식업이 사육에 해당한다면 그물이나 낚시에 의한 어업은 사냥에 해당한다. 길짐승이나 날짐승 중 가축화한 동물이 일부에 지나지 않은 것처럼, 모든 물고기를 양식할 수 있는 것은 아니다.

50 동물에게 고통을 주는 관행 중 없어진 것도 있다. 말이나 소를 노동력으로 쓰는 관행은 그 과정에서 동물에게 고통을 줄 수밖에 없었으나, 탈것과 농기구

가 기계화함에 따라 거의 없어졌다. 동물원이나 서커스처럼 놀잇감으로 삼는 과정에서 고통을 주는 관행은 여전한데, 이것은 9장에서 살펴볼 것이다.

51 공장식 사육의 현실에 대해서는 최훈(2012a), 6장을 보라.

52 채식의 영양학적 논란에 대해서는 최훈(2015a), 306면을 보라.

53 죽이지 않고 먹는 것이 전혀 불가능하지는 않다. 중국 고사에 나오는 것처럼 상자 속에 돼지를 가두어 놓고 뚫는 구멍으로 살이 빠져 나오면 그 부분을 잘라 먹는다든가, 작은 물고기라면 산 채로 먹는다면 죽이지 않고도 먹을 수 있다. 그러나 이는 엽기적인 행동으로 먹히는 동물에게 고통을 배가할 것이다.

54 크릭(2015).

55 Harman(2011)은 실제로 "동물에게 극심한 고통을 일으키지 말아야 하는 강한 이유가 있다."와 "동물을 죽여서는 안 되는 강한 이유는 없다."라는 두 주장을 '놀라운 주장'이라고 부른다. 그가 Crick의 '놀라운 가설'을 언급한 것은 아니다. (영어도 Harman은 'surprising', Crick은 'astonishing'으로 다르다.) Harman은 그 주장을 지지하는 견해들을 네 가지 검토하고 그것들 각각을 비판한다.

56 이런 점에서 다음 절에서 살펴볼 에피쿠로스의 논증은 죽음을 두려워하는 사람에게 한계가 있다.

57 헌법 개정 논의에서는 생명권을 명시해야 한다는 주장이 제기된다. "새 헌법을 소개합니다", 〈한겨레21〉 117호(2017년 7월 17일)를 참조하라.

58 Regan(2004), 236-37면.

59 Tooley(1972), 37면. Tooley가 이러한 작업을 하는 목적은 태아가 그런 권리를 갖는지 탐구하기 위해서이다. 그는 그런 권리를 갖는 존재를 '인격체'(person)라고 부르고, 생물학적인 인간은 '호모 사피엔스 종의 구성원'이라고 부른다. 인격체와 호모 사피엔스 종의 구성원은 그 외연이 일치하지 않는다.

60 Tooley(1972), 44면.

61 싱어(2013), 148면.

62 죽음이 나쁜 이유를 설명할 때 저질러지는 선결문제 요구의 오류에 대해서는 최훈(2015d), 235면을 보라. 나는 거기에서 주변 사람들은 죽음이 죽는 사람에게 나쁘다고 생각할 뿐만 아니라 죽은 사람과 영원히 헤어지기 때문에 괴로워한다는 이유도 검토했다. 그러나 우리가 꼭 죽음이 아니라 다른 이유로 영원히 볼 수 없게 된 사람이 앞으로는 볼 수 없지만 어딘가에 살아 있음을 알고 있다면 그렇게까지 괴로워하지 않는 것을 보면, 죽음이 죽는 사람에게

나쁘다는 이유가 주변 사람들이 죽음이 나쁘다고 생각하는 이유보다 더 크다고 말했다. 같은 책 233-34면을 보라.

63 싱어(2013, 149면)은 "한 인격체가 완전히 비밀스럽게 살해되는 것도 가능하며 그럴 경우 살인자 외 누구도 살인이 범해졌다는 것을 모를 수도 있"으며 그런 때에는 "살인에 반대하는 (…) 간접적인 이유는 적용될 수 없을 것이다"라고 말하고 있다. 그러나 누군가가 살인당했다는 사실이 알려지지 않더라도 내가 쥐도 새도 모르게 살인당할 수 있다는 사실을 인지하는 것만으로도 인간은 공포를 느끼므로 싱어의 이런 지적은 적절하지 않다.

64 케이건(2012, 311면)은 만약 태어나기 전의 비존재가 나쁜 것이 될 수 있다고 한다면, 이미 존재하는 사람들에게뿐만 아니라 태어날 수 있었으나 실제로는 태어나지 않은 모든 사람에게도 죽음은 나쁜 것이 될 수 있다고 말한다. 그리고 남녀 한 쌍이 성관계를 해서 태어났을 수 있었던 사람들이 얼마나 많은지를 보여 주고(대략 300만 명의 10억의, 10억의, 10억 배) 우리는 그 사람들에게 안타까운 마음을 가져야 하는 터무니없는 상황에 처한다고 주장한다.

65 루크레티우스(2012), 258면(제3권 972-977).

66 박탈 이론의 옹호로는 Williams(1973), 네이글(1983), Feldman(1992), Bradley(2009), Broome(2013)을 보라.

67 에피쿠로스(1998), 43-44면.

68 네이글(1983), 469면.

69 레이첼스(2006), 202면.

70 네이글(1983), 470면.

71 김한승(2017)은 젊은이의 죽음이 갓난아기의 죽음보다 나쁘다는 것을 설명하는 이론을 제시한다.

72 McMahan(2016), 70면을 보라.

73 McMahan(2002), 170면, McMahan(2016), 70-71면을 보라. McMahan(2002, 105면)은 박탈 이론에 해당하는 주장, 곧 죽음의 나쁨은 생애 전체에 끼치는 영향으로 평가되어야 한다는 주장을 '생애 비교 설명'(Life Comparative Account)이라고 부른다. 곧 시간-상대적 이익 설명은 생애 비교 설명의 문제점을 개선한 이론이다.

74 김한승(2017)은 McMahan의 시간-상대적 이익 설명이 설명하지 못하는 점을 설명하기 위해 '과거 노력 설명'(죽음의 나쁨 정도는 죽음이 죽음 당사자의 과거 자아가 자신의 삶을 훌륭한 삶으로 만들기 위해서 기울인 노력을 헛

되게 만드는 정도에 비례한다)과 '더하기 설명'(죽음의 나쁨 정도는 죽음이 헛되게 만드는 과거 자아의 노력과 살아 있었으면 미래 자아가 누렸을 좋은 것을 더한 결과에 비례한다)을 추가한다. 그러나 나는 시간-상대적 이익 설명의 첫 번째 요소를 위와 같이 이해하면 '과거 노력 설명'과 '더하기 설명'이 따로 필요치 않다고 생각한다. 그 안에 이미 그런 함축이 들어 있기 때문이다.

75 각각 싱어(2013), 143면, 161면, 174면. 그는 자의식이 있다는 것을 합리적이라는 것과 같은 뜻으로 쓴다. 의식이 없는 생명은 나무나 풀 따위의 식물을 가리킨다.

76 최훈(2015a), 178면. 나는 Singer의 '단지 의식만을 가진 존재'와 나의 '한갓 의식적 존재'의 외연이 일치하지 않음을 주장했는데, 고통을 겪는 것과 관련이 있는 의식의 유무는 현재의 관심사가 아니므로 여기에 주목하지 않겠다.

77 싱어(2013), 188면.

78 싱어(2013), 190면.

79 싱어(2013), 191-92면.

80 Singer를 향한 이러한 반론은 단순한 의식만 있어도 '연속적 삶'에 대한 이익을 가질 수 있다는 Johnson(1983)의 주장에 Jamieson(1983)이 제시한 귀류법적 반론에서 착안했다. 소가 충분한 먹이, 돌아다닐 공간 등 자신에게 좋은 것에 대한 어떤 이익을 가진 것처럼, 제라니움도 충분한 물과 햇빛 등 자신에게 좋은 것에 대한 어떤 이익을 갖는다고 해석할 수 있다. 소의 일차적 이익이 연속적 삶에 대한 이익을 만들어 내는 것처럼, 제라니움의 일차적 이익도 연속적 삶에 대한 이익을 만들어 낸다고 볼 수 있는데, Jamieson는 Johnson의 주장대로라면 연속적 삶에 대한 이익이 죽이지 않을 의무를 만들어 내기 때문에, 소나 제라니움 모두 죽여서는 안 된다는 곤란한 결론이 나온다고 주장한다. 그래서 Jamieson은 이런 결론을 피하는 방법으로 '연속적 삶'의 이익을 갖는 것만으로 죽이지 않을 의무를 부여하기에 충분하다는 전제를 부정해야 한다고 주장한다(140-41면). Johnson의 '연속적 삶의 이익을 갖는다'는 것이 Singer의 미래감에 해당할 것이다.

81 레이첼스(2009), 361면. '생물학적'과 '전기적'의 영어 표현은 biological과 biographical이어서 운율이 맞는데, 우리말로는 그것을 살릴 수 없어서 아쉽다.

82 Varner(2012), 134면.

83 Varner(2012), 21-22면. Varner는 전적으로 현재만을 사는 개체는 가상의 생각이라고 말한다. 어떤 감각적 개체도 글자 그대로 완전히 현재만을 사는 개

체는 없기 때문이다. 무엇인가를 바란다는 것은 어떤 것을 바꾸고 싶다는 것이므로, 의식적인 바람이라는 게 있다면 적어도 아주 가까운 미래를 약간이라도 의식할 것이라는 게 그의 생각이다. 그래서 인격체와 유사 인격체의 차이가 정도의 문제인 것처럼, 유사 인격체와 한갓 감각적인 존재 사이의 차이도 정도의 문제라고 말한다.

84 개인 동일성 문제에 대해서는 최훈(2015b), 2장을 보라.

85 「방문객」의 부분임. 정현종, 『광휘의 속삭임』(서울: 문학과지성사, 2008)에 실려 있음.

86 Varner(2012), 137-38면.

87 지금 논의는 한 개체가 과거 또는 미래를 이야기의 관점에서 의식을 하느냐가 논점이다. 그런데 시간 상대적 이익 견해를 향한 반론은 이 논점을 놓치고 있는 면이 있다. Harman(2011, 734-35면)은 다음과 같은 두 가지 사고 실험을 제시한다. 먼저 빌리는 심각한 병을 앓고 있는 소인데, 지금 치료하지 않으면 약간 아플 것이고 고통은 점점 악화될 것이고 몇 달 동안 극심한 고통을 겪을 것이고 결국은 죽을 것이다. 반면에 지금 치료받으면 빌리는 내일 마취 상태에서 수술을 받을 것인데, 두 주의 회복 기간 동안 이전에 아플 때보다 심하게 고통을 겪게 되겠지만 결국에는 고통이 없게 될 것이다. 그래서 건강하게 정상적인 삶을 살 수 있게 된다. 이번에 토미는 심각한 병을 앓고 있는 말인데, 지금 치료하지 않으면 5년 동안 고통 없는 평범한 삶을 살 것이지만 몇 달 동안 심각하게 고통을 받고 결국은 죽게 될 것이다. 반면에 지금 치료받으면 토미는 내일 마취 상태에서 수술을 받을 것이고, 두 주의 회복 기간 동안 고통을 겪게 되겠지만 5년 동안 받은 고통만큼 심하지는 않다. 토미는 완전히 치료받을 것이고 다음 15년 동안 건강한 평범한 삶을 살 것이다. (이 사고 실험은 각각 McMahan(2016)의 '지금의 고통'(71면)과 '나중의 고통'(72면) 사고 실험에 해당한다.) Harman은 빌리가 수술을 받으면 고통을 받겠지만, 더 심한 고통을 막아 주기 때문에 빌리에게 수술하는 것이 허용 가능하다고 말한다. 그리고 토미에게 수술하는 것도 허용 가능한데, 토미는 평생 동안 살고 싶은 이익을 가지고 있고, 수술에서 회복되는 고통을 피하려는 이익을 가지고 있지만 전체적으로 보면 수술을 받으려는 이익을 가지고 있기 때문이다. 그러나 시간-상대적 이익 견해는 빌리의 수술이 허용 가능한지는 설명할 수 있지만 토미의 수술이 왜 허용 가능한지 설명할 수 없다고 주장한다. 그 견해에서 토미는 가까운 미래에 고통을 피하려는 강한 이익을 가지고 있지만, 5

년 후의 고통이나 5년 후의 죽음을 피하려는 이익을 가지고 있지 않기 때문이다. 그러나 토미의 수술이 허용 가능하다는 것은 토미를 관찰하는 인간의 관점이지 말인 토미의 관점이 아니다. Harman의 주장과 달리 전기적 자아감이 없는 토미는 평생 동안 살고 싶은 이익을 가지고 있다고 말할 수 없고, 설령 미래에 대한 바람이 있다고 하더라도 그것은 현재의 고통을 피하고 싶은 이익보다 더 강하다고 볼 수 없다. 물론 토미의 수술은 허용 가능하다. 그러나 그것은 토미의 과거 삶과 미래의 삶을 이야기로 그려낼 수 있는 인간의 관점이고 그런 능력이 없는 토미의 관점에서는 수술은 의무가 아니다.

88 Varner(2012), 163면.

89 Varner(2012), 164면.

90 Harman(2011, 731면)은 동물에게 극심한 고통을 일으키면 안 되는 강한 도덕적 이유가 있지만 죽이면 안 되는 강한 이유는 없다는 주장을 검토하면서 그것을 지지하는 네 가지 견해 중 세 번째 견해로 이것을 제시한다. 그는 이 견해들 각각을 비판한다. Harman은 '시간 단면' 대신에 '시간 단계'(temporal stages)라고 표현하는데, '시간 단면', '시간 단계', '시간 부분'(temporal parts)은 형이상학에서 중요한 개념이다. Hawley(2015)를 보라.

91 Tooley(1972), 49면.

92 닭은 자연 상태에서 15년에서 20년 정도를 사는데, 고기를 목적으로 하는 육계는 두 달 안에 죽이고, 달걀을 목적으로 하는 산란계는 1년 반에서 길어야 3년까지 산다. 돼지는 10~15년을 살지만 6개월 정도 자랐을 때 고기 맛이 최고라서 그때 죽인다. 기대 수명이 15~20년인 소는 20개월 이전에 도축된다. 그 이후에는 고기가 질기어지게 때문이다. 자세한 내용은 최훈(2012a), 259-60면을 보라.

93 벤담(2013), 558면. 강조는 원문에서.

94 벤담(2013), 557면.

95 레슬리 스티븐은 화가 버네사 벨과 작가 버지니아 울프의 아버지로 유명하다. 그의 형 제임스 피츠제임스 스티븐 역시 유명한 변호사이며 보수주의 작가였고, 여동생 캐롤라인 에멜리아 스티븐 역시 유명한 자선 사업가였다.

96 레슬리 스티븐, 『사회적 권리들과 의무들』, 싱어(2013), 194면에서 재인용.

97 Henry S. Salt, *The Humanities of Diet* (Manchester, 1914). 위 인용구가 있는 발췌문은 http://www.animal-rights-library.com/texts-c/salt02.htm에서 볼 수 있다.

98 Singer는 이 문제 때문에 『실천 윤리학』의 초판에서는 인간의 경우 현재 존재하는 대상뿐 아니라 앞으로 가능한 대상까지 고려해야 한다고 주장하는 '전체적 견해'가 아니라 현재 존재하는 대상만 고려해야 한다는 '사전 존재적 견해'를 취한다. Singer가 사전 존재적 견해를 받아들이는 것은 꼭 인간의 대체 가능성 때문만이 아니라 존재를 비존재와 비교할 수 있느냐는 Salt의 지적을 받아들였기 때문이기도 하다. 존재하지 않는 대상에게 이익이나 해로움을 준다는 말이 모순이라고 생각하기 때문이다. 이와 똑같은 이유로 대체 가능성 논증을 비판하는 이가 Višak(2013, 2016)이다. 그러나 『실천 윤리학』의 2판부터는 Parfit(1983)의 유명한 두 여인 사고 실험 때문에 사전 존재적 견해를 버리고 전체적 견해를 받아들인다. 이에 대해서는 최훈(2015a), 199면 이하를 보라. 나는 이 책에서는 사전 존재적 견해와 전체적 견해 간의 논쟁을 통해 대체 가능성 논증에 접근하지 않겠다. 상당히 복잡한 형이상학에 뛰어 들어가야 하는 부담도 있지만, 그렇지 않고서도 인간에도 대체 가능성 논증이 적용된다는 반론을 해명할 수 있다고 생각하기 때문이다.

99 싱어(2013), 153면.

100 싱어(2013), 153면.

101 Hart(1980), 30면.

102 싱어(2013), 208면.

103 싱어(2013), 209면 이하.

104 싱어(2013), 211면 이하.

105 베너타(2019).

106 싱어(2013), 214면.

107 Singer(2016), 234면.

108 Lazari-Radek&Singer(2016), 8, 9장.

109 네이글(1983), 466면. '긍정적'은 번역본에 '적극적'이라고 번역되어 있다. 그러나 여기서 positive는 마이너스가 아니라 양의 값을 갖는다는 뜻이다.

110 노직(1983), 69면.

111 노직(1983), 69면.

112 최훈(2015a), 215면.

113 봉준호 감독의 영화 〈옥자〉(2017)는 동물 복지의 문제를 제기하는 영화이다. 미자는 지능이 있는 돌연변이 슈퍼 돼지인 옥자와 친구처럼 지내며, 도살장으로 끌려가는 옥자를 끝내 구출한다는 내용이다. 그러나 한편으로 미

자는 산에서 물고기를 잡아먹고 할아버지가 잡아 준 닭도 먹는다. 지능이 있는 돼지와 그렇지 않은 동물의 차이가 '놀라운 가설'과 관련하여 중요한 화두를 던져 준다.

4장 동물이 동물을 먹는다는 것: 포식의 문제

114 David George Ritchie, *Natural Rights* (3rd ed.)(London: Allen&Unwin, 1916), 107면. Clark(1979), 171면에서 재인용. Salt는 3장에서 '식료품실의 논리'를 주장한 그 솔트이다.

115 Cohen&Regan(2001), 30면.

116 Cohen&Regan(2001), 30면. 원문 강조.

117 Scruton(1996), 59-60면.

118 Sagoff(1984), 303면.

119 Sagoff(1984), 303-04면.

120 Sagoff(1984), 304면.

121 Tomasik(2015), 135면. 도킨스(2005, 158면)도 야만적이고 잔인한 자연의 고통에 대해 길게 언급하고 있다. 그는 나나니벌 암컷이 나비나 나방의 애벌레의 몸속에 알을 낳아서 애벌레가 그것을 속에서부터 파먹으며 자랄 수 있게 하고, 먹이의 신선도를 유지하기 위해 중추 신경계의 신경절마다 조심스럽게 침을 놓아서 죽지는 않게 마비시키는 예를 든다. 그러나 고통을 느낄 수 있는 능력이 척추동물에만 있다는 과학자들의 연구 결과가 맞는다면(최훈, 2015a, 158면) 애벌레는 고통을 느낄 수 없으므로 자연의 고통 사례로서 적절하지 않을 수 있다. 이 점은 머리말에서 Ritchie가 Salt를 비판하기 위해 예로 든, 찌르레기나 개똥지빠귀에게 희생되는 애벌레에도 적용된다.

122 Horta(2010a), 82면.

123 이 사진을 찍은 기자는 남아프리카공화국의 케빈 카터인데 "사진을 찍은 케빈 카터, 바로 당신이 소녀를 노리는 독수리와 다름없다."라는 비판까지 받았다. 야생 동물로부터 사람을 구할 수 있는데도 구하지 않은 행동은 야생 동물이 잡아먹는 것과 다름없는 행동이라고 생각하는 것이다.

124 싱어(2012, 383면)은 야생 동물에 비해 가축이 "완전한 축복이 아니다"라고 말하는데 그 이유는 다음과 같다. "사료를 수동적으로 공급받을 경우 동물들의 가장 기본적이면서도 자연스런 활동인 먹을거리를 찾는 습관을 박탈당

하게 될 것이기 때문이다. 결과적으로 가축들은 아무것도 할 일 없이 마구간에 누워서 먹기만 하는 철저하게 지루한 삶을 영위하게 된다." 그러나 이런 지루한 삶은 어디까지나 자연 상태의 공간을 제공받지 못한 공장식 사육의 가축에 해당한다. 그리고 설령 먹을거리를 찾는 습관을 박탈당하고 지루한 삶을 살더라도 그것이 야생의 공포와 고통보다 축복이 아닌지는 따져 봐야 한다. 맹수의 상시적인 위협을 피해 난민 수용소에서 배급을 받는 사람이 인생의 괴로움을 견디는 습관을 박탈당해서 과연 예전보다 못한 삶을 산다고 말할 수 있는지 의문이기 때문이다.

125 싱어(2013), 352면.

126 싱어(2013), 353면.

127 싱어(2012), 381면.

128 싱어(2012), 382면. 강조는 내가 함.

129 '오류 가능성 논증'이라는 용어는 Donaldson&Kymlicka(2011, 163면)에서, '무지에 근거한 논증'이라는 용어는 Cowen(2003, 179면)에서 쓰고 있다. Milbrun(2015, 275면)은 '결과주의적 비간섭주의'라고, Palmer(2015, 205면)은 '우연적 결과주의적 논증'이라고 부른다. 이런 용어들을 쓰고 있지 않지만 이런 요지의 논증은 Sapontzis(1987, 234면), Nussbaum(2006, 373면), Simmons(2009, 22면), McMahan(2010, 4면)에서도 제시된다.

130 Simmons(2009, 23-24면)은 인간을 포식자로부터 구한다고 해서 생태계에 재앙을 주는 결과도 낳지 않고 인구도 스스로 조절할 수 있기 때문에 인간을 포식자로부터 구하는 것은 의무라고 주장하여, 동물을 포식자로부터 구하는 경우와 대비한다. 인간은 야생에서 떨어져 살기 때문에 인간을 포식자로부터 구한다고 해서 생태계의 건강을 위험에 빠뜨리지는 않기 때문이다. 그는 더 나아가 생태계에 처참한 결과를 가져오지 않고서도 가축이나 반려동물을 포식자로부터 구할 수 있다고도 말한다. 곧 인간, 가축, 반려동물은 야생동물과 달리 오류 가능성 논증의 대상이 아니라고 주장한다.

131 사전 주의의 원칙에 대해서는 최훈(2012b)와 최훈(2014a)를 보라.

132 Cormier&Ross(2016, 7면)은 이런 식으로 야생에의 개입을 반대하는 논증을 '결과주의적 논증'이라고 부르고, 오류 가능성 논증과 별도의 논증으로 분류한다. 그러나 그런 결과주의적 논증에서 우려하는 피식 동물의 개체수 과잉과 그에 따른 굶주림과 질병의 증가는 인간이 포식을 막기 위해 야생에 개입함으로써 생기는 오류 중 하나이므로 두 논증을 굳이 구분할 필요는 없을 것

같다.

133 Leopold(1949), 224-25면

134 Cowen(2001), 172면. 이런 근거에 따르면 포식-피식 관계를 허용해야 할 것이다. 그러나 Cowen은 바로 이어서 대부분의 동물들은 포식자가 없으면 번성하고, 있으면 소멸한다고 말한다.

135 환경부 의뢰로 한국도시비오톱연구센터(책임연구원 심재한 박사)에서 2004년 5월부터 2005년 2월까지 연구·조사한 결과다. 환경부 보도 자료 참조.

136 환경부 원주지방환경청은 토속 어종을 활용한 생태계 교란 어종 제어 시범 사업을 추진한다고 2012년 5월 8일에 밝혔다. 환경부 보도 자료 참조.

137 Palmer(2015), 205면.

138 1995년에 미국의 국립공원인 옐로스톤에 회색늑대가 복원되었다. 늑대의 먹잇감이었던 엘크가 늑대가 1926년 이후 사라진 후 개체수가 증가했는데, 엘크는 미국사시나무의 새싹만을 집중적으로 먹어 수풀을 황폐화시키자 그런 조치를 취한 것이다. Horta(2000b)는 이것을 바탕으로 스코틀랜드 하이랜드에 늑대를 도입하는 주제를 가지고, Milburn(2015)는 족제비는 모두 죽고 토끼는 살아남은 가상의 섬인 토끼 섬에 토끼 개체수 조절을 위해 족제비를 도입해야 하느냐는 주제를 가지고 포식의 문제를 논의한다.

139 Cowen(2003, 179면)은 19세기 유럽에서 도시화와 산업화 때문에 멸종된 유럽 늑대를 아무도 그리워하지 않으며, 늑대가 있다고 하더라도 그것을 '자연의 균형'이라는 완전한 축복이라고 생각하지 않을 것이라고 말한다. 9장에서는 동물원의 목적 중 하나로 종 보전을 언급할 것이다. 거기서 종 보전이 동물원의 목적으로 정당한가 살펴보겠지만, 특히 호랑이와 같은 맹수는 인간에게 끼치는 해악 때문에라도 옹호되기 힘들다. 현재 우리나라에서는 2004년부터 사육되는 반달가슴곰을 적응 훈련 후 야생에 방사하였는데 번식을 하여 그 수가 2019년에는 50여마리에 이르게 되었다. 아직까지 사람을 공격한 사례는 없지만, 반달가슴곰도 맹수의 일종이라는 점을 고려할 때 위험은 도사리고 있다.

140 Donaldson&Kymlicka(2011), 164면. 그러나 Donaldson과 Kymlicka는 기본적으로 야생에 개입하는 것을 반대하는 입장이다. 그들은 야생 동물의 자치권(sovereignty)을 인정하는 독특한 주장을 하는데, 포식을 막기 위한 개입은 그 자치권을 침해하기 때문이다. Donaldson&Kymlicka(2011)의 6장을 보라.

141 Milburn(2015), 275-78면.

142 Donaldson&Kymlicka(2011), 159-60면.

143 Milburn(2015), 277면.

144 Regan(2004), 152면.

145 Regan(2004), 285면.

146 Regan(2004), 357면. 원문 강조.

147 Sapontzis(1984), 27면.

148 Sapontzis(1984), 27-28면.

149 Jamieson(1990), 351면.

150 Regan(2004), xxvi-xxvii면.

151 Regan(2004), xxvii면.

152 이런 접근법은 선결문제 요구의 오류를 저지른다는 혐의가 있다. 인간과 달리 동물에는 권리가 없다는 것은 근거가 아니라 입증되어야 할 결론이기 때문이다.

153 Regan(2004), xxxvii면.

154 이 장은 학술발표대회에서 발표되었는데, 나는 초고에서 Regan의 이런 대답을 '좀 옹색한 대답'이라고 말했다. 그러다가 Donaldson&Kymlicka(2011, 176면)이 꽤 체계적으로 같은 취지의 대답을 하는 것을 보고 여기서는 그 말을 철회했다. 앞 절의 주석에서도 말한 것처럼 Donaldson과 Kymlicka는 야생 동물의 자치권을 인정하는데, 그 이유는 야생 동물 공동체에 닥치는 도전을 헤쳐 나가고 개별 구성원들이 성장하고 번성하는 '능력'이 있다고 보기 때문이다.

155 Cowen(2003), 173-74, 182면.

156 이사야 11, 6. 이사야서의 이 구절은 장차 올 평화스런 왕국을 그리고 있다. 이어지는 구절까지 보면 다음과 같다. "늑대가 새끼 양과 어울리고 표범이 숫염소와 함께 뒹굴며 새끼 사자와 송아지가 함께 풀을 뜯으리니 어린아이가 그들을 몰고 다니리라. 암소와 곰이 친구가 되어 그 새끼들이 함께 뒹굴고 사자가 소처럼 여물을 먹으리라. 젖먹이가 살무사의 굴에서 장난하고 젖 뗀 어린아기가 독사의 굴에 겁 없이 손을 넣으리라. 나의 거룩한 산 어디를 가나 서로 해치거나 죽이는 일이 다시는 없으리라. 바다에 물이 넘실거리듯 땅에는 야훼를 아는 지식이 차고 넘치리라." (이사야 11, 6-9)

5장 동물 실험의 옹호와 반대

157 McMahana(2002), Nussbaum(2006), Zamir(2007)이 그런 예이다.

158 Nuffield Bioethics(2005), 83-184면.

159 Nuffield Bioethics(2005), 172면.

160 Nuffield Bioethics(2005), 91면.

161 Nuffield Bioethics(2005), 108-10면.

162 Nuffield Bioethics(2005), 134-46면. 보고서는 8단계라고 말하고 있으나 9단계가 맞는다.

163 '비임상'은 과거에는 '전임상'으로 불렸으나 임상 실험 단계에서도 동물 실험을 실시하기 때문에 지금은 비임상으로 불린다.

164 Nuffield Bioethics(2005), 158면.

165 "세계의사회 헬싱키 선언: 인간 대상 의학연구 윤리 원칙", 『대한의사협회지』 57(11), 899-902. (2013년 10월 브라질 포르탈레자에서 개최한 제64차 세계의사회 총회에서 제7차 개정)

166 동물 실험 옹호 논증에 대해선 Cohen&Regan(2001)에서 Cohen이 집필한 "In Defense of the Use of Animals"와 "Reply to Tom Regan", 그리고 김명식(2007), 추정완·최경석·권복규(2007)을 보라.

167 AMA(1992), 11면.

168 Cohen&Regan(2001), 11-12면.

169 Cohen&Regan(2001), 85면.

170 Perlo(2003), 51면.

171 그릭·그릭(2005, 2006)을 보라.

172 추정완·최경석·권복규(2007), 48면.

173 탈리도마이드의 부작용 사례로는 그릭·그릭(2005), 66-71면, 그릭·그릭(2006), 172-73면을 보라. 그릭·그릭(2006), 36면은 탈리도마이드 외에 페니실린을 발견한 플레밍이 토끼에 페니실린을 실험해 보았을 때는 아무 반응이 나타나지 않았기 때문에 그 물질이 아무런 효력이 없다고 판단하여 실험을 중단한 사례도 들고 있다.

174 밀(2002), 29면. 번역본에는 '불만족스러운'이 번역 안 되어 있다.

175 공리주의적 계산의 문제에 대해서는 최훈(2007)를 보라.

176 최훈(2009)에서는 이 세 가지 외에 동물 실험의 정당성을 검토하기 위해 세

가지 경우를 더 상정하였다.

177 싱어(2012)의 2장은 그런 사례들이 여러 가지 나열된다.

178 마우스(mouse)는 생쥐, 래트(rat)는 집쥐로 번역할 수도 있다. 그러나 여기서 마우스와 생쥐는 실험용으로 사용되는 특정 설치류를 가리키고, 또 '마우스'와 '래트'는 표준국어대사전에도 등재된 어휘이므로 이 책에서는 '마우스'와 '래트'를 쓰도록 하겠다. '래트'는 실험 현장에서 '랫'으로 많이 불리고 있으나 외래어 표기법으로는 '래트'가 맞는다.

179 물론 인간 실험을 받아들인다면 고등 동물 대상 실험도 옹호될 수 있을 것이다. Frey(1983, 115-16면), Frey(2002, 172-73면, 184-85면)은 인간 실험의 가능성을 인정하고 있다. 한편 추정완·최경석·권복규(2007)은 몇 가지 제한 조건 하에서 영장류 대상 실험을 옹호한다.

180 싱어(2013), 8장은 가난한 사람을 돕는 의무와 관련해서 행위와 무위의 도덕적 구분은 없다고 주장한다. 행위와 무위의 구분에 의해 동물 실험의 정당성을 논의하는 것과 그 다음에 나오는 확실성과 불확실성의 비교 계산에 대해서는 LaFollette&Shanks(1996), 251-5면을 보라. 흥미 있게도 싱어는 이 고려 사항들은 가난한 사람을 돕는 의무와 관련해서 모두 극복 가능하다고 주장한다.

181 LaFollette&Shanks(1996), 127-28면.

182 Russell&Burch(1959).

183 Ferrari(2019, 196면)은 이것을 Russell과 Burch의 의도는 윤리적이었지만, 그 방법은 규범적이지 못하고 기술적이고 경험적이었다고 표현한다.

184 『식품의약품안전청·농림수산검역검사본부 공동 동물실험 및 실험동물 관련 IACUC 표준운영가이드라인』(2011), 32-33면.

185 Regan(2004), 174면.

186 주 179를 보라.

187 노직(1974), 64면.

188 Donaldson&Kymlicka(2011), 43면.

6장 동물 실험의 인식론

189 LaFollette&Shanks(1993a), LaFollette&Shanks(1993b), LaFollette&Shanks(1994a), LaFollette&Shanks(1994b), LaFollette&Shanks(1995),

LaFollette&Shanks(1996).

190 LaFollette(2011, 796-97면)은 동물 실험에 대한 견해를 관대한 견해, 상식적 견해, 완강한 견해로 나눈 다음에 모든 동물 실험을 반대하는 완강한 견해마저도 동물 실험이 인간에게 이익이 된다는 점은 인정한다고 말한다.

191 우리나라에서도 한국체육대학교에서 학생 등을 상대로 10여년 동안 생체 실험이 저질러져 문제가 되었다. 교수를 포함한 연구진들은 성적을 미끼로 학생들에게 실험에 참여할 것을 권유했고 인체를 마취한 후 조직을 떼어내는 시술도 의료 면허가 없는 교수가 담당했다. 〈경향신문〉 2014년 9월 16일자 기사.

192 LaFollette&Shanks(1996), 20면.

193 LaFollette&Shanks(1996), 20면. LaFollette(2011), 801면.

194 LaFollette&Shanks(1996), 55면.

195 AMA(1992), 11면.

196 Council on Scientific Affairs(1989).

197 〈연합뉴스〉, 2006년 4월 17일자 기사.

198 도널드(2015), 6장.

199 각 약품의 자세한 부작용에 대해서는 그릭·그릭(2005), 4장을 보라.

200 LaFollette&Shanks(1996, 25-26면)에서 사례들을 추가로 확인할 수 있다. 모르핀은 인간에게는 진정제가 되지만 고양이에게는 흥분제가 된다. 산업용 화학 벤젠은 인간에서는 백혈병을 유발하지만 쥐에서는 그렇지 않다. 니트로페놀은 인간, 오리, 닭에서는 백내장을 유발하지만 다른 동물에서는 그렇지 않다. 펜클로즈산은 13개 종 이상에서는 아무런 영향도 끼치지 않는데 유독 인간에서는 간에 독성을 즉각 일으킨다.

201 LaFollette&Shanks(1996), 29면.

202 LaFollette&Shanks(1996), 29면.

203 LaFollette&Shanks(1996), 29-30면.

204 쿤(1999), 15면. 쿤의 패러다임에 대한 자세한 설명은 최훈(2012c)를 보라.

205 쿤(1999), 67면.

206 LaFollette&Shanks(1996), 32면.

207 LaFollette&Shanks(1996), 33면.

208 LaFollette&Shanks(1996), 36-37면.

209 LaFollette&Shanks(1994b), 198면.

210 LaFollette&Shanks(1996), 39면.

211 LaFollette&Shanks(1994b), 199면, LaFollette&Shanks(1996), 42면.

212 진화론에 의존하여 종들끼리 공통점을 보인다고 설명하는 것은, 조금 이때 베르나르가 진화론을 거부한다고 지적할 것과 모순되어 보인다. 그러나 여기서 진화론에 의존하는 것은 대강의 형태론적 유사성일 뿐이다. 베르나르는 그 세부적인 지식과 관련해서는 진화론을 거부한다. LaFollette &Shanks(1996), 111면을 보라.

213 LaFollette&Shanks(1994b), 202-03면, LaFollette&Shanks(1996), 47면.

214 Claude Bernard, *An Introduction to the Study of Experimental Medicine* (Paris: Henry Schuman, 1949), 180면. (프랑스어 원서는 1865년에 출간되었다) LaFollette&Shanks(1996), 47면에서 재인용.

215 LaFollette&Shanks(1996), 65-6면. 본디는 Graham Cairns-Smith, *Seven Clues to the Origin of Life* (Cambridge: Cambridge University Press, 1985)에서 한 말이다.

216 LaFollette&Shanks(1996), 51-2면.

217 AMA(1992), 125면.

218 유비 논증에 대한 설명은 최훈(2015c), 325면 이하를 보라.

219 LaFollette&Shanks(1995), 147면, LaFollette&Shanks(1996), 112면.

220 LaFollette&Shanks(1995), 147면, LaFollette&Shanks(1996), 113면.

221 LaFollette&Shanks(1996), 107면.

222 LaFollette&Shanks(1995), 141면, LaFollette&Shanks(1996), 194면.

223 LaFollette&Shanks(1996), 22-23면. LaFollette(2011), 806면에서는 관련성의 존재론적 문제와 인식론적 문제를 각각 '유사성 문제'와 '추론 문제'라고 부른다.

224 Steel(2008), 78면.

225 LaFollette&Shanks(1996, 110-11면)은 그래서 생명 의학의 실험이 "이중으로 확률적"이라고 말한다. 그러나 나는 동물 실험에서 '확률적'이라는 것이 일상적인 의미가 아니기 때문에 이런 표현은 정확하지 않다고 생각한다.

226 LaFollette&Shanks(1996), 99면, 115면.

227 그릭·그릭(2005), 91면. 번역서에는 '쥐'로 번역되어 있으나 여기서는 일관성을 위해 원문에 따라 '래트'로 번역하였다.

228 그릭·그릭(2005), 92면.

229 LaFollette&Shanks(1996), 117면.

230 기능주의자들이 이런 주장을 한다. 최훈 (2015b), 240면을 보라.

231 LaFollette&Shanks(1995), 149면, LaFollette&Shanks(1996), 100면.

232 LaFollette&Shanks(1995), 149-50면.

233 LaFollette(2011), 807-08면. 둘째 요인에 대해서는 LaFollette&Shanks(1996), 93면도 보라.

234 LaFollette&Shanks(1996), 49면.

235 LaFollette&Shanks(1996), 132-32면.

236 LaFollette&Shanks(1996), 90-91면.

237 LaFollette&Shanks(1996), 91면.

238 LaFollette&Shanks(1996), 133면.

239 Mayr는 "실제로 위계 있게 조직화된 생물학 체계에서는 하향적 인과를 만날 수도 있다."라고 말한다(Ernst Mayr, *Toward a New Philosophy of Biology*, Harvard University Press, 1988, 15면). LaFollette&Shanks(1996), 91면에서 재인용.

240 Hempel&Oppenheim(2008), 62면.

241 Steel(2008), 93면, Nordgren(2010), 98면.

242 Nordgren(2010), 99면.

243 Steel(2008), 88-95면.

244 Steel(2008), 95면.

245 Weber(2005)도 이와 비슷하게 동물 모형이 외삽은 아니고 '준비적 실험'(preparative experimentation)의 역할을 한다고 주장한다. LaFollette&Shanks가 가설 설정에 도움을 준다는 것만 강조하는 데 비해, Weber는 유용한 연구 재료와 절차도 제공해 준다고 말한다(174-76, 179-86면).

246 LaFollette&Shanks(1995), 143면, LaFollette&Shanks(1996), 194-95면.

247 쿤(2002), 23면. 쿤과 패러다임의 무비판성에 대한 자세한 설명은 최훈(2012c)를 보라.

248 쿤(1999), 198면.

249 쿤(1999), 44면.

250 과학자의 편향적 데이터 선택에 대해서는 최훈·신중섭(2007)을 보라.

251 LaFollette&Shanks(1996, 173면)은 이것을 '산탄총 효과'(shotgun effect)라고 부른다. 과녁을 향해 산탄총을 난사하면 몇 발은 과녁을 맞힐 수 있는 것처럼, 과학사의 수많은 사례 중 성공 사례 몇 개를 들어 자신의 주장을 지지한

다는 것이다.

252 Engel Jr.(2012, 219면)를 보라.

7장 이종 이식의 윤리

253 너필드생명윤리위원회(1996), 2면.

254 생존 시 이식자 생존율은 이보다 더 높다. 물론 생존 시 이식은 콩팥, 간장, 골수에 한한다.

255 기증자 수와 수술 건수가 다른 까닭은 한 사람이 장기를 여러 사람에게 이식한 사례도 있기 때문이다.

256 중국이 공식적으로 발표한 2016년 장기 이식 건수는 1만 건이지만, 실제로는 6배에서 10배까지 장기 이식 수술이 이루어졌을 것으로 추정한다. 〈가디언〉의 보도에 따르면 중국은 조직적으로 사형수의 장기를 적출해 이식하고 있다고 한다. 〈한겨레〉 2017년 2월 9일자 기사 참조.

257 간 기증자가 있을 때까지 사용한다.

258 권복규 · 김현철(2009), 259면.

259 너필드생명윤리위원회(1996), 28면, Council of Europe Working Party on Xenotransplantation(2003), 16면.

260 Council of Europe Working Party on Xenotransplantation(2003), 17면.

261 쌍둥이는 아니지만 희귀 질환을 앓고 있는 가족의 치료를 목적으로 아기를 출산하는 '맞춤 아기'가 윤리적 문제가 된다. 영화로도 제작된 조디 피콜트의 『마이 시스터즈 키퍼—쌍둥이별』(곽영미 옮김, 이레, 2008)은 백혈병에 걸린 언니를 치료하기 위한 목적으로 태어난 여동생을 주인공으로 하는 소설이다. 2017년 노벨 문학상을 받은 가즈오 이시구로의 『나를 보내지 마』(김남주 옮김, 민음사, 2009)는 장기 이식을 목적으로 복제된 인간들을 소재로 한다.

262 Daar&Chapman(2004), 2606면.

263 너필드생명윤리위원회(1996), 27면을 참조하라. 우리가 알고 있는 집돼지는 덩치가 커서 장기가 사람의 장기보다 훨씬 크다. 그래서 이종 이식 연구에 이용되는 돼지는 미니 돼지이다.

264 Daar&Chapman(2004), 2602-03면 참조. 돼지의 심장 판막 이식은 성공한 지 30여 년이 되었으나 질병이 전파된 증거는 없다. 돼지의 심장 판막을 글

루타알데하이드로 처리하여 면역 반응의 강도를 감소시켰기 때문이다. 그러나 장기는 완전히 살아 있어야 하므로 이것이 불가능하다. 그래서 인간의 보체 조절 단백질을 생산하는 인간 유전자를 주입한 형질 전환(transgenic) 돼지의 생산을 시도하고 있다.

265 Daar&Chapman(2004), 2604면 참조.

266 배아의 도덕적 지위에 의한 반론은 별개의 문제이다.

267 박수헌(2008), 54면, 권복규·김현철(2009), 259면. 물론 이들은 이런 의문에 동의해서 질문을 던지는 것이 아니라 그런 질문이 가능하다고 제시했다.

268 평생 추적 관찰과 거기서 생기는 윤리적·법적인 문제에 대해서는 모수정(2014)를 보라.

269 비첨·칠드리스(2014), 210면.

270 이 예는 Rollin(2006b, 145면)의 호랑이 예를 인간으로 수정한 것이다. Rollin은 마지막 남은 열 마리 시베리아 호랑이를 죽이는 것이 시베리아 호랑이가 아직 많이 남아 있을 때 열 마리 죽이는 것보다 더 나쁘다는 것을 반대하면서, 적어도 호랑이는 자기가 마지막인지 아닌지 알지도 못하고 신경도 안 쓸 것이기에 둘 다 똑같이 나쁘다고 말한다. 인종 또는 종의 멸종에 따르는 윤리적 문제는 9장에서 동물원 문제를 논의할 때 다시 한번 거론될 것이다.

271 가장자리 인간에 대해서는 최훈(2015a), 94면 이하를 보라. Singer(2001)은 저능한 사람들로 이루어진 가족 이야기로 시작한다. 그리고 그 사람들을 장기 공여자로 쓸 수 없다면 영장류도 쓸 수 없지 않느냐는 문제를 제기한다. 그는 가장자리 인간과 영장류를 비교하여, 영장류는 가장자리 인간보다 지적인 능력이 뛰어나므로 가장자리 인간은 장기 공여자로 쓰면 안 되지만 영장류는 써도 된다고 주장하기 어렵다고 말한다. 지금 우리는 가장자리 인간과 지적인 능력이 비슷하다고 생각되는 돼지와 비교하고 있으므로 문제가 좀 더 복잡하다.

272 영장류는 이런 상황을 인지할 수 있을 것이다. Singer(2001, 416면)은 비비 부모는 새끼가 없어지면 상당히 충격을 받을 것이라고 말한다. 이에 비해 Caplan(2002, 220면)은 인간은 자신의 새끼가 끔찍한 이종 이식 연구에 사용되면 평생 동안 애통해 할 것이지만 영장류는 그렇지 못할 것이라고 말한다. 그는 이것을 가장자리 인간과 영장류가 지적인 능력에서 차이가 그리 없지만 가장자리 인간과 달리 영장류를 이종 이식 연구에 써도 되는 이유로 제시한다. 평생 동안 애통해 하느냐는 점에서는 Caplan의 의견이 옳을 수 있

다. 영장류는 3장에서 말한 이야기를 할 수 있는 인격체가 아니므로 삶을 반추하고 계획하는 기간이 인간만큼 길 것 같지는 않기 때문이다. 그러나 여기서는 장기 이식을 위해 갑자기 사라지는 것만을 가정해도 충분하므로 그것을 인지하는 데는 인간과 영장류의 차이가 없다고 보아야 한다.

273 지적인 능력이 있는 성인으로 성장할 잠재성이 있으므로 그런 성인과 똑같이 대우해야 한다는 주장을 '잠재성 논증'이라고 하는데 이 논증은 싱어(2013), 249-55면을 참조하라.

274 이 예는 Singer(1992)에 나온다.

275 최훈(2012a), 195면 이하 참조. 영화 〈옥자〉(2017)도 돼지 사육 농장의 현실을 패러디하여 보여 준다.

276 권복규·김현철(2009), 261면.

277 Ravelingien(2005), 235면.

278 그 외 인류에게 오래된 질병인 홍역, 결핵, 천연두 등도 소에서 유래되었다. 보건 복지부가 고시한 '지정 감염병 등의 종류'는 인수 공통 감염병으로 장출혈성 대장균 감염증, 일본 뇌염, 브루셀라증, 탄저, 공수병, 동물 인플루엔자 인체 감염증, 중증 급성 호흡기 증후군(SARS), 변종 크로이츠펠트-야콥병(vCJD), 큐열, 결핵의 10가지를 들고 있다.

279 너필드생명윤리위원회(1996), 75면.

280 Daar&Chapman(2004), 2604면. 돼지의 레트로 바이러스(porcine endogenous retrovirus)는 줄여서 PERVs라고 한다.

281 Purdy(1999), 39면.

282 이 원칙들에 대해서는 비첨·췰드리스(2014), 266면 이하를 보라. 해악 금지의 원칙과 이종 이식의 관계에 대해서는 Fovargue&Ost(2009), Ravelingien(2007)을 보라.

283 죽임(killing)과 죽게 내버려 둠(letting die)의 차이를 반대하는 철학자들이 그들이다. 대표적으로 Rachels(1975)의 Smith vs Jones 사고 실험을 보라.

284 비첨·췰드리스(2014), 267면

285 결정 및 선언은 하대청(2010, 147-48면)을 보라.

286 Olakanmi&Purdy(2006). 웹페이지라서 몇 면인지 표시를 따로 하지 않음. 이하 마찬가지이다. 이 논문에서 Olakanmi는 이종 이식을 찬성하는 입장을, Purdy는 반대하는 입장을 개진하고 있다.

287 Olakanmi&Purdy(2006).

288 Olakanmi&Purdy(2006)에서 Purdy가 하는 주장이다.

289 권복규 · 김현철(2009), 264면.

290 Olakanmi&Purdy(2006).

291 presumed consent 대신에 hypothetical consent라는 용어도 쓰이고 있다. Kuflik(2010)을 보라.

292 명시적 동의는 opt in, 추정 동의는 opt out 방식이다.

293 Cohen(1992), 257면.

294 비첨·췰드리스(2014), 196면.

295 탈러·선스타인(2009), 281-82면.

296 공리주의자들은 자신들도 여기에 반대한다고 말한다. 눈앞의 이익만 볼 때는 아홉 명의 목숨이 한 명의 희생보다 더 이익이겠지만, 장기적으로 볼 때는 건강한 사람들이 나도 언젠가 다른 사람들의 목숨을 구하기 위해 무고하게 희생당할 수 있다는 생각에 공포에 떨 것이기 때문이다. 공리주의자의 이런 답변은 널리 알려져 있다. 그러나 Kagan(1998, 75-76면)의 또 다른 답변은 이종 이식과 관련해서 흥미롭고 주목할 만하다. 그는 이식 수술은 실패할 확률이 높으므로 한 명을 희생시켜 아홉 명의 목숨을 구한다고 해서 꼭 실보다 득이 크다고 볼 수는 없다고 말한다. 공리주의적 계산법으로도 한 명을 희생시켜 아홉 명의 목숨을 구하는 것이 꼭 이익이 아니라는 것이다. 동종이식의 경우에도 그러할진대 이종 이식의 경우에는 실패할 확률이 훨씬 더 크다는 것을 우리는 고려해야 한다.

297 탈러·선스타인(2009, 279면)은 이것을 '상례적 적출'(routine removal)이라고 부른다. 그들에 따르면 미국의 일부 주에서 각막에 한하여 이 규정을 이용하고 있다.

298 "우리나라 국민의 장기 기증 인식 현황", 『주간 건강과 질병』(질병관리본부) 297.

299 〈연합뉴스〉, 2017년 9월 4일자 기사.

300 우리나라에서는 운전면허 발급 때 장기 기증 의사를 물어 희망자를 등록하는 제도를 법제화하려는 시도가 있다. 몇 개의 나라에서 시행되는 제도이다. 이는 장기 기증 의사를 질문받은 적도 없고 생각도 해 본 적이 없다는 문제나 등록 절차의 복잡함 문제를 해결할 수 있을 것이다. 그러나 실제로는 동의 의사가 있으면서도 주위의 분위기나 시선 때문에 동의하지 않는 사람들이 있을 수 있다. 탈러·선스타인(2009, 283-84면)은 운전면허 발급 때 장기

기증 의사를 묻는 제도를 '선택 위임'이라고 부르는데, 장기 기증자가 많은 순서는 추정 동의, 선택 위임, 명시적 동의 순이다.

301 Cohen(1992), 258면.

302 Cohen(1992), 262면.

303 Ravelingien(2007), 135면. Ravelingien은 그래서 종 이식 연구는 세포 차원의 이종 이식이나 체외 관류 치료 등의 분야에 매진하고 있고 거기서 희망을 보인다고 말한다. 하지만 이것은 우리가 이종 이식에서 원하는 기대치와는 조금 다르다.

8장 부분-인간화 동물 연구의 윤리

304 모효정(2013), 29면.

305 Streiffer(2014), 2면.

306 Greely(2011), 673면.

307 표준국어대사전에서는 이것을 키메라의 정의로 제시하고 있다. "한 개체 내에 서로 다른 유전적 성질을 가지는 동종의 조직이 함께 존재하는 현상. 종류가 서로 다른 둘 이상의 식물을 접목하였을 때에, 자라난 식물체가 양쪽의 성질을 닮는 현상 따위가 있다."

308 모효정(2013), 27면.

309 Streiffer(2014), 2면.

310 Greely(2003), 17면 이하.

311 Greely(2003, 18면 표 1)는 이것을 모자이크라고 말하나 엄격하게 말하면 키메라이어야 할 것 같다. 한 개체에서 서로 다른 유전형이 발견되더라도, 하나의 수정란에서 발생한 개체에서 돌연변이 등으로 인해 서로 다른 유전형이 관찰되는 것은 모자이크인 데 비해, 서로 다른 두 개의 수정란이 융합해 하나의 개체를 형성한 것은 키메라이기 때문이다.

312 Greely(2011), 674면.

313 키메라에 대한 윤리적 논쟁을 시작한 Robert&Baylis(2003, 2면)도 여러 키메라의 유형을 살펴본 다음에 "우리의 주된 관심은 인간에서 동물로의 배아 키메라(줄기 세포와 같은 인간의 세포 물질을 동물의 배반포나 배아에 집어넣어 나온 존재)이다. 이것을 주제로 한 과학 연구가 막 시작되고 있지만 윤리 연구는 거의 없다."라고 말한다. Robert(2006), 839면, Streiffer(2014), 2면,

Karpowicz et. als.(2005), 110면도 주된 관심을 마찬가지로 정한다.

314 Haber&Benham(2012), 18면.

315 Streiffer(2014), 2면.

316 Greely(2011), 671-72면, Greely et. als.(2007), 27면. SCID는 Severe Combined Immune Deficient Syndrome(중증 복합형 면역 부전증)의 약자로 SCID 마우스는 자신의 면역 체계가 없는 마우스이다. 여기에 사람의 조직이나 조혈 조직 세포를 이식한 것이 SCID-hu 마우스이다. hu는 human을 뜻한다.

317 이때 이식되는 인간 줄기 세포는 낙태된 태아의 뇌에서 얻어진다. 자연 유산이나 사산한 태아의 뇌가 사용되지 않는 이유는 그것의 세포나 조직은 치명적인 유전적 조건이 있고, 병균에 오염되어 있고, 자궁에서 죽은 후 조직을 모을 때까지 오랜 기간 동안 죽어 있기 때문이다(Greely et. als., 2007, 33면). 낙태된 태아의 조직을 이용한다는 점에서 윤리적 문제가 제기될 수도 있다. 그러나 여기서 낙태의 윤리적 논쟁을 벌이는 것은 현재의 논의를 다른 더 넓은 차원으로 이끌고 갈 수 있으므로 이 문제는 논의하지 않겠다. 다만 2019년 이후 한국을 비롯해서 낙태가 합법인 나라도 많고 이 연구가 허용된다고 해서 낙태가 증가할 것 같지는 않다는 점만 지적하겠다.

318 Greely et. als.(2007), 30면.

319 Greely(2011), 672면.

320 Karpowicz et. als.(2005), 108면.

321 Greely et. als.(2017), 28면.

322 판타지 소설이기는 하지만 키메라에 의한 생태계 교란 사례가 수잔 콜린스의 『헝거 게임』(이원열 옮김, 북폴리오, 2009)에 나온다. 하이브리드 또는 키메라(작품에서는 mutation을 변형한 muttation이라고 부른다)인 재잘어치(Jabberjay)가 그것이다. 재잘어치는 사람의 대화를 모조리 외울 수 있는 능력과 귀소 본능이 있어서, 적군에 보내 도청하는 용도로 쓰였다. 그런데 용도가 다한 후 야생에 방사되어 흉내지빠귀(Mickingbird)와 교미하여 흉내어치(Mockingjay)를 낳는다. 물론 흉내지빠귀만 자연계에 실제 존재하는 생물이고 재잘어치와 흉내어치는 가상의 새이다.

323 노새는 노동으로 부리기 위해 인위적으로 만들었다는 비판이 있을 수 있다. 소나 말도 노동으로 부리기는 하지만, 자연에 존재하는 동물을 부리는 것과 처음부터 노동을 위해 존재하게 하는 것은 다르다고 생각하기 때문이다. 그러나 소나 말도 그 종 자체는 자연에 이미 존재하지만 노동을 목적으로 하지

않는다면 인간이 가축화된 종으로 바꾸지 않았고 또 개체들을 태어나게 하지 않았을 것이기 때문에 노새의 경우나 다른 점이 없다는 반론이 가능하다.

324 Robert&Baylis(2003), 7면. Robert&Baylis는 이런 논증을 소개한 다음에, 신이 오히려 우리에게 그런 창조물을 만들라고 명령을 내렸다고 볼 수도 있다는 반론도 소개한다.

325 '부자연스러움'은 최훈(2014b), 156면에서 자세하게 논의했다.

326 Kass(1997), 20면.

327 헤로도토스(2016), 제3권 38.

328 누스바움(2016, 45-51면)은 Leon Kass와 함께, 혐오가 행위를 법적으로 제한하는 기준이 될 수 있다고 주장한 영국의 Patrick Deblin의 견해를 비판적으로 다룬다. 혐오감을 근거로 Kass는 인간 복제를, Deblin은 동성애를 비판한다.

329 2001년 독일에서 합의 하에 다른 사람을 죽여 그 주검을 먹은 사건이 있었다. 샌델(2010), 106-07면을 보라. 살인과 식육을 한 사람은 살인죄로 종신형 처벌을 받았다. Julian Savulescu는 역겨움(yuck factor)을 주제로 한 대화에서, 그 행위에 강한 역겨움을 느끼지만 반대할 특별한 이유는 찾을 수 없다고 말한다. Edmonds&Warburton(2010), 9면.

330 Kass(1997), 20면.

331 누스바움(2016), 50면.

332 Greely(2011), 687면. 이 쥐 사진이 실린 논문은 Yilin Cao, Joseph P. Vacanti, Keith T. Paige, Joseph Upton, and Charles A. Vacanti, "Transplantation of Chondrocytes Utilizing a Polymer-Cell Construct to Produce Tissue-Engineered Cartilage in the Shape of a Human Ear," *Plastic and Reconstructive Surgery* 100(1997), 297-302이다.

333 Streiffer(2005, 352면)이 이런 지적을 한다. 한편 Greely(2011, 687면)은 인간의 외모를 하고 있으면 꼭 나쁜 것이 아닌 게 오히려 인간과 비슷하므로 동물을 더 잘 대우해야겠다는 생각을 가져올 수도 있지 않느냐고 재미있는 지적을 한다.

334 Karpowicz et. als.(2005), 113-15면. 이 논문은 혐오감에 의한 논증은 '도덕적 터부 논증'으로, 그리고 지금 제시하는 논증은 '부자연스러움에 의한 논증'으로 구분을 한다. Karpowicz et. als.(2005)는 자신들이 말하는 '부자연스러움에 의한 논증'을 제시하는 이들로 Owen J. Flanagan Jr, *Varieties of*

Moral Personality: Ethics and Psychological Realism (Cambridge, MA: Harvard University Press, 1991), Leon F. Kass, "Teleology, Darwinism, and the Place of Man: Beyond Chance and Necessity?" in his *Toward a More Natural Sciences: Biology and Human Affairs* (New York: Free Press, 1985), Mary Midgely, *Beast and Man: The Roots of Human Nature* (New York: Meridian, 1978) , 249-75를 지목한다.

335 Karpowicz et. als.(2005), 114면.

336 이 책의 핵심 논제인 '동물의 본래의 습성'도 이와 같은 반론에 직면할 것이다. 그러나 나는 2장에서 이 반론을 이미 검토하고, 우리가 존중해야 하는 '동물의 본래의 습성'은 그 정도의 반대 사례는 무시할 수 있다고 주장했다.

337 Robert&Balis(2003), 9면. 강조는 내가 함.

338 Robert&Balis(2003), 6면.

339 Robert&Balis(2003), 9면.

340 Robert&Balis(2003), 9-10면. 원문 강조.

341 DeGrazia(2007, 311면)은 Robert&Balis의 주장을 무지에 근거하고 도덕적으로 해롭기까지 하다고 비판한다.

342 Karpowicz et. als.(2005, 117면)은 Robert&Baylis의 논증을 "오랫동안 유지된 깊은 사회적 규약에 반대해서는 안 된다고 주장"하므로 일종의 '도덕적 터부' 논증이라고 말한다.

343 모효정(2013)은 부분-인간화 동물의 윤리적 쟁점으로 도덕적 혼란에 관한 논증과 경계와 경계선 상의 인간에 관한 논쟁을 구분한다. 그러나 도덕적 혼란은 곧 경계 때문에 비롯된 것이므로 여기서는 한 가지 문제로 다루도록 하겠다.

344 싱어(2012), 27-29면.

345 Robert&Balis(2003), 10면.

346 Streiffer(2005), 357면.

347 Haber&Benham(2012), 19면.

348 Greely(2012), 682면.

349 Haber&Benham(2012), 19면.

350 Greely et. als.(2007), 35면.

351 Greely(2012), 683면. Greely는 인간과 영장류는 진화에서 최근에 갈라져 뇌의 크기가 비슷하므로 영장류 키메라가 있다면 상황이 달라진다고 말한다.

그러나 Karpowicz et. als.(2005, 125-26면)은 영장류라고 해도 마찬가지라고 주장하지만, 혹시 모를 위험을 없애기 위해 이식할 때 세포들을 서로 분리해야 한다는 단서 조건을 제시한다.

352 Karpowicz et. als.(2005), 124면 이하.

353 Irv Weissman이 인간의 뇌 줄기 세포를 마우스에 주입했을 때 인간의 세포는 마우스 뇌의 세포들의 1퍼센트일 뿐이라고 언론에 말했다고 한다(Streiffer, 2005, 352면). 그리고 원숭이를 대상으로 부분-인간화 동물 연구를 진행하는 Eugene Redmond는 PBS와의 인터뷰에서 원숭이의 뇌에 이식되는 세포의 수는 200~400억 개의 세포 중 8백만 개~천만 개에 불과하다고 말한다(2005년 6월 30일, https://www.pbs.org/newshour/amp/show/science-july-dec05-chimeras_redmond-ext).

354 Karpowicz et. als.(2005), 124면.

355 Karpowicz et. als.(2005), 109면.

356 Karpowicz et. als.(2005), 119, 120면.

357 Karpowicz et. als.(2005, 121면)은 가장자리 인간의 문제를 피해갈 수 있다고 말하고 있는데, 인간을 특징 짓는 특성을 얼마나 가져야 인간의 존엄성이 있는지 분명히 말할 수 없으므로 모든 인간에게 존엄성을 부여하는 게 낫다고 말한다. 그러나 이는 전형적인 대머리 논법이다. 존엄성을 규정하는 특성을 애매하게 갖는 경계선의 인간이 물론 있지만, 전혀 갖지 못하는 인간이 분명히 있기 때문이다.

358 Karpowicz et. als.(2005), 121면.

359 Karpowicz et. als.(2005, 121면)은 부분-인간화 동물을 만든 사람이 고문하는 사람이나 노예주보다 더 나쁘다고 말하는데 인간 존엄성과 결부된 능력을 일부러 감소시키거나 제거하기 때문이란다. 이런 지적은 이해하기 어려운데 고문하는 사람이나 노예주도 그 능력을 의도적으로 감소시키거나 제거한다는 점에서는 똑같기 때문이다. 그들은 고문이나 노예로 삼는 행위를 할 뿐이고 그 행위에 부수적으로 그 능력이 감소하거나 제거된다고 말하는 것인지 모르겠으나, 그렇게 본다면 부분-인간화 동물을 만든 사람도 단지 그 동물을 만든 결과로 그 능력이 감소하거나 제거되었다고 말할 수 있다.

360 Karpowicz et. als.(2004), 334면, Karpowicz et. als.(2005), 124면.

361 Streiffer(2005). Streiffer는 존엄성 대신에 '도덕적 지위'라는 용어를 썼다.

362 Streiffer(2005, 359면)도 비슷한 비유를 하는데, 그는 다만 졸업 자격이 안 되

는 사람에게 졸업장을 남발하여 졸업 자격이 있는 사람의 가치를 떨어뜨린다는 예를 든다. 우리나라의 예는 졸업이 아니라 입학의 경우라서 차이가 있다. 우리나라는 입학만 하면 졸업은 모두 한다고 생각하기 때문이다.

363 싱어(2013, 97면)이 마찬가지 주장을 한다. "자신의 삶을 충분히 살기를 원하는 장애를 가진 사람들이 그렇게 하도록 가능한 모든 지원을 해야만 한다고 주장하는 일과, 우리가 우리의 다음 아기가 장애를 가지고 시작할지 가지지 않고 시작할지를 선택할 수 있는 입장에 있을 때 장애를 가지지 않는 아이를 선택하는 이유가 선입견 내지 편견에 불과한 것이라고 주장하는 것은 다른, 전혀 다른 일이다. 만약 돌아다니기 위해 휠체어를 사용해야만 하는 장애인에게 부작용 없이 자신들의 다리를 완전히 사용하게 해 주는 기적의 약을 먹으라고 한다면, 얼마나 많은 장애인들이 장애를 가진 삶이 장애가 없는 삶보다도 결코 열등하지 않다는 것을 근거로 약을 먹지 않겠다고 하겠는가?" 이와 달리 장애는 치료해야 할 질병이 아니라 하나의 문화적 정체성으로 생각해서 장애를 선택하는 경우도 있기는 하다. 샌델(2016, 15-16면)은 청각 장애인 레즈비언 커플이 5대째 청각 장애가 있는 가족 출신인 정자 기증자를 찾아 청각 장애가 있는 아이를 낳은 사례를 소개하는데, 이는 분명히 논란의 대상이다.

364 DeGrazia(2007), 326면.

365 Karpowicz et. als.(2005), 128-29면.

366 Karpowicz et. als.(2005, 127면)은 인간의 배아 대뇌 피질이 인간과 아주 가까운 침팬지에 이식되면 인간 유형의 신피질로 발달하고, 침팬지가 인간의 존엄성과 관련이 있는 인간 능력을 어느 정도 보일 가능성이 있을 것 같지는 않지만 이론적으로는 생각해 볼 수 있다고 말한다. 마찬가지로 실험자가 침팬지의 속세포덩이(inner cell mass) 전체가 인간의 배아 줄기 세포 덩이로 대치되는 실험이 진행되면, 임신한 침팬지 안에서 인간의 배아가 발달하는 결과가 생길 수 있고, 그러면 인간 존엄성 문제가 제기될 것이라고 말한다. 그러나 분리된 줄기 세포를 사용했을 때는 이런 일이 일어나지 않는다고 덧붙인다.

367 Greely et. als.(2007), 36면. Greely(2011), 684-85면.

9장 동물원과 감금의 윤리

368 그래서 여성주의 철학자인 아담스는 그것을 '지시 대상의 부재'라고 부른다(아담스, 2006, 81면).

369 '경계 동물'(liminal animals)은 Donaldson&Kymlicka(2011, 63면)의 개념이다. 이 개념은 10장에서 다시 언급하겠다.

370 인간의 경우 죄수나 노예는 감금된 것이 분명하다. 그런데 어린이나 심각한 지적 장애인도 감금되어 있는 것 아니냐고 물을 수 있다. 보호자의 통제를 받고 그 사람에게 의식주를 의존하기 때문이다. 그러나 Gruen(133-34면, 주 4)는 어린이나 심각한 지적 장애인을 통제하는 이유는 그들 자신의 이익을 위한 것이기 때문에 감금이라고 볼 수 없다고 말한다. '부권적 간섭'은 정말로 상대방의 이익을 위한 것인지 논란이 되는 반면에 이 경우의 통제는 상대방의 이익을 위한 것임이 분명하다.

371 국내에서는 동물 보호 단체인 '동물을 위한 행동'이 동물원 실태 보고서(『한국 동물원의 현황과 과제』)를 발간하는 등 동물원 복지 문제에 집중하여 활동하고 있다.

372 https://www.waza.org/about-waza/(2019년 5월 13일 접근)

373 설득적 정의에 대해서는 최훈(2015c), 116면을 보라.

374 Jamieson(2006), 134면 이하. 몇 면인지는 Jamieson의 글이 실린 *In Defense of Animals: The Second Wave* (2006)에서 인용하는데, 이 글은 1985년에 나온 이 책의 초판에 이미 실려 있다. 동물원의 네 가지 목적에 대한 논의는 김성한(2011)도 보라.

375 Cochrane(2009), 661면.

376 Jamieson(2006), 134-35면.

377 주로 백화점이나 어린이집을 순회하면서 '동물 체험전'이라는 이름으로 어린이가 동물을 직접 만져 보게 하는 행사를 한다. 'Petting Zoo'라고 부르기도 한다. 그러나 동물을 위한 행동(2013)에 따르면 대형 동물원에서도 동물 체험 행사가 이루어지고 있으며 원숭이, 홍학, 돌고래 따위의 동물 쇼도 벌어지고 있다.

378 동물을 위한 행동(2013), 28-29면.

379 싱어(2012), 226-27면. Singer가 틀에 박힌 행동을 언급한 이유는 암퇘지가 새끼 돼지들을 뭉개 버리는 것을 방지하기 위해 자유로운 운동을 못 하게 하

기 위한 목적으로 출산용 우리(farrowing pen)에 가두는데, 거기에 갇힌 암퇘지는 틀에 박힌 행동을 할 기회마저도 박탈당하고 있다는 것을 지적하기 위해서다.

380 김성한(2011), 137면.

381 김성한(2011), 138면.

382 Jamieson(2006), 136면

383 Hutchins(1995), 262면.

384 고래류의 이동과 여행에 대해서는 Marino(2018), 208-09면을 보라.

385 클뤼거(2018), 190-91면. 클뤼거는 소녀 시절에 나치의 강제 수용소에서 겪은 경험을 기록하고 있다. 동물 보호 운동 진영이 동물 학대를 홀로코스트나 흑인 노예와 비교하는 게 논란이 되는데, 클뤼거도 이를 의식한 듯 바로 이어서 "여기서 동물들과 비교하는 게 적절할지? 동물원에서 잘 사육되는 포유류 동물들도 새끼를 잘 낳지 않는다. 진화 과정의 맨 아래 단계에서 맨 위 단계에 이르기까지 갇혀 지낸다는 것은 모두에게 해로운 것이다."라고 말하고 있다.

386 Jamieson(2006), 138면

387 "국내에서 멸종된 따오기, 40년만에 야생에서 다시 '날갯짓'", 『매일경제』 2019년 5월 9일자.(https://www.mk.co.kr/news/society/view/2019/05/301243/)

388 위 기사.

389 Jamieson(2006), 138면

390 Tyson(2018), 171면 이하. Tyson은 이 두 가지 방법 외에 동물원 방문자에게 보전에 대해 가르치는 환경 교육까지 그 방법으로 언급한다.

391 Tyson(2018), 172면.

392 Jamieson(2006), 138면

393 그러나 4장의 맺음말에서 Cowen의 주장을 빌려 호랑이나 여우 같은 포식자를 야생에 복원하겠다는 정책을 세우지 않는 것을 오히려 고통을 막기 위해 자연에 인위적으로 개입할 수 있는 한 가지 예로 제시했다. 무엇인가를 해야 하는 적극적인 의무가 아니라 무엇인가를 하지 않는 소극적인 의무도 개입의 방법의 하나이다.

394 데자르댕(2017), 61면.

395 현재 보도된 바에 따라 따오기의 복원과 방사가 어떤 의미가 있는지 근본적

으로 생각해 보면, 과거의 추억을 되살린다거나 복원에 필요한 과학기술 지식의 향상이라는 의미 정도밖에 찾을 수 없다. 따오기 종 자체의 본래적 가치를 거론한다면 왜 따오기만 그런 가치가 있어서 복원해야 하느냐는 질문이 가능하다. 왜 호랑이는 복원하여 방사하지 않는가? 공룡은? 본래적 가치가 있는 것은 모두 마찬가지인데 말이다. 종의 멸종이 인간의 개입 없이 자연사에서 흔하게 그리고 자연스럽게 일어나는 일이라면 그렇게 안타까워할 일도 아니다. Powell(2011, 603면)은 어떻게 보면 우리 인간은 공룡의 멸종이 있었기에 지구상에 존재하게 되었다고 말한다.

396 위 『매일경제』 기사.

397 Loftin(1995), 170면.

398 일본의 나라 시의 도다이지(동대사) 입구에 있는 사슴 공원이 그런 예이다. Dennett(1984, 8면)은 자유 의지 문제를 논의하면서 옥스퍼드 대학교, 모들린 대학의 사슴 공원을 예로 들며 통제받지 않으면서 자유로울 수 없는지 묻는다.

399 감금된 동물들은 감금이 아니라면 태어나지 않았을 동물들이므로 열악한 환경이라도 태어나는 게 낫지 않겠느냐는 의견이 있다(DeGrazia, 2011, 752면). 감금된 동물은 동물원의 동물뿐만 아니라 애완동물, 실험동물을 모두 포함하는데, 감금된 동물에 3장의 대체 가능성 논증을 적용하는 것이다. 그러나 대체 가능성 논증은 감금된 동물들이 자연에서와 같은 삶을 산다는 전제에서 옹호 가능했는데 동물원은 그런 상황이 아니다.

400 '폐기냐 규제냐'의 논쟁에서 Garner(2011)은 폐기론을, Cochrane(2009)는 규제론의 입장이다. Garner(2011, 175면)은 폐기론이 동물을 아무리 잘 대우해줘도 사용하면 나쁘다는 입장이기에 '사용 입장'(use position)이라고, 규제론은 인간과 달리 동물은 자율성은 없지만 감응력은 있기에 사용 그 자체는 그르지 않지만 사용될 때 대우받는 방식에서 그를 수 있다는 입장이기에 '감응력 입장'(sentience position)이라고 부른다.

401 "'인간 동물원'을 아시나요… 벨기에 만국박람회의 부끄러운 과거", 『연합뉴스』 2018년 4월 17일자.

402 바넘의 일생은 영화 〈위대한 쇼맨〉(2017)으로 만들어졌다.

403 Cochrane(2009), 665면. Gruen(2014), 232-33면도 보라.

404 칸트(1992), 222면.

405 DeGrazia(2011), 753면.

406 허위의식은 Gruen(2011), 142-43면을 보라.

407 Rachels(1989, 126면)은 '도구적 가치'와 '본질적 가치'라는 개념은 쓰고 있지 않지만 이 구분을 하고 있다. '도구적 가치'와 '본질적 가치'에 의한 자유의 구분은 Cochrane(2009), 660면, Gruen(2011), 141-42면, Gruen(2018), 157면을 보라.

408 Cochrane(2009), 673면. Cochrane은 이 논문의 주1에서 동물에게 본질적 가치가 있다고 주장하는 학자들을 언급한다. 그러나 Cochran의 해석과 달리 그들 중 많은 이들은 실제로 동물에서 자유가 본질적 가치가 아니라 도구적 가치라고 주장한다. 예컨대 Regan(2004, 92면, 97-98면)은 늑대가 갇혀 있으면 사회생활이나 물리적 활동을 제대로 못 하기 때문에 해를 입는다고 말하고 있으므로, 이는 동물의 자유에 대해 본질적 가치가 아니라 도구적 가치를 말한다고 보아야 한다. 그리고 Nussbaum(20006, 345면)도 동물이 꼭 쾌락만 추구하는 것이 아니라 자유로운 운동, 육체적 성취, 집단을 위한 희생도 가치 있게 생각한다고 말하는데 이게 꼭 본질적 가치라고 말할 수는 없다.

409 Gruen(2011), 153면, Gruen(2014), 231면.

410 Cochrane(2009), 669면.

411 Jamieson(2006), 142면.

10장 애완동물의 윤리

412 싱어(2012), 16면.

413 Regan(2004), 114면.

414 Rollin(2006a). 초판은 1981년에 나왔다.

415 통계청 2016년 자료.

416 고양이를 귀여워하는 사람들은 '도둑고양이'라는 낱말에 반감을 보이겠지만 이 말은 표준국어대사전에 엄연히 표준어로 등재되어 있다. 그들은 '도둑고양이' 대신에 '길고양이'라는 낱말을 쓴다. (인터넷에서는 '길냥이'로 쓰기도 한다.) 이에 해당하는 영어는 'stray cat'인데, 우리말로 '떠돌이 고양이' 정도 되겠다. 참고로 '들고양이'는 살쾡이를 가리킨다. 살쾡이 또는 삵은 고양이와 같은 고양이과이기는 하지만 고양이는 아니다.

417 동물보호법 제20조 제1호에 따르면 유기 동물은 공고한 날부터 10일이 지나도 소유자를 알 수 없으면 지방 자치 단체로 소유권이 이전된다. 그리고 일

정 기간이 지나면 안락사 처리가 가능하다. '동물권단체 케어'가 2018년 6월에 펴낸 보고서인 『전국 지자체 유기동물 보호소 진단과 제안』(44면)에 따르면, 전국의 유기동물보호센터는 총 282곳이 있는데, 안락사할 때까지의 추가 보호 기간은 1주일 미만이 17%, 30일 미만이 37%, 90일 미만이 23%였다. 동물의 개체수 증가로 안락사는 불가피한 면이 있기에 안락사는 대부분의 나라에서 시행되고 있다. 다만 독일의 동물 보호소는 안락사를 시키지 않는 정책으로 유명하다. 독일은 애완동물의 구입이 법적으로 금지되어 있기에 동물 보호소에서 수용하는 애완동물은 자연스레 입양으로 이어진다고 한다(명보영 2015 참고). 나는 3장에서 동물의 고통 없는 죽음은 허용 가능하다고 주장했다. 이에 따르면 동물 보호소에서의 유기 동물의 안락사도 허용 가능하다.

418 Fruh&Wirchnianski(2017).

419 동물에 관한 그 외의 법률로는 동물보호법이 있다. 1장과 2장에 이 법의 일부가 소개되어 있다.

420 Regan(2004), 347-48면, Rollin(2006a), 162-66면, Francione(2000), 169면을 보라.

421 장난감 모형이라고 해서 애완동물을 장난감처럼 함부로 다루어도 된다고 극단적으로 주장하지는 않는다. 그보다는 애완동물은 필요 때문에 '사용하고' 그에 대한 보답으로 안전한 복지를 제공해 준다는 주장이다. 이런 입장을 '복지주의'(Francione 1996, 2면) 또는 '복지를 겸비한 유용성 모형'(Harvey 2008)이라고 부른다. 반면에 Francione(2007)과 Francione(2012)는 동물 복지 주장은 아무리 동물을 인도적으로 대우한다고 해도 결국은 동물을 소유물로 다룬다고 주장한다. Francione의 주장은 6절에서 다시 언급할 것이다. 나는 직접적인 도덕적 지위와 장난감 모형은 양립할 수 없다는 주장만으로도 재산 모형 또는 이른바 복지주의는 비판이 가능하다고 생각하므로 여기서 이 논란을 깊이 다루지 않겠다.

422 1장에서 아퀴나스와 칸트의 동물에 대한 간접적인 도덕적 지위 이론은 동물을 함부로 다루어서는 안 되는 까닭은 만약 그렇게 하면 인간의 품성에 나쁜 영향을 끼치기 때문이라고 주장한다고 말했다. 〈토이스토리〉의 시드를 보면 장난감을 함부로 다루므로 동물도 함부로 다룰 것 같고 또 다른 사람에게도 함부로 할 것 같다고 생각할 수 있다. 그러나 아퀴나스와 칸트의 이론에 대한 반론에서 말했듯이 장난감이나 동물에는 함부로 하지만 다른 사람들에

게는 친절한 사람을 상상하는 것이 무리는 아니다. 자신의 스트레스를 장난감이나 동물에 해소하고 사람에게는 한없이 친절할 수 있다.

423 야생 동물도 소유물일 수 없는데 그 까닭은 직접적인 도덕적 지위가 있기 때문이 아니라 (이 말이 야생 동물에 직접적인 도덕적 지위가 있다는 것을 부정하는 것은 아니다) 야생 동물은 그 누구의 소유도 아니기 때문이다.

424 Fruh&Wirchnianski(2017), 61면. Fruh&Wirchnianski(2017)에서 보호자와 피보호자는 각각 guardian, dependent로 쓰고 있다. 영어에서 guardian과 비슷한 말로 keeper, custodian, caretaker 따위가 있는데, 이것들은 '관리자', '사육사' 등의 의미가 있어서 애완동물을 여전히 물건으로 취급한다는 문제가 있다. 반면에 '후견인', '돌보미' 등의 뜻을 갖는 guardian은 도덕적 지위가 있는 존재를 대상으로 하는 것처럼 보이므로 피보호자 모형의 용어로 적절해 보인다.

425 인간과 달리 애완동물의 경우에는 재능보다는 본성이 더 적합한 개념일 것이다. 애완동물의 본성이 무엇이고 어떻게 해야 그것이 개발되는지는 논란거리이다. 간단한 예로 애완동물을 집 안에 가두어 두는 것이 그 동물의 본성을 존중하는 것인지 아닌지는 확실하지 않다. 이 주제는 2장에서도 다루었지만 이 절 끝부분에서 다시 살펴보겠다.

426 애완동물의 의존성은 애완동물을 정의하는 중요한 특징 중의 하나이다. Barnbaum(1998)은 1990년대 유행했던 장난감인 다마고치가 애완동물인지 논의하기 위해 애완동물의 정의를 네 가지 제시하는데, '애정', '의존성', '정주(定住)', '애완동물과 인간의 차이'가 그것이다. Varner(2002)는 이 정의를 깊이 있게 토의하며, Andreozzi(2013, 25면)은 Barnbaum의 정의에 애완동물의 '이득'을 추가한다.

427 길들인 동물의 정의는 Donaldson&Kymlicka(2011), 74면, Palmer(2011), 703면을 보라. 가축은 국어사전에서 "집에서 기르는 짐승. 소, 말, 돼지, 닭, 개 따위를 통틀어 이른다."라고 풀이되어 있으므로, 길들인 동물이 곧 가축이라고 말해도 된다. 그러나 현재는 집 안에서 애완용으로 기르는 개나 고양이를 가축이라고 잘 말하지는 않는데, 여기에는 애완동물을 설명하는 피보호자 모형 또는 반려 모형이 전제되어 있기 때문인 것 같다. 그래서 Andreozzi(2013, 26면)은 domesticated animals와 domestic animals를 구분하여 domesticated animals는 짐수레용 말이나, 젖소, 개호견(service dog)처럼 집 안에 있지 않은 가축을 가리키고, domestic animals는 집 안에 갇혀 있는 동물을 가리키는 용

어로 쓴다. 그러나 우리는 이 각각을 가리키는 말로 '농장 동물'과 '애완동물'이 있으므로 domesticated animals와 domestic animals 용어의 차이는 무시하겠다.

428 '노예화'는 Francione가 즐겨 쓰는 용어이다. 부디안스키(2005, 30면)에서도 이 용어가 나온다.

429 Palmer(2011), 703면과 부디안스키(2005b), 31면을 보라.

430 부디안스키(2005a), 16면.

431 부디안스키(2005a), 25면.

432 부디안스키(2005a), 275-76면.

433 2017년 5월에 문재인 대통령이 취임하면서 유기견을 입양하겠다는 대통령에게 동물 보호 단체는 검은색 유기견을 청와대에 입양하도록 권했다. 검은색 개는 못생겼다는 이유로 입양에서도 차별을 받아 왔기 때문이다.

434 동종 번식의 문제점은 부디안스키(2005a), 267면 이하를 보라.

435 부디안스키(2005a, 283면)에 따르면 농장 동물의 경우에는 원하는 형질을 전달하기 위한 동종 번식과, 순종 가계에 내재된 결함을 없애기 위한 이종 번식을 결합함으로써 최선의 결과를 얻어 왔다. 하지만 애완동물의 경우에는 순종 혈통에 대한 집착 따위의 이유로 이것이 지켜지지 않는다.

436 Rossi(2017), 113면. 불도그는 그 외에도 머리 크기가 너무 커서 제왕절개 수술을 통해서만 새끼를 낳을 수 있고, 꼬리가 몸속으로 자라는 일도 있다고 한다. 그리고 불도그나 세퍼드 등은 고관절 이형성증에 걸리기 쉬운데 동종 교배의 결과라고 한다.

437 Donaldson&Kymlicka(2011), 271면 n. 7과 272면 n. 8, 그리고 Du Toit&Benatar(2016), 159면을 보라. 애완동물이 겪어야 하는 가장 큰 괴로움은 주인으로부터 버림받는 것이다. 그것은 중요한 주제이므로 다음 절에서 따로 다루도록 하겠다.

438 Nagel(1974).

439 취약성(vulnerability)은 Palmer가 많이 쓰는 용어이다.

440 부디안스키(2005), 17면.

441 계약에 의한 설명은 Palmer(2011), 711면을 보라. 나는 최훈(2015a, 105면 이하)에서 Rawls의 원초적 입장에서의 계약을 동물과도 할 수 있는지를 논의했다.

442 환경주의자인 Callicot은 가축을 '살아 있는 인공물'(living artifacts)이라 부르

며 가축화 자체를 비판한다(Callicot, 1980, 330면). 그러나 이후에는 이 견해를 철회하는데, 상호 이익이 있었기에 거래를 한 것이므로 가축화가 된 역사적 과정 자체는 그렇게 나쁘지 않았다고 보기 때문이다.

443 Gauthier(1986, 162면)은 "특정 계약을 깨뜨리는 사람은 이득을 얻겠지만, 계약을 깨뜨리는 그런 성향은 이득을 얻지 못한다."라고 말한다.

444 Palmer(2011), 711면.

445 부디안스키(2005b), 23-26면.

446 부디안스키(2005a), 34-39면.

447 부디안스키(2005a), 26면.

448 길들인 동물만이 아니라 동물 대부분이 존엄성의 의식을 본성으로 갖지는 않는다. 야생 동물은 존엄성이 있었는데 길들여진 과정에서 존엄성이 없어졌다고 말하기는 어렵다. 하이에나는 사자나 늑대와 달리 스스로 사냥을 하지 못하고 썩은 고기만을 먹고 살고 송장벌레도 마찬가지이다. 그렇다고 해서 우리는 사자나 늑대가 하이에나나 송장벌레보다 더 '존엄한' 동물이라고 윤리적 평가를 하지는 않는다. 사람 중에서도 탁발을 하는 승려가 있지만 그런 행동을 보고 존엄하지 못하다고 말하지는 않는다. 썩은 고기를 먹든 탁발을 하든 자신의 행동을 의식하고 가치를 부여하느냐가 자존감의 관건이다. 존엄성의 의미가 무엇인지는 9장을 보라.

449 부디안스키(2005b), 24면.

450 Palmer(2011 716면)은 형제 구조자(savior siblings), 곧 맞춤형 아기의 예를 드는데 공상 과학 소설에나 등장하지 실제로 일어날 개연성은 매우 낮다. (주 261에는 그런 소설과 영화가 소개되어 있다.) 형제를 구조할 목적으로 태어나게 한다지만 임신과 양육에 드는 상당한 수고를 감수하고 그렇게 할 가능성은 거의 없기 때문이다.

451 "늙고 병들었다고 버려지는 유기견, 연간 10만 마리 '충격'", 〈한국경제신문〉, 2016년 5월 31일.

452 Palmer(2011), 720면. Palmer는 이익 논증을 경계 동물인 코요테에도 적용한다. 인간의 개발로 서식지가 파괴되어 살 곳을 잃은 코요테를 그 개발로 이득을 본 인간들이 보호할 책임이 있다고 말이다. 비록 인간이 코요테를 태어나게 하지 않았고 우리에 가두어 키운 것도 아니지만 우리의 행위가 없었다면 자족적으로 살아갔을 동물이 취약하게 되었기 때문이다. 이 코요테 사례를 우리나라의 멧돼지에도 적용할 수 있을 것 같다. 멧돼지가 밭의 작물을

해치거나 도심지에 출몰하는 일이 종종 일어난다. 그러나 멧돼지가 인간 사회의 영역에 출몰하는 것은 원래는 멧돼지가 살던 영역까지 인간이 삶의 터전을 넓혀서 멧돼지의 서식지를 파괴하고 생태계의 축을 끊어 놓았기 때문이다. 그러므로 멧돼지가 밭의 작물을 해치거나 도심지에 출몰할 때 살처분하는 것은 적반하장의 행태이다. 멧돼지의 서식지를 침범함으로써 이득을 본 사람들이 멧돼지에게 새로운 서식지를 제공해야 할 의무가 있다.

453 Singer는 지리적인 거리는 윤리적으로 하찮은 요소이므로 이 경우에도 여전히 원조의 의무가 우리에게 있다고 주장한다. 싱어(2013), 8장을 보라.

454 애완동물을 내가 태어나게 하지 않았거나 내가 버리지 않았더라도, 우리가 아니면 그 애완동물은 태어나지 않았으므로 우리 사회가 공동으로 돌보아야 할 의무가 있다고 말했는데, 그렇다면 애완동물을 태어나게 해서는 안 된다는 입장을 갖는 사람은 그 의무에서 제외되는 것은 아닐까? "내가 태어나게 하지 말라고 했지? 그러니까 난 몰라."라는 태도이다. 조금 이따 살펴볼 베너타(2019)처럼 인간도 태어나게 해서는 안 된다고 주장하는 이가 있다. 그런 이들은 버려진 아이를 돌보아야 하는 의무에서 면제될까? 그렇지 않다고 생각하면 애완동물의 경우에도 면제되지 않는다고 생각해야 할 것이다. Francione 같은 철학자는 애완동물 폐기론자이지만 적어도 애완동물이 있는 경우에는 인간과 같은 도덕적 지위를 부여해야 한다는 입장이다.

455 "재난이 닥치면 동물은 어떻게 될까", 〈프레시안〉 2016년 11월 25일. (http://www.pressian.com/news/article.html?no=144889&ref=nav_search)

456 베너타(2019)를 보라. Benatar는 제자인 Du Toit와 함께 쓴 논문(Du Toit&Benatar, 2017)에서 그 존재를 태어나게 하는 것이 옳으냐는 주제를 애완동물에 적용하고 있다. 나는 농장 동물의 경우에 그 존재를 태어나게 하는 것이 옳으냐는 문제는 대체 가능성 논증을 통해 3장에서 다루었다.

457 Donaldson&Kymlicka(2011), 77면.

458 Donaldson&Kymlicka(2011), 271면 n. 7과 272면 n. 8.

459 부디안스키(2005), 17면 이하. 부디안스키가 이런 서술을 한 것은 그런 시각에 동의해서가 아니라, 그런 개가 부정적인 면이 이렇게 많은데도 인간으로부터 사랑받는다는 것을 강조하려는 의도에서이긴 하다.

460 인류학자인 노고운 교수가 한 학술 대회에서 지적해 주셨다. 감사를 드린다.

461 Du Toit(2016).

462 Du Toit&Benatar(2017).

463 Francione(2007, 2012).

464 Fruh&Wirchnianski(2017), 61면.

465 Fruh&Wirchnianski(2017), 61~63면.

466 Regan(2004), 324면.

467 Hadley&O'Sullivan(2009)는 비슷하게 동물 치료와 기아 구제 중 어느 게 우선인가 하는 물음을 다룬다.

468 "개는 헤엄칠 줄 알기 때문에 안 구해도 된다."라는 논점을 흐리는 댓글도 있었다. 다양성을 존중하는 사회에서 비록 나는 사람을 구하겠지만 개를 살리겠다는 사람의 주장도 인정해야 한다는 댓글도 다양한 의견과 규범을 헛갈리고 있다는 점에서 논점을 파악하지 못하기는 마찬가지이다.

469 "반려견만 동반자인가요? 반려인형도 가족이랍니다", 〈한겨레〉 2019년 2월 28일 기사를 보라. 인형은 도덕적 지위가 전혀 없는 사물이므로 언제든지 버려지더라도 도덕적 문제가 생기지 않는데, 이 점에서 '반려'라는 말을 붙인다는 게 순전히 수사(修辭)에 불과하다는 것을 확인할 수 있다.

470 나는 한 포털 사이트에 이 '애완동물'과 '반려동물'이라는 용어를 주제로 한 글을 기고했는데, '반려인'들이 많이 읽는 글이다 보니 비판적인 댓글이 많았다. "내가 반려 아닌 애완동물을 주장하는 이유"(https://m.post.naver.com/viewer/postView.nhn?volumeNo=12791480&memberNo=38419283, 2018년 2월 6일)를 보라.

471 2010 반려동물소유자 의식 온라인 설문조사. (http://www.animals.or.kr/newmain/board/board.asp?num=82&bname=zetyx_board_issu_ban&ct=yes&cpage=1&search=subject&keyword=%C0%C7%BD%C4&cate1=a&menu1=)

472 Bok(2011, 791면 주1)은 애완동물 '소유자'를 '보호자'로 바꿈으로써 소유물이라는 동물의 법적 지위에 항의하는 것은 '노예 소유주'를 '노예 보호자'로 바꿈으로써 노예 제도에 항의하는 것처럼 방향이 잘못되었다고 말한다.

473 Francione(2007), Francione(2012).

474 Du Toit&Benatar(2017).

475 위 4절에서 언급한 Donaldson&Kymlicka의 개념이다. 나는 2019년 1월에 방문한 아르헨티나와 칠레에서 유기된 개들과 인간이 공존하며 사는 것을 관찰하였다. 그곳에서 유기견들은 도시에서 인간을 위협하지 않고 돌아다니며, 시민들도 그런 개들을 비둘기를 보듯 무심하게 본다. 개들은 경계 동물로 살고 있다. 그러나 경계 동물화한 개들은 상당히 무기력하다. 하긴 그렇

지 않다면 인간에게 위협이 된다는 이유로 포획되어 안락사될 가능성이 클 것이다. 현재 도둑고양이는 경계 동물화가 되었다고 볼 수 있는데, 환경을 더럽힌다거나 인간에게 전염병을 옮긴다거나 소음 때문에 시끄럽다는 이유 등으로 이미 안락사 논쟁이 벌어지고 있다. 이런 이유 때문에 비둘기와 같은 소형 동물과 달리 개나 고양이의 경계 동물화는 딜레마를 낳는다. 무기력한 동물이 되자니 본래의 습성을 잃게 되므로 존재 의의가 없게 되고, 무기력하지 않은 동물이 되자니 인간에게 위협적인 존재가 되어 포획 대상이 된다.

맺음말

476 Dombrowski(1984), 35면.

477 동물이 고통을 느끼지 못한다고 주장한 데카르트(1장을 보라)는 피타고라스의 채식주의를 '미신'으로 폄하한다. 한 편지글(Descartes, 1970, 245면)에서 "내 견해는 동물에게 잔인한 게 아니라 인간—적어도 채식주의자인 피타고라스의 미신에 빠져 있지 않은 사람들—에게 관대하다. 동물을 먹거나 죽일 때 죄를 짓는 것 아니냐는 의심을 씻어 주기 때문이다."라고 말하고 있다.

478 '인종화'는 Al-Saji(2010)가 무슬림 여성들의 베이 착용 문화를 공격하는 시선에 붙인 이름이다. 그것을 소수자의 동물 관행에도 붙일 수 있을 것이다.

참고문헌

권복규·김현철 (2009), 『생명 윤리와 법』 (개정판), 서울: 이화여자대학교 출판부.

권복규·최훈·목광수·이민구·모효정 (2014), 『동물실험의 윤리』, 서울: 로도스.

그릭, 레이·진 스윙글 그릭 (2005), 『탐욕과 오만의 동물 실험』, 서울: 다른세상.

그릭, 레이·진 스윙글 그릭 (2006), 『가면을 쓴 과학 동물 실험』, 서울: 다른세상.

김명식 (2007), 「동물 실험과 심의」, 『철학』 92, 231-56.

김성한 (2011), 「동물원 옹호 논의에 대한 비판적 재고」, 『철학탐구』 29, 135-63.

김진석 (2010), 『동물의 권리와 복지』, 서울: 건국대학교 출판부.

김한승 (2017), 「젊은이의 죽음은 아기의 죽음보다 더 나쁜가?」, 『철학』 132, 165-88.

너필드생명윤리위원회 (1996), 『동물에서 인간으로의 이식: 이종 이식의 윤리적 문제』, 권복규 옮김, 이화여자대학교 생명의료법연구소.

네이글, 토마스 (1983), 「죽음」, 『사회 윤리의 제문제』, 제임스 레이첼스 엮음, 황경식 외 옮김, 파주: 서광사, 468-474. Thomas Nagel의 "Death," *Noûs* 4(1970), 73-80의 짧은 형태임.

노직, 로버트 (1983), 『아나키에서 유토피아로: 자유주의 국가의 철학적 기초』, 남경희 옮김, 서울: 문학과지성사.

누스바움, 마사 C. (2016), 『혐오에서 인류애로: 성적 지향과 헌법』, 강동혁 옮김, 서울: 뿌리와이파리.

데자르댕, 조제프 R. (2017), 『환경윤리』, 김명식 · 김완구 옮김, 고양: 연암서가.

도널드, 그레이엄 (2015), 『세상을 바꾼 우연: 과학 속에 숨겨진 이야기』, 이형욱 옮김, 글램북스.

도킨스, 리처드 (2005), 『에덴의 강』, 이용철 옮김, 서울: 사이언스북스.

동물을 위한 행동 (2013), 『한국 동물원의 현황과 과제』.

레이첼스, 제임스 (2006), 『도덕 철학의 기초』, 노혜련 외 옮김, 서울: 나눔의집.

레이첼스, 제임스 (2009), 『동물에서 유래된 인간: 다윈주의의 도덕적 함의』, 김성한 옮김, 파주: 나남.

롤즈, 존 (2003), 『정의론』, 황경식 옮김, 서울: 이학사.

루크레티우스(2012), 『사물의 본성에 관하여』, 강대진 옮김, 서울: 아카넷.

명보영, 「해외 주요 동물복지 선진국의 유기동물 정책」(2015년 3월 25일 작성), http://www.dailyvet.co.kr/news/animalwelfare/40729.

모수정 (2014), 「이종이식 임상적용에서의 자율성에 관한 논의: 개인의 권리와 공중보건의 측면에서」, 『한국의료법학회지』 22(2), 141-166.
모효정 (2013), 「부분-인간화 동물(Part-Human Animals)의 개념과 윤리적 쟁점들」, 『한국의료윤리학회지』 16(1), 27-40.
밀, 존 스투어트, 『공리주의』, 이을상 · 김수청 옮김, 대구: 이문출판사.
박수헌 (2008), 「이종 이식의 법적 문제와 규제」, 『생명윤리정책연구』 2(1), 45-64.
베너타, 데이비드 (2019), 『태어나지 않는 것이 낫다』, 이한 옮김, 파주: 서광사.
벤담, 제레미 (2013), 『도덕과 입법의 원칙에 대한 서론』, 강준호 옮김, 서울: 아카넷.
부디안스키, 스피븐 (2005a), 『개에 대하여』, 이상원 옮김, 서울: 사이언스북스.
부디안스키, 스피븐 (2005b), 『고양이에 대하여』, 이상원 옮김, 서울: 사이언스북스.
비첨, 탐 · 제임스 췰드리스 (2014), 『생명의료윤리의 원칙들』 (6판), 박찬구 외 옮김. 서울: 이화여자대학교 생명의료법연구소.
샌델, 마이클 (2010), 『정의란 무엇인가』, 이창신 옮김, 서울:김영사.
샌델, 마이클 (2016), 『완벽에 대한 반론』, 이수경 옮김, 서울: 와이즈베리.
싱어, 피터 (1997), 『실천윤리학』 (개정판), 황경식 · 김성동 옮김, 서울: 철학과현실사.
싱어, 피터 (2009), 『물에 빠진 아이 구하기』, 함규진 옮김, 서울: 산책자.
싱어, 피터 (2012), 『동물해방』, 개정완역판, 김성한 옮김, 고양: 연암서가.
싱어, 피터 (2013), 『실천윤리학』 (제3판), 황경식 · 김성동 옮김, 고양: 연암서가.
아담스, 캐럴 J. (2006), 『육식의 성정치』, 이현 옮김, 미토.
에피쿠로스 (1998), 『쾌락』, 오유석 옮김, 서울: 문학과지성사.
윤수진 (2008), 「환경보호에 있어서의 동물보호 및 생명체로서의 동물보호에 관한 검토」, 『환경법연구』 30(3), 519-78.
최훈 (2007), 『매사에 공평하라: 벤담&싱어』, 서울: 김영사.
최훈 (2009), 「영장류 실험의 윤리와 가장자리 상황 논증」, 『과학철학』 12(1), 125-53.
최훈 (2012a), 『철학자의 식탁에서 고기가 사라진 이유』, 고양: 사월의책.
최훈 (2012b), 「광우병과 관련된 리스크 분석과 논리적 대응」, 『환경철학』 14: 119-43.
최훈 (2012c), 쿤, 과학 교육, 비판적 사고」, 『철학탐구』 32, 171-195.
최훈 (2014a), 「공학 윤리 교육에서 사전 주의의 원칙의 적용」, 『인문과학연구』 42, 311-33.
최훈 (2014b), 『불편하면 따져봐』, 파주: 창비.
최훈 (2015a), 『동물을 위한 윤리학』, 고양: 사월의책.
최훈 (2015b), 『라플라스의 악마, 철학을 묻다』 (개정증보판), 서울: 뿌리와이파리.

최훈 (2015c), 『논리는 나의 힘』, 서울: 우리학교.

최훈 (2015d), 『위험한 철학책』, 서울: 바다출판사.

최훈 (2017a), 「사자가 소처럼 여물을 먹는 세상 - 포식(predation)의 윤리적 문제 -」, 『환경철학』 23, 135-162.

최훈 (2017b), 「동물의 도덕적 지위와 기본권」, 『환경법연구』 39(2), 143-64.

최훈 (2018), 「애완동물: 장난감인가, 피보호자인가, 반려인가?」, 『윤리학』 7(2), 99-126.

최훈 · 신중섭 (2007), 연구 부정행위와 연구 규범, 『과학철학』 10(2), 103-26.

추정완 · 최경석 · 권복규 (2007), 「동물권 옹호론과 영장류 실험에 대한 윤리적 검토」, 『한국생명 윤리학회지』 8(1), 41-52.

칸트, 임마누엘 (1992), 『실천이성비판』, 최재희 옮김, 서울: 박영사.

케이건, 셸리 (2012), 『죽음이란 무엇인가』, 박세연 옮김, 서울: 엘도라도.

쿤, 토머스 S. (1999), 『과학 혁명의 구조』, 김명자 옮김, 서울: 까치.

쿤, 토마스 S. (2002), 「발견의 논리인가 탐구의 심리학인가」, 토머스 쿤 외 지음, 『현대 과학철학 논쟁—쿤의 패러다임 이론에 대한 옹호와 비판』, 조승옥 · 김동식 옮김, 서울: 아르케, 13-51.

크릭, 프랜시스 (2015), 『놀라운 가설』, 김동광 옮김, 서울: 궁리출판.

클뤼거, 루트 (2018), 『삶은 계속된다』, 최성만 옮김, 파주: 문학동네.

탈러, 리처드 · 캐스 선스타인 (2009), 『넛지』, 안진환 옮김, 서울: 리더스북.

하대청 (2010), 「사전주의의 원칙은 비과학적인가?: 위험 분석과의 논쟁을 통해 본 사전주의 원칙의 '합리성'」, 『과학기술학연구』 10(2): 143-74.

함태성 (2015), 「우리나라 동물보호법제의 문제점과 개선방안에 관한 고찰」, 『이화여자대학교 법학논집』 19(4), 403-31.

헤로도토스 (2016), 『역사』, 김봉철 옮김, 서울: 길.

Al-Saji, Alia (2010), "The Racialization of Muslim Veils: A Philosophical Analysis," *Philosophy and Social Criticism* 36, 875-902.

American Medical Association(AMA) (1992), *Statement on the Use of Animals in Biomedical Research*, revised, Chicago: The American Medical Association.

Andreozzi, Matteo (2013), "Human's Best Friend? The Ethical Dilemma of Pets," *Relations* 1, 23-35.

Aquinas, Saint Thomas (1989), "Differences Between Rational and Other Creatures," in T. Regan and P. Singer (eds.), *Animal Rights and Human Obligations*, 2nd ed., Englewood Cliffs, NJ: Prentice- Hall, 6-12.

Barnbaum, Deborah, "Why Tamagatchis Are Not Pets," *Thinking: The Journal of Philosophy for Children* 13(4), 41-43, 1998.

Bok, Hilary (2011), "Keeping Pets," in Tom L. Beauchamp & Raymond G. Frey (eds), *The Oxford Handbook of Animal Ethics*, New York: Oxford University Press, 769-95.

Bradley, Ben (2009), *Well-Being and Death*, Oxford: Oxford University Press.

Broome, John (2013), "The Badness of Death and the Goodness of Life," in Ben Bradley, Fred Feldman, and Jens Johansson (eds.), *The Oxford Handbook of Philosophy of Death*, New York: Oxford University Press, 218-33.

Callicott, J. Baird (1980), "Animal Liberation: A Triangular Aaffair," *Environmental Ethics* 2, 311-38.

Caplan, Arthur L. (2002), "Is Xenografting Morally Wrong?," *Transplantation Proceedings* 24, 722-27. Reprinted in Stephen Holland (ed.) (2012), *Arguing About Bioethics*, Oxford: Routledge, 214-23. 면 표시는 Holland의 책에 따름.

Carruthers, Peter (1992), *The Animal Issue: Moral Theory in Practice*, Cambridge: Cambridge University Press.

Clark, Stephen R. L. (1979), "The Rights of Wild Things," *Inquiry* 22, 171-88.

Cochrane, Alasdair (2009), "Do Animals Have an Interest in Liberty?," *Political Studies* 57, 660-79.

Cohen, Carl (1992), 'The Case for Presumed Consent to Transplant Human Organs after Death', *Transplantation Proceedings* 24, 2168-72. Reprinted in Stephen Holland (ed.) (2012), *Arguing About Bioethics*, Oxford: Routledge, 256-63. 면 표시는 Holland의 책에 따름.

Cohen, Carl, and Tom Regan (2001), *The Animal Rights Debate*, Lanham, MD: Rowman & Littlefield.

Cooke, Steve (2011), "Duties to Companion Animals," *Res Publica* 17, 261-74.

Cormier, Andrée-Anne and Mauro Rossi (2016), "The Problem of Predation in Zoopolis," *Journal of Applied Philosophy* 34, 1-19.

Council of Europe Working Party on Xenotransplantation (2003), *Report on the State of the Art in the Field of Xenotransplantation.*

Council on Scientific Affairs (1989), "Animals in Research," *Journal of the American Medical Association* 261, 3602-06.

Cowen, Tyler (2003), "Policing Nature," *Environmental Ethics* 25, 169-82.

Cowen, Tyler (2006), "Market Failure for the Treatment ff Animals," *Society* 43, 39-44.

Daar, Abdallah S. & Louisa E. Chapman (2004), "Xenotransplantation," in Stephen G. Post, (ed.), *Encyclopedia of Bioethics*, 3rd ed., New York: Gale, 2601-12.

DeGrazia, David (2002), *Animal Rights: A Very Short Introduction*, Oxford: Oxford University Press.

DeGrazia, David (2007), "Human-Animal Chimeras: Human Dignity, Moral Status and Species Prejudice," *Metaphilosophy* 38, 309-29.

DeGrazia, David (2011), "The Ethics of Confining Animals: From Farms to Zoos to Human Homes," in Tom L. Beauchamp & Raymond G. Frey (eds), *The Oxford Handbook of Animal Ethics*, New York: Oxford University Press, 738-68.

Dennett, Daniel (1984), *Elbow Room*, Cambridge, MA: MIT Pres.

Descartes, Rene (1970), *Descartes: Philosophical Letters*, Translated and editied by Anthony Kenny, Oxford: The Clarendon Press.

Descartes, Rene (1989), "Animals Are Machines," in Tom Regan and Peter Singer (eds.), *Animal Rights and Human Obligations*, 2nd ed., Englewood Cliffs, NJ: Prentice-Hall, 13-19.

Dombrowski, Daniel (1984), *The Philosophy of Vegetarianism*, Amherst: The University of Massachusetts Press,

Donaldson, Sue and Will Kymlicka (2011), *Zoopolis: A Political Theory of Animal Rights*, New York: Oxford University Press.

Du Toit, Jessica (2016), "Is Having Pets Morally Permissible?," *Journal of Applied Philosophy* 33, 327-43.

Du Toit, Jessica and David Benatar (2017), "Reproducing Companion Animals," in Christine Overall (ed.), *Pets and People: The Ethics of Our Relationship with Companion Animals*, New York: Oxford University Press.

Edmonds, David and Nigel Warburton (2010), *Philosophy Bites*, New York: Oxford University Press.

Engel Jr., Mylan (2012), "The Commonsense Case against Animal Experimentation," in Jeremy R. Garrett (ed.), *The Ethics of Animal Research: Exploring the Controversy*, Cambridge, MA: The MIT Press, 215-36.

Feldman, Fred (1992), *Confrontations with the Reaper: A Philosophical Study of the Nature and Value of Death*, New York: Oxford University Press.

Ferrari, Arianna (2019), "Contesting Animal Experiments through Ethics and Epistemology: In Defense of a Political Critique of Animal Experimentation," in Kathrin Herrmann and Kimberley Jayne (eds.), *Animal Experimentation: Working Towards a Paradigm Change*, Leiden: Brill NV, 194-206.

Fovargue, Sara and Suzanne Ost (2009), "A Plea for Precaution with Public Health: The Xenotransplantation Example," *Clinical Ethics* 4, 119-24.

Francione, Gary L. (1996), *Rain without Thunder: The Ideology of the Animal Rights Movement*, Philadelphia: Temple University Press.

Francione, Gary L. (2000), *Introduction to Animal Rights*, Philadelphia: Temple University Press.

Francione, Gary L. (2007) "Animal Rights and Domesticated Nonhumans," http://www.abolitionistapproach.com/animal-rights-and-domesticated-nonhumans.

Francione, Gary L. (2012), "Pets: The Inherent Problems of Domestication," http://www.abolitionistapproach.com/pets-the-inherent-problems-of-domestication/

Frey, Raymond G. (1983), *Rights, Killing, and Suffering*, Oxford: Basil Blackwell.

Frey, Raymond G. (2002), "Justifying Animal Experimentation," *Society* 39, 37-47.

Fruh, Kyle and Wolodymyr Wirchnianski (2017), "Neither Owners Nor Guardians: In Search of a Morally Appropriate Model for the Keeping of Companion Animals," *Journal of Agricultural and Environmental Ethics* 30, 55-66.

Garner, Robert (2011), "In Defense of Animal Sentience: A Critique of Cochrane's Liberty Thesis," *Political Studies* 59, 175-87.

Gauthier, David (1986), *Morals by Agreement*, New York: Oxford University Press.

Greely, Henry T. (2003), "Defining Chimeras... and Chimeric Concerns," *American Journal of Bioethics* 3, 17-20.

Greely, Henry T. (2011), "Human/Nonhuman Chimeras: Assessing the Issues," in Tom L. Beauchamp and Raymond G. Frey (eds.), *Oxford Handbook of Animal Ethics*, New York: Oxford University Press, 671-98.

Greely, Henry T., Mildred K. Cho, Linda F. Hogle & Debra M. Satz (2007),

"Thinking About the Human Neuron Mouse," *The American Journal of Bioethics* 7, 27-40.

Gruen, Lori (2011), *Ethics and Animals: An Introduction*, New York: Cambridge University Press.

Gruen, Lori (2014), "Dignity, Captivity and an Ethics of Sight," in Lori Gruen (ed.), *The Ethics of Captivity*, New York: Oxford University Press, 231-47.

Gruen, Lori (2018), "Incarceration, Liberty, and Dignity," in Andrew Linzey and Clair Linzey (eds.), *The Palgrave Handbook of Practical Animal Ethics*, London: Palgrave Macmillan, 153-63.

Haber, Matthew H. & Bryan Benham (2012), "Reframing the Ethical Issues in Part-Human Animal Research: The Unbearable Ontology of Inexorable Moral Confusion," *American Journal of Bioethics* 12, 17-25.

Hadley, John and Siobhn O'Sullivan (2009), "World Poverty, Animal Minds, and the Ethics of Veterinary Expenditure," *Environmental Values* 18, 361-78.

Harman, Elizabeth (2011), "The Moral Significance of Animal Pain and Animal Death," in in Tom L. Beauchamp & Raymond G. Frey (eds), *The Oxford Handbook of Animal Ethics*, New York: Oxford University Press, 726-37.

Harvey, Jean (2008), "Companion and Assistance Animals: Benefits, Welfare Safeguards, and Relationships," *International Journal of Applied Philosophy* 22, 161-76.

Hawley Katherine (2015), "Temporal Parts," in Edward N. Zalta (ed.), *The Stanford Encyclopedia of Philosophy*. http://plato.stanford.edu/entries/temporal-parts/.

Hart, H. L. A. (1980), "Death and Utility," *The New York Review of Books*, 1980. 5. 15., 27-32.

Hempel, Carl and Paul Oppenheim (2008), "On the Idea of Emergence," in Mark A. Bedau and Paul Humphreys (eds.), *Emergence: Contemporary Readings in Philosophy and Science*, Cambridge, MA: The MIT Press, 61-67.

Horta, Oscar (2010a), "Debunking the Idyllic View of Natural Processes: Population Dynamics and Suffering in The Wild," *Telos: Critical Theory of the Contemporary* 17, 73-90.

Horta, Oscar (2010b), "The Ethics of the Ecology of Fear against the Nonspeciesist Paradigm: A Shift in the Aims of Intervention in Nature," *Between the Species* 13,

163-87.

Hursthouse, Rosalind (1999), *On Virtue Ethics*, Oxford: Oxford University Press.

Hutchins, Michael, Betsy Dresser, and Chris Wemmer (1995), "Ethical Considerations in Zoo and Aquarium Research," in Bryan G. Norton, Michael Hutchins, Elizabeth F. Stevens, and Terry L. Maple (eds.), *Ethics on the Ark: Zoos, Animal Welfare, and Wildlife Conservation*, Washington: Smithsonian Institution Press, 253-76.

Jamieson, Dale (1983), "Killing Persons and Other Beings," in Harlan B. Miller and William H. Williams (eds.), *Ethics and Animals*, Clifton, NJ: Humana Press, 135-46.

Jamieson, Dale (1990), "Rights, Justice, and Duties to Provide Assistance: A Critique of Regan's theory of Rights," *Ethics* 100, 349-62.

Jamieson, Dale (2006), "Against Zoos," in Peter. Singer (ed.), *In Defense of Animals: The Second Wave*, New York: Harper & Row, 132-43.

Johnson, Edward (1983), "Life, Death, and Animals," in Harlan B. Miller and William H. Williams (eds.), *Ethics and Animals*, Clifton, NJ: Humana Press, 123-34.

Kagan, Shelly (1998), *Normative Ethics*, Boulder, CO: Westview Press.

Kant, Immanuel. (1989), "Duties in Regard to Animals," in T. Regan and P. Singer (eds.), *Animal Rights and Human Obligations*, 2nd edition, Englewood Cliffs, NJ: Prentice-Hall, 23-24.

Karpowicz, Philip, Cynthia B. Cohen, and Derek van der Kooy (2004), "It Is Ethical to Transplant Human Stem Cells into Nonhuman Embryos," *Nature Medicine* 10(4), 331-35.

Karpowicz, Philip, Cynthia B. Cohen, and Derek van der Kooy (2005), "Developing Human-Nonhuman Chimeras in Human Stem Cell Research: Ethical Issues and Boundaries," *Kennedy Institute of Ethics Journal* 15, 107-34.

Kass, Neon R. (1997), "The Wisdom of Repugnance: Why We Should Ban Cloning," *The New Republic*, June 2, 1997.

Kuflik, Arthur (2010), "Hypothetical Consent," in Franklin G. Miller and, Alan Wertheimer (eds.), *The Ethics of Consent: Theory and Practice*, Oxford: Oxford University Press, 131-62.

LaFollette, Hugh (2011), "Animal Experimentation in Biomedical Research," in Tom L. Beauchamp and Raymond G. Frey (eds), *The Oxford Handbook of Animal Ethics*, New York: Oxford University Press, 796-825.

LaFollette, Hugh and Nail Shanks (1993a), "Animal Models in Biomedical Research: Some Epistemological Worries," *Public Affairs Quarterly* 7, 113-30.

LaFollette, Hugh and Nail Shanks (1993b), "The Intact Systems Argument: Problems with the Standard Defense of Animal Experimentation," *Southern Journal of Philosophy* 31, 323-33.

LaFollette, Hugh and Nail Shanks (1994a), "Chaos Theory: Analogical Reasoning in Biomedical Research," *Idealistic Studies* 24, 241-54.

LaFollette, Hugh and Nail Shanks (1994b), "Animal Experimentation: The Legacy of Claude Bernard," *International Studies in the Philosophy of Science* 8, 195-210.

LaFollette, Hugh and Nail Shanks (1995), "Two Models of Models in Biomedical Research," *The Philosophical Quarterly* 45, 141-60.

LaFollette, Hugh and Nail Shanks (1996), *Brute Science: Dilemmas of Animal Experimentation*, Routledge.

Lazari-Radek, Katarzyna De and Peter Singer (2016), *The Point of View of the Universe: Sidgwick and Contemporary Ethics*, Oxford: Oxford University Press.

Leopold, Aldo (1949), *A Sand Country Almanac*, New York: Oxford University Press.

Loftin, Robert (1995), "Captive Breeding of Endangered Species," in Bryan G. Norton, Michael Hutchins, Elizabeth F. Stevens, and Terry L. Maple (eds.), *Ethics on the Ark: Zoos, Animal Welfare, and Wildlife Conservation*, Washington: Smithsonian Institution Press, 164-81.

Marino, Lori (2018), "The Marine Mammal Captivity Issue: Time for a Paradigm Shift," in Andrew Linzey and Clair Linzey (eds.), *The Palgrave Handbook of Practical Animal Ethics*, London: Palgrave Macmillan, 207-31.

McMahan, Jeff (2002), *The Ethics of Killing: Problems at the Margins of Life*, New York: Oxford University Press.

McMahan, Jeff (2010), "The Meat Eaters," *The New York Times*, 19 September 2010. http://opinionator.blogs.nytimes.com/2010/09/19/the-meat-eaters/.

McMahan, Jeff (2016), "The Comparative Badness for Animals of Suffering and

Death," in Tatjana Višak and Robert Garner (eds.), *The Ethics of Killing Animals*, New York: Oxford University Press, 65-85.

Milburn Josh (2015), "Rabbits, Stoats and the Predator Problem: Why a Strong Animal Rights Position Need Not Call for Human Intervention to Protect Prey from Predators," *Res Publica* 21, 273-89.

Moriarty, Paul Veatch and Mark Woods (1997), "Hunting ≠ Predation," *Environmental Ethics* 19, 391-404.

Nagel, Thomas (1974), "What Is It Like to Be a Bat?," *Philosophical Review* 83, 435-50.

Nordgren, Anders (2010), *For Our Children: The Ethics of Animal Experimentation in the Age of Genetic Engineering*, Amsterdam: Rodopi.

Nuffield Council on Bioethics (2005), *The Ethics of Research Involving Animals*. http://www.nuffieldbioethics.org.

Nussbaum, Martha (2006), *Frontiers of Justice: Disability, Nationality, Species Membership*, Cambridge, MA: Harvard University Press.

Olakanmi, Ololade and Laura Purdy (2006), "Xenotransplantation: For and Against," *Philosophy Now* 55. https://philosophynow.org/issues/55/Xenotransplantation_For_and_Against.

Palmer, Clare (2011), "The Moral Relevance of the Distinction between Domesticated and Wild animals," in Tom L. Beauchamp & Raymond G. Frey (eds.), *The Oxford Handbook of Animal Ethics*, New York: Oxford University Press, 701-725.

Palmer, Clare (2015), "Against the View That We Are Normally Required to Assist Wild Animals," *Relations* 3, 203-10.

Palmer, Clare and Peter Sandøe (2014), "For Their Own Good: Captive Cats and Routine Confinement," in Lori Gruen (ed.), *Ethics in Captivity*, New York: Oxford University Press, 135-55.

Parfit, Derek (1983), *Rights, Interests, and Possible People*, In Samuel Gorovitz et al., (eds.), *Moral Problems in Medicine*, 2nd ed., Englewood Cliffs, NJ: Prentice-Hall.

Perlo, Katherine (2003), "'Would You Let Your Child Die Rather Than Experiment on Nonhuman Animals?' A Comparative Questions Approach," *Society &*

Animals 11, 51-67.

Powell, Russell (2011), "On the Nature of Species and the Moral Significance of Their Extinction," in T. Beauchamp and R. Frey (eds.), *The Oxford Handbook of Animal Ethics*, New York University Press, 603-27.

Purdy, Laura (1999), "The Risks of Animal-Human Transplants: Why They May Be A Bad Idea," *Free Inquiry* 19, 38-41.

Rachels, James (1975), "Active and Passive Euthanasia," *New England Journal of Medicine* 292, 78-80.

Rachels, James (1989). "Do Animals Have a Right to Liberty?," In Tom Regan and Peter Singer (eds.), *Animal Rights and Human Obligations*, 2nd ed., Englewood Cliffs, NJ: Prentice-Hall, 122-31.

Ravelingien, An (2005), "Use of Pigs for Xenotransplantation: The Speciesism by Proxy Syndrome," *Xenotransplantation* 12, 235-39.

Ravelingien, An (2007), "Xenotransplantation and The Harm Principle: Factoring out Foreseen Risk," *Journal of Evolution and Technology* 16, 127-49.

Regan, Tom (2004), *The Case for Animal Rights*, 2nd ed., Berkeley & Los Angeles: University of California Press. (초판은 1983년에 출간됨.)

Rice, Christopher M. (2016), "Well-Being and Animals," in Guy Fletcher (ed.), *The Routledge Handbook of Philosophy of Well-Being*, New York: Routledge, 378-88.

Robert, Jason Scott & Françoise Baylis (2003), "Crossing Species Boundaries," *The American Journal of Bioethics* 3, 1-13.

Rollin, Bernard E. (1994), "Animal Production and the New Social Ethic for Animals," *Journal of Social Philosophy* 25, 71-83.

Rollin, Bernard E. (2006a), *Animal Rights & Human Morality*, 3rd ed., Amherst, NY: Prometheus Books.

Rollin, Bernard (2006b), *Science and Ethics*, Cambridge: Cambridge University Press.

Sagoff, Mark (1984), "Animal Liberation and Environmental Ethics: Bad Marriage, Quick Divorce," *Osgoode Hall Law Journal* 2, 297-307.

Salt, Henry S. (1914), *The Humanities of Diet: Some Reasonings and Rhymings, Vegetarian Society*. http://www.animal-rights-library.com/texts-c/salt02.htm.

Sandøe, Peter, Sandra Corr and Clare Palmer (2015), *Companion Animal Ethics*,

Oxford: Wiley Blackwell.

Sapontzis, Steve F. (1984), "Predation," *Ethics and Animals* 5, 27-38.

Sapontzis, Steve F. (1987), *Morals, Reason, and Animals*, Philadelphia: Temple University Press.

Scruton, Roger (1996), *Animal Rights and Wrongs*, London: Demos.

Simmons, Aaron (2009), "Animals, Predators, the Right to Life, and the Duty to Save Lives," *Ethics and the Environment* 14, 15-27.

Singer, Peter (2001), "Xenotransplantation and Speciesism," in Helga Kuhse and Peter Singer (eds.), *Bioethics: An Anthology*. Oxford: Blackwell, 412-17.

Singer, Peter (2016), "Afterward," in Tatjana Višak and Robert Garner (eds.), *The Ethics of Killing Animals*, New York: Oxford University Press, 229-35.

Steel, Daniel P. (2008), *Across the Boundaries: Extrapolations in Biology and Social Sciences*, New York: Oxford University Press.

Streiffer, Robert (2005), "At the Edge of Humanity: Human Stem Cells, Chimeras, and Moral Status," *Kennedy Institute of Ethics Journal*, 15, 347-70.

Streiffer, Robert (2014), "Human/Non-Human Chimeras," in Edward N. Zalta (ed.), *Stanford Encyclopedia of Philosophy*. (면 표시는 pdf 저장본에서.)

Taylor, Paul W. (2011), *Respect for Nature: A Theory of Environmental Ethics*, 25th anniversary ed., Princeton, NJ: Princeton University Press.

Tomasik, Brian (2015), "The Importance of Wild-Animal Suffering," *Relations* 3, 133-52.

Tooley, Michael (1972), "Abortion and Infanticide," *Philosophy and Public Affairs* 2, 37-65.

Tyson, Elizabeth (2018), "Speciesism and Zoos: Shifting the Paradigm, Maintaining the Prejudice, in Andrew Linzey and Clair Linzey (eds.), *The Palgrave Handbook of Practical Animal Ethics*, London: Palgrave Macmillan, 165-79.

Varner, Gary (2002), "Pets, Companion Animals, and Domesticated Partners," in David Benatar (ed.), *Ethics for Everyday*, Boston, MA: McGraw-Hill Education 450-75.

Varner, Gary E. (2012), *Personhood, Ethics, and Animal Cognition: Situating Animals in Hare's Two Level Utilitarianism*, Oxford: Oxford University Press.

Višak, Tatjana (2013), *Killing Happy Animals: Explorations in Utilitarian Ethics*,

Basingstoke, Hampshire: Palgrave Macmillan.

Višak, Tatjana (2016), "Do Utilitarians Need to Accept the Replaceability Argument?," in Tatjana Višak and Robert Garner (eds.), *The Ethics of Killing Animals*, New York: Oxford University Press, 117-35.

Weber, Marcel (2005), *Philosophy of Experimental Biology*, Cambridge: Cambridge University Press.

Williams, Bernard (1973), "The Makropulos Case: Reflections on the Tedium of Immortality," in his *Problems of the Self*, Cambridge: Cambridge University Press, 82-100.

Zamir, Tzachi (2007), *Ethics and the Beast: A Speciesist Argument for Animal Liberation*, Princeton: Princeton University Press.

찾아보기

주제별 찾아보기

인명 찾아보기